# 大塚康生インタビュー

## アニメーション縦横無尽〔新装版〕

語り手 大塚康生
聞き手 森遊机

実業之日本社

**『わんぱく王子の大蛇退治』(1963)**
**カラースチール**
スサノオとヤマタノオロチの攻防シーンは、大塚康生氏と月岡貞夫氏が原画を担当

**初の作画監督作品**
**『太陽の王子ホルスの大冒険』(1968)**
**背景付きセル**

**『ルパン三世』TV旧シリーズ(1971-72)**
**全登場キャラクター**
1980年・日本コロムビア発売
LPレコード特典ポスター用
描き下ろしイラスト

『太陽の王子 ホルスの大冒険』
主人公ホルスのキャラクター設定の変遷

『ルパン三世』TV旧シリーズ
キャラクター設定より、ルパン三世と峰不二子

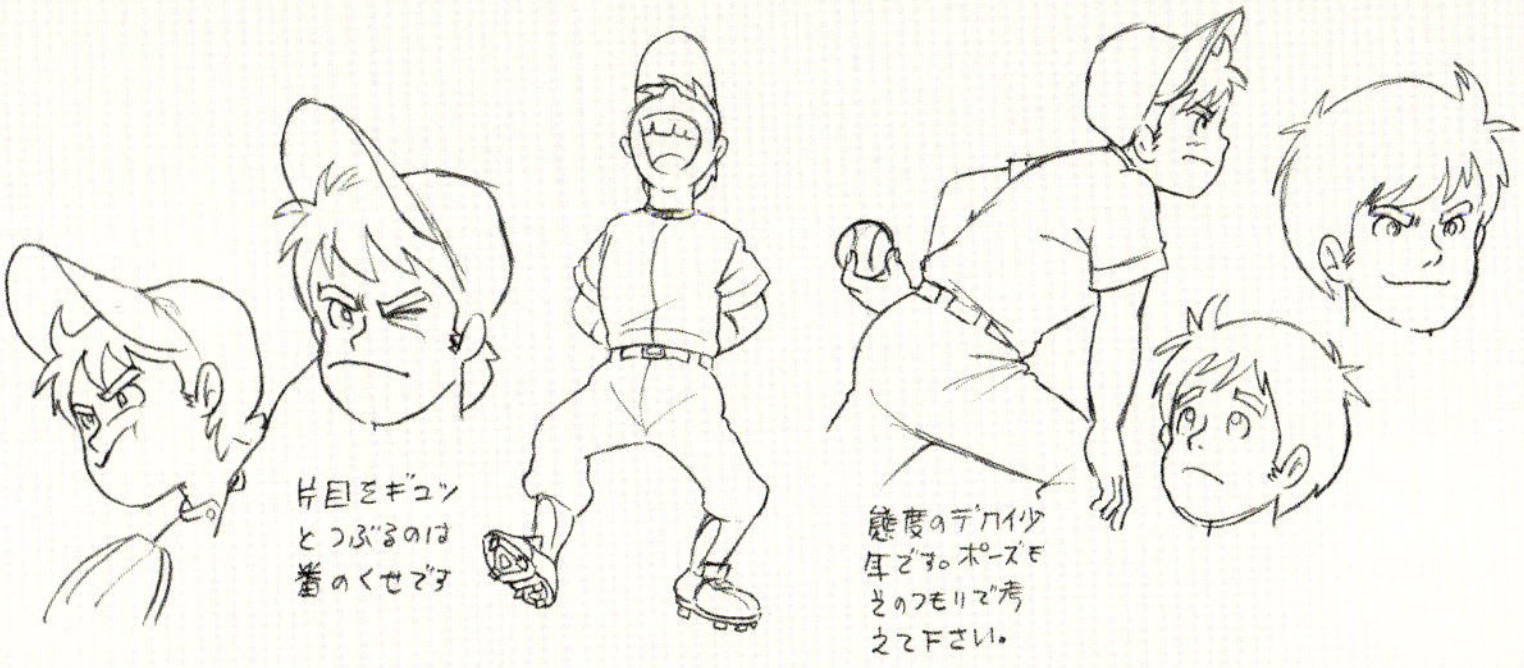


『侍ジャイアンツ』
（1973–74）
主人公 番場蛮の
キャラクター設定

『未来少年コナン』
（1978）
主人公コナンの
キャラクター設定

『パンダコパンダ』（1972）
パパンダのキャラクター設定

『ルパン三世 カリオストロの城』
（1979）
キャラクター設定より
ミリタリー装備の峰不二子

## 東映動画時代

右＝『白蛇伝』のころ／左＝『太陽の王子 ホルスの大冒険』のころ

## Aプロダクション時代

右＝旧『ルパン三世』のころ／左＝同・宮﨑駿氏と

## 愛車たちと共に

右＝フィアット500（購入初代）／左上段＝田宮模型（静岡）にて／左下段＝自宅前にて

# 大塚康生インタビュー

## アニメーション縦横無尽［新装版］

目次

# はじめに

**森**　（以下——）　大塚さんが日本有数のアニメーターでいらっしゃることは誰もが認めるところだと思うのですが、昔からファンでしたので、こうしてお話しする機会を得て、たいへんうれしく思っております。

**大塚**　日本有数かどうかは別として、現役のアニメーターとしては、最古参の一人になってしまいました。

——　大塚さんのご経歴について、読者の皆さんはとっくにご存じかもしれませんけど、そうでない方のために、簡単にご紹介しましょう。

大塚さんは、１９３１年（昭和6年）、島根県生まれ。戦後、厚生省の麻薬取締官をなさったあと、26歳でアニメーターに転職。ずいぶん変わったご経歴ですね。それに、アニメーターとしてはかなり遅咲きというか……。

**大塚**　そうですね。動画の訓練はできるだけ早いほうがいいので、スタートとしては遅いほうだと思います。今日でもアニメーション界は、「徒弟制度」とまでは言いませんが、初期教育は若いうちから始めたほうが圧倒的に有利なんです。

——　スタートが遅かったぶん、ご苦労もあったのでは？

**大塚**　苦労というよりも、これはどんな仕事でもそうですけど、26歳にふさわしくない給料というか、ようするに20歳の人より安くていい、ということなら遅咲きでもスタートラインには立てます。アニメーションは職人的な手仕事の世界ですから、仕事を体得するまでの報酬が安いことが問題でね。東映動画に入社するときも、そのことで念を押されましたよ。

——　仕事内容的には、自信がおありになった？

**大塚**　ま、そこは賭けでしたが……。

――日動（日本動画）という老舗のアニメーション・スタジオを経て、1956年、創立時の東映動画に入られた。その東映が作ったのが、日本初の本格的カラー長編アニメ映画『白蛇伝』（'58年）。そこから関わっておられるということは、つまり、わが国の商業アニメ史の半世紀を、ずっと縦断して見て来られたわけですね。

**大塚**　細々とではあっても、東映動画の前にも商業アニメーションはあったわけですが、光が当たったのはたしかに東映からでした。初期の東映長編の作りかたを見ることができたのは、いろんな意味でラッキーでしたねぇ。当時のスタッフはまだまだ元気に活躍していますが、僕は、近ごろでは若い人に教えるためと、自分の趣味のためだけに描いています。

――『白蛇伝』のあと、『わんぱく王子の大蛇《おろち》退治』（'63年）などの原画を経て、'68年公開の『太陽の王子　ホルスの大冒険』で作画監督に。そのあと『ムーミン』（'69～'70年）、『ルパン三世』旧シリーズ（'71～'72年）、『未来少年コナン』（'78年）といったテレビシリーズや、映画『パンダコパンダ』2部作（'72、'73年）、『ルパン三世　カリオストロの城』（'79年）、『じゃりン子チエ』（'81年、共同）など数々の名作で作画監督をお務めになったんですね。私が大塚さんの作品と最初に出会ったのは『ホルスの大冒険』で、これは、ほぼ封切り当時に拝見しています。

**大塚**　ということは、まだ子供だったころ？

――8歳か9歳のころですね。小学校の体育館での上映でしたが、オープニングで、岩男のモーグが土の中からグワーッと立ち上がるシーン、あそこが鮮烈に記憶に残っています。ストーリーやキャラクターよりも、あの立ち上がりのイマジネーションが鮮烈で……。

**大塚**　いきなりディテールですか（笑）。『ホルス』は、封切り時の興業成績がそれまでの東映アニメの中で最低だったこともあって、その後、多少苦労しました。

――ご著書の「作画汗まみれ」[注1]の中で、ご自身の仕事歴について、非常に詳細な記述が多いのにびっくりしました。当時から、あんなに細かく日記をつけていらしたんですか？

大塚　いや、日記はつけていないんですよ。当時のメモが残っていたので、それを頼りに書いていきました。

――何月何日に何という作品の動画がアップしたとか、ラッシュ試写が何日でとか……。

大塚　会社側の制作記録と僕個人のメモなんかを照らし合わせたり、昔の仲間に聞いたりしているうちに、いろんなことが符合していって、あのとき何があったとかいうことが浮かんでくるんですよ。何しろ、アニメーションの実作業はいつも非常に忙しいこともあって、細かく記録することもなく日々が過ぎ去ってゆきます。それでも、僕自身はどちらかというと記録好きなほうで、自分がやった部分についてはけっこうメモ類を保存していたし、わからないところは誰かに聞けるように人脈は大切にしてきたつもりです。でも、こうして時間がたってみると、記憶違いや勘違いもたくさんあってね。あの本では未確定な部分はオミットしているから、本当に書きたいことをずいぶん積み残してしまっているんです。

――あ、そうだったんですか。

大塚　それとね、アニメーションにはいろんな人が関与しますから、「ここはあなたがやったんでしょう?」と言われても、「いや、僕じゃないよ」という場合もあるし、たしかに僕の担当シーンではあっても、たとえば当時新人だった宮崎駿さんがアイディアを出し、演出の高畑勲さんが詳細に指示して描いたものだったりすると、まるまる「あれは僕だ」と言いにくい場合だってある。ようするに、いいわけが増えてしまう。集団創作というアニメーション独自の条件が、一言で言えない要素を含んでいるんでしょうね。

――たしかにそうですね。けれども、この言葉がふさわしいかどうか――一種の「大塚調」みたいなものが、ずっと気にかかっていたんですよ。集団制作とはいえ、丹念に見ると、描きかたの癖やキャラクターの演技内容などで、特定の個人、個性が見えてくることもありますよね。さきほどの『ホルス』にしても、長じてからよく観察すると、「あ、ここはいかにも大塚さんらしいな」というダイナミズムを感じ取ることはできます。

大塚　ああ、それはあるかもしれませんね。

――大塚さんのお名前など知らずに旧『ルパン』や『ムーミン』に親しんでいたわけですが、当時――１９７０

年代の中頃までは、「誰が何を描いたか」「あの動きは誰が作ったのか」といった観かたは、ファンの間でもほとんどされていなかったと思います。また、そういう情報もなかったですし。

大塚　一般の人たちのアニメーションへの知識や関心が高まったのは、だいぶあとになってからですね。「アニメージュ」（徳間書店）などのアニメ雑誌が創刊されてから。それ以前は、たしかに、アニメーターや演出家、美術監督といったスタッフ名まで覚えている人は多くなかった。

――そんな中で気づいた、大塚さんならではの「記号」は、キャラクターの口もとの描きかただったんです。つまり、ルパン三世にしても、峰不二子にしても、あるいは『侍ジャイアンツ』（'73～'74年）の主人公にしても、閉じたくちびるを斜めにしてニヤッと笑い、そのくちびるの線のフチが、くいっと上向きに曲がっているでしょう。不敵な感じで、すごくかっこいい。「こういう口もとを描く人は誰なんだろう?」と憧れていました。もう一つの記号は、キャラクターの目ですね。寄り目がちで、片いっぽうの目がもう片ほうに対して、ちょっと斜視ぎみにポジションされていて。

大塚　あ、それはよく言われるんですけど、ホルスなんか、特に斜視ですね。絵の癖は人によって違うけど、その絵の癖が好きになっちゃうと、似た絵柄の作品を系統的に観ていくから、描き手を好きになってもらえる。実はそれらは、「ヘタ」と言ってもいい僕の癖なんですが（笑）。

――たとえば、それが漫画であれば作者名を頼りに作品をたどれますが、アニメのクレジットには大勢の名前があって、誰がこの口、この目を描いたかまではわからない。で、当時東京ムービーが作った旧『ルパン』、『パンダコパンダ』、『侍ジャイアンツ』、それから、やや違うけれども『天才バカボン』（'71～'72年）や『ど根性ガエル』（'72～'74年）あたりは、キャラクターの目もとや口もとの表情が似ている。作品内容的に共通点はなくても、誰かがこれらにまたがって関わっているはずだ、という推理が働くわけです。

大塚　そうでしたか。まあ、『侍ジャイアンツ』のキャラクターがどことなくルパンに似ちゃったみたいなことは、同じ人間が描いたということで納得していただけると思いますが。

あのね、一つのキャラクターが決まるとしますね。スタジオの経営者がよく間違えるんですけど、「キャラクターが決まったから、これをそのまま描けばいい。誰が描いても同じだろう」と。そうじゃないんですよ。同じ作品、まったく同じキャラクターであっても——たとえばオバQ（オバケのQ太郎）くらい簡単そうなものでも——描く人によってずいぶん違うんですよ。

——オバQでも（笑）。

**大塚** ええ。厳密に言えばすごく違うんです。目や口の位置はもちろん、3本の毛がどういうアングルでついているのか（笑）。それを、やっぱり誰かがまとめないとバラバラになってしまう。まして演技させるとなると、統一したチェックは不可欠です。

——そこで、作画監督が必要になってくるわけですね。

**大塚** ええ。そのことについては、あとで詳しくお話しするとして、矛盾したことを言うようですが、描き手の個性というのは、実はものすごく大事なんですよ。アニメーターも機械じゃないから、決められたキャラクターに一所懸命合わせたつもりでも、知らず知らずのうちに自分の個性が滲んできてしまう。そこが面白いんです。アニメーションがいかに集団作業の産物であろうと、どこかに人間的な手ざわりというか、おかしな癖や個性があってしかるべきです。もっと言えば、リアリズムを基準に考えると、どんな人の絵も、どこかヘタといえばヘタなんです。子供の絵は超ヘタでしょう。だけど、すごく楽しいですよね。つまるところ、あれなんだと僕は思っていますが……。

——その「癖」の一つである、かつて大塚さんが描かれたあの「曲がった口もと」にすっかり魅了され、アニメに対する好奇心を大いに植えつけられてしまったわけです。その好奇心のおもむくままに、いろいろうかがわせてください。

**大塚** そうですか（笑）。それじゃ、特にアニメ史を語るとかアニメ研究という堅いことでなく、気楽に、フランクにお話ししましょうか。

第1章

# 作画監督という仕事

イラスト：大塚康生

## 作画労働と充足感

――まずはじめに、ベーシックすぎる質問かもしれませんが、アニメーターというお仕事の日常についてお聞かせください。たとえば、一日中ずっと絵を描くのが何年、何十年も続くというのは、どんな感じなんでしょう？

**大塚** うーん、そこは、普通のデスクワークの職種と同じじゃないですか。アニメーションが特に厳しいとは思いませんが、かがみこむような姿勢での長時間労働は良くありません。みんな、リフレッシュするために適当に立ったり、コーヒーを飲むために歩いたり、いろいろ工夫してるようです。アメリカでは、姿勢を良くするために作業机の角度を立てていますよ。日本でもやってみたことがありますが、どうも馴染みませんでしたねぇ。

それでも原画スタッフはまだいいほうで、細密画になりやすい動画は、あの姿勢では辛いものがあります。動画スタッフが長年もたないのは、賃金以外に、そのへんにも問題があるのかもしれませんね。ヨーロッパなんかでは、「日本のアニメーターは、どうしてあんな屈折した姿勢に長時間耐えられるんだ？」と不思議がるそうだけど、農耕民族と騎馬民族の違いだったりして……いや、本当に（笑）。

――たとえば、腰痛や肩こりといったことはありますか？

**大塚** 昔、東映動画時代の話ですが、腱鞘炎《けんしょうえん》になる人がいましたね。内向的な人に多いようですが、今は、コンピューターを使う人とかに（症状が）出やすいんじゃないでしょうか。そうそう、アニメーターの場合、一日中ガラス越しに蛍光灯を見つめることになりますから、職業病といえば、やはり眼に気をつけねばならないでしょう。ある程度、作業時間を自分でコントロールするしかないような気がしますね。今のところ、圧倒的多数のアニメーターがまだ若い人中心だからいいとして、これからの老齢化時代に備えて、作業環境の改善を研究することが求められていますね。

――現役時代は、何時から何時ごろまで働かれていたのですか。

**大塚** 携わった作品によりますが……。アニメーターは、朝はだいたい10時ごろからで、昼休みを1時間とって、夜は遅いときは10時とか終電の11時くらいまでが一般的だと思うけど、スケジュールの厳しいテレビアニメでは、今も徹夜がしばしば、という状態でしょうね。もっとも、近ごろはフリーのアニメーターが増大していて、自宅作業も普通になっているから、人によってまちまちだと思います。自宅作業になると、どうしても午後から仕事をして深夜まで、といった夜型になるようですね。僕の場合、『未来少年コナン』のときが一番働きました。夜中の2時か3時に帰ろうとしたら、宮﨑さんが、「なんだ大塚さん、もう帰るの?」なんて言うんですよ。「そりゃ帰るよ」って答えたんだけどね（笑）。そういう彼自身は、必ず人が帰ったあとに引き上げて、家に帰ったあとも徹夜でコンテをやっていました。強烈に働く人です。

――タフであることが必要ですね。ですが、大塚さんは、必ずしも子供時代からタフではなかったそうで……。

**大塚** ええ。弱いほうだったと思います。ただね、僕らアニメーターは、頭を使って指先を動かしてるだけで、肉体的な負担はむしろ少ないわけですから、皆さんが思っているほど苛酷じゃないんです。作品をやっている間はたしかにしんどいけど、済んじゃったら、思いきってあちこち遊んで歩きますし。海外に旅行したりね。何十年の間には、病気やけがをすることもありますが、そういうときは無理をしないで休みます。誰かが代わって僕の持ちぶんをやってくれますから。そのくらいの交代要員は、会社も計算に入れておかなければね。仕事の質は多少変わるかもしれないけど、ちゃんと作品は出来上がります。

――「作画汗まみれ」の中で、「(東映動画の初期に)アニメーションの面白さが自分の右手の中に入ってくるのを感じた」とお書きになっていますが、好きなお仕事だからこそできるというところもあるんでしょうね。

**大塚** そりゃそうですよ。絵を描く仕事は、労働条件だけでは決して判断できません。入門者にとっては、報酬が安い、時間的にも厳しいとあって、普通だったら若い人が敬遠する仕事なんです（笑）。しかし、一日中漫画を描いているわけでしょう。描くこと自体がすごく面白いし、一口で言えないくらい大きな充足感がある。描いてみて、「あっ、オレの絵が動いた、動いた!」、次に完成品を観て、「やったあ!」という感じ。これは絶えずつきまといますね。困ったものです（笑）。

大塚　愚問かもしれませんが、あまり長くやり過ぎて、飽きてしまうことはなかったですか。

——それはないですね。三十数年間、『サザエさん』（'69年〜）だけを描いている人もいるわけで。仕事になると「飽きたからやめる」というわけにはいかなくなるという側面もあるし、やっぱりこういうクリエイティブな仕事では、次から次へと新しいことにチャレンジしていかないと持ちませんから、飽きることは少ない。企画内容や作品、会社が変わって、「今度は何か新しいことができそうだ」と好奇心が働くから面白いんですよ。やったことがないものへ踏み込んでいくときの、あの、わくわくする感じ……。しかしまあ、アニメーションという職業をあんまり特殊化して考えないほうがいいです。何か生きがいとか面白さを感じるからやる。そういう仕事は、他にもいっぱいあると思う。森さんだって、自分が興味があるから、この本を作ろうとしているわけでしょう？

大塚　ええ、もちろん。

——それと同じですよ。出来上がって、「ついにやったぞ！」という充足感。同時に、それに向かってじっと耐えていく期間が必要とされる。もの作りって、常にそういうものだと思うんですよ。

大塚　そうですね。耐える時間なしに「もの」はできません。では、これまでのお仕事の中で、生きている実感というか、アニメーターをやって本当に良かったと感じられたのは、どんなときですか。

——うーん……それぞれの作品について達成感とか後悔とかの想いがあるから、一口には言いにくいんですが、『わんぱく王子の大蛇退治』のとき、「ああ、これが絵を動かしたいという自分のエネルギーが最高に発露した瞬間じゃないか」と思ったことがあります。自分の描いたヤマタノオロチが動き回るのを観て、ものすごい充足感を感じた。これぞアニメの醍醐味だと、大喜びしましたね。その後も、それに似たようなことはあったけど、あの、目もくらむような喜びとはちょっと違うような気がする……。あのオロチのシーンは、妥協せずに、とことんやってみましたからね。「このへんでいいや」とは決して思わなかった。これからアニメーションを目指す若い人たちにも、そのことはぜひ言っておいてあげたいですね。才能の限りを尽くしてやった仕事というのは、必ずそれだけの手ごたえを与えてくれるものなんですよ。

――　たいせつなお話を聞かせていただいたと思います……。ところで、大塚さんが「作画監督」としてクレジットされたのは、'68年の『ホルスの大冒険』から'81年の『じゃりン子チエ』（小田部羊一《こたべよういち》氏と共同）までですね。

大塚　ええ。『チエ』の制作はちょうど50歳を迎える直前だったと思いますが、そこでリタイアしたのは、〝作監〟の仕事に体力の限界を感じたからです。技術とか経験値とかが歳とともに豊かになってくるのと入れ違いに、画力や処理速度が少しずつ落ちてくる。これは、どんな人だって同じだろうと思う。その二つの曲線が、クロスして入れ替わるポイントが必ずある。その訪れを感じたからリタイアしたわけです。体力と執着力が失せていくと、チームの牽引車にはなれないですからね。

――　ファンとしては、「監修」でも「協力」でもいいので、大塚さんのクレジットをまた見られないものかなあと。

大塚　うーん、こればっかりはしかたないですね。『ルパン三世　風魔一族の陰謀』（'87年）のときは、全部の絵をちゃんと見たから「監修」でいいんですけど、『マモー』（『ルパン三世』のタイトルで公開された劇場用第1作。のちの副題『ルパンVS複製人間《クローン》』、'78年）のときは、何もしていないのに名前だけ出る結果になっちゃった。そんなふうにクレジットだけするのは、お客さんに申し訳ないですよね。「期待して観たのに、あれは何だ？」って言われちゃいますから。

## 「作画監督」の定義

――　次に、「作画監督」というお仕事の、具体的な作業内容についておたずねします。実写映画には「監督」という一枚看板があるわけですが、アニメーションの場合、資料によっては監督に併記される形で「作画監督」のクレジットがある。かつてそれを見て、「そうか、監督というのは演出する人で、絵を描くほうの監督さんが別にいるんだ」と気づきました。

大塚　率直に言って、僕自身は、この仕事に「監督」という名前がつくことに疑問を持っています。日本で作画監督という概念が出てきたのは、僕の記憶に間違いがなければ、『わんぱく王子の大蛇退治』からでした。日本語にはあいまいなところがあるものだから、まぎらわしい「監督」という名前をつけてしまったんでしょうね。

――作画監督という名称には、作品の絵的な要素のすべてを握っているような印象があるんですが、じゃあ、それが具体的にどんな仕事をするポジションなのか……？　私も含めて、案外正確に知らない人が多いんじゃないかと思うんです。たとえば、『わんぱく王子』での森康二《もりやすじ》さんのクレジットは「原画監督」。それまでの作品では、単に「原画」でしたが……。

**大塚**　それまでの東映では、森康二さんと大工原章《だいくはらあきら》さんという大御所が両立して、同じ長編作品の原画を描いてこられたわけですが、お二人とも個性的ですから、同じキャラクターを描いても、びっくりするぐらい感じが違うんですね。シーンによって、顔がずいぶん違っています。一所懸命合わせようとしてはいるものの、やはり相当違ってしまっている。でも、それまでは他人の描いたものを直すという習慣がなかったし、実際、直したりはしなかったんですよ。ではなぜ、『わんぱく王子』で作画監督というシステムが成立したのか。簡単に言うと、このころから森さんは森さん、大工原さんは大工原さんと、別れて別々の作品を創るようになったからと言っていいでしょう。それに、森さんと大工原さん以外の若いアニメーターの絵は、キャリアの差もあって、お二人が勝手に直しても納得してもらえた、ということもあったと思います。

――すると、もし『わんぱく王子』に大工原さんが原画の一員として入っておられたら、森さんは修正されなかった？

**大塚**　そうですね。少なくとも、非常にやりにくかったと言えるでしょう。実は、『わんぱく王子』で森さんがおやりになった作画監督の仕事はまだ控えめなほうで、日本でこの奇妙な仕事が始まったのは、むしろテレビアニメからだったんですよ。『わんぱく王子』を観ればわかりますが、森さんもすべてのキャラクターに手を入れてはおられません。主役級だけ。そのニュアンスを統一するだけで精一杯だったんです。オロチのシーンと天の岩戸のシーンとでは、まるで絵のスタイルが違っているでしょう。それを全部統一する。そんな膨大な作業が一人でできるとは思われていなかった。ところが、テレビ時代になってからは、大量の新人アニメーターが入って来て、そのままでは使えないレベルの原画が増えた。しかも、使うセルの枚数が大幅に減った。そこで、新人に描かせても一応使える程度にしておく作業が必要とされ、頑張ればなんとか一人で修正することができた。「せめて顔だけでも直しておかないと……」ということになったのが、作画監督のはじまりです。

**大塚**　――なるほど。

しかし、顔だけ直すんだったら、クレジットは「キャラクター顔修正」でも「キャラクター統一」でもいいわけでね。まがりなりにも「監督」と呼ぶんだったら、作品の内容や演技についても監督を補佐しなければおかしいでしょう？　今のおおかたのテレビアニメでは、「作画監督、即、顔修正屋」と断言してもいいみたいなものです。日本語のあいまいさの典型例かもしれません。むろん、顔直し以上のこと――演技の内容とか、タイミングとか、レイアウトまでをキチンと直す作画監督もいるし、顔しか直さない作画監督もいる。中には、作画監督とクレジットされているけどたいして仕事らしい仕事もしていない、みたいな人もいて、ずいぶん幅があるようです。まあ、原画スタッフがその作品のキャラクターに慣れて来さえすれば、あえて直さなくてもいいわけですが。

**大塚**　――大塚さんは、全部見て、直されるわけでしょう？

可能なかぎりそうしてきました。動きや演技、もちろん顔もできるだけ手を入れます。『ホルス』では、かなりの量の原画も描いています。特に気になるのはポーズ。硬直したようなポーズはできるだけ画面で見せないようにと。

**大塚**　――そこまでやるのは、たいへんな作業でしょうね。

そうなんです。全スタッフの中で、労働量が最も多いくらい（笑）。もう、家に帰れないんですよ。『未来少年コナン』のときなんか、1週間のうち、たまに2日ぐらい家に帰る。あとはずーっと泊まりっきり。スタジオのベッドで寝て、朝起きたらまた夜中まで描いて……みたいなことをやっていたんですね。ところで、作画監督という仕事は、実は日本にしかないんですよ。最近は韓国などにもあるようになりましたが、アメリカでは成立しない。

―― なぜでしょう?

大塚　職務上、アニメーターの間で、他人の描いたものを直すという権限がないから。勝手に直したりすると人権侵害になるわけですね。「オレの描いたのを使わないで、まるで直して使っているじゃないか!」ということになります。反対に、日本では一時、こういう論議があったんですよ。直さなきゃ使えないものは完成した商品じゃないから、作画監督は描いた人から修正料をもらうべきだ、と。「たしかに頑張ってくれたけど、あなたの絵は全然似ていないし、演技もなってないから、直したぶんだけ修正料をもらいますよ」というふうにしたらどうか、という論議がね。

―― それもまた極端な意見ですが……(笑)。ある意味では正論でしょうか。

大塚　理論的にはそうなりますが、そうなると、日本では作画組織そのものが成立しません。いかに作画監督といえども、人の描いたものを「これは使えないから描き直して」と突き返すのは、なかなかできることじゃないんです。相手が新人だったりして、おのおの一所懸命描いた結果がそれだとしたら、「もう一度描け」と言われても、また同じような結果になるかもしれないし、いっぽうでは、その程度の技術の人にでも描いてもらわないと作画陣の編成が組めない、あるいは、描き直してもらう時間がない……だったら作画監督が直接直したほうが早い……などと、いろんな現実的事情があるんです。

―― 日本のアニメーションがつま先立ちして、というか、ずいぶん無理をして作られている様子がよくわかります。ところで、チーフ・アニメーターという言葉があるようですが、それと作画監督の違いはどうでしょう?

大塚　日本には本来そういう職種はありません。アメリカでいうチーフ・アニメーターとは――タイトル上は「ディレクティブ・アニメーター」と表記されますが――その作品に関わるアニメーターの中で一番うまい人が、「これはこういうしぐさをするキャラクターなんだよ」と典型的な演技をサンプルとして描いてみせ、他の描き手がそれに従う、というやりかただそうです。ディズニーで盛んらしいですが……。ようするに、全員が認める「最優秀アニメーター」がその任に当たっているわけで、1本につき数人います。どっちにせよ、アメリカでは他人の描いたキャラクターは直しません。おのおのが納得ゆくまで直し、完成させる。要は、それだけ時間が与えられているということですね。

——日本流の作画監督、しかも顔直しだけじゃなくて、大塚さん流のやりかたをフルに続けていると、それこそ現場を外せなくなってしまいますね。

**大塚** そうですね。まあ、企画（作品）が変わればその絵柄の得意な人が担当するわけだし、（一つのスタジオ内に）作画監督が僕一人だけということではないから、ちゃんと休めるわけですが（笑）。それはともかく、日本でいう作画監督を別の角度から定義しますと、若い新人アニメーターに対する「教育者」としての役割があると思います。顔直しだけではしようがありませんが、なんにせよ日本でアニメーションがこれだけ盛んで、よその国ではそうなっていない原因の一つとして、「絵かきが集まって映画を作る」ための組織が他国ではうまくできないという事情があるのかもしれません。絵かきという仕事は、本来、非常に個性的なものですから、組織化すること自体が難しいんですね。

## パラパラ漫画の効用

——作画監督として、誰かが描いてきた原画や動画を見るとき、どういうところがチェックポイントになりますか？

**大塚** ケース・バイ・ケースで、一口では言いにくいけれども、まず、その絵や動きが画面の中で明快に整理されているかどうか。それから、ものの動きを正確にとらえているかどうか、でしょうかね。実を言うと、僕は、自分が描いたものも含めて、ほとんどすべての絵に疑問があるんですよ。「なぜ、こんなふうに描いたんだろう？」と常に考えてしまう癖がある。たとえば、あるキャラクターの頭を木槌でコーンと殴るとしましょう。

棒を振り上げた絵と、頭に当たっている絵と、その2枚しかなかったらおかしいでしょう？　コーンと打ったら、次のコマでは、棒が反動でちょっと上がっていなければいけない。でないと、「コーン！」という効果音が入れられないんです。だから、「ここは1枚足りないね」ということになる。

あるいは、立っている人物をうしろから叩くとしましょう。演出の指定で「叩かれる直前に気がつく」となっているのに、叩かれた瞬間に「止め」で驚いている絵が動画から上がってきたら、「これはおかしい。この人物は、叩かれる前に一瞬気づいてるはずじゃないのか？」と。気づいたけど、間に合わずに叩かれちゃった。だとすれば、叩かれっぱなしの「止め絵」じゃなくて、直前に、わずかでも反応しているべきだ。そういうことを指摘すると、たいていのアニメーターはギョッとなります。で、「ああ、そうですね」と納得して描き足す人もいれば、「いや、枚数が使えませんから」とそっけなく言う人もいる。どちらかなんですね。そんなふうに、「本当はこうなんじゃないの？」と疑問を持つことに、僕は常にこだわっているんですよ。

――　動きがOKかNGか、具体的にはどういう確認方法をとるんですか？

**大塚**　むろん、線画撮りしてラッシュフィルムにして観れば一目瞭然だけど、そこまでやっていられないことが多いので、そういうときは、動画用紙を束ねてパラパラッとやります。

――　いわゆる「パラパラ漫画」ですね。あれは役に立ちますか？

**大塚**　いやもう、大いに。だって、パラパラやっただけで、一応ちゃんと動くんですからねぇ。たとえば……（手もとの紙に数枚の絵を描いて）向こうから人物が走ってきて、ちょっとブレーキをかけて、途中で違う方向に曲がったとする。それを、こうやってパラパラやるだけで、だいたいの動きがわかります（数枚の紙をそろえて左手で持ち、右手でパラパラとやってみせる）。で、次に、このパラパラ漫画にキャラクターを当てはめて考えてみる。この絵はこんなに足を開いてるから、女の子じゃないはずだ。じゃあ、女の子だったらどういう動きになるんだろうとか、ブレーキをかけたポーズはこれでいいのかとか、真剣に考えていけばいくほど、課題はいっぱい出てきますよね。つまりアニメーターは、ただがむしゃらに描くだけじゃなくて、そういう思考のプロセスを持つことが重要だと思うんですよ。

## 監督、絵コンテマンとの位置関係

――直し作業のお話はわかりました。次に、監督や絵コンテマンと作画監督の位置関係についてお聞かせください。この、アニメ界特有の仕事分担が、わかるようで、もう一つよくわからないんです。

**大塚**　たしかに、ちょっとわかりにくいかもしれませんね。まず、監督、つまり演出家が、基本的には1本の映画の全カットを考えて、それを絵コンテとして作画陣に提示する。これは、「絵のついた憲法」のようなものだと思ってください。

――ですが、「絵コンテ」というクレジットが「監督」と別にある場合も多いようですが？

**大塚**　絵コンテマンというのは、実は、テレビ時代以降に出てきた職種というか「仕事」なんです。毎週放映のテレビシリーズとなると、演出も全部一人じゃとてもできませんから、演出家が全体の流れをつかみ、各話ごとに絵コンテマンを立てるので、職業コンテマンが生まれてくるわけです。コンテマンの描いたコンテを監督が、「ここは違う、ここはもっと誇張して」とチェックしていく。シリーズ全体を見わたすのが監督の役目で、監督自身は必ずしも絵コンテが描けなくてもいいんです。『巨人の星』（'68〜'71年）の長浜（忠夫）さんはコンテなど全然描けなかったし、旧『ルパン』の大隅（現・おおすみ）正秋さんもそうだった。だけど、シリーズ全体のコンセプトを考える人が必ずいなければならないわけで、ある意味で、演出家はプロデューサーの仕事とも少しダブってくるわけです。

整理すると、シリーズの内容の方向性を決め、一定の質に整えるのが監督。絵コンテマンはその補佐。外注も含めていろんな人からバラバラな原動画が上がってくるのを一つのトーンにまとめるのが作画監督、ということになりますかね。

――では仮に、文字で書かれたシナリオに、「男は、吸っていたタバコを水たまりに投げ捨てる」という描写があったとしますね。その場合、たとえば、口元のタバコのアップから、ポンと投げる指先のアップ、水にタバコがポチャンと落ちて波紋が広がり、ジュッと効果音が入って煙が上がる――というような具体的な描写を、アングルからカット割りまで細かく考えるのは、どなたの仕事なんですか？

**大塚** 劇場用の映画、つまり長編では、むろん演出（監督）の仕事です。テレビではコンテマンと言っていいでしょう。

――するとと、テレビ作品における監督は、そういう細かい演出のあれこれに、どの段階でコミットするんですか？

**大塚** 打ち合わせのときに。「ここのタバコをジュッとやるところは、ちょっと凝ってよ」とか、「ここはアップにして、こうやってね」とか、コンテマンに口頭で指示するんです。あるいは、「わかってるだろ、いつもみたいにやっといてよ」なんてね（笑）。つまり、何人もいるコンテマンの交通整理を演出家がやるわけですね。

――その打ち合わせは、かなり綿密に？

**大塚** もちろん。入念にやります。でも、担当するコンテマンの癖や持ち味がわかってくると、かなり大胆に任せたりする演出家もいます。そのコンテを、原画マンが絵にしていく。コンテに従って大きなサイズの作画用紙に描いていくんですが、コンテではいいかげんに描いてあるところも、ずっと細かく描いていくわけです。

――大塚さんの場合、作画チェックだけでなく、ご自分でいきなり原画を描き出すこともあるわけでしょう。

**大塚** ええ。シーンによってはね。でも、長編ではまずコンテから出発します。

――全シーンの中で、「ここここは自分が原画を描く」というのはいつごろ決められるんですか。

**大塚** 作品にもよりますが、『太陽の王子』では、まずはじめにラフでサンプルを描いてみせましたね。冒頭の、岩男がガバッと起き上がるところとか、狼の群れがホルスを襲うフォロー（移動）とか……あのへんは、非常に早い時期に僕自身が描いています。もちろん、監督の高畑さんの判断と指示によってね。

――あのフォローは大塚さんですか。長回しで、すごく迫力ありましたね。

**大塚** キーになるシーンを先に描いて、「来たるべき作品はこんなふうに動かすんですよ」と、サンプルをスタッフに見せるわけです。ちょっとディズニー式ですね。

――絵コンテの話に戻りますが、『未来少年コナン』では、富野喜幸（タイトル上では「とみの喜幸」、現・富野由悠季氏）さんや『宇宙戦艦ヤマト』（'74～'75年）の石黒昇さんたちが絵コンテでクレジットされていますよね。宮﨑さんのもとで『機動戦士ガンダム』（'79～'80年）の富野さんが絵コンテを描いているというのは、どうも想像しにくいんですが……。

**大塚**　『アルプスの少女ハイジ』（'74年）や『母をたずねて三千里』（'76年）などのコンテマンとしての富野さんとの縁からでしょうが、そこはやっぱり職業的コンテマンとして、宮﨑作品の場合どういうふうにシーンを構成すればいいか、カット割りはどうやるか、というルールをある程度研究してやるでしょうからね。だから、宮﨑さんのもとでも富野さんのコンテは成立する。もっとも、宮﨑さんはあとで徹底的に直していましたが……。宮﨑さんの場合、誰によらず、元のコンテの形跡がなくなるほど直すことが多いんですよ。『コナン』の場合も、高畑さんの担当ぶん以外のコンテの全話を宮﨑さんが手直ししていますが、いったん仕事を外に出した以上、コンテを描いた人のクレジットは出さねばなりません。

――コンテを直された方は、それでクレームをつけたりしないんですか。

**大塚**　しません。出来の良し悪しは別として、コンテを完成させ、それで収入になるわけですから。1本30万なら30万で受けて、「はい、終わりました」とポンと渡したら、そこから先は仕事を外に出したほう、直したほうの責任なんです。

――それにしても、ある意味では宮﨑さんの対極とも言えるタイプの作家の方々にコンテを発注すること自体、不思議な気がして……。

**大塚**　そこはちょっと想像していただきたいんですけど、テレビでは、ある回が放映されているときには、7、8本ぐらい先の回が制作に入っているわけですよ。4カ月ぐらい前から入っていなければ放映に間に合いませんからね。すると、プロデューサーの側は、「この人はひょっとしたら使えるかもしれない」「あの人とは親しいし、頑張ってくれるだろうな」と思ってコンテを発注するわけです。

ああ、プロデューサー・サイドが。

**大塚**　そうです。もちろん、演出家の同意を得た上でですが。ところが、上がって来たら、「このままでは使えないや」と宮﨑さんが夜も寝ずに直しちゃう。その作業のくりかえしです。『コナン』も、中盤までは宮﨑さんと誰かというように二人でコンテにクレジットされることが多かったと思いますが、最後のほうはすべて宮﨑さん単独になっているはずです。旧『ルパン』にしても、宮﨑さんが部分的に直したコンテは、そこだけ違った演技と顔になっていますよ。顔なんか全然違うことすらあるけれども、それを他と合わせるのは、また別のチームの仕事ですからね。

――「作画汗まみれ」に一部掲載された旧『ルパン』の宮﨑コンテ（第16話『宝石横取り作戦』）を見ると、演技からカメラワークまで実にツボを押さえて描いてあるので、他のスタッフはずいぶん助かるんじゃないかと。

**大塚**　いや、今は業界全体でコンテの密度がどんどん上がっていますからね。もっとずっと克明な絵コンテが描かれ、そのとおりにやるように指示され、やるほう、つまりアニメーター側はそうとう受け身になって言われたとおりに描くしかない、みたいになってしまっている。昔はね、コンテは、絵を描く参考にしかならなかったんですよ。コンテの示す内容をどう理解してどう描くかは、原画マンがそれぞれ自分で考えたものです。

――その意味では……コンテのありかたの変化についての、年代的な境目というのはありますか？　つまり、「何以前・以後」といったような。

**大塚**　うーん……あえて言えば、日本では、「『太陽の王子』以前・以後」と言ってもいいかもしれません。あの作品で、高畑さんは実に克明なコンテを作った。勝手な変更は許さない、という貫禄と説得力がありました。あれが境目でしょうか。

それ以前の、『わんぱく王子』なんかでは、僕の担当シーンはもともと8分くらいしかなかったのに、面白がって15分近くも動かした。8分のオロチ退治が15分になっても、面白いから他のところを切ってでも使うわけです。ずいぶん大雑把なコンテだったということですね。演出の芹川（有吾）さんは絵が描けないから、「大塚さん、ここでオロチがこう来てさ」と口で言うわけ。僕は指示された以上にディテールを描き込んで、場合によっては別のカットを入れたりして、どんどんどんどん長くなってしまった。

同じ東映の『安寿と厨子王丸』（'61年）に、巨大な渦巻きのシーンがあったでしょう。あのときなんか、演出家から、「大塚さんはこういうのが上手だから、カット割りも含めて考えてみてよ」みたいなことで、動かしかたとカットの構成まで任せてもらったものです。

……まあ、アニメーション映画においては、ある程度そんなふうに融通がきくほうが、描き手の創造力を刺激するという意味で、いいとは思うんですよ。たとえ細かい失敗がいくつかあったとしてもね。ウォルト・ディズニーは、そういう融通性をいかに組織的な作品づくりの中に同居させるかを熱心に工夫した人ですね。

## レイアウトマンの仕事

――監督、絵コンテマン、作画監督の位置関係はわかりましたが、ここにもう一つ、レイアウトマンという職種がありますよね。日本のテレビアニメでは、『アルプスの少女ハイジ』で宮崎さんが手がけられたのが最初だそうですが、たとえば芝山努さんも、『ガンバの冒険』（'75年）でおやりになっている……。[注2]

大塚　アニメにおけるレイアウトマンとは、簡単に言うと、絵コンテと原画の間にあって、一つ一つの画面の構図を作画サイズに決定する人のことです。「引き」（ロング）なり、「寄り」（アップ）なり、適当なサイズを選んで、画面の構図そのものを作る仕事。近年テレビアニメでは、使用する動画枚数がうんと減って、レイアウトで勝負する度合いが増えています。

――絵コンテに画面構成がすでに描かれているのに、なぜまたレイアウトマンが必要なんでしょう？

大塚　いや、ここで言うレイアウトとは、絵コンテよりもずっと複雑に、リアルに、厳密に画面を作ることを意味します。

たとえば、応接間で二人の人物が出会うシーンがあったとしましょう。部屋の真ん中にテーブルがあり、人が座っていて、こっち側のドアから別の人が入ってくる。コンテでは、そのシーンがほぼわかる程度の略図として提示されます。テーブルの大きさや、部屋の奥行き、椅子の形までは決めなくていい。そのコンテを、演出家の意図通りに原画として描けるかどうか……。おおぜいの原画マンの中には、レイアウトを描くのに向いていない人もいる。そこで、作品によっては、レイアウトマンという役割が発生するわけです。彼らは、カットの流れや画面の構造を知悉《ちしつ》しているから、本来はどの作品でも任せたほうがいいのかもしれない。現にアメリカでは、レイアウトマンはちゃんと独立した職種になっているんですよ。レイアウトを原画に任せないで、全部レイアウトマンがやる。それだけ作業に時間がかかりますけどね。

――レイアウトマンがいないアニメもあるわけですよね。絵コンテから原画にダイレクトに行く作品。

**大塚** ええ。日本のテレビアニメはたいていそうです。レイアウトマンがつくのは、わりとていねいな作品と考えていいでしょう。レイアウトマンを立てた場合、絵コンテは、いったんその人の手に渡り、全カットが用紙にレイアウトされてくる。

――絵コンテの描き直しではなくて？

**大塚** 必ずしもそうではない。というのは、宮崎さんのコンテなどは例外ですが、絵コンテの表現力には限界があるから。コンテ用紙の小さなマス目にディテールを描くのには限度があるし、絵を描けない演出家の場合、俗にいう「丸チョンコンテ」、つまり、人物の顔を丸、目や口を点で描いただけの絵コンテだってありうる。それじゃ困るので、こういうパースの画面で、テーブルがここ、窓がここ、ドアから人が入ってきてここに立つ、というふうに、すべてをレイアウトマンが具体的に決める。実写の映画でいうと、カメラ位置を決める作業に近いかな。むろん、そういう要素は絵コンテにもありますが、舞台となる部屋に観葉植物が置いてあり、壁に額がかかっていて、ドアはこのぐらいの大きさで、とかいうのを、誰かが正確に決めなきゃならない。背景担当に渡すべき画と、その画に乗せてキャラクターを描く作業を、誰かが仕分けしなきゃね。

――部屋の造りとかは、美術担当の方が決めるのでは？

大塚　美術は全体としてのデザインは決めますが、カットごとに変わるアングルや、そのなかで動く原画と背景の関係まではフォローできません。美術デザインを見ながら実際のレイアウトを行うのは、アメリカではレイアウトマン、日本では一部の例外をのぞいて原画が担当しています。さらに言えば、レイアウトの仕事というのは、そういう実際的な作業だけにとどまらず、実は、演出内容にも大きく影響するんです。

――と言いますと？

大塚　たとえば、画面の右側にキャラクターがいて、左側の空間がうんと空いていたとしましょう。観ているお客さんは、心理的に、「空いているところに何か出てくるんじゃないか？」と思ってしまう。逆に言えば、何も出てこないのにむやみに空間を空けてはいけない。それからこれは、エイゼンシュテイン以来の映像の法則になりますが、Aという人物がBという人物と向き合っているとき、もしBがうんと偉い人だったら、Aが少し見上げているような感じに描くわけです。

――ああ、Aから見て仰角に……。

大塚　そう。あるいは、Aがみじめな気持ちでうつむいているなら、逆に俯瞰《ふかん》ぎみにして、バックに地面が見えるように描く。背景が青空なのか、地面なのか。同じ絵でも、ずいぶん印象が違うでしょう？　そんなふうに、お客さんの心情をも計算しながら画面を決めていくのがレイアウトの仕事なんです。だから、映画のカット構成についてのアカデミズム的素養が必要とされる。画力と同時に判断力、演出力がないと、とても務まりません。だから『ハイジ』『三千里』で宮崎さんが全話、全カットのレイアウトを決めたというのは、それらの作品にとって、ものすごく意味が大きいんです。大きな演出的負荷がレイアウトマンの技量にかかっていると言えます。

――全話、全カットとは、すごい仕事ですね。

大塚　そういう宮崎さんの壮絶な仕事ぶりを見てきているもんだから、僕は今でもレイアウトのメチャメチャな作品に出くわすと、「何やってるんだ。こっちが見たい画面をちっとも見せてくれないじゃないか」と怒りたくなるんですよ（笑）。

――レイアウトマンと作画監督の関係性は、どうなっているんでしょうか。

**大塚** 両者で、詳細な打ち合わせをやります。レイアウトマンが入るとそのぶんよけいに時間がかかりますが、原画にじかにレイアウトを描かせると人によってバラつきが出るから、結局、作画監督が直す分量が多くなってしまう。まあ、芝山さんや宮崎さんのようなうまい人が原画を描くなら、レイアウトもキチンとできているから、一発でそのまま使えますけどね。

## 画面サイズはどれがいいか

――レイアウトの話が出たので、ここでちょっと画面サイズのことをお聞かせください。

映画の画面には、昔ながらのスタンダード、横長のビスタ、さらに横長のシネマスコープなどがありますが[注3]、こうしたフレームサイズは、アニメの作画にどんなふうに影響するのでしょうか。

**大塚** アニメーションにおいては、作画の画面サイズすなわち予算規模、と思ってもらっていいと思います。テレビ用の原画はいわゆるスタンダード・サイズで、劇場用長編のシネスコだと、ずっと絵が大きく、広くなる。作画用紙そのものの大きさが違うんです。

――横長の、スコープサイズ用の紙に描くわけですね。

**大塚** そう。で、ビスタだと、シネスコよりはちょっと用紙が小さい。それにしたって、スタンダードと比べると画面に映る密度はまるで違う。大きく描いて、大きく映す――これは一種のぜいたくであって、そのために予算も時間もよけいにかかるわけです。

――本来アナモフィック・レンズで特殊な歪曲撮影をするシネスコは別として、ビスタの場合は、スタンダードで作っておいて、プリント段階か映写時にマスクをかけ、「後づけ」で横長にする手もあるのでは？

**大塚** それもありますけど、アニメーションの構図を決める上で、あとで人為的にマスクを切ったものは、やっぱりどこか不自然ですね。最初からちゃんと横長の絵を描くべきです。

—— 東映でいえば、最初の『白蛇伝』がスタンダードで、第2作の『少年猿飛佐助』（'59年）から、早くもシネスコになっていますね。

**大塚** 初めてシネスコをやったとき、やりにくくてしようがなかったですねぇ。スタンダードの倍ぐらいの面積を、ワーッとひたすら埋めるわけでしょう。作画枚数は同じなのに、倍くらい描いてる気分になってくる（笑）。特にモブ・シーンなんか、描く人数がほぼ倍になるわけで、ほんとにアニメーター泣かせですよ。作業的にもきついし、お金も時間もかかる。最近の劇場用の主流はビスタサイズですが、僕は、ビスタでもちょっと広すぎるなと思っているくらいです。

—— やっぱり、スタンダードがお好きですか？

**大塚** ええ。安心して描ける大きさというか……。でもね、これは冗談ですが、横長どころか、縦長の画面が欲しいなんて思うこともある（笑）。『ホルス』の岩男モーグなんて、縦構図でボーンと大きく出したいなあと。そういう悩みは、旧『ルパン』でもありました。あの作品が画期的だったのは、それまでせいぜい4頭身か5頭身ぐらいだったテレビアニメのキャラクターが、6頭身ぐらいになって、実際の人間のように頭が小さくなったことですよ。本音を言うと、頭でっかちな2等身キャラが一番描きやすいし、画面にも収まりやすい。6等身のルパンをフルサイズで画面に入れると、どうしても全身像は引き気味に見えて、寂しくなってしまう。そこで僕は、モンキー・パンチさんの原作よりも、ちょっとだけ頭を大きくしたんです。

　画面サイズの決めかたには、むろん作り手の好みや演出意図もありますが、人間の目に一番自然に見えるのは、やっぱりA4サイズの紙を横にしたぐらいの比率じゃないでしょうか。スタンダードとビスタの中間ぐらい。そのくらいだと、画面の隅から隅まで安心して自分の目で占有できる。シネスコは、描くにせよ観るにせよ、どうしても不自然な感じがしますね。

—— シネスコだからこそ実現できた、という手ごたえを感じたことはありませんか？　たとえば、『ホルス』の冒

**大塚**　頭のオオカミ退治のシーンなど、シネスコならではの迫力が……。

**大塚**　いやいや、全然。画面が余っちゃってしようがなかった（笑）。実際、スタンダードの画面は、心理的に非常に安定して観られると思いますよ。シネスコになると、同じものを見ているはずなのに、ちょっと画面を見回さなければならない。スペクタクルものなどには適していますが、なんだか集中力をそがれるような気がしますね。

──画面に気持ちがこもらない？

**大塚**　ええ。なにかこう、心理的なものに影響するんでしょうね。絵画にしても、そんなに縦・横に長い絵なんて、あまりないでしょう。写真でも、パノラマフレームはそれほど流行らない。ことに映画は、絵画や写真と違って、じっくり見ていられないほどの速さで画《え》が変わっていきますから。大画面なんて言っても、その大半はムダだと思いますね。

## 原画マンの個性をつかむ

──ところで、大塚さんは「作画汗まみれ」の中で、原画マンの個性をつかみ、それぞれに最適なシーンを割り振ることが重要だとお書きになっていますが、それも作画監督の大きな仕事になるわけですね。

**大塚**　ええ。それぞれの原画マンが得意とする動きのジャンル──格闘とか、爆発とか、日常的な動作とか──激しいものからゆったりしたものまでいろいろあるわけですけど、それをうまく割り振るのは、当たり前のようですが、非常に重要なことなんです。どの原画家にも得意、不得意があるわけだから、そのシーンに合わない人に仕事を出しちゃったら、みじめな結果になる。やっぱり個性に合った人に出したい。たとえばね、実生活でも食べものに関心がある人、普段からよく注意して見ている人は、演技づけも上手なはずです。田中（敦子）さんというアニメーターは、そういう意味で、食べる演技に関してはピカイチですよ。

──田中さんは、実生活でも食べものにご興味があるんですか？

大塚　ええ。露骨に高価な料理に憧れているみたいです（笑）。彼女がバリ島、バンコクあたりに旅行に行って撮ってきた写真を見たら、全部食べものの写真でねぇ（笑）。これが何の材料で、これがどうでと、全部説明できるんですよ。レストランのキッチンにまで入り込んだようで、「お鍋でこうやって煮ているのよ」と。「普通の観光写真なんか撮ったってしようがないじゃない」とさえ言う。それだけ執念があれば、料理のシーンに適しているはずですよ。

――　ですが、『カリオストロの城』の有名なスパゲティーの奪い合いのシーンを描かれたときは、田中さんにそんな個性があることはまだ知られていなかったわけでしょう。その時期にスパゲティーのシーンを割り振ったのは偶然ですか？

大塚　偶然なんです。うまくいったんですねぇ。彼女は、専門学校の同級生の女の子を5人ぐらい連れて、どこかにスパゲティーを食べに行ったんだそうです。で、自分は食べないで、「争って食べてちょうだい」と観察していたらしい。

――　そんなことまで！

大塚　誰かがスパゲティーをバーッと巻き上げると、そばから別の人がフォークを差して、スーッと引っぱって、ぐっと回す。「もっと派手にやって、派手にやって！」と、みんなで食べたらしいんですよ。そのツケは会社に請求したらしいんですが、安いものです（笑）。

――　昔の、東映劇場用長編アニメ時代のライブ・アクションみたいですね。

大塚　そうそう。ライブ・アクションの基本はたいへん重要でしてね。たとえば『じゃりン子チエ』に、大阪のホルモン焼きの店で、チエがコップ酒をついで労働者がそれを飲むというシーンがあった。で、あるアニメーターが最初に描いてきたのは、こういう絵だった。

（1）コップをとる（2）コップを口まで持っていく（3）飲む

僕はそれを見て、「屋台で労働者がコップ酒を飲むときの飲みかたを知ってる？」と聞いたら、「いや、私は酒を飲まないから知りません」。ここはどうしても気分が必要だから、「悪いけど、今夜浅草に行って屋台を見てきてよ。間違いなくこういうふうに飲むから」とお願いしましてね。

こう、コップを上からつかんで……。

**大塚**　―　そうそう、酒はコップになみなみとつがれているから、こぼさないように、そーっとつまむように持ち上げるでしょう。コップを横からわし掴みするということはあり得ない。あるとすれば、よほど無神経なキャラクターとして表現する場合でしょう。次に、そのコップを手首を回すようにして、そーっと口のほうが迎えにいって、こうやって飲むんですよ（湯飲みでそのしぐさをやってみせる）。

ちょっとすする感じ。

**大塚**　―　そうなんです。ところが、最初に描かれてきた絵は、いかにも概念だけで描いている。ふつうの茶の間でお茶を飲んでるみたいで、リアリティーがない。もちろんアニメだから実写映画のようなリアリティーはなくてもいいけど、気分だけはなきゃいけない。その気分を見てきてほしいと頼んだわけです。「今日は残業しなくていいから、行って見てきて」。で、翌日、「見てきました。大塚さんが言ったとおりでした」と。そういう気分が作品にあるとないとじゃ大違いなんですよ。

　まあ、森さんのように分析的にアニメを観る人はあまりいないから、一般の観客は観過ごしてしまうかもしれないけど、印象の中で感じ取るってことはありえますからね。「あのシーンの演技は、いかにも日雇い労働者らしかったよ」と感じてくれるかもしれない。今、アニメで、みんながみんなこうやって飲むのを描いている時代に、こうやって飲む人がいたときのうれしさってないですよ（両方のしぐさをやってみせる）。

よくわかります（笑）。

**大塚**　―　これはね、演技のリアリズムと省略化の間の問題なんです。僕は、そのシーンは酒好きなやつに描かせれば良かったと思ったんですが、酒が好きなら必ず上手というわけでもない。好奇心を持ってものごとを観察する癖があればいいわけで、まず、描く対象に興味があって、次に、絵を描く心でそれを見ているかどうかなんです。

だから『侍ジャイアンツ』なんかは、僕自身、野球のルールも知らないくらいの野球音痴ですから、作画監督としてはまったくのミス・キャストなんですよ。

でも、その前に『巨人の星』で原画をおやりになっていますよね。

大塚　一部やったけれども、原画だけですから。やっぱり作画監督ともなると、ボークとは何か、スライダーとは何かとかを知らなきゃいけない。そんなこと知らなくても、打ったり捕ったりの絵は一応描けるけど、本当に野球の醍醐味《だいごみ》を見せようとするなら、もっと分析的に、その面白さのエッセンスを抜き取って描かなきゃいけないんじゃないでしょうか。

『侍ジャイアンツ』のときにね、巨人戦の試合の券をやたらにくれるんですよ。読売新聞とか、巨人軍とか、いっぱいスポンサーが付いていて、Aプロにどんどん券が入ってくる。僕も1、2回見に行った。一番いい席だから、長嶋が目の前でホームランを打ったのも見たことありますよ。ただやっぱり、野球が好きで、それに愛着と情熱を持っていなきゃ、アニメーターとして本当にいい仕事はできないと思います。好きじゃないものを無理してやっても、どこかに矛盾が出てきますよ。

原画の割り振りの話に戻りますと、『カリオストロの城』のカーチェイス・シーンを宮崎さんが友永（和秀）さんに割り振られたそうですが、友永さんはアクションの切れ味で評価されていたんでしょうか。

大塚　そう。動きのセンスですね。それから、メカに強いということ。ここ（テレコム・アニメーションフィルム、注4）で作った『パタパタ飛行船の冒険』（02年）にしても、友永さんが描いたものはすぐわかる。ジュール・ベルヌの原作にはない変な帆船とか、飛行船とか、みんな彼の絵なんです。そういうものを動かしたらうまいですよ。逆に、田中さんはメカは苦手かなと思っていたんですが、『風魔一族の陰謀』で温泉場を走り回るフィアット500をお願いしたら、実に生き生きと動かしたので、誰もがあっと驚きました。どこからああいう才能が出て来るんでしょうねぇ。

私、丹内（司）さんの絵がとても好きなんです。なんというか、キャラクターがほどよく繊細な感じで。

**大塚** スマートなところがありますよね。友永さんは、どちらかというと、ちょっとドロくさいんですが。僕と同じ人種（笑）。

――丹内さんは、描く人物の顔が端正でキリリとしていますね。作監をおやりになった『天空の城ラピュタ』（'86年）でも、キャラクターの顔だちにデリケートな美しさを感じました。

**大塚** そうですか。丹内さん自身も、そういう端正な感じの人なんですよ。そんなふうにちゃんと観てくれる人がいるというのは、丹内さんにとっても本当にうれしいでしょうね。報われる感じがしますね。

――同じ1本の映画、たとえば『カリオストロの城』の中でも、ルパンの顔がシーンによってけっこう違いますよね。

**大塚** そうそう、『カリオストロ』といえば、河内日出夫さんが描いた、眠っているクラリスのところに伯爵が入ってきて寝顔を見ているシーン……。

――はい、あの横顔。

**大塚** 何ともいえない、いやらしい感じがするでしょう（笑）。あのうまさは他の誰にも出せません。宮崎さんは『コナン』のときの感触で、ああいったシーンは河内さんに向いていると思ったようですが、それは正確だったと思います。

――そういえば、公開当時、どこかの雑誌の読者欄だったか、映画の中でたった1カ所、伯爵のあの横顔以外は全部好き、と書いた人がいました（笑）。たぶん、女性読者だったんじゃないかと思うんですが。

**大塚** 女性でしょうねぇ。女性はそういうの、敏感に感じ取るからね。

――いやらしいというか、顔がちょっとねじ曲がってるような。

**大塚** ちょっと気色悪い顔でしょう。あれは僕ら、気づいていたんですよ。宮崎さんと二人で、「これ、どうする？　直すか」「いや、置いておこう。感じが出てるよ」と（笑）。

――何の感じなんだか……（笑）。でも、そういうことがすべて、原画マンの方々の大切な個性なんでしょうね。

河内さんはその後NHKの『忍たま乱太郎』（'93年〜）の監督などもなさっていますが、幼児向き番組とはいえ、絵に安定感があって、安心して観ていられます。

## 楷書を学ぶことの大切さ

**大塚** まあ、総括的に言えば、描く人によってそれだけ大きな違いが出る。で、作画監督としては、多少の違いがあっても気分が出ていれば直さない場合もある、ということですね。よく言われるんですが、大塚さんが直すと全部が大塚一色になる、何となく軽くなっちゃうなあと。僕もそう思う。だから、重く描いてくる人がいたら、敬意を払って直さないんです。僕は、軽いぶんにはある程度上手かもしれません。ルパンにしても、眉毛の片いっぽうが困ったような形をして、片いっぽうがうれしそうにしているというふうに、喜怒哀楽の「喜」と「哀」を、同じ顔に半分ずつ入れようとするんですよ。こっち側が引き締まっているのに、反対側が笑っているとか、そういうことを昔からやるものですからね。それについては、ある理屈をつけているんですが。つまり、日本の生け花と同じなんだと。初めのうちは整った法則性にのっとってやるけど、ベテランになるに従って崩していく。わざとアンバランスにするというかね。

――書道と同じですね。最初は、楷書から始まって……。

**大塚** そうそう、同じです。ところが、書道の楷書なんて、今や誰も覚えようとしないでしょう。本当は楷書から、つまりアカデミズムの修練からやるべきなのに、若い人はそんなの覚えたくないんですね。学校でも崩したのばっかり教える。アカデミズムの5割は退屈でつまらないから。もっと奇をてらったというか、バリエーションのほうにいくのが今の流行で。

――大塚さんは、日動時代から東映動画の初期にかけて、丹念な演技づけのアニメートをうんと修業されたわけですが、それなしには後年の崩した演技もなかったということでしょうか。

**大塚** ええ。せめて短期間でもいいからそこから始めるというのが、僕の、ここ（テレコム）での教育方針なんです。

――「バリエーションを先にやるな、基本をやってからにしろ」と。

基本と言えば、「作画汗まみれ」に、少年が地面に杭を打つアニメーション・テストの話が出てくるでしょう。あれを見ると、アニメーターとは、ある連続した動作を描くときに、キャラクターにそれらしい「演技」をつける仕事なんだ、ということがよくわかります。おおまかに言うと、

（1）槌を構える　（2）振りかぶる　（3）振りおろす　（4）反動が来る

……となるわけですが（本書・第2章扉のイラスト参照）、そういう演技のシミュレーションを、常に前もって頭の中でやってから原画を描くのですか？

**大塚**　少なくとも、僕はそうですね。だから、実際に絵を描くまでに少しインターバルがある。酒を飲むにしても、酒好きの労働者のおっちゃんが屋台で飲むのと、格式の高い武士が座敷で飲むのとではおのずと違うはずでしょう。そうするとやっぱり、映画を観たり、本を読んだりして、勉強しなきゃならないことがいっぱいある。想像だけじゃすべては描けないから。僕の場合、ものすごく人に聞いて調べたりします。たとえば、『パタパタ飛行船の冒険』はイギリスが舞台なんですが、執事が食事を持ってきてテーブルに置くとする。テーブルのどっち側から来てどっちにナイフとフォークを置くのかをちゃんと調べないと、イギリスに行ったときに物笑いの種になるんですよ。

――ああ、作品が輸出されたときに。

**大塚**　そう。昔は図書館へ行ったり、マナーの本を買ったりしていましたが、今はすごい時代で、インターネットのヤフーで探すと、イギリス在住の日本人のサイトがあって、直接聞けたりするんです。連中もすることがないもんだから、これ幸いとばかりていねいに教えてくれる（笑）。こちらが質問すると能書きをバーッと書いてきて、貴族と庶民はこう違う、とかね。便利な時代になりました。

――『カリオストロ』で、伯爵がゆで卵を食べるとき、エッグスタンドに立った卵の上部の白身をスプーンですくって、ピッと皿の上に捨てるでしょう。それから、おもむろにスプーンを卵に差し込んで、黄身をすくって

食べる。すごく印象的だったんですが、あれは、マナー的には……。

**大塚**　間違ってはいないでしょうね。宮﨑さんが調べて指示したんでしょう。

――　あのワンカットに、伯爵の尊大な感じがよく出ていましたよ。ああいうふうに、細かいところがちょっとずつ得点加算されて、作品全体が豊かなものになっていくんだと思います。反対に、アニメーションを観ていて残念に思うのは、たとえば人が3人並んで歩いてるシーンがあるとすると、みんな歩きかたが同じだったりするときです。棒のような硬直した歩きかたで、ベンチに腰かけるのも、みんな同じ腰かけかた。女学生だろうが、警官だろうが、泥棒だろうが、走りかたも食べかたもみんな同じじゃつまらないですよね。

**大塚**　制作予算とか、描き手の才能とか、プロデューサーの制作方針とか、いろんな理由があるんでしょうけど、そこはね、作品ごとに追求していくと、際限なく「開き」があるものなんですよ。本気でやろうとすると、アニメーターがやるべきことはいっぱいある。それも、やりがいのある、面白いことがね……。

人間のしぐさって、本来、ものすごく面白いものなんですよ。よく道路工事の現場で、こっちの車を止めて、あっちの車を通して、「どうぞ行ってください」なんてやってるでしょ。ああいうとき、交通整理の人はどういうしぐさをするのか。僕は、ときどきバスから降りてじーっと見てるんです。すると、「ありがとうございます」なんて、すぐおじぎをしている。「行け」は腕を回して、「行っちゃいけない」は腕を交差してバツ印にしたりして、いちいちおじぎをする。デパートの出入り口から、地下鉄から、日本中でおじぎをしまくって交通整理していますよね（笑）。それがイギリスに行ったら、整理員はいっさい頭なんか下げない。それどころか、ピンと背すじをのばして超然としていますからねぇ。

――　（笑）。そういう好奇心とご経験が、きっとどこかでお仕事のプラスになっているんでしょうね。では、たとえば、絵コンテに特に指示がないけれども、大塚さんがそのしぐさをよく理解なさっているような場合、原画マンに発注する段階でアクションを付け加えたり減らしたりすることはありますか？

**大塚**　ええ、あります。厳密に言えば、それは作画監督の仕事の範疇をちょっとオーバーしているんですけどね。

『ルパン』で五ェ門が刀を抜くときに、順手で抜いて振りかぶるかわりに、逆手で抜いてスパッとそのまま斬ったほうが良かったら、そっちを選ぶこともある。

――大塚さんがペンネーム（鈴木一）で演出されたテレビスペシャル『東海道四谷怪談』（'81年）での、民谷伊右衛門が義父を斬り捨てるシーン。斬ったあと血糊を払うために刀をひと振りして、ジャリンと鞘におさめるシーンにリアリティーを感じました。旧『ルパン』の五ェ門にしても、豪快に斬りまくるだけでなく、鞘に収めるところがいい。日本刀はかなり長さがあるから、いったん腕を伸ばしてから、こう、ストンと収めるわけですが、普通はそういうところを省いたり、いいかげんだったりすることが多いのに、大塚さんの場合、刀の長さや重さがちゃんと計算されていて、いつも感心するんです。

**大塚** 『四谷怪談』のあのシーンは、富沢信雄さんの原画でした。まあ、現実にとことんつじつまを合わせていくと、それこそ大変なことになるんだけれども（笑）、現実をいちおう研究して描いたのと、それをしないで描いたのとでは、はっきり違いが出るはずですよ。僕がアニメーションで一番気になるのは、たとえば岩が水に落ちて、ドボンと水しぶきが上がるとする。たいていのテレビ作品では、ドボーンとなって、それでおしまい。爆発なんかも、ドカーンと派手なだけで、そこで終わってしまう。そうじゃなくて、ドッカァー……ァ……ンという余韻が絵の上でほしいですね。ザブーンと岩が落ちたら、波紋がおさまるまでちゃんと描く。実はここが一番やっかいなところで、描くほうも嫌がるんですが、やっぱり余韻があったほうがいい。視聴者だって、潜在意識的にはそこまで観たいと思っているはずなんですよ。描く作業は大変でしょうが、その大変なところを省略するから、ボカーン、ポンとなる。すべてが即物的というか、ウソっぽいというか。あれは、子供たちに非常に悪い影響を与えていると思う。そういうことに気配りしない演出家は、僕は嫌いなんです。高畑さんなんかは、そういうことを非常に大事にしますよ。

――そういうことも含めて、いろんなことが、演出家だけじゃなくて作画監督の肩にものっかってくるわけですね。

**大塚** 爆発にしても、ここは何枚足りないなと思ったら、自分で描き足したりもする。ちょっと足したり、削ったり、必ずやります。結果、観た人の印象もきっと違うはずですよ。

――以前、ある魔法少女もののテレビアニメで、ヒロインが湖でヨットに乗るシーンがあったんです。なにぶん昔のことでうろ覚えなんですが、たしか桟橋から小さなヨットが出ていく。本来なら、力学的に面白いシーンのはずなんですよ。ぐっと力の溜めがあって、ザブンと船体が前に出て、揺り返しがくる……そういう動きがあるべきなのに、溜めもなく、ただ、トン、スーッと出て行く。子供ごころに、「あれっ、何か違うなぁ」と。

**大塚** 何か違うなと感じ取ること自体が、実は、立派な批評になっているんですよ。特に子供の目は正直だから怖いです。

――それと逆のことを感じたのは、『未来少年コナン』の最終回でした。モンスリーとダイスが結婚して、バラクーダ号が進水するシーン。ザバーッと大きな波しぶきが上がって、その水の膜の向こうで、太陽がユラユラッと揺れる……すごくアニメ的なリアリティーがありました。

**大塚** ああいう描写、宮﨑さんは天才的ですよ。まあ、理想論を言えばきりがないし、アニメーションはいくつかのポーズを並べて描いて、その間を中割りしちゃえば一応動くことは動くんだけれども、それを言ったら身もフタもない（笑）。

昔、東映で高畑さんと『狼少年ケン』（'63～'65年）をやったとき、シナリオに、チャイコフスキーの「白鳥の湖」の冒頭の音楽に合わせて踊る、と書いてあったんですよ。ラーン、ラ・ラ・ララ・ラーン、ララ～と、初めにバレリーナが腕を広げて出てきて、ヒラヒラと羽ばたくようなしぐさをするでしょう。今だったらバレエのビデオを手に入れて観ればいいんだけど、ビデオのない時代ですから、チャイコフスキーの「白鳥の湖」とはどんなものか、舞台を観に行かなきゃならない。あるいはその映画を観にいく。それも、何回も何回も観ないと参考にはならない。ウソは描けないし、デタラメな踊りをやったら、それこそ笑いものになる。そこで、ソビエト大使館に行って、「白鳥の湖」の写真集を見せてもらったんです。まずバレリーナが羽ばたいている写真があって、次に、足が交差している写真がある。当時はコピー機がないので、それを描き写して帰ってきて、並べて、パクさん（高畑勲）と一緒に判じ物をやるわけですよ。彼は以前「白鳥の湖」の映画を観たことがある。「たしか、初めはこうやって出てくるんだよ。で、このへんで腕を交差して、次のフレーズでこうなるんだろう。それで描いてみてよ」と。

――当時ならではの、大変なご苦労ですね。

大塚 そうでもありません。ともかく、それで描いてみた。ものすごくチャチですけど、あとで本物のバレエを見ると、ちゃんと同じ動きになっていたんですよ！（笑）つまり、この曲で、このポーズを並べて描いたら、しぐさは当然こうなるだろうというのは、僕らにでもある程度わかるんですね。初めから腕を交差しているはずはないし、曲の感じからいくと次はこうだろう、とか。だから、動きのシミュレーションといっても、そんなに難しいことじゃないんです。そんなことすらも考えずに描くアニメーターがメチャメチャ多いという状況がそもそも間違いなんであって、よーく観察すれば、人間のしぐさや動きには、ある程度の法則性や習慣性が必ずあるはずなんですよ。怒り狂った男はどんなしぐさをするのか、うれしくてしようがない子供はどんなしぐさをするのか……。そうやって、一所懸命想像して、描いて、何ポーズか並べれば、それだけで立派な「原画」になるんですよ。

## 美女を描くことと女性観

――先ほどお話に出たように、これまで作画監督として、多くのアニメーターにいろんな種類の原画を割り振ってこられたわけですが、大塚さんご自身も、たとえば宮崎さんによって「割り振られて」いるんじゃないでしょうか。たとえば、『未来少年コナン』でのメインのご担当が、美少女ヒロインのラナではなくて、ダイスと、ジムシィと、ロボノイドというやんちゃな脇キャラ群だったり……。そういう、あまりにも明快な配置をしてくると、宮崎さんに対して「この野郎！」と思われたこともあるのでは？

大塚 いやいや。内心、「よくわかってるな、この野郎！」と（笑）。実際、僕は少女は苦手ですからねぇ。

――ラナは12～13歳ぐらいですか（設定では11歳）。で、第1話のラナは、2話以降とそうとう顔が違う。何でだろうと不思議に思っていたら、宮﨑さんがおっしゃる内情では、第1話でラナを大塚さんに任せたらひどいことになって、2話目からはラナを渡さなくなったと。それは本当ですか？

**大塚**　本当です（笑）。宮﨑さんは、女性像にそのぐらい激しい思い入れがありますからね。

――でも、お仕事上、ラナの顔を直す必要も出てくるでしょう？

**大塚**　それはずいぶん直していますよ。ラナはわりと無表情だから、パターンで描けるんです。

――独特の黒目と白目のバランスと、細い眉……あれは、大塚さん本来の絵とは違いますよね。

**大塚**　宮﨑さんが作ったサンプルに合わせていくわけです。

――キャラクターの顔だけを見ても、旧『ルパン』は大塚色が濃いけれども、『コナン』や『カリオストロ』になると、宮﨑色がぐっと濃くなってきますね。

**大塚**　やっぱりそこは、宮﨑さんに合わせて描きますから。それにね、僕が女の子を描くと、なぜかダサいというか、かわいくないというか、田舎っぽいとみんなが言うんです。何か品がないと。それは自分でも認めているんですけど。で、宮﨑さんは僕の個性を百も承知だから、女の子を任せるといまいちミス・キャストになるなと用心するんでしょうね。

――うーん……旧『ルパン』初期の、ロングヘアの峰不二子、あれのどこが田舎くさくて、ダサいのかな……。

**大塚**　でも宮﨑さんは、あれが好きじゃないんです。

――宮﨑さんのお考えはともかく、あの不二子は、じゅうぶん都会的でスタイリッシュだったと思いますよ。

**大塚**　それに、大人っぽいでしょう？

――ええ。ちょっと狡《ずる》い女だけれども、頭が良さそうで、なおかつ大人の色気があって。『侍ジャイアンツ』の理香というバイク好きの少女だって――まあ、あれはそもそも田舎の網元の娘という設定ですが――なかなかかわいいじゃないですか。ダサくも田舎っぽくもないと思いますけど。

大塚　僕と大隅さんとでよく討議したんですが、峰不二子というのは、アニメにおいては非常に珍しいキャラクターなんだと。つまり、清純一筋じゃない、過去のあるような女で、そのへんのガキじゃないんだという設定なんですね。

――いえ、私が言うのはキャラクター設定というより、絵そのもののことなんですが。

大塚　絵そのものも含めて、宮﨑さんには違和感があるんでしょう。『カリオストロ』をやっているときも、不二子は大嫌いだと言っていましたから。まあ、それは好き嫌いの問題でもあって、僕はあれでいいと思っているんですが。

――旧『ルパン』後半の、髪を切ってからの不二子もキュートですが、前半の、ロングヘアの不二子はとても素敵です。

大塚　ところが、あの絵を描ける人があまりいないんですよ。僕はずいぶんたくさんスケッチを描いてスタッフに配ったけど、うまく描けないと言われた。清純なら清純、色気なら色気を描くならいいけど、僕の望むような大人の女は難しいと言うんです。色気しか売りものにしないような、いかにも女オンナしたのを描けばいいと思われている。僕としては抵抗がありましたねぇ。みんな、女性について何か偏見があるんじゃないかとすら思った。「いや、そうじゃなくて、本当の大人の女性を描いたほうが、複雑ではるかに面白いんだよ」とね。

――たしかにそうですね。

大塚　実は僕、17~18歳くらいの若い女の子が苦手なんですよ。構えているというか、防衛意識過剰、自意識過剰な子がいたりすると近よりにくいでしょ。自然な、普通の会話ができないものだから、つい敬遠してしまう。かわいらしい女の子のしぐさを描くのも本来面白いはずだとは思うんですが、しげしげと観察するのは失礼だし、若いときからなんとなく敬遠してきたのが、僕が女性を描くのを苦手にしたのかもしれませんね（笑）。

わが国には、一種のロリコン的屈折というのか、少女文化、女の子賛美の文化がその昔から跋扈《ばっこ》しているけど、アメリカ映画なんか観ていると、やっぱり成熟した、自立した女性がいいという美学が綿々とある。ああいうの、大好きですね。その昔、『月蒼くして』('53年)というアメリカ映画があったんです。主演女優、何といったかな……(注：マギー・マクナマラ)。彼女の演じるヒロインは、本当は純情無垢な女の子なのに、自分は世の中のことは何でも知ってる、過去もさまざまある、みたいな態度を取る。うんと背伸びして、大人の女性を装うわけ。これが実にかわいいし、楽しいんですよ。

――『昼下りの情事』('57年)のオードリー・ヘプバーンなんかもそうでしたね。本当は純情なパリジェンヌなのに、うんと歳上のゲーリー・クーパーに対して架空の男性体験をひけらかす。自分にはいっぱい男がいて、あんたは20番目だとか(笑)。大ウソで、実は一人目なんですけど……そういうの、いかがですか？

**大塚** いいですねぇ。そのウソが大好きですねぇ(笑)。それと僕は、『ペーパー・ムーン』('74年)が好きなんです。森さん、あの映画観ましたか？

――観ました。テータム・オニール主演の。

**大塚** そうそう、テータム・オニール。詐欺師の娘を演じていた。愛想のない、一見憎たらしい子でね。でも、最後になると、この子は本当はかわいいんだとわかるでしょう。ああいう屈折した面白さ、人間本来の魅力を、アニメーションの世界でももっと描いていい。ワン・パターンでありきたりの、いかにも「かわゆうございます」という美少女キャラクターは、見ているとどうもね。

――では、『じゃりン子チエ』のチエなんかいいんじゃないですか？

**大塚** いいですねぇ。チエ、大好きなんですよ。

――最初、「なんだ、この下駄みたいな顔をした子は」と思っていると、不思議にだんだんかわいくなってくる。学校のマラソン大会でがんばって1位になって、「ウチ、今日は疲れたわ」とこたつで寝ちゃうところなんか、ああ、いい子だなあとしみじみ思います。

**大塚** そうそう。宮﨑さんにしても、美少女オンリーじゃなくて、そういうたぐいのトライアルは常にしていると思う。『千と千尋の神隠し』('01年)でも、終わりごろ、あの子がかわいく見えてくるでしょ。うまいですよ。ありきたりのステレオタイプじゃない人間を描けば、アニメはもっともっと面白くなると思いますね。

――ステレオタイプというのとは違うんですが、実は私、森康二さんが描かれる女性がもうひとつ掴みきれないんです。同じ森さんの絵でも、愛らしい童女や動物ほどには。いや、キャラクターの性格というよりも、絵柄として、すんなり入りこめないといいますか……。『長靴をはいた猫』（'69年）のローザ姫とかも。

**大塚** あのお姫さまはちょっと掴みにくいかもしれませんね。森さんが描かれるキャラクターはスタティック（静的）というか、止めっぽいというか、あんまり生きた感じがしないんですね。偶像のようで。

――美形で、目がガラスのように静かで、透明感があって。

**大塚** 高畑さんはそこが好きだと言うけど、僕は、何か死んでるなという感じがちょっとありますね。

――バルコニーで姫が歌って、バラの花をフワーッと落とすという、あのうっとりするようなロマンティックなシーンがあるにもかかわらず、姫とピエールの二人がもうひとつ掴めないのが不思議です。

**大塚** あの映画では、森さんは主役級を任されて、僕や宮崎さんは魔王ルシファとかの脇役を固めたんですが、クライマックスの高い塔の上の立ち回りをはじめ、アニメーション的な活力はこっちのほうにあるから、相対的に片いっぽうが沈んじゃった感じはしますね。森さんは本来、とても繊細で清潔なアニメーションを描く人なんですよ。だから女性像もストイックというか、オシッコもウンコもしないという感じになる（笑）。同じ清潔でも、宮崎さんの女の子のほうが生活感を持っていますね。ものを食べるのが大好きでしょう。それだけでも生活感は表現されると思う。ただ、さっきも言ったように、宮崎さんには若い女性に対する永遠の憧れがあるから……。僕は、昔からどうもそういう傾向があんまりないんですけど。憧れが蒸気機関車だったりして、ヤバいなぁ……（笑）。

――ところで、大塚さんがご結婚なさったのはおいくつのときですか。

**大塚** 30歳のとき。ちょっと落ち着いて。26歳でアニメ業界に入って、30ぐらいで共稼ぎなら何とか食えるかなという給料になったから、人に勧められて一緒になったんです。

――女性に関しては、どういうタイプがお好きで、どういう想いをお持ちですか。

大塚　それがねぇ……ないんですよ。女性なら誰でもいい、みたいなところがある（笑）。こういう言いかたは乱暴ですけど、気が合うというか、波長が合いさえすればいい。タイプとしては、できれば自分と違うほうがいいと思っているんですよ。僕はおっちょこちょいだから、ドンと落ち着いた女性というか、地に足がついている女性に憧れますね。

まあ、アニメーションの仕事があんまり面白いものだから、どうもそっちに興味がね……。それに、僕は趣味をたくさん持っていますから。クルマとか、プラモデルとか、入れあげてるものが多いから忙しいんですよ（笑）。

## 得意なシーン、苦手なシーン

――女性論はこのくらいにして、作画の話に戻りましょう。これまで、アニメートが技術的に一番うまくいったと思われる、大塚さんご自慢のシーンは何ですか。

大塚　そうですねぇ……さっきも話した『わんぱく王子』のオロチ退治のシーンと、『ホルス』の怪魚退治のシーンかな。

――どちらも激しいアクションシーンですね。

大塚　それは偶然でしょうけど、僕は、ワーッと、思いっきりキャラクターを動かすのがどうしても好きなんですね。『ホルス』の怪魚退治は、僕自身、設定自体にもアイディアを出しました。つまり、水がホルスの膝までしかないような浅瀬で、巨大な魚がホルスに迫ってくるという設定ね。

――こう、蛇行しながら怪魚が迫って来ますね。

大塚　蛇行しなきゃ通れない。水が深ければ直進できるけど、浅いから、本当ならあんな縦長の魚はパタッと倒れてしまいますよ（笑）。で、突進してきて、ホルスがかわしちゃうと、そのまま岩場にバーッと突っ込んでいく。

――劇中では、「お化けカマス」と呼ばれていましたね。

**大塚** あれ、本当は北海道のイトウという淡水魚なんです。カマスはもっと細長いでしょ。僕がモデルにしたのは、イトウという大型のシャケ。大きいのは1メートルを超えますからね。

――凶暴なんですか？

**大塚** いや。ただ、食ってもあまりうまくない。だから、いまだに生き続けてるんです。絶滅危惧種ですけど、幻の怪魚みたいになっている。

――ホルスが怪魚退治に行くと、まず最初に、岩山の向こうがパーッと不気味に光る。あれ、うまいですね。

**大塚** 高畑さんの演出ですね。怪物が口から火を吐くというのは、当時の流行でね。

――火というか緑色の怪光が、サーチライトみたいに、夜空に向かってパーッと光り、突然怪魚が現われる。

**大塚** そうそう。あのへんは、『わんぱく王子』の影響が少なからずありますね。芹川さんのオロチ出現の演出はうまかったですから。稲妻が光り、地震であたりが揺れて、バラバラッと岩が崩れると、やおらシルエットでオロチが出てくる。

――『ホルス』で怪魚が岩に突っ込むところでは、ディズニーの『ピノキオ』（'40年）を思い出したんです。あの、クジラが岩を蹴散らしながら突っ込んでいくシーンを。

**大塚** ああ、それはもう、まともに影響を受けていますね。『ピノキオ』は何度も何度も観ましたから。ディズニーの最高傑作じゃないでしょうか。あの作品、実は、出来上がった画の3分の1を捨てているんですよ。ディズニー自身が、3分の1は要らないと。ものすごい巨費を投じているのにね。まずアニメーターのやりたいように作らせて、そこから一番いいところだけをピックアップしている。その捨てたシーンをいっぺん観てみたいよね（笑）。ちなみに、ディズニーで僕が好きなのは、『ピノキオ』と『ピーター・パン』（'53年）。あと、（アニメーションの）完成度の高さからいって『ファンタジア』（'40年）。

――『ファンタジア』は、いいエピソードとそうでないエピソードの落差が、ちょっと大き過ぎますね。あの半人

大塚　半馬のロマンスなんて……。

大塚　趣味悪いよねぇ。「田園交響曲」という大変な名曲になんであんなものをつけたんでしょうね。あれ、音楽家が観ると、おぞけを震うらしい（笑）。でも、「禿山の一夜」なんかはムソルグスキーのイメージがよく出ていたでしょう。

――ええ。そういえば、『ホルス』で、悪魔グルンワルドが村の上空にバーッと現われるイメージショット、あれなんか、ちょっと「禿山の一夜」的なイメージですね。

大塚　そうかもしれません。僕自身、ワンカットごとにそうとう大きな影響を受けていますよ。そのくらい「禿山」の印象は強かった。でもね、僕や宮﨑さんが本当にしびれるほどの感動を受けたのは、フランスのポール・グリモーの『やぶにらみの暴君』（'52年）のほうです。

――今では『王と鳥』（'80年）というリメイク版しか観られないようですが、かなり前にオリジナル版を、かろうじて16ミリ上映で観ることができました。で、まず、あのお城の形状が『カリオストロ』に影響を与えているなと。床のあちこちに仕掛けられた落とし穴の面白さとかも。ただ、決定的に違うのは色の使いかたですね。あちらは、いかにもフランス的な中間色を多用していて、堀割の水がライトグリーンだったり、城壁がピンクっぽかったり。

大塚　それに、絵が平面的でしょう。平面と超立体とが、不思議な計算の上に同居している。なにしろ、あの重層構造――一番上にお城があって、尖塔に暴君の王様が住んでいて、地下の街までずっと階段が続いているという「縦の構図」――あれが、近年の『千と千尋』まで、宮﨑さんの中に綿々と生き続けていますからねぇ。

――建築的な高低がそのまま支配階級と労働階級の差になっているのは、さかのぼればフリッツ・ラングのSF映画『メトロポリス』（'26年）あたりに行き着くんでしょうけど……。では、うまくいったオロチ退治や怪魚退治と逆に、これはギブアップだ、手に負えないというご経験は？

大塚　あんまりないですね。ほとんどないと言ってもいい。なぜなら、そういうシーンはもともと僕のところにオファーが来ないから（笑）。この人にやらせても無理だと思われるんでしょうね。ただ、「これは困ったな」と ちょっと立ち往生したのは『ムーミン』かな。ああいうのは、僕のアニメのボキャブラリーの中にはなかったから。立ち回りやリアルなアクションじゃなくて、のんびりした北欧の妖精の世界でしょ。「ノー・マネー、ノー・カー、ノー・ファイト」が作品のポリシーですから、僕とは縁のない世界だと思っていた。で、その作画監督をやることになって、東映動画の仲間全員が注目したんだそうです。「大塚さんにできるのかなあ」と。ところが、やってみたら意外にうまくできたんで、「あれ!? できるじゃない」とみんなが驚いたという逸話がありますね（笑）。森康二さんや高畑さんが直接僕に電話してきて、「大塚さん、やればできるじゃない」とほめてくれましてね。でも、本音を言うと、芝山さんと小林（治）さんのアシストが大きかったんです。

――苦手なシーンはもともと回ってこないとしても、ぜひもう一度描き直したいと思うシーンはありますか。

大塚　実は、ないんですよ。いつも、そのときどきに全力を出してやっていますから。もう1回やっても、はたしてそのときと同じエネルギーが出るかどうか……。テクニック的なうまさは出るかもしれないけど、そのとき持っていたハチャメチャな若さは表現できないだろうなと思う。そういう意味で、一つの作品と作り手との出会いは、まさに一期一会だと思うんですね。

ただ、僕はクルマが大好きだから、いっぺんクルマを思いっきり動かしてみたいという願望は今でもある。その点、『カリオストロ』は面白かったけど、あの作品くらいでしょうかねぇ。いつも、ちょっと物足りない思いをしています。

# 第2章 「動かす」ということ

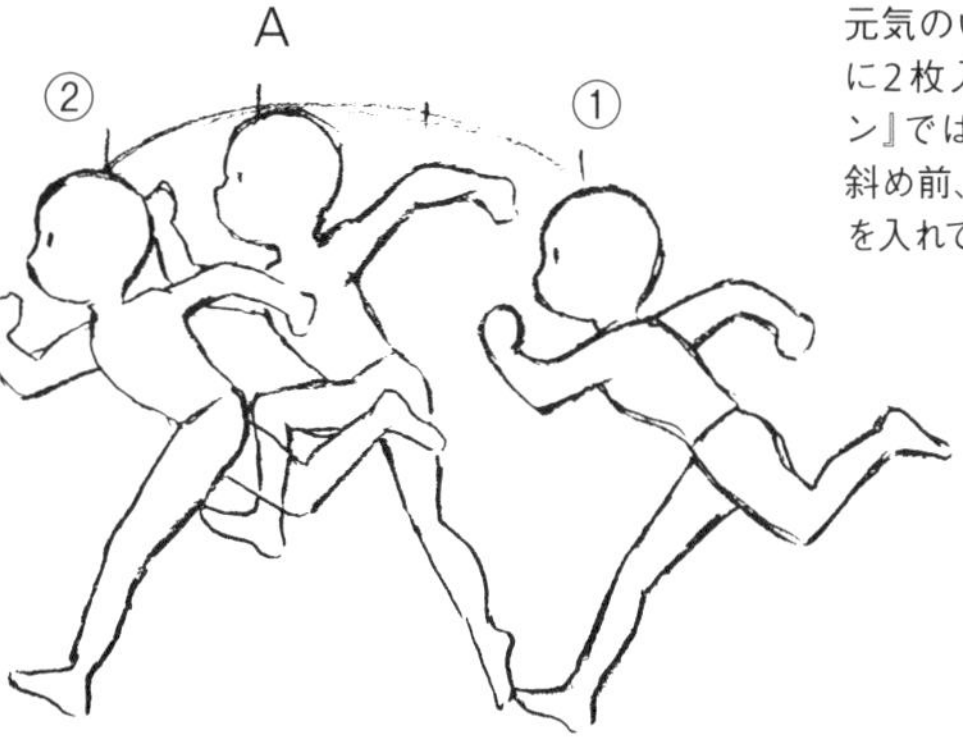


**走りの演技**

元気のいい走りは、通常、①②の間に2枚入れますが、『未来少年コナン』では、横向きで描くときは2枚、斜め前、後ろから見たときは、Aだけを入れていました。

**杭打ちの演技**

横向きの杭打ちの場合、①の絵を課題として与えられたとします。

杭を打つためには②③を自分で描き足して、その中間を埋めてゆきますが、最後の仕上げにポンと跳ね返った④を入れれば完成です。

もしこの槌が全部鉄でできていたとすれば、すべてのポーズが変わってしまうのは、言うまでも ありません。

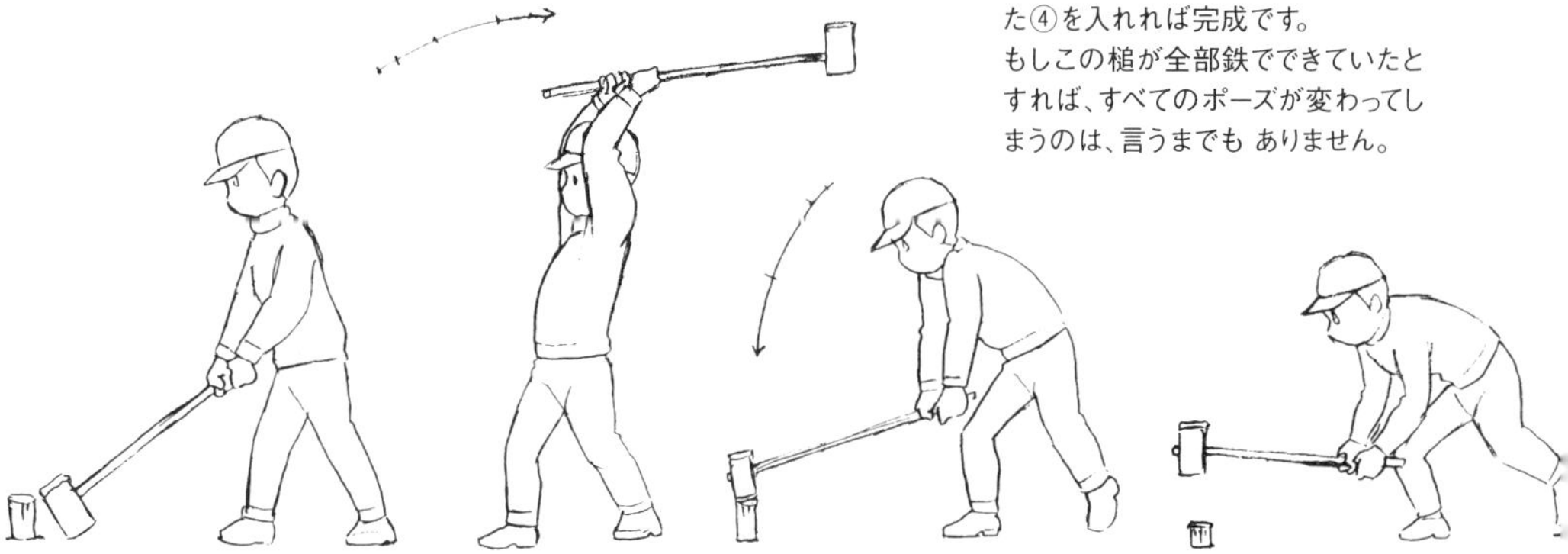

① ② ③ ④

イラスト・文：大塚康生

## 「動き」のアニメ、「止め」のアニメ

——大塚さんの手がけられたアニメーションのどこに惹かれるかというと、もちろん絵柄そのものも好きなんですが、やはり、あの男性的でダイナミックな「動き」がたまらない魅力なんです。大塚さんご自身も、東映動画時代の初期に、「〝動きが生命だ〟という高さに達したい」と述べておられますよね。

**大塚** ええ。『白蛇伝』の演出をなさった藪下泰司さんたちとの座談会だったかな。

——その後の大塚さんのお仕事の数々は、まさにその言葉を裏付けるものだったと思いますが、「動き」という言葉自体、かなり感覚的なものでしょう。「あの作品は動きがいい」なんていう世評があっても、「どこが」「どう」いいのか、いまひとつ具体性に欠けるきらいがあります。

**大塚** たしかに、言葉や活字ではうまく伝えにくいですよね。

——そこでこの機会に、大塚さんの主張される「動き」とはどういうものなのか、それを、できるだけ具体的に探ってみたいと思います。

**大塚** これはね、話していくときりがないんですが、やはりアニメーションは本来動かないはずの「絵」が動いて見え、演技する、それが原点であるべきだと思うわけです。いろいろな事情から動かせない状況があったとしても、そこはいいわけをしてゴマかしたくない大切な目標だと思うんですね。研究され、計算され尽くした印象的な動画技術によって、観た人の心にいつまでも残る名演技を目指すのが、アニメーターにとっての目標だと思っているわけです。その点、実写映画の役者さんたちと同じですよ。

——ああ、なるほど。スタッフというより役者に近いと。それは面白いご意見ですね。

**大塚** しかし、残念ながらそんなふうに存分に「演じる」舞台としては、予算と人材の関係でテレビアニメでは無理ですから、どうしても自主制作作品や、より予算規模の大きい劇場用などに活路を見出すことになります。

……まあ、そうは言っても、テレビアニメにおいても、たとえ「止め絵」「口パク」を使わざるを得ない状

況であっても、何とかしてお客さんに拍手喝采してもらえる作品を作りたいと、みんな苦労しているんだと思いますが。

――日本の商業アニメの流れには、大きく分けて、「動かす」タイプと「動かさない」タイプの作品があるようですが。

**大塚** 大きく二派があるというのは正確じゃありませんね。キチンと動かそうという会社は今ではスタジオジブリだけで、しかも、あそこが作っているのは劇場用であってテレビじゃないし、ある意味で孤立しているんじゃないでしょうか。孤高と言い換えてもいいでしょう。まあ仮に、二つの流れがあったとすると、その「動かす」タイプの原点は、政岡（憲三）さんに始まり、森康二、大工原章さんに指導された『白蛇伝』など東映動画初期の劇場用作品群であり、そのDNAは今やジブリ作品だけに残っている……と言ってもいいと思います。

いっぽうの「動かさない」タイプ、つまり、あまり動かさないでも別の魅力を付加して存在感を主張しているのが、虫プロと手塚治虫さんによって創出された省セル・アニメーションの潮流だと思う。で、その後者の流れのほうが圧倒的な多数派となって、現在までずっとつながっているんじゃないでしょうか。

――「動かす」タイプのアニメが劣勢だというのは実感できます。省セル化、つまり、少ない作画枚数でアニメを作るのが今や当たり前になっているようですが、かつては、東映長編方式のほうが主流だったわけですね。

**大塚** ええ。その一大転換点は1963年です。その年、テレビで虫プロの『鉄腕アトム』（'63〜'66年）が始まり、続いてすぐに『鉄人28号』（'63〜'65年、TCJ）、『エイトマン』（'63〜'64年、同）、『ビッグX』（'64〜'65年、東京ムービー）など、「止め」の手法を多用したリミテッド・アニメが各社からどんどん生まれた。で、東映もいやおうなく転向せざるを得なかった……と規定して話を進めてみましょうか。

――そういう、モノクロ・テレビアニメ草創期の記憶が、かすかに脳裏にあります。『アトム』も『鉄人』も『エイトマン』も大好きで、毎週観ていました。

**大塚** 面白かったですか？

――ええ、とても。なにぶん幼児のことで、動きがどうのというのはわからない。そういうことを意識し始めたのは、もっとあとのことです。旧『ルパン』あたりを観て、「何かこれは非常にリアルによく動くものだな」という感じを、無意識ながらに持った。その後、『コナン』や『カリオストロ』などで、動きというのは決定的に重要なことなんだと知り、『ホルス』などの旧作をあらためて観直した……という、まさに大塚さんのおっしゃる「省セルアニメ」世代なんですよ（笑）。ただ、その省セルアニメにも、整理すると、3つのパターンがあるように思うんですね。

**大塚**　（1）は、群衆が止めポーズのまま「引っぱり」でフレーム・インしてくるような、メチャクチャな技法が散見された時代。人物が一歩歩くごとに、ぐにゃぐにゃとデッサン崩れを起こしてしまったり……。テレビアニメのごく初期の、紙芝居じみた、稚拙なアニメーションの時代ですね。原画も満足に描けない若手アニメーターをかき集めて編成したスタッフを、ロクに初期教育を施さないで本番に入れちゃったものだから（笑）、無理もないんですが。もしもあの時期に手塚さんがしっかり初期教育をされていたら、虫プロはスピード第一のテレビアニメには進出できなかったでしょうから、その後の展開が違っていたかもしれません。でも、結局は誰かが始めたでしょうから、いずれにしても省セル化の波は止められなかったでしょう。

――省セル化には必然性があったと？

**大塚**　と思います。なぜかというと、日本の観客はそれで満足してくれる、という公理は、『アトム』による偶然の発見だったからです。手塚さんも、しかたなくあのスタイルで始められたんだと僕は思っています。

――なるほど……たしかに手塚さんは、本来、熱烈なフル・アニメ信奉者でいらしたそうですからね。

　で、省セルのパターンの（2）は、省セルを逆手にとって、止め絵なら止め絵で迫力を出し、いろんなテクニックを使い、少しでも良く見せようという工夫が入った時代でしょうか。

**大塚**　『佐武と市捕物控』（'68～'69年）なんかがそうですね。作画枚数はうんと少ないけど、魅力あるデザインとして見せようとしている。いわば、「第2次省セル」かな。すでに『アトム』で、動かなくても視聴者に受け入れてもらえることが実証されたので、次に絵のうまさに向かって行ったのは自然な流れだと思います。

――パターンの（3）は、逆に、「省セルでもよし」という意識が、作り手と受け手の両方に出てきた時代……。で、今は、その第3期の延長線上にあると思うんです。観るほうの意識もかなり変化していて、よく動く作品が「クラシックだね」と冷笑されてしまうこともあります。

**大塚** 美形の主人公の顔が崩れるから動かさないでくれ、というファンさえいますからねぇ。アニメーションとイラストレーションが取り違えられてるな、と思うこともしばしばありますよ。で、正確に言うならば、今は、「第3期・プラス・コンピューター」の時代ですね。CGの導入は、省セルとはちょっと意味が違いますが。顔のアップになると、止め絵、口パク。カットが変わるとCGの流動感のある画面、というふうにね。

――そのことについて、興味深い文章があるんです。かつてリミテッド・アニメ制作の現実の中で、おそらくは苦しい思いをしてこられたであろう出﨑統《おさむ》監督が、ご自身の演出した劇場版『エースをねらえ！』（'79年）のパンフレットに寄せられた一文なんですが、その一部をちょっと引用してみます。

「俺達に『白雪姫』は作れない……。アニメーションであることに満足し、アニメーションであることに必然性を求め、高い技術を持ち、時間を持ち、『これがアニメだよ』とすべての人――に語りかけることの出来るそんな作品は……あの『白雪姫』は……。（中略）けれど数少ない『あいうえお』と身振り手振りを混じえて、とにかくそれしかない僕達の『アニメーション語』でこの作品を造り上げた。アニメーションである『必然性』などは求めまい。そこに（ヒロインたちの）青春があればよい。（中略）『アニメのためのアニメーション』などという夢は見ず、『アニメだから許される』などという『甘え』も持たず、ただひたすらもう少し流暢な『アニメーション語』を……と（後略）」

**大塚** うーん……これはね、比較しちゃいけないものを比較しているような気がしますね。『白雪姫』（'37年）のみならず、ディズニーが巨万の資金を投じて作った作品と、超低予算で作らざるを得なかった僕ら日本のアニメ界との比較でしょ。でも、出崎さんに限らず、ディズニーの“超”フル・アニメーションとの比較なんか、「動かし派」の僕にも、あるいは宮崎さんにも、誰にもできないんですよ。どんなにがんばっても、しょせん動かすという点ではディズニーにはかなわない。『ピノキオ』なんか、日本人にできっこないんです。膨大なセルを使って、とことんまで動かすというのはね……。でも、それでどうなんだ、そんなことしなくても優れたアニメーション映画はできる、と胸をはって言ってもらいたいと思う。日本人の感性、日本人の好きな「止め」の情緒――そういうものに積極的に訴えたい、というならわかるけど、先の文章はそこをうまく説明できていないように思う。つまり、もしどうしてもそれを言うのなら、日本の他の作品と比べて発言してもらえればわかりやすいでしょう。たとえば、もし今この文章を書くならば、一足飛びに『白雪姫』と言わないで、同じ省セルでもオーソドックスな動かしかたを吟味して作ってある『千と千尋の神隠し』とでも比較したほうがいいような気がします。

―― 「動く」か「動かない」かのどちらかしかない、という二分法は、たしかにちょっと極端ですね。むろん、当時この刺激的な文章に共鳴したファンも大勢いただろうと思うんですが、一方で、「作れない」の前に「作らない」があるんじゃないのかな、と感じたんです。実際、出崎さんはこの直後、『あしたのジョー2』（テレビ版、'80〜'81年）や『SPACE ADVENTURE コブラ』（劇場版、'82年）といった作品で、たとえばボクサーのリングでのフットワークとか、シーンによってはガンガン動かしてちゃんと効果をあげてもいるわけで、この一文に矛盾を感じたと言いますか……。

**大塚** 出崎さんは、普通なら止めなくてもいいところをわざわざ止めたり、独自の映像テクニックを駆使する人ですし、「動かしかた」については語らない――あくまでカット割りで勝負するタイプの演出家でしょう。そのことはちょっとおいて、実は、虫プロ育ちの出崎さんと、東映育ちの僕たちとでは、アニメーションに対する作業姿勢そのものが大きく違うんです。テレコムでも出崎さんの仕事を何作かやったことがあるけど、彼の作業のしかたの特徴はね、コンテまでは切る。で、その後、ラッシュまで現場作業は見ないんです。ラッシュができたら、やおらやって来て、「うまくないなあ」なんて言う。つまり、アニメーターや美術の人たちと制作プロセスを共有体験しないんですよ。むろん、人によっていろんな仕事のしかたがあっていいわけですが。まあ、流派が違うと思ってもらっていいでしょう。

――出﨑さんの場合、作監の杉野（昭夫）さんという名手のパートナーがおられるから、信頼して、作画については安心なさっていたのかもしれませんね。

**大塚** それもあるでしょう。とにかく、演出手法と表現思想が違うんだと思ってください。たとえば、宮﨑さんや高畑さんは、コマの一つ一つまで「ここは何コマかな」「ここはもう1枚入れよう」とか考え抜くんですけど、出﨑さんはそんなところに重きをおかない。一種のコンテ芸術家なんですよ。

――たしかに、ある種のケレン味も含めて、独自の演出技法をお持ちですよね。なんでもないシーンでも、面白いアングルとカット割りといろんなテクニックを駆使して、視覚的にもたせてしまう技術を。

**大塚** それは出﨑さんに限らず、わが国のアニメ界において異常発達した部分で、今や、ジャパニメーションの一大特徴になっていると言ってもいいでしょう。近ごろはある大学の教授が、「止めのアニメこそ日本が世界に誇る技法である、動きを主張するのは時代遅れである」などと言っています。動かさないかわりにデザイン的に見せるというやりかたが、これから将来にわたってずっと支持され続けるのかどうかわかりませんが、少なくとも僕たちは動かすことでやってきたし、反対に出﨑さんは動かせなかったし、理屈で動かす必要もないと思ってきた――と言ったほうがわかりやすいでしょう。そりゃ、「主人公の青春があればいい」と言えば、それでもいい。だけど、僕にはとても空虚な言葉に聞こえる。言葉をまぶしちゃうから、かえってわかりにくくなってしまう。

――デザイン的といえば、『あしたのジョー2』で、どこかの国の空港から人物が出てくるシーンがあったんですが、背景にミラーガラスのビルがあって、その全面に映った雲が、ゆっくり流れている。動きがどうのではなく、一つのビジュアルとしてのインパクトがある。そういう「状況」をクリエイトする力を出﨑さんは持っておられるのでしょう。

**大塚**　海に沈む夕日がドーンと大きく描いてあって、それが波で切れ切れになって、チラチラしているといった画面が彼は大好きなんですけど、そういうイメージ的な映像を、お話の前後と関係なく心象風景として出す。ところが、それにダブらせて、女の子が横を向いて潤んだ目をしていれば、それだけで観るほうは「何か」を感じるじゃないですか。

――はい（笑）。

**大塚**　そういう、感覚的なところがあって、その点では、あくまで論理的な映像のつながりで納得したい僕なんかの見かたとは対極にあるような気がします。まあ、それはそれでいいとして、出﨑さんのことはこのへんで（笑）。知らない人じゃありませんから、批判的と思われるのは困るわけで……。何とかして客観的に話したいんですが。

――わかりました。ところで、動きでもデザイン性でもなく、ストーリーそのものや演出の段取りで面白く見せるという、第3の潮流もありますよね。たとえば、大塚さんがあまり口に出されない『宇宙戦艦ヤマト』という作品。最初のテレビシリーズの中で、異星の女王が出航しようとするヤマトに別れを言うと、彼女を愛している男がダーッとタラップを駆けおりていって抱きしめる。万感極まるという演出で、駆けおりるとき、かぶっていた白い海軍帽がパッと飛んで、振り向いた彼の（画面の）手前にフワッと落ちてくる……。たしかに一つの演出効果になっているわけで、そういうところにしびれたアニメファンもいたと思うんです。

**大塚**　どんな作品にもファンや熱心な愛好家がいます。どれがいいかは選挙と同じで、票の多いほうがその時代、その時期に（商売として）勝つわけですが、それでも最終的な評価が定まったことにはなりません。人は成長もするし、学んだりしますから、少し時代が下ってものごとを俯瞰できるようになったとき、あらためて作品が見直されたりもする……。僕たち作り手は、その時代、その年齢の自分が持っている信念と技術で一所懸命に作品を作って世間に提示すればいいのであって、作り手はお互いに評論しないのが礼儀です。公の場ではね（笑）。どの作品ということでない一般論として、描かれていることがたとえすごくマニアックだったり、内輪的な世界だったとしても、一時的に多くの支持を受けることは、アニメに限らずいつの時代にもあるでしょうね。

——その通りだと思います。日本の商業アニメーションには、今やものすごい幅ができてしまっています。嗜好的にいろんなジャンルが濫立して、いっぽうに『サザエさん』、『ドラえもん』（'79年〜）といった子供向きのシリーズがあり、対極に『イノセンス』（'04年）があったりする。正攻法のエンターテインメントとして幅広い観客を狙うか、一部のコアなファンを狙うか……作り手の意志と方法論自体も、うんと細分化していますからね。

**大塚** そりゃ、いわゆる「動かさない派」の人たちにも、いろいろ試行錯誤の時期があったことでしょう。省セルでもいいから何とか観てもらいたい、何とか商品として通用するものを作ろうと苦労したはずです。その結果、極論かもしれませんが、アニメーターはキャラ作りのうまいのが一人いればいい、あとはそのへんのメンバーにできる程度のものにして、そのかわりセンスで、あるいはカット構成やストーリーで見せるんだ、というところへいつしか割り切っていったんだろうと思うんですね。

——とはいえ、第3のタイプの作品でも、やはり「動き」の問題はつきまとってくるんですね。さっきの『ヤマト』にしても、最終回、死んだと思われたヒロインが蘇生すると、主人公が彼女を抱き上げて、くるくるステップを踏んで踊るのがシルエットで描かれる。大いに盛り上がるべきシーンで、二人がくるくる回るのを素晴らしい動きで見せてほしいのに、妙にギクシャクした動きで、高揚感が伝わってこなかったという覚えがあります。

**大塚** それはもう、単純に作画力の問題ですね。演出家が意図し要求したものを、アニメーターがちゃんと達成していないということでしょう。

——ですから、そういうもったいない例を知りつつ、たとえば旧『ルパン三世』、『エメラルドの秘密』（第14話）のダンスシーンとかを観ると、子供ながらに、作画技術の高さを見せつけられたような気がしたものです。豪華

**大塚**　客船でのパーティーで、銭形警部、不二子、花嫁、ルパンと、それぞれのキャラクターの性格に合わせて踊りかたもちゃんと違っていて、動きの面白さに見とれたと言いますか。

**大塚**　じゃあ、その旧『ルパン』が制作条件的に他作品より恵まれていたかというと、決してそんなことはなかった。今も昔も、テレビアニメの現場はどこも楽じゃありません。で、似たような悪条件のもとで、明らかに作画的に失敗している、あるいは手を抜いているのに、作り手が自己弁護しているときはすぐにわかります。「本当は動かしたかったんだけど、動かせなかった」みたいなことを盛んに言うのは、誰に限らず、僕からすれば気色悪いんですよ。そうじゃなくて、面と向き合って、「オレは動かさないものを積極的に作ってきたんだ」と言ってくれりゃまだいいんですがね。それに、考えてみれば、技術力のとぼしいスタッフ編成でしか作れないから演出家のほうも極力動かさなくなった、ということもあるのでは？

――ああ、逆に……。

**大塚**　どうもこの議論のゆくえは不毛ですね（笑）。何にせよ、「こういうのもいいよね」というのは一般のファンの方々が言えばいいので、僕自身は、作り手としていっぽうの旗を立てたところにいますから、片寄ったことしか言えません。

――作る側にそういう信念がおありになるように、観る側にも、おのおのの尺度があると思います。私は大塚さんのファンですので、かつて一緒にお仕事なさった宮﨑さん、高畑さん、小田部羊一さん、芝山努さん――そうした方たちのお仕事にどうしても心が動きます。いっぽう、アニメブームを作った『ヤマト』や『（機動戦士）ガンダム』といったタイプの作品にも、どこかいいところがあるはずだと思うんです。

**大塚**　まあ、そうでしょうね。僕はそれらの作品をキチンと観ていないから、具体的には何とも言えないけど、絵的にはきっと面白いものがあるんでしょう。ないわけはないと思う。

――それはなぜですか？

**大塚**　もの作りを生業として、「いいかげんでいいや」という考えの人が、演出家だけでなくアニメーターや美術スタッフにたくさんいるとは思えませんから。みんな、自分にできる範囲の中で、曲がりなりにも最高のことをやろうとしているはずです。ただし、誰しも突然別のスタイルや方法論に乗り換えるなんて、なかなかできるものじゃないから、お互いに乗り入れは難しい。他がどうあれ、僕としては、自ら関心があるテーマである「動かしてナンボ」から出発するしかないですね。

## 「動き」の分析（Ⅰ）

――アニメでは、なぜか、「あの作品はよく動いている」と言うとき、「戦闘シーンやアクションシーンが派手だ」というのと同義であるような風潮がありますよね。そのことも、「動き」を語る上での、大きな落とし穴の一つだと思うんですが。

**大塚** たしかにね。本来、日常生活の中のなにげないしぐさや、雨風や小川のせせらぎといった自然現象、そういうありとあらゆるものの中に「動き」があるわけで、それらを総体として「アクション」だととらえるべきでしょう。「アクション＝戦い」というのは曲解ですね。描くほうとしては、派手に動くほうが面白いことは事実ですが。

――動きの速い戦闘シーンよりも、人物をゆっくり歩かせるほうが技術的には難しいそうですね。

**大塚** その通りです。たとえば、戦闘機が手前からうんと遠くに向かって飛び去るカットがあったとして、中割り（動画）で大胆に手を抜いても、ほんの一瞬の動きだから、それなりに見えてしまう。いっぽう、人物の動きにおいては、ちゃんと演技させようと思えば、ごまかしがきかない部分が多々あります。一人の女の子が歩いてくるのをカットを割らずに描くだけでも、なかなか手がかかるんですよ。特に、画面の奥から手前に来るという「縦構図の動き」は、非常に難しい。

――実はここに、ビデオを2本持ってきたんです。テレビの旧『天才バカボン』と、劇場版の『ルパン三世』（『マモー』）。両方とも、大塚さんが多少関わりを持たれた作品ですが、ギャグものとアクションものという対照的なアニメを、要所要所で再生しながら、それぞれの「動き」についておうかがいできればと思います。

**大塚** 僕は、『バカボン』はパイロット版を兼ねた制作第1話（『スキーがなくてもヤッホーなのだ』、放映第32話）の原画をやっただけだし、『マモー』のほうは「監修」のクレジットだけで、実際はほとんどノータッチだったんですがね。

―― 両方ともソフトウェアが出ていますので、読者の皆さんにも機会があればぜひ観ていただき、この章を参照していただければと思います。まず『バカボン』。オープニングのタイトルバックで、非常にきれいな回り込み作画があります。ファンの間で、これは大塚さんがおやりになったのではという伝説もあったんですが……ちょっと観てみましょう。

（『天才バカボン』のオープニング再生。尖塔のような高い山の頂上に立つバカボン。その周囲を、カメラが360度旋回しながら急速にトラックバックしていく）

**大塚** これは僕じゃないですね。すっかり忘れていたけど、今観ると、ずいぶん本編の内容とかけはなれたオープニングですねぇ（笑）。アニメーションにはそれぞれの作品にふさわしい表現スタイルがあって、『バカボン』や『ドラえもん』、あるいは『クレヨンしんちゃん』（'92年～）といった作品では、あまりリアルに動くと、かえって気色悪いでしょう。プリミティブというか、漫画っぽくデフォルメされた2頭身、3頭身のキャラを動かすには、それに見合った動きのスタイルがあるはずです。そういう意味で、この回り込みは、作品に合っていないかもしれない。

―― そのギャップが面白いんですけどね。山の上に立つパパやバカボンに、不似合いに豪快なカメラワークでグルーッと回り込むところに、シュールなナンセンス性があって……。

**大塚** そういう、不似合いなほどリアルなカメラワークは、『しんちゃん』なんかでも繰り返し出てきますね。内容とのコントラストが面白いんでしょうけど……。でもまあ、『サザエさん』や『ドラえもん』で、いわゆる「アニメ的名演技」をやってみせても、観る人はあんまり感心しないだろうと思うんですよ。『バカボン』は、赤塚（不二夫）さんのちょっと抜けたキャラクターのバカバカしさをちゃんと出していたし、回り込みもそのナンセンス性の一環だとは思うけれども、作品全体からすると、オープニングだけ変に立体的でリアルで、なんか浮いてるなぁという感じがしますね。でも、それをやりたかったスタッフの気持ちはよーくわかります。

―― 回り込みの「動き」自体はいかがですか？

大塚 技術的にはうまくいっています。あのね、アニメーターって、とかくこういうことをやってみたいものなんですよ（笑）。作品のスタイルに関わりなく、新しいこと、面白いことをやってみたいと思うとき、その技術リストの中に、回り込みというのは絶えず入っている。

―― これ、回り込みと背景動画を同時にやっているでしょう。人物だけでなく、背景の山々まで作画でどんどん動いていくから難しいのでは？

大塚 描くのはそうでもないけど、設計が難しい。遠景はこう、近景はこう動いてというのを、あらかじめ頭の中でキチッと組み立てなきゃいけないから。今はＣＧで簡単に計算できるけど、この時代ではちょっと難しい課題だったでしょう。

―― ここまでスムーズに、クルーッときれいに回り込むからこそ、当時の子供たちにはすごいインパクトがあったんです。

大塚 芝山さんや小林治さんのうまさですね。人物のアングルを徐々に変えて「一枚絵」の背景を引っぱれば、それだけでも一応回るのに、あえて、背景も動画にしている。図形的には、一番簡単な山ですけどね。アフガニスタンの山みたいにツルツルでしょ。これがもし木がいっぱい生えた山だと、作画はもっともっと難しくなるでしょう。

―― カメラが引いたあと、岩山から鳥の群れがバーッと飛び立ったり、かなり細かい遊びもやっています。

大塚 面白いことをやってみようという、アニメーターには絶対必要な精神。そういう意欲は観ていて感じますね。

―― もしも、このオープニングを大塚さんが任されたら、どうなさったでしょうか？

大塚　うーん……たぶん、こういうケレン味のある凝りかたはしなかったでしょう。つまりね、赤塚さんの原作はそうとう破壊的なところもあるギャグだけれども、アニメ版ではその毒を抜いて、ホームドラマ的な、一種の生活ギャグになっていた。じゃあ、その中で「動き」の果たす役目は何なのか？　芝山さんたちは、おそらくそういう問題に直面しただろうと思う。この企画を、お子様向きだけのイージーなものにしていいのか。もうちょっと大人の鑑賞に堪える、技術的にも凝ったものにしたい。その挑戦の一環として、こういうオープニングを作ったんじゃないでしょうか。でも、もし僕だったら、毎回のお話の中でのキャラクターの日常的な動き、演技の細かさの中にその挑戦を持ち込んだだろう、ということですね。

――演技の細かさといえば、『バカボン』の作監の芝山努さんがあるインタビューでこんなふうに語っておられます。[注5]自分は（Aプロ時代に）大塚康生崇拝者で大きな影響を受けているが、『巨人の星』の星明子がごはんを茶碗によそうような、そういう日常的な芝居がいかに難しいかという大塚さんの話に心酔した、と。そういう大塚さんからの影響が、芝山『バカボン』にも出ているんじゃないでしょうか。ちょうどそういうシーンがありますので、ちょっと観てください。

（『バカボン』第63話『バカボンのひとりたびなのだ』より、ママがパパにおにぎりの弁当を作って渡すシーン、再生）

大塚　これなんか、最初からポンとお弁当の包みを渡してもいいんでしょうけど、そうしないところがいいですね。実は、こういう表現にはきりがないんですよ。ごはんをこうつかんで、にぎって、おにぎりを作り終わったらどうするか。当然、お皿か何かにのせなきゃならない。ところがここでは、ママがおにぎりをひざの上にのせてるでしょう。そういうことは、現実にはあり得ない。今のところをもう一度観せてください。

（『バカボン』巻き戻し再生）

ほら、ここ。フレームの外で、ひざの上でおにぎりを包んでいるでしょう。

――あ、本当だ！

大塚　ちゃぶ台の上には、ちゃんとお皿が置いてある。これはいいですね。ところが、おにぎりを作ったあと、ちゃぶ台の下にパッと入れて、その下で紙に包んでいるように見える。理詰めに考えていけば、こういうことはあり得ないですね。そこらへんが、たとえば僕や高畑さんには納得できないときがあるんですよ。

――なるほど。このシーン、半開きの電気釜にごはんとしゃもじが見えて、米粒もちゃんと描いてある。そういうところが、何となく作品の温かみというか、この一家のムードになっていると思うんですが。

大塚　一種の生活感は出ていますよ。ディテールをちゃんと描くことで家族の気分を出すという意味で、このおにぎりのシーンを一所懸命やっている。普通だったら手を抜くところを、まだ抜いていない時代ですね。このあと、どんどんそうじゃない時代になっていくわけですが。

――では次に、この作品の名物、上半身をぐっとそらせた印象的なポーズでの、バカボンパパの走りを観てください。2回出てくるんですが。

(『バカボンのひとりたびなのだ』再生。呉服屋、美容院と次々に飛び込み、おばあさんに変装してゆくパパの走り2種類)

大塚　ああ、これは、一見同じように見えるけど、作画枚数が違いますね。最初のは、原画と原画の間に動画1枚が入っていて、1歩走るのに3枚使っている。『コナン』での走りと同じです。普通僕らが3コマ撮りで人物を走らせるときには、「1、2、3……1、2、3……」と3枚使うんですよ(第2章扉のイラスト参照)。まず、左右の足を開いてる絵があり、次に足を閉じた絵を1枚入れ、また足を開いてる絵になって、計3枚。ところが、今の2度目の走りは、基本的には足を開いたのと閉じたのと、2枚でやっている。より簡略化してあります。同じワンカットの中で、「3枚で1歩」という瞬間も混在しているかもしれませんが。

――枚数自体が少ないのに、2度目のほうがチャカマカ細かく動いているように見えるのはなぜでしょう?

大塚　2度目のは、ただのくり返しの動きじゃなくて、ちゃんと作画で全身を動かしているから、そのへんがわかりにくくなる。

――なるほど。2度目のは、画面奥に向かってパパが小さくなるにつれて、常に「新しい絵」が描かれているわけですね。

大塚　そう。それと、もう一つ。最初の走りではパパはズボンをはいているけど、2度目のは着物姿でしょ。着物だと足の輪郭が全部見えないから、枚数が少なくてもさほど目立たないんですよ。

――ははぁ……難しいものですね。必ずしも枚数だけの問題ではないと。もっともこのシーンの場合は、アニメーターの工夫というより、パパに変装させるという演出意図で着物を着ているわけですが。

大塚　だから一口に走りと言っても、シーンによっていろんなケースがあるわけです。3枚使っていても、同じ原動画の反復（繰り返し）の走りだと、誰の目にも「いかにも繰り返しているな」というふうに見えてしまう。そういうテレビアニメ的省セル技術のあれこれは、『バカボン』のころには、もうかなり普及しています。初期の東映長編では、1歩走るのに最低5枚は使っていましたからね。

――東映初期のテレビアニメ、『狼少年ケン』とか『魔法使いサリー』（'66～'68年）などは？

大塚　東映でもテレビ作品では、すでに長編時代の技術は使えなくなっていました。やはり、中1枚で、計3枚。『狼少年ケン』はまだ過渡期で、中4枚ぐらい使ったこともあるし、いろいろバラエティーがありましたけどね。ただ、テレビ時代になってからは、フルショットでなくてもバストショット（胸から上のアップ）で充分だ、お客さんはバストのほうをかえって喜んでくれる、というふうになっていった。つまり、常に足まで映さなくてもいいと。バストというのは画が大きくて、なんとなく安心して観られるから。ロングショットは、お茶の間の小さなブラウン管には合わないんですよ。昔、『七人の刑事』（'61～'69年）という連ドラがあったでしょう。全編バストサイズが多かったですが、とても親近感を持って観られましたよ。

――『バカボン』では、住宅街の道とか、家の廊下とか、「引き」サイズの絵の中を、あの3頭身のキャラが一所懸命ダッシュしているシーンが多かった。そして、その走りが、「動き」としてとっても面白かったんですよ。

大塚　東映出身の芝山さんが東京ムービーに持ち込んだ、感じのいい、円熟した、そして安心して観られる画面作りなんでしょう。これ（『バカボン』）よりも、次に作った『ど根性ガエル』のほうが、さらに安定感がありますけどね。

——芝山さんは、先のインタビューでこんなふうにもおっしゃっているんです。大塚さん崇拝者だった自分も、虫プロ系の吉川惣司さんや出﨑統さんと出会うことによって変わっていった、と。つまり、たとえば、縁側に座っているバカボンパパが立ち上がる動作を描くとき、それまで芝山さんは、まず右足を上げて体重をそっちにかけ、次に左足を上げて立ち上がる——というふうに、一つ一つのしぐさを細かく拾って描いていたけれども、そこまでリアルにやる必要はない、最初に座っている絵、次に中1枚くらい入れて、いきなりバンと立ち上がっていい、そのほうが動きとしても面白い、と思うようになったそうなんです。これは、「動き」というものの解釈についての、とてもわかりやすい変化の例だと思うのですが。

大塚　芝山さんのその気持ち、よーくわかります（笑）。テレビアニメの制作現場では、そんなふうに省略して見せるのは、まともに描くのとでは比較にならないぐらい作業が楽です。無理して動きを追うよりもセンスで見せたいと思っても不思議はありません。ただし、芝山さんは東映的なものをいったん通過してきていますから、はじめから虫プロ的だった人とでは、省セル的な動かしかたにおいても温度差を感じますね。『ムーミン』での、芝山さんのビジネス（しぐさ）のうまさは抜群でしたから。

## 「動き」の分析（Ⅱ）

——次は劇場版『ルパン三世』（以下、『マモー』と表記）ですが、これ、面白い部分と釈然としない部分が同居した、不思議な一作なんですよね。まず、前半の見せ場である、パリ市街から郊外の峠道へのカーチェイスを観てみましょう。

（『マモー』のカーチェイス場面、再生）

——ルパンたちが最初に乗っているのは、おなじみのベンツＳＳＫですが、これはどなたが描かれたのか……。

大塚　たぶん青木（悠三）さんでしょう。このクルマは描くのが難しすぎて、旧『ルパン』のときも、スタッフの中で僕と彼の二人だけしか描けなかったくらいですから。

―― この、パリの街角をSSKが曲がっていく動き……。

**大塚** うん。こういうところは上手ですね。この作品では青木さんや芝山さんも原画に入っているから、アクションそのものは本来うまいはずなんです。ただ、制作体制が混乱しきっていたので、作品全体に激しいムラが出てしまっている。

―― この多重衝突のカットとか……。

**大塚** ひどいタイミングだね。SSKが細い路地に入るところは、まあまあ。カットによって、ものすごく技術のバラツキがある。……うーん、しかし、こんなだだっぴろい下水道がありますかねぇ（笑）。下水道の、あの息苦しいほどの暗さと閉塞感がまるでない。

―― このあと、SSKからオースティン・ミニ・クーパーに乗りかえて、峠道でのカーチェイスになります。『カリオストロ』では、猛スピードでジャンプしたフィアット500《チンクエチェント》が路面に着地するとき、いかにもサスペンションが効いてるような「反動の動き」がありましたが、『マモー』のこのミニは、まるで重力を逃れて、空を飛んでるみたいですね。いくらクーパー・チューンだからって、滑空することはないはずですが（笑）。

**大塚** 他人の技術をあまりとやかく言えませんが、タイミングのとりかたが明らかに良くないですねぇ。

―― それはコンテの問題でしょうか、それとも原画の？

**大塚** 原画です。この巨大なトラックもおかしいですよ。あまりに大きすぎて、サイズ感のリアリティーが急激になくなっちゃう。

―― この巨大さは、わざとでしょう。

**大塚** わざとだろうけど、脇を走るパトカーのシトロエンDSというのは、実際にはすごく大きなクルマで、それとの対比においてこんなに大きいというのは、ちょっとねぇ……つらいなぁ（笑）。これ、ケンワースのビッグリッグというアメリカ製のトラックなんですが、ここまで巨大化しなくたって、本来の大きさでも充分迫力を出せるのに。

――この車種は、大塚さんが設定なさったんですか？

**大塚** いや、青木さんじゃないかな。彼はカーマニアですからね。アイディアとしては良かったんでしょう。巨大なトラックがちっぽけなミニを追っかけるというのはね。もう一工夫必要だったんでしょうね。

――気になるのが、次のシーンなんですよ。崖から半分はみ出したトラックがどんな角度で止まっているのか、ショットによってまちまちで、よくわからない。

**大塚** 不思議な画面ですねぇ。これは作画の計算が足りないんですよ。

――レイアウトの問題ですか？

**大塚** いや、絵コンテ自体も無茶なんです。ああ、このシーンも不思議だ。宙に浮いたミニが剥がれたガードレールの上を滑って、峠道に戻ってくる……。

――このガードレールのシーンには、ちょっとこだわりたいんです。これ、アイディア自体は面白いと思うんですよ。トラックにはじき飛ばされたミニが峠道から外れて、空中で弧になったガードレール上をツーッと一回りして、また路上に戻ってくる……。ただ、それを正面きって動かさずに、コマのばしのスローモーション風に処理にしているわけですが。

**大塚** 6コマぐらいですね。おかしいのは、クルマが宙を飛ぶだけじゃなくて、空中で角度を変えてブルブル動くでしょう。こんなこと、あり得ないですよ（笑）。リアリティーの想像力がすっ飛んじゃってる。こういうシーンで本当にお客さんをハラハラドキドキさせるためには、ごく普通の、常識人の感覚で描くべきなんです。それを飛びこえて、「動き」に対して奇妙な解釈を加えちゃうと、観ているほうの感覚と合わなくなっちゃうんですよ。

――この場合、どういうところが普通の解釈じゃないのですか？

**大塚** 外れたガードレールが帯のようになって、その上をクルマがスーッと滑っていきながら、下に落ちるのかと思ったら、ガードレールが上を向いていたからそのまま道に上がっちゃった――というのを、「大塚、お前、描いてみろ」ともし言われたら、一応描いてはみますけれども、その前にきっと演出家に申し出るでしょうね。「ガードレールはヤワだから、この状況下でクルマをもとの道路に押し上げるほどの力はないんじゃないでしょうか。設定を変えてもらえませんか」とね。

——描く前に？

**大塚** ええ。やっぱり、自分の納得のいく範囲内で描きたいですから。さらに、「ケンワースのビッグリッグは、あんなところを走れません。違う車種にしましょう」と（笑）。

——それは、元も子もない話ですね（笑）。

**大塚** そうやって、スタッフ同士であぁだこうだと揉んでるうちに、内容がどんどん変わっていきます。そういうプロセスが大事だと思う。宮崎さんはたぶん『マモー』のこのシーンを観ただろうと思うんですが、『カリオストロの城』では、このカーチェイスのシーンを自分なりの解釈で否定していますよね。

——ああ、両作品に偶然似たような峠道のカーチェイスがあるんじゃなくて、宮崎さん的に意図があったのかもしれないと？

**大塚** あくまでも僕の想像で、今まで誰にも言ったことなかったんですけどね。いや……もしかしたら、宮崎さんは『マモー』を観ていないかもしれない。もし観たとすれば、峠道のカーチェイスはパイロットフィルム以来『ルパン』には絶好のお膳立てですから、宮崎さん流に「まともに誇張するとこうなるんじゃないの？」とやってみせたのかもしれません。ともあれ、『マモー』のガードレールのシーンは、演出家がこういう設定を考えたのがそもそもの間違いで、それを承認してそのまま描いたアニメーターも間違い。

——二重に間違っている……？

**大塚** いや、三重です。同じ描くにしたって、空中であんなふうにブルブル動かす必要はない。あるいは、ガードレール上をクルマがツーッとなめらかに滑るように描いてしまったことが間違っている。テクニック面を含めると、三重の間違いですよ。さらに、場合によっては、脚本家も間違っている。シナリオライターは、ほとんど全員と言っていいくらい間違えるんですよ、「アニメは絵なんだから何でもできるだろう」と。そうじゃないんです。アニメだって、当然、リアリティー（現実感、存在感）に縛られるんですよ。

――でも、そうなると、『カリオストロ』でフィアット500が崖を駆け上がるのは何だ、ということになりませんか？

**大塚** 宮﨑さんは、少なくともその回答をちゃんと用意しています。あのチンクエチェントは、ノーマル仕様ではない、ものすごいエンジンを載せていることにしてある。たった700キロの車体に、バカでかいスーパーチャージャー付きエンジンを積んでいるからあの動きができたんだよ、というふうにね。大隅正秋さんが旧『ルパン』で、ベンツSSKにフェラーリの12気筒エンジンを搭載させたのと同じ誇張です。

――実は、初めて『カリオストロ』を観たとき、あの、ほぼ垂直の崖を駆け上がるシーンは、動きとしては面白いけれども、あまり好きになれなかったんですよ。いかにそういう理屈が用意されていても、どこかにウソっぽさが残るというか、はぐらかされたような気がして……。そのあとフィアットが林の中に入り、小鳥が車内にまぎれ込んでくるところなんかは大好きですし、崖から駆けおりるのもいいんですが、駆け上がるほうはどうも……。

**大塚** あれは競輪がヒントなんです。だからルパンが、「まくるぞ！」と競輪用語を使うでしょう。バンクを上に駆け上がるのを「まくる」というんですね。

――あ、それで絵コンテに、「ウソだ、入場料かえせと云う人は、競輪をみましょう！」という宮﨑さんの注意書きがあるんですね（笑）。うーん、あの崖がせめてもう少しゆるい斜度だったら、なお良かったと思うんですが……。

**大塚** そのへんは、各人のリアリティーの許容範囲の問題になってくるんでしょう。僕も、あのシーンをできるだけ自然に見えるように作画段階で手を入れたつもりです。少なくともクルマを空中に飛ばしたりはしてませんよ（笑）。

――はい（笑）。『カリオストロ』ではフィアットの着地時に、さっき言った「反動の動き」とともに、キュッキュッというサスペンションのSE（効果音）が入っていました。それが動きの効果をいっそう高めていて、実に周到でしたね。

## 東映的か？ 虫プロ的か？

――それほど手のかかった『カリオストロ』ですが、公開当時『マモー』のほうがいいと積極的に評した映画評論家の方もいらした。もちろん批評は自由だし、個人の好みもあるからどっちを持ち上げてもいいわけですが、気になったのは、その方が『マモー』を褒めた論点が、他ならぬ「動き」についてだったからなんです。

**大塚**　へぇ、どういうことですか？

――つまり、『マモー』には感覚の飛び、弾みのようなものがあり、『カリオストロ』にはそれがない、という論旨だったように記憶しています。当時は、そんなものかなあと思いましたが、『マモー』をよく観直すと、たしかに、その説に同意できるシーンがありました。ちょっと観ていただけますか。

（『マモー』再生。カーチェイスのさなか、次元から手渡されたタバコを一息ふかすルパン）

**大塚**　タバコの煙が、パッとうしろへ行くんだね。

――ええ。すごいスピードで走っているから、ルパンがふかした煙が一瞬前にいき、すぐ、うしろに飛び去る。ここ、気分出てるなと思うんですよ。パッと、セル3枚くらい。枚数を使っていないぶん、逆に「弾み」になっていて。

**大塚**　省略の良さね。こういう感覚は、たしかに『カリオストロ』にはない。

――省略の快感、とでも言いますか。これは、さっき引用した芝山さんの言葉――バカボンパパがいくつかのしぐさののちに立ち上がるのか、パッと動画1枚を入れて立ち上がるのか――ということにもつながってくると思います。ただ、『マモー』のタバコはOKとしても、のちの芝山さんの『がんばれ!!　タブチくん!!』（'79年）な

**大塚** どでのスカスカした動きは、ナンセンスギャグものとはいえ、ちょっとしんどかったですが。省セルの手法も、場合によって活きたり活きなかったりするということでしょう。まあ、『マモー』のいくつかのシーンにそういう瞬発的な冴えがあったとしても、作品全体としてとらえたときに、演出、動きの論理的なつじつまが一貫しているかどうか、それが重要だと思いますけどね。

―― 『マモー』では、シーンのつなぎとか画面効果とかに、実写映画っぽいムードと工夫がある。それらは、アニメ本来の動きの問題とは、あまり関係ないかもしれませんが。

**大塚** 『マモー』は、劇画チックというか、映画チックでしょう。つまり、ある人たちにとっては、『カリオストロ』は何となくダサい、古くさい、東映的だと。それに対して『マモー』は、切れ味が良くて虫プロ的だ、というところがあるんじゃないですか。

―― 『マモー』のファーストシーンが好例だと思います。処刑場の13階段のステップが、ゴトッ、ゴトッと一歩ずつ登っていく足音に合わせて、下にスライドしていく。「おや、何だろう?」と思っていると、逆光の中で、シルエットのルパンが絞首刑になる……。なかなかシャープな出だしだと思います。あの13階段、ただ単に横縞模様のセルを下方向に引っぱってるだけで、技術的には実にエコノミーなんですけど(笑)。

**大塚** そういうセンスに、映画通の人たちはしびれるのかもしれない。

―― そのプロローグのあと、銭形警部がこっち(画面手前)に向かって銃を撃つと、メインタイトルがバーンと出て、テーマ曲が流れる。押し出し満点というか、「さあ、映画が始まるぞ!」という感じがします。いっぽう、『カリオストロ』のタイトルバックは、品良くというか、おとなしいでしょう。海をゆくヨットの上にニセ札が舞って、音楽も静かで……。

**大塚** 明けがたの高速道路でね。

―― 次に、土手を船が行くところは夕景で、ちょっとさびしい感じ……。そのあとに続くいくつかの絵は、どれも最高にいいんですが。

**大塚** 野営して、何か飯を作ってね。モナコあたりからカリオストロ公国まで、地続きのヨーロッパをルパンと次元が旅していくわけで、そんなに何日もかかってる感じじゃない。せいぜい、1泊か2泊。架空の公国までの道のりを描くために、宮﨑さんは、実に論理的、かつ情緒的に画面を並べていますよ。

――そういうところまで、すごくキチンとしている。いっぽう『マモー』は、エジプトからパリ、スペインからカリブ海までの日数経過とか、何がどうなってるのやら（笑）。

**大塚** 論理的、時間的なつながりはまったくないですよね。カッコいいところをつまんでいるだけで。そういう作りかたに徹している。

――『マモー』の映像的ハイライトの一つとして、不二子がハーレーを飛ばすシーンがあります。

（『マモー』再生。シャワーをあび、素肌にレザーのつなぎを着た不二子が、夕日をバックにバイクを駆る）

――この、不二子を斜め上からとらえたショットなんかは、髪の毛がひとかたまりに描かれていて、雑なんですが……。

**大塚** うーん、シーンの流れが、いわゆる美学的というんですかね。動きじゃなくて、あきらかに絵のムードと音楽のほうが主体になっている。

――まっすぐな一本道と両サイドの立木というシンメトリーな縦構図が、すーっとオーバーラップすると、そのまま同じ縦構図の、パリの凱旋門通りの夜景になる。それにつれて、「ルパン三世愛のテーマ」のアレンジにも、シャンソンっぽくアコーディオンが加わってくる……。次に、次元が聴いている携帯ラジオのアップになると、流れていた曲が、ラジオっぽい音質と音量にストンとダウンする……すごく凝っていますよ。

**大塚** こういう小粋な演出センスは、明らかに旧『ルパン』初期の、大隅演出の延長ですね。

――大隅さんは『マモー』にまったく参加していないのに、なぜ、それが残っているんでしょう？

**大塚** 芝山さんはパイロット版時代からルパンに関わっているし、青木さんも旧『ルパン』でずいぶん描いてるから、感覚的にどこかつながっているんでしょう。それに、『マモー』の監督の吉川惣司さんは虫プロから来た人で、旧『ルパン』でもコンテを描いているし……。大隅さんはね、もともと虫プロ好きで、東映はあまり好きじゃなかった。それに、「動き」については最後まで立ち入れなかったこともあって、映像的センスという意味では、吉川さんたちが大隅さんの影響を受けたというよりも、両者がもともと共通の地盤に立っていたと言うほうが正確でしょう。

――なるほど。アニメーションは「動いてこそ」だと思いますし、『カリオストロ』がダサい、古くさいだなんてこれっぽっちも思いませんが、夕日のバイクから凱旋門に――という流麗さには、やっぱり私もしびれちゃうんですよ（笑）。それがいわゆる「虫プロ的センス」なのかどうかはさておいて、そういうものは、東映動画的なものの中にはないんでしょうか？

**大塚** あまりないですね。

――なぜでしょう。本来、それも映画の……いや映像の、魅力ある表現の一つだと思うのですが。

**大塚** 東映は当時、日本の映画会社の中でも一番オーソドックスな会社で、時代劇主流でしたから、同時期の日活や東宝に比べたらぐっと古風なんですよ。東映が映像的にいわゆるナウになったのは、次世代の、『仁義なき戦い』（'73年）の深作欣二さんあたりからでしょう。アニメの分野では、僕や森康二さんたちが出て行って、りんたろうさんとか松本零士さんとか、外の血を輸入してから様子が変わってきたような気がします。

――『銀河鉄道999』（劇場版、'79年）あたりですか？

**大塚** ええ。それ以前のはね、いかにも古くさいんですよ。古い新しいで言うなら、東映はたしかに古かった。これは「作画汗まみれ」には書かなかったけれども、虫プロができたときに馳せ参じた人たちは、実はみんな、その古くささが嫌いだったんですよ。東映の、一種独特のヤボったさがね。

――そうだったんですか。13階段や夕日のバイクは、たしかに東映的というより日活的、いや、むしろ洋画的ですよね。では、もし、そういうモダンな演出センスに東映的な動きの豊かさが合体したら……。

**大塚** ああ、それはあの時代にはありえなかった事態でしょうね。人間をまるごと入れ替えるなんて現実的ではない

（笑）。どちらも簡単には模倣できない、別々の美意識で作っていますから。たとえば『千と千尋』がメガヒットしたからって、出﨑さんや他の人が「よし、今度はあれで行こう！」とは思わないでしょう？

――　でしょうね（笑）。で、結局、われわれ観客は、ほとんどいつも片いっぽうだけしか味わうことができないわけです。リンゴとミカンとどっちか片方だけで、そのミックスジュースをなかなか飲ませてもらえない……。

**大塚**　それは考えないほうがいいですよ。柳生新陰流がいいか、宮本武蔵の二天一流がいいか、どちらを好むかは観客それぞれが決めればいいので（笑）。もっとも、「センスで見せる派」の人たちも、動きに手を抜いただけじゃダメだからと、自分たちなりの技術的完成度を求めてやっているんでしょうけど、動きの本流をとことん追求するタイプのアニメーターたちの技術に比べれば、どうしたって及ばないところがあるわけです。それでね、実は僕は、『千と千尋』にしても、ある意味でダサいというか、いまだに東映的だなぁと思うんですよ（笑）。ヌーベルバーグ的な、あるいはニューシネマ的な、お話の前後を無視した映像的にかっこいいインサートなんかを見せてくれるわけじゃないですからね。

――　そういえば、以前、あるアニメーターの方が『カリオストロ』のことを、「東映系の人たちのやることには驚いてしまう」というふうに褒めたとき、「東映系」とわざわざ定義する意味がよくわからなかったんですが、こうしてお話をうかがっているうちにわかってきたような気がします。

**大塚**　まあ、源流というか出身で色分けしているだけで、今となってはどうでもいいことですが。中国に「飲水思源」という言葉がありますが、「水を飲むとき、その源を思う」というわけですね。

## コマ数と枚数の問題（Ⅰ）

――　ところで、アニメの「動き」のことを語ろうとすると、作画枚数の問題とともに、どうしてもコマ数のことに触れざるを得ないのですが。

**大塚**　うーん、それは極めて技術的なテーマですから、実際に描いてみて説明しないと難しいとは思いますが……ま

――あ、できるだけやってみましょうか。

大塚　まずはじめに、アニメにおけるコマ数の定義について整理してみましょう。普通、35ミリや16ミリフィルムでは、1秒間の映像は24コマで成立しているわけです。1コマに1枚、つまり1秒間に24枚の絵を描く「1コマ撮り」がアニメの究極なんでしょうけど、あまりにも非効率的なためか、これは一般化しなかった。そこで、同じ1枚の絵を2コマ続けて撮影し、1秒間に12枚の絵を使う「2コマ撮り」が、ある時期、主流になった。そう。日本では、東映動画の初期までですね。ディズニーは、今でも2コマが主流です。で、テレビアニメが始まってからは「3コマ撮り」が主流になった。これだと、1秒間に絵が8枚ですむ。場合によっては、4コマ、6コマというのも使われるようになりました。

――枚数の多いほうが、当然動きはなめらかだし、減るにしたがってギクシャクしてくる。きっと当時、アニメーターの方々も制作会社も、表現性と生産性の板ばさみになったんだろうと想像しますが、ファンの側にも「2コマ神話」みたいなものが一時期たしかにありましたよ。

大塚　「2コマだからいい、3コマだからダメ」ということは決してないと、今や断言できます。『カリオストロ』にしても、ほとんど3コマですよ。ようするに、2コマも3コマも使いかた次第。3コマでも、人物のポーズをちゃんととらえて、必要なしぐさをていねいに拾ってあげれば、充分に豊かな動きを作り出すことができる。反対に、2コマだからといって、動きのタイミングの取りかたが悪ければ、本来の効果をあげられない……。その点で忘れられないのが、手塚さんが作られた『火の鳥2772　愛のコスモゾーン』（'80年）です。あれ、ここ（テレコム）でも一部お手伝いしたんですけれども。

――そうなんですってね。あまり知られていない事実で、「作画汗まみれ」で知ってびっくりしました。どういう作業を、どのくらいの分量おやりになったんですか？

大塚　原画を50カットくらい引き受けたように思う。動画もだいぶやりましたかね。どのシーンかは忘れましたが。とにかく、届けられたカットのタイミング指定を見て、僕らはびっくりしたんですよ。当時は『カリオストロ』の制作直後ですから、テレコムのスタッフ全員が宮﨑さんの影響を濃厚に受けています。で、その「宮﨑基準」で見ると、『2772』の作画指定は、使う必要のないところに2コマを使ったり、2コマらしい細かい動きの計算を欠いた、それでいて枚数ばかり膨大な、非常に不思議なものに見えたわけです。

——『2772』は、実験的というか、当時のアニメブームの中でもちょっと毛色の変わった作品でしたね。まず、トップシーンからえんえんセリフがなくて、主にバイオリンの音楽だけ。で、主人公の乗るエアカーが走り出すと、カメラがパーッと高空に舞い上がる。無彩色の線画で描かれた未来都市、そのハイウェイをエアカーがゆくのを、ぐんぐん角度を変えてとらえる。次に、カメラがグーッと降りてきてエアカーに近寄り、操縦している人物の周りをぐるりと半周すると、車がちょうど目的地に着く——といった、とんでもなく長い動きを、ワンシーン＝ワンカットの背景動画で描いていました。音楽の効果もあいまって、劇場の椅子にはりついたまま、唖然、恍惚となりましたよ。のちの手塚さんの短編実験アニメ『ジャンピング』（'84年）につながるような空撮感覚があまりにも鮮烈で、あとのストーリーがほとんど印象にないくらいです（笑）。

**大塚**

そういう実験的なアイディアは、いかにも手塚さんらしいですね。そんなふうに、シーンによっては非常に手をかけて動かしてはいるんだけれども、全体としてみると、アニメ映画としての面白さ、エンターテインメント性がどうも感じられない。「アニメは〝動き〟ではないんじゃないか？」という、「動かさない派」の人たちにとっての大きな反証材料になってしまったんじゃないかとさえ思ったものです。「あんなに苦労しなくたって、〝止め〟でも充分いけるよ」と思われてしまったんじゃないか、とね……。実際、『2772』は、ものすごく枚数を使っているんですよ。『カリオストロ』は7、8万枚ぐらいですが、それよりずっと多かったでしょう。やはり2コマが基調ですから。

——これは非常に技術的な話だと思いますが、『2772』の指定が2コマの特長を活かしていないことがテレコムの原画陣全員にすぐにわかった、それがなぜ『2772』のメインスタッフにはわからなかったのか——という記述が「作画汗まみれ」にありましたね。技術教育の違い、そこから生じる方法論の違いというのは、そこまで大きなものなんでしょうか？

**大塚** そうです。非常に大きな違いと言っていい。たとえばテレコムでは、3コマ、2コマ、場合によっては1コマ作画の自在な振りわけをアニメーターが実戦で身体にたたき込んでいるから、似たようなことは今でも起きますよ。たまに外注の仕事を受けると、「こんなところにこんなに枚数を使って、もったいないなぁ」とか、「ここは動かすべきなのに、なぜ止めるんだろう？」とかね。そういうことが、一種のスタンダードな感覚として、スタッフみんなの中にある。これは別に自慢するのではなくて、方法論的な事実です。テレコム、ジブリ、あるいはディズニーのスタッフは、そういう教育を受けてきている。そしてそれは、何も特殊なことではなくて、アニメーターにとって必須の、ごく基礎的なアカデミズムなんだと僕は思うんですがね。

――大塚さんとご一緒に東映動画でそういう技術を学ばれた方々が虫プロに移られたわけですが、では、なぜそこで、大塚さんのおっしゃるアカデミズム的方法論の種がまかれなかったんでしょうか？

**大塚** うーん……そこは大きな疑問でして。これまで、そのことについて解き明かした人はいませんね。たしかに虫プロが創設されたとき、東映からアニメーターが7、8人行ったんですが、ほとんどの人は演出家、あるいは演出家とアニメーターの兼業になっちゃった。そのことも一因かもしれません。で、彼ら東映出身者以外では、ほとんど素人に近いような人たちを集めてアニメーターにしたそうですが、それは手塚さんに、「漫画（絵）が描ける人はすぐアニメーターになれる」という楽観主義があったからだと思います。初期教育でアニメの原理からキチンと教えられていない素人でも、2、3年もたてばそれなりのアニメーターとして育ちますが、「止め」であっても絵さえ上手なら世間が承認してくれるとなれば、今さら初心者には戻れないでしょう。だから、いざ枚数が使えることになって、動かしたい、2コマのフル・アニメだといっても、技術的に手遅れ状態になってしまっていた……ということじゃないでしょうか。

虫プロ創立期に東映から移った人たちはみんな、『白蛇伝』から『安寿と厨子王丸』あたりまで、僕らと一緒にがんばっていた。で、虫プロに移ったけれども、きっと『鉄腕アトム』をやる前までは、手塚さん自身を含めて、本心では、東映とは違うタイプの斬新なフル・アニメーションをやりたかったんじゃないかと思うんですよ。虫プロには、『アトム』以前にも実験的なアニメがあるでしょう？

**大塚**　ええ。大藤信郎賞（毎日映画コンクール）を受けた『ある街角の物語』（'62年）とか。これは、動きよりもカメラワークやカット構成で見せるタイプの実験作でした。

——そのあと、いざ『アトム』でテレビに突入したら、とてもじゃないけどできないくらいの猛烈な作業だとわかった。理想的なアニメを作ろうにも、時間的、予算的、人材的に、とてもできない。とたんに、大幅な手抜きをせざるを得なくなった……。おそらく全員、ものすごくがっかりしただろうと思うんですよ。映像的に新しい、東映にはないようなフレッシュな作品を作りたかったのに、これはもうダメだと思った矢先に、『アトム』が国民的な支持を得た。それで自信がついたというか、これでいいんだということになって、そっちにバーッと走り出しちゃったんじゃないでしょうか。そういう状況下で、あの人たちは、独自の止め絵的な美意識とテクニックを発展させてきたわけで、極論すれば、それが今日のアニメ界の状況に脈々と連なっているんだと思います。

**大塚**　たとえば、虫プロで活躍なさった中村和子さんは、東映時代、大塚さんの同期生でいらしたんでしょう？

**大塚**　すごく仲がよかったんですよ。美人で、おちゃめでね。虫プロに移ってだいぶたってからだけど、「東映的なやりかたはダメなのよ。ナウなアニメっていうのは動かさないことなのよ」と言われちゃってねぇ。彼女だけじゃなくて、ギッちゃん（杉井ギサブロー）もそう言っていた。だから、虫プロの劇場用長編の『千夜一夜物語』（'69年）、『クレオパトラ』（'70年）も、その発想のライン上でできているわけです。

——そのご意見について、どう思われましたか。

**大塚**　当時、僕や高畑さんだけでなく長老の森康二さんも、省セルアニメに対して、「あんなもの、作りたくないなぁ……」と思っていましたが、一番ショックを受けたのは、実は会社でした。「あれでいいんだ。この連中、何をこだわって手のかかることをやってるんだ」と苛立ちを隠せなかったようです。そのくらい虫プロ支持が大きかった。東映の長編は苦しくなるいっぽうなのに、向こうは人も作品数もどんどん増えていく。で、絵のほうは、反比例してどんどん動かなくなって……。

―― 日本のアニメーション史に、そういう時代が確実にあったということですね。ところで、2コマ、3コマをシーンやカットによって割り振るというやりかたではなくて、「お金も時間も枚数も好きにしてください」という条件をもしも与えられたら、大塚さんは、オール2コマになさいますか?

大塚 いや、しませんね。する必要がないです。

―― なぜでしょう?

大塚 止め絵の良さも知っているからです。そこはアメリカ人とちょっと違うんだけど、アメリカでは、一瞬でも絵が止まるとお客さんがすぐにブーイングで怒る。でも僕らは、シーンによっては止めのほうがいいと考えることも多いですから。3コマ基調を選ぶ一番の理由は、むろんオール2コマにしたら膨大な枚数が要るからですが、仮に枚数が青天井だったとしても、やはり3コマベースがいい。つまりね、日本人が日本人を描くとき、その演技の特性としては、そんなに動かしまくるべきじゃないと思うんですよ。アメリカ人やイタリア人みたいなオーバー・ジェスチャーは必要ない。いや、西洋人にしたって、本来、人によるはずでしょ。『赤毛のアン』('79年)にマシュウ(・カスバート)というおじいさんのキャラクターが出てきますが、もの静かな老人だから、わりと止まったまま「そうさのう」とかつぶやくような演技が多い。アメリカにだってそういう人がいっぱいいるはずなのに、アニメになったとたん、なぜ全身で「これでもか!」とばかりに動くのか(笑)。考えてみれば変でしょう?

ディズニーの『美女と野獣』('91年)にしても、美女のほうは若く美しい女性だからいきいきと動き、野獣のほうは暗いお城にひっそり住んでいてあまり動かない、と普通なら思うでしょう。ところが、あの野獣は、シャンデリアのもとでフロアでダンスを踊って、庭に出てきては雪で転んだりする。とたんにイメージが壊れちゃうんですよ。同じ『美女と野獣』でも、ジャン・コクトーが撮ったフランス映画('46年)のような野獣の恐ろしさ、あの内面的な奥深さがまるでない。暗い部屋の中での無気味な止め、のほうがずっといいと思うでしょう。なんでもかんでも「よく動けばいい」ってものでもないんです。日本のお姫さまを想像してください。オーバー・ジェスチャーなんかしないでしょう。ただね、『少年猿飛佐助』のおゆうさんなどは、ただ正座していてもビリビリと線が動いています。

――かすかに線がぶれていましたね。別に、「演技」というわけでもなくて。

大塚　あれはね、当時はわが国でも完全に止めると「死んでいる」と考えられていて、まったく同じセルをわざわざ置き換えて撮影していたんですよ（笑）。

――（笑）そういうおかしな例は別にしても、静的なものが好きという日本人の嗜好が、なるほど、アニメーションにも影響しているんですね。では、日本人が日本人を描くときに、必ずしも2コマで、1カットずつ全身で演技するフル・アニメ・スタイルにする必要はないと？

大塚　ええ。3コマ基調のリミテッド・アニメのほうが、むしろ適していますね。2コマだと、動き過ぎちゃう。東映第1作の『白蛇伝』なんか、オール2コマでしょ。気色悪いんですよ。

――そこまでおっしゃいますか⁉

大塚　いやぁ、今観ると、もう全然（笑）。何でこんなところでこんなに動かしてるんだろうと。オール2コマの『白蛇伝』スタイルは、東映でも『安寿と厨子王丸』あたりまででしょう。『鉄腕アトム』が始まってからは、『わんぱく王子の大蛇退治』にせよ、『ホルスの大冒険』にせよ、シーンによって3コマがどんどん入ってきていますよ。誤解のないように言いますけど、僕は別に「止めちゃいけない」と言ってるんじゃなくて、「演技しなければならないところまで〝止め〟でごまかすな」と言いたいわけです。

――生理的にも3コマ基調がいい、2コマや1コマは要所要所で――というのが、今の大塚さんのお考えなんですね？　必ずしも止めがダメだというのでもなくて。

大塚　そうです。予算と時間を青天井にしてオール2コマでやったら、映画1本に3年以上かかってしまう。そうなるともはや、僕たちの、ものを作る耐久年数に合わないですね。ディズニーのスタッフは耐えるんでしょうけど、僕らは、たぶん耐えられない。その間に絵が変わってきたりもするでしょうし。やはり、ある程度の期間内で、濃縮ジュースみたいにギュッと作らないと。無制限に延ばしちゃうと、もの作りのマインドが死んでしまう。それにこっちも早く結果が見たいしね（笑）。

――必ずしも制作サイドの論理で「枚数を減らせ」「早くやれ」と言われているばかりじゃなくて、作り手のほうでも「青天井はごめんだよ」と……それは興味深いご意見ですね。

**大塚**　宮﨑さんなんかも1本にあれだけ時間をかけているけど、もし青天井だったとしても、あの性格からかなり急ぐでしょうね（笑）。ポール・グリモーの『王と鳥』なんか、裁判までして二十数年後にようやく手直し版が出来たけど、あまりにも長くかかったものだからアニメーターも声優も変わっちゃって、出来としては良くないでしょう。元のバージョン（『やぶにらみの暴君』）のほうがずっと素晴らしかった。わかってほしいのは、作る側のパッションというかエネルギーは、無制限に長くは続かないんだということ。「ヨーイ、ドン！」でスタートしたら、１００メートルを一気に走り切らないとね。20キロ走れと言われたら、とたんにイヤになっちゃうんですよ（笑）。

## コマ数と枚数の問題（Ⅱ）

――ところで、コマ数を増やすことは必ずしも作画枚数に比例しないと、あるとき気づいたんですよ。『新世紀エヴァンゲリオン』（'95～'96年）を観ていたら、ロボットが射出されるシーンで、格納庫の扉がスルスルッと、実にスムーズに開くんです。で、ビデオでコマを確かめてみたら、１コマ撮りでした。ドアの開きはほんの一瞬しか目に止まらないんですが、これがなかなか効果的で……。

**大塚**　そこまでディテールにこだわって観る人はあまりいないでしょうけど（笑）、そうでない人の目にも、１コマ撮りの効果が無意識に伝わるということはあるでしょうね。無意識に動きのクオリティーが高いように見えるというか。

――その場合、1コマだからといって、扉の絵を何枚も描くわけじゃないでしょう。1枚の扉の絵をスライドさせているわけですから。「ははあ、こういう手もあるんだな」と感心しました。つまり、要所要所で引っぱりやズームを、撮影段階で1コマまたは2コマ処理にすることができるわけで。

大塚　そういうコマ調整は、あらゆる作品があらゆるシーンでやっていますよ。あまりに自然にやってるものだから、一見わからないだけでね。たとえば、スライドでふすまが開くなんていうのは、2コマでもまだ動きが硬いんです。直線の動きは、フリッカー（ガタつき）が起こりやすいから。1コマだとスーッと開き、2コマだとカッカッ、3コマだとカッカッカッと、引っかかるように開く。だから1コマがいいわけです。ただ、あるキャラクターが3コマで動いているときに、他のキャラクターが1コマで動いたら画面が合わなくなっちゃうから、そこは気をつけなきゃいけない。

――ですが、1コマでふすまを開けるシーンがあるたびに、いちいち人物を1コマ作画するわけにもいかないでしょう。そこはどう解決するんですか？

大塚　そこはね、たいてい逃げちゃうんですね。たとえば、女性が小笠原流に座って、ふすまを開けるとしますね。そこを、気持ちのいい小笠原流の動きで見せるには、ふすまがスーッとなめらかに開くべきでしょう。カタカタカタじゃ話にならない。だったら、そのシーンを見せなきゃいい、ふすまが最初から開いていればいい――というふうに、あらかじめコンテ段階で逃げてしまうわけです。あのね、激しいアクションシーンというのは、いろんな動きの解釈が可能でしょ。特にロボットの戦闘シーンなんて誰も本物を見たことないから、3コマだろうが1コマだろうが、どんな動きも自由自在ですよね。飛んだり跳ねたりするアクションには意外に制約が少なくて、日常的なしぐさでは不自然さがすぐ目についちゃうんですよ。

――小笠原流でふすまをゆっくり開けるシーンは、アニメにとっての鬼門だと。

大塚　そう。できるだけオミットしたいアクションなわけです。しかし、逃げてばかりいるのがいいことだとは思いませんよ。逃げずに、そういうものをキチンとアニメートする技術と姿勢を常に持っていたいものです。

たとえば、このコップ（と目の前のコップを指さして）を手にとって飲むだけでも、いろんな動かしかたの解釈があります。手をのばして、コップをとって、すっと飲むというアクションをまともにやると、3コマでも20枚ぐらいすぐに食っちゃう。だから普通は、キャラクターが「いただきます」と言ったら、コップに手をかけるアップがあって、次のカットではもうコップを持って飲んでいる——そんなふうに、動きを分解することが多い。飲み手が女性か男性か、労働者かインテリか、どのくらいの年齢なのか、女性だったら左手を添えて飲むのかとか、まともに考えたらやっかい極まりないですからね。そういう、お客さんの批判力に堪えないもの、「そんなはずないよ」と言われがちな日常的なしぐさが、実はアニメーションでは一番難しいんです。

高畑さんなんかは、そこに正面から挑戦する人ですね。『じゃりン子チエ』で、チエが家に帰ってきて、ランドセルを開けて、中から教科書を出すというしぐさ。普通、ああいう芝居はもっとカットを割りますよ。面倒なところは、映像をポンポン切ってもいいわけだから。

**大塚**——しかしそれは、ある意味で、アニメーションの骨抜きじゃないですか。

骨抜きなんだけれども、ディズニーが『白雪姫』のころ、こんなことを言ってましてね。お客さんは、人間の歩きかたや走りかたをよく知っている。ヒジやヒザは必ず内側に曲がるものであって、もし外側に曲がったら、「あんなふうには曲がらないぞ」と言われてしまう。自分たちはまだ未熟だし、そういうことを勉強するには膨大な時間と訓練が要るだろうから、さしあたっては動物を描こう、と。ラクダとシマウマの走りかたの違いを分析的に知っているのはごく一部のエキスパートだけだから、自由に解釈して動かしても一般観客にはそれなりに受け入れてもらえる……とね。

**大塚**——なるほど。動物がそうなら、ロボットや宇宙船は、なおさら批評圏外でしょうね。

そう。一般常識人の批判から逃げる一手として、ディズニーはあえて動物ものに走った。ところが日本人は動物もののアニメは嫌いだから、主人公は人間でなきゃならない。で、人間を描くに当たってどこに逃げたかというと、イラスト的なほう、静止画のほうに逃げたわけです。人間は描くけれども、極力動かさないほうへ、とね。

たとえば、あるキャラクターが全力で走ってきて止まろうとするとき、勢いがついているから、パッと瞬時には止まれませんよね。もしフロアがツルツルしていたら、なおさらです。くくっとブレーキをかけて、ちょっと滑り、身体のバランスを取って、やっと落ちつくまでに、いくつかのポーズが要るはずでしょう。ところが、この前観たあるテレビアニメは、1話に1万枚も使ってすごく良く動くと評判だったそうですが、人物がダーッと走ってきてパッと瞬時に立ちどまるような動きがあった。「おっ、動いたな」と思うと、すぐ、かっこいい止めのポーズに入ってしまう。そういう処理が全編に連続しているんです。それから、これはメカの動きの例ですが、婦警の女の子のミニパトが猛スピードでカーブを曲がるんですが、そのとき、なんの動きの溜めもなく、スーッと曲がる。そんなことはありえませんよね。ワーッと走ってきたら、少しドリフトぎみになって、ぐぐっと横Gがかかって、それからぐうっと曲がるはずでしょう。

――走ってきて止まるというシーンは、『未来少年コナン』にもよくありましたね。コナンが狭い通路を走ってきて、スピードがついているから、ちょっとつんのめって……。

**大塚** 立ちどまろうと思って、まず、たたらを踏む。それから、ようやっと止まる。

――もし大塚さんが作監で、さっき話に出たような、「ツーッ、パッ」という絵が上がってきたらどうなさいますか。

**大塚** もちろん、直します。たとえば宮崎さんの作品の場合は、作画する前に彼自身がアニメーターに克明に指示しますが、もしその通りに上がってこなかったら、僕が直しておかないと演出意図が達成できませんからね。いくつかのポーズをつけ加えたり、ポーズを少し誇張したりするでしょうね。

――『コナン』でそれができたのは、作画枚数が多かったからでしょうか?

**大塚** そんなことない。1万枚なんて使っていませんよ。せいぜい、6000~7000枚。

――それなのに、なぜあんなに活力のあるアニメーションができるんでしょう？

**大塚** いや逆に、それができないのは――きついことを言うようですが――描く人たちがアニメの基本をキチンと学んでいないから、と言うしかないですね。つまり、本来アニメのバリエーションにすぎない省略アニメから入って、それが根っから身についてしまっている。だから、いざ枚数をたくさん与えられたときに、うまく使いこなせないんじゃないでしょうか。

――しかし、その枚数は消失するわけじゃないから、どこかには使われているわけでしょう？　そこがよく解りませんが。

**大塚** うーん、ようするに、細かいところにムダに使っているんでしょうね。たとえば、戦闘シーンなどに多いケースとしては、爆発や煙がやたらと多すぎる。あんなにモクモクと煙ばっかり要らないと思いますよ。それから、まったく「止め」のままの美少女の長い髪の毛だけが、やたらと風になびいていたりね（笑）。総枚数がいくら多くても、そのぶん、キャラクターのしぐさにかける枚数は省かれているわけです。……まあ、そういう枚数の配分というのはなかなか難しいから、一口に他人の作品をいいとか悪いとかは言えませんが、みんなが観て自然に見えるということ、つまり「動きの納得性」というのは、おろそかにできないはずでしょう。

――たしかに、不自然な動きがいくつも重なると、観ているほうにもストレスがたまってきます。

**大塚** かっこだけでいくら飛んだり跳ねたりしたってダメ。そういうのは本当の意味での（人体の）リアリティーじゃなくて、いわばロボットアニメ的なお芝居というか、非常に概念的なものですからね。せっかく努力して作るんだから、何回、何十回もの鑑賞に耐える動きを目指すべきだと思う。そのためには、ある程度のレベルの「動きの基本」から出発すべきでしょう。

――「チャチなアニメ」イコール「作画枚数の少ないアニメ」という公式というか、言われかたもありますが。

**大塚** いやぁ、一概にそうとも言えないと思いますよ。セルをいっぱい使ったから凄い、ということにはならないでしょう。僕らのやっていた東映初期の劇場用長編にしたって、枚数はいっぱい使っているけどロクなものじゃないという例もありますから（笑）。

つまりね、ここはたいへん微妙なところなんだけれども、動きの質も、作品の質も、必ずしも枚数やコマ数の問題に直結しません。ポーズの作りかた、間《ま》のとりかた、描く本人がキャラクターの動きに臨場感を感じて描いているかどうか……そうしたことすべてに、深く関わってきますね。動かせばいいってものじゃないとさっき言ったのは、そういう意味です。

せっかく動かすからには、その労力に見合うような効果を求めてしかるべきで、そのためには、くどいようですが、一にも二にもアニメーターが勉強すること。本当に、心からそう思います。ところが今、そういうアカデミズムが日本では衰弱している。前に出た書道の楷書の話にも通じますが、地味な、基礎的な勉強を軽視する時代なんですね。アニメ界に限らず、美術学校もそう。ヨーロッパやアメリカでは、正確なデッサンや影のつけかたといった基礎的アカデミズムから出発するのに、日本では、美系の学校でも、いきなり自分の好きな絵を描きなさいと教える。そういう教育になっているんですよ。

大塚　それは根の深い話ですね。

――　プロの描き手ならば、自分の個性をどうこういう前に、まず、最低限の基本を身につけるべきでしょう。だから、これだけアニメーションが盛んと言われている時代に、ときとしてひどい作品に行き当たると、若い人たちがこんなにも育っていないのかとガッカリしちゃう。絵やストーリーは今のアニメと比較にならないくらい単純でも、大昔の『天才バカボン』なんかのほうが、こと「動き」の点ではずっと安心して観ていられますよ。

## 漫画とアニメの表現法の違い

――　ところで、「動かさない」アニメ技法の特徴の一つに、漫画や劇画の表現テクニックへの傾斜があると思うんです。戦後、手塚治虫さんの「新宝島」以来、漫画の世界に映画的テクニックを持ち込むことが盛んに研究されてきたわけですが、いっぽう漫画には、漫画だからこそ可能な表現というのもありますよね。バックを真っ白く飛ばしたり、反対に黒ベタずくめにしたり。あるいは、超縦長や超横長のコマ割りとか、目や口の極端なアップ、流線の多用とか……。

**大塚**　ええ。それらがいつしかアニメーションにも飛び火して、自由なカメラワークやグラフィックな処理で画面に変化をつけるのは、今や日本のアニメのお家芸になっていますよね。外国のアニメ、特に家族向けのものでは、バストショットでセリフのやりとりばっかりという状態ですが、日本では、『ドラえもん』といえどもけっこうデザイン的な画面を駆使するので、観るほうも幼いころから変化に富む映像に慣れさせられているようですねぇ。で、それらの多くは、明らかに漫画の表現と連動している。そうそう、この間NHKで『火の鳥』（'04年〜）を観ていたら、手塚さんのキャラクターの巨大な鼻を画面いっぱいのアップで、3段ぐらい影をつけて出していたけど、やっぱりちょっとやり過ぎだなぁと感じましたね（笑）。

——その『火の鳥』は観ていないのですが、一般的に、漫画ならではのレトリックをアニメのコンティニュイティーに持ち込もうとする作品では、どこかに無理が生じるケースが多いようですね。

**大塚**　映像のカットワークと漫画のコマ割りの流れのリズムは、本来まったく別ものだと思います。漫画では恣意的に前のページを見返したり、しばらく眺めたりできますが、映像は「時間芸術」だから、強制的に前へ前へと進むでしょ。静止している漫画とは根本的に違う。「止め絵」の功罪うんぬんは別として、アニメーションのコンテがあまりにも漫画のコマの影響下にありすぎると、映像として独立できなくなってしまうのではないか、と心配しているんですよ。

——なるほど。それと、1970年代末くらいからの流行りでしょうか、やたらと俯瞰や仰角といった奇抜なアングルを多用したり、回り込んだり、目にも止まらぬ短いカットでたたみ込んだりする技法がありますよね。あれ、それぞれのシーンにおいて本当に演出効果があるのかなあと、疑問に思うことも多いですよ。つまり、たとえば、キャラクターが何かアクションをするとき、いたずらにカメラワークが派手だと、せっかくのキャラの「動き」が、画面構成によって相殺されてしまい、かえって効果が損なわれてしまうんじゃないかと……。

大塚　表現スタイルの好き嫌いの問題を超えて、純粋に、アニメーションの映像理論的にそう思うんですが。そうですねぇ。たしかに、観客が本当は何を観たいのかを無視してドラマティックな画面を展開したくなる気分もわかりますが、そのときの必要に応じて、必要なサイズの画面の中でぞんぶんにキャラクターを動かしたほうが、映画本来の迫力、動きの面白さが出ると思いますよ。せっかくアニメーションには、「動く」という、漫画にはない特権があるわけだから。しかし、それをやるには手間と枚数がかかる。変なアングルを多用したり、やたらとカットを刻んだりするのは、手間をかけないで派手に見せるための一種のハッタリとも取れます。そういう現象も、ひいては、雑誌漫画からの悪しき影響なのかもしれませんね。

――　漫画のコマ割りと映像を、必要以上に結びつけ過ぎるということでしょうか。

大塚　ええ。不必要に呪縛されているとすら、僕は思いますけどね。条件の悪い、天井の低いテレビアニメ制作の中で、それでもなんとか面白く見せたいというマインドが、逆に、日本のアニメーション技術に一つの制約を作っていると思う。で、その制約は、極論すれば、「動かしたくない」というところにまで行き着く……。つまり、一種の悪癖のようなものが、わが国のアニメ表現に根づいてしまったのかな。そういう状態が長く続くうちに、そういう表現を好きで欲するファンも生まれてくる。すると、作り手も「これでいいんだ」と自信を持つ……そういう連鎖があるんじゃないでしょうか。

話はちょっと変わりますが、映像というものの正体の中には、観客の目線を画面のどこに集中させるか、という問題が常にあると思うんです。いっぽう漫画の場合は、一つのカット（コマ）の中に、作者が必要だと考えたものしか描かれていないでしょう？

――　ええ。

大塚　ところが、実写の映像だと、あるシーンで主人公が画面の中央を歩いていたとして、その動きを殺さない程度にバックの人物も動いてなきゃならない。あるいは演劇の場合――昔、ゴーゴリの「検察官」という舞台を観たんですが――主役が動いているとき、バックに十何人もの脇役がいて、何か話をしているような芝居をする。

声が出るとまずいから、笑ったり話したりというしぐさだけで、主役の役者を食わないように気づかいつつ動いているんですね。
演劇にはそういう工夫があるとして、じゃあアニメーションではどうかというと、これが難しい。たとえばバレーボールのシーンで、主役がアタックしているとき、うしろに立っている選手が棒立ちで止まっていちゃまずいでしょう。だからといって全員を作画で動かしたら、たいへんな手間と枚数がかかる……。これでは堂々巡りです。そういうことも含めて、アニメの表現とは難しいものだなぁとつくづく思うんですよ。

## 「止め」を好む日本文化

――　動いて、動いて、動きまくる痛快なアニメを堪能したいといつも願っているのですが、たしかに、「動けばいい」というのなら、ディズニーの作品はどれも最高ということになってしまう。それが、必ずしもそうならないのが不思議です。

**大塚**　たしかに「動きゃいい」というなら、動くものは山ほどありますよね（笑）。最高に動くのは、むろん、ディズニー。その反対に、動きにはあまり関心がなく、キャラクターやストーリーに重点を置いたのが日本のアニメ。その状況は、「動かし派」の僕にとって残念ではあるけれども、日本人の国民性を考えるといたしかたないことなのかなと思うし、むしろ、積極的に動かさない美学があってもいいとも思っているんです。ただし、安易に省略また省略に逃げこむんじゃなくてね。

――　日本人の国民性、ですか？

**大塚**　つまりね、アニメーションをはじめ、あらゆる芸術のバックボーンとなる日本文化の中には、歌舞伎や能のような静的な動き、あるいは、決めのポーズのかっこよさに対する志向が潜在的にあるんじゃないかと思うんですよ。加えて、リアルと抽象化のどちらを好むか、という問題もある。日本人だけでなく、アジアの人は抽象化が大好きです。リアルな神様を拝むキリスト教からみると、われわれの拝む仏陀《ブッダ》は、とても抽象化された造形でしょう？

――ええ。キリスト像やマリア像は、はっきり人間の形をしていますよね。筋肉があって、髪の毛さえもリアルで。

大塚　リアルに、生きてるように作ってある。いっぽうの仏陀は、アジアから日本に運ばれてくる間にあそこまで抽象化されていった。しかも、極彩色の神仏に日本人はあまり感謝しないでしょ。枯れてるほうがいい。そういう、日本人と西洋人の情念の違いがあるんじゃないでしょうか。

――それが、アニメの嗜好にも根っこのところでつながっていると？

大塚　ええ。それと、演技について言うと、京劇や歌舞伎の「決め」のポーズね。アニメでいう「止め」のポーズみたいなものが重要視されているでしょう。京劇では、チャンチャンチャンとすごい演技をやって、最後にチャーンと決める。決めたところに、みんながしびれる。歌舞伎もそう。決めのポーズ（見栄）がいくつかあって、そこに「中村屋！」と声援が飛ぶ。で、決めポーズと決めポーズの間の「動き」には、さほど関心がない。

――ああ、なるほど。それは面白い説ですね。

大塚　逆に、西洋の文化は「決め」や「止め」には関心がなくて、「流れ」というか、全体の「動き《アクション》」のほうに関心がある……。これは、探っていけば非常に深いテーマになりうると思うので、いろんな人に、ぜひ今後研究していってほしいと思うんです。

　まあそういうわけで、僕らは、低予算で作る止めのアニメはダメじゃないかと長年思ってきたんですが、今話したことなどをよくよく考えるに、必ずしもそう簡単には言い切れないんじゃないかと。もちろん、動かさなきゃならないシーンなのに動いていない、そしてそこにはなんの理由もない、というのだけは困りますけどね（笑）。

# 第3章

# 東映動画時代と『ホルスの大冒険』

**アニメーターによる**
**演技のつけかたの違い**

話している二人（①）の前に何か恐ろしいものが登場したと仮定してみると、反応として次のような3つのポーズの変化が考えられます。
②が森（康二）さん的、③が大工原（章）さん的、④が木村（圭市郎）さん的ですが、一連の動きとして描くことも可能です。
①②のすぐ次に③がくるか、④がくるかの違いです。

イラスト・文：大塚康生

①

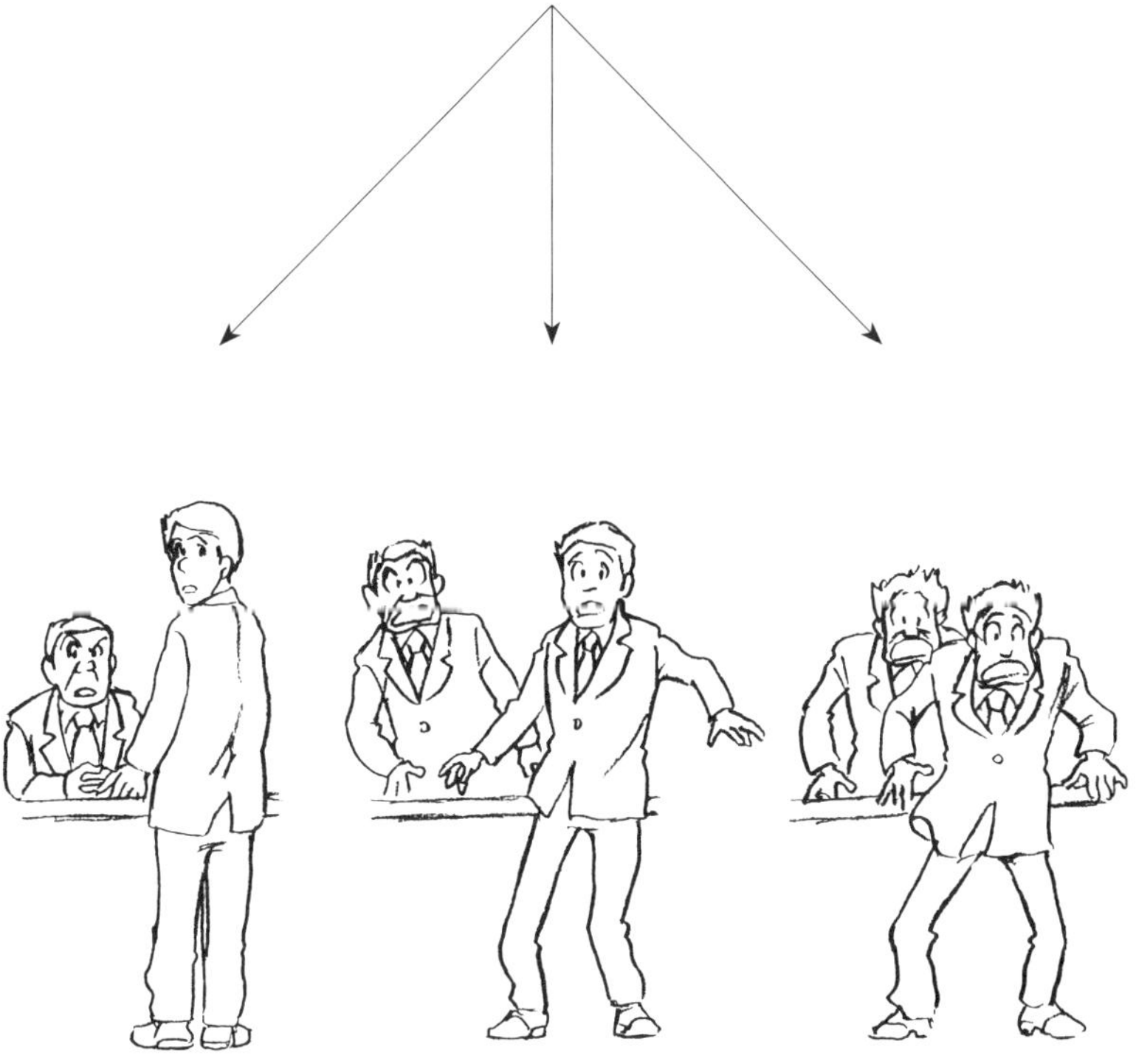

②　③　④

## 東映動画の遺伝子とは？

――作画と動きについて興味ぶかいお話がいろいろ出ましたが、ここからしばらくは、大塚さんの仕事歴に即して年代順に、作品ごとに細かくおうかがいしたく思います。
まず、１９５０年代後半から60年代後半にかけての東映動画時代のこと。それから、その作品的頂点とも言われる『太陽の王子　ホルスの大冒険』についてお聞かせください。

**大塚**　東映動画という会社はね、僕にとってかけがえのない「ゆりかご」だったと思っています。あそこで育ったんですからね。アニメーションの面白さと辛さを教わり、いい先生と優れた仲間に会うことができ、多くの仲間たちとの密度の濃いコミュニケーションに恵まれました。
　最近特に思うんですけど、かつて１９５０年代、東映時代劇映画の黄金時代があって、その時期の東映には非常に活力があった。東映動画はそこが作った会社ですから、バックボーンに東映時代劇の映画づくりのノウハウを色濃く持っているわけです。つまり、根が「映画屋さん」なんですよ。当時はみんな、自分でわざと「活動屋」と古風に呼んでいましたけどね（笑）。撮影所長もそうなら、幹部たちも、現場のスタッフもそう。その東映流映画づくりのポリシーが、濃厚に東映動画にも流入した。それだけじゃなくて、幸運にも、日本のアニメーションの良質な部分を引き継いだ「日動」の技術がそっくりそのまま引き継がれている……。僕らにとってその二つのことは、非常に大きな意味があったと思う。今の宮﨑さんの作品にまで綿々とつながる、大きな影響力があったと思うんですよ。

――東映動画は、創立時の人材的母体となった日動のアニメーション技術をベースに発展した、ということですね。

**大塚**　ええ。今ではその「日動的なるもの」はすっかり失われてしまっているようで、時代の流れとはいえ寂しい限りですが、僕はそこの第１期生で、最高の時代の息吹きを受けて育ったように思います。本当にラッキーでした。もちろん、高畑さんや宮﨑さんのルーツも同じです。

――東映動画の遺伝子ということですか。では、もしも、大塚さんのスタートが他社だったら……。

大塚　まるで違ったでしょうね。たとえばもし虫プロだったら、そこで育った人たちのその後の流派というか流れを見てもすぐわかるように、いろんな面で、今の自分とは違ったことでしょう。大ざっぱに言うと、東映がさっき言ったように「活動屋」なら、虫プロは雑誌漫画をルーツにしているという意味で、「雑誌漫画系」と言っていいと思うんです。

――すると、「映画とは何か?」ということになりますが、端的にどうお考えですか?

大塚　「映画」とは……企画と人との出会いだと思います。それからもちろん、資金のこともある。企画と人間とお金――それらがドッキングしたのが映画。

話がちょっと大きくなりますが、アニメーションのような労働集約産業の場合、その予算規模が、最大にして最も現実的な「ものさし」になることが多いんです。テレビと違って、劇場用長編ならかなりのお金を投じられる。だから、劇場用長編は、僕らアニメーターにとって永遠の夢であり、憧れなんです。いつもいつも、それをやりたいと願っているような……。その点テレビは、もともとの予算が低いから、どうしてもそれなりになってしまう面がある。夜も寝ないで作るものの、どうしても「やらされている」という感じになってしまうんですね。テレビアニメをやりながらそういう意識を振り払うのって、ものすごく大変なことなんですよ。受け身の仕事だと思わずに、「自分が関与したことで少しでもいい作品にしよう」とか「なんとか後世に残すんだ」とか、そこまで思いこんで作品の中に踏み込んで作るのは、テレビアニメでは精神的にも肉体的にも至難のわざです。僕は劇場長編の世代ですし、省セルのテレビアニメでは自分の夢をなかなか実現できないから、会社にお金と時間を使ってもらい、人も集めてもらって、その上で自分もせいいっぱいの努力というか苦労をして、充実した作品を作り上げたい……そういう思いがどうしてもあるんですね。

話を戻しますが、さっき言った企画と人とお金、それらが節目節目でうまく結ばれたような作品が、かつての東映動画にいくつかできました。たとえば、『わんぱく王子の大蛇退治』。あるいは、『太陽の王子』。その余勢でできた『長靴をはいた猫』や『どうぶつ宝島』。それらの作品には、日動時代からの最古参の森康二さんもずっとつき合われている。そういう意味で、あのころが東映長編アニメの最高の時期だったと言ってもいいでしょう。

そのあと、テレビアニメ時代になってからは、今振り返ると、雑誌漫画とのドッキングなんですね。つまり雑誌漫画の最右翼、最も人気のあった手塚さんが『鉄腕アトム』を作られたことで、雑誌漫画をベースにすれば人気が出ることがわかった。テレビアニメは金も時間もかけられないけど、雑誌漫画の力を借りれば、技術的にはそうとう手抜きなものでも視聴率を取れるということで、あっという間に東映が知らない新しいマーケットが発生し、拡大していった。そこからアニメ技術も、動かすということに関しては、際限なく変貌していくわけです。

――では、その変貌する前後のことを、大塚さんの目線で、順を追ってお聞かせください。

**大塚**　まず、東映長編第1作の『白蛇伝』。私、近年これをニュープリントの上映で観直したんですが、作品にこめられた熱気をものすごく感じたんですよ。アニメーションの原点みたいな作りかたで、あくまで「動き」重視を貫いている。と同時に、絵物語的な古くささも感じました。すべてのボイス・キャストを森繁久彌さんと宮城まり子さんの二人だけでやっているせいもあって、ひどく古風な中国の絵物語を読んで聞かされているような気がしたんです。そのあたり、作る側ではどんな意識でいらしたんでしょうか。

今となってはまた違う見かたもあるでしょうが、あのころ、アニメーションではやはりディズニーが最高最大の王者だったんですよ。そのディズニーは、『白雪姫』や『ピーター・パン』といった世界に知られた古典を題材にしていた。で、東映でも、「かちかち山」「浦島太郎」といった古典が企画の一番のターゲットになったわけです。題材はやはり有名古典から選ぶべきだということで、企画のリストが全部そうなっていた。『西遊記』（'60年）もそうだし、『わんぱく王子の大蛇退治』も古典でしょ。

――日本神話ですからね。

**大塚**　『シンドバッドの冒険』（'62年）も「アラビアンナイト」だし。それ以上に複雑な題材、たとえばＳＦものなんかはいっさい考えられていない……そういう時代だったんです。

――当時の新聞広告を調べてみると、『白蛇伝』は、東映系の封切りでは中村錦之助主演の『一心太助　天下の一大事』（'58年）と2本立て。宣伝コピーも、「絶対面白いお家族番組」とあります。初のアニメーション大作ということで冒険をしつつも、実写のスター時代劇と2本立てにして、ちゃんと安全策も取っているんですね。

**大塚**　そういうところは、映画会社としてしっかりしているわけですよ。錦之助は当時、大変な人気アイドルですから。

――ところで、『白蛇伝』のボイス・キャストが二人だけというのは、キャラクターの描きわけという点で大きなハンディだったのでは？

**大塚**　いや、あれには事情があるんですよ。最初はちゃんと全員の声の配役を決めてやるはずだった。二人だけというのは、最終段階で決定したことだと思います。

――それは演出上の意図で？

**大塚**　いや、会社が二人だけでやれと。初めての長編アニメーションで、普通の役者さんに絵に声を合わさせるのは酷だろう、つまり、アフレコはしんどいだろうと。それと、俳優さんの生の声を何人も入れると混乱して物語にならないんじゃないかという危惧があったんでしょうね。

――森繁さんは言わずもがなの話芸の達人ですし、宮城さんも表現の幅が広いほうなので、結果、二人だけという変則的なアフレコにもフィットできたんでしょうね。

**大塚**　そういうことです。僕の記憶では、たしか、最終段階で決定した配役だったように思いますよ。最初から意図していたわけじゃありません。

## 東映流、「火」と「水」の表現

――その『白蛇伝』にはアニメーションとしての大きな見せ場が二つあって、一つは空中での妖術合戦。白娘と法海和尚が空中に浮かんで「火」を繰り出したりして戦うわけですが、あれは東映の十八番のパターンで、その後もずいぶんやっていますね。

大塚　そうそう。本当に好きなんですよ（笑）。『少年猿飛佐助』でも、『西遊記』でも、『わんぱく王子』でもやっている。

――時代がずーっと下って、これは他社作品ですが『幻魔大戦』（'83年）でも、エスパーが空中で巨大な火龍と戦ったり……最近のジブリの『ハウルの動く城』（'04年）にさえ、空中魔法合戦が出てきますからね。

大塚　炎や光線を放ったり、念力で相手をふっとばしたり、いろんな超能力を派手なテクニックで見せるというのが、綿々と日本のアニメのパターンになっているんですね。

――『白蛇伝』のもう一つの見せ場は、嵐の海にさかまく「水」の表現です。実写の特撮の世界で一番難しいのは、ミニチュア撮影における水の表現だそうですが、アニメではいかがでしょう?

大塚　面倒という点ではアニメでも同じですよ。僕は東映に入ってかなり早い時期に、水が上手だと言われましてね。水には定形がないから、逆に自由自在に描ける。みんなの頭の中には「リアルな水」という概念があって、その感じを出さなきゃならないと思うから、かえって手こずっていたようです。

火や水はね、作画上の手続きが大変なんですよ。水しぶきをいっぱい描かなきゃならないとか、火は中割りができないとか……。人間を描く場合には、手を横に出してる絵と上に挙げてる絵を描いて、その中に絵をきれいに入れるだけなら、素人でもなんとかできます。ところが火や水は、変化が速いからとても無理。本物の火を見ていると、あるフォルムが、瞬時にパッと次のフォルムに変わるでしょう。ということは、動画のぶんまで原画マンが、中割りなしで描かなきゃならない。

――ああ、つまり、動画スタッフに中割りの仕事を振れないと？

大塚　そう。動画に振ると、彼らはきれいに描こうとするもんだから、たいていスローな火になっちゃう。ヌラヌラとして、バッバッと威勢良く燃えない。ポイントポイントをつまんでていねいに原画を描いていかないと、理想的な火や水にならないんですよ。

――ある時期、東映動画に、独特の火の表現があったように思います。ただボーッと燃え広がるんじゃなくて、ヒイラギの葉っぱみたいなギザギザのとがった形の火が、ドバッ、ドバッと激しく噴出する感じ……あれはどこから出てきた表現なんでしょうか。

大塚　うーん、どこだろう……。火の表現自体は、平安時代の「伴大納言絵巻《ばんだいなごんえまき》」にごうごうと燃えさかる火が描かれているほか、いろんな絵巻物にも出てきますよね。それから、浮世絵にも出てくる。ああいうものが、わが国における、写真じゃなくて描かれた火、つまり静止画の火のルーツなんだろうとは思いますが……。いや、僕らも、ずいぶん独自に研究したものですよ。夜、東映動画スタジオの屋上に上がって、油に染み込ませた布に火をつけて落っことしてみたりね。

――そんなことなさっていたんですか！

大塚　それを下からカメラで撮ってもらうんです。バーンと落ちて、ブワッと燃え広がるのを何度も何度も撮って、テスト映写した。火がどんなふうに尾を引きながら落ちるのか。落ちてからどう散るのか。あるいは、たき火はどんなふうに燃えるのか……。ガスタンクが爆発炎上する火と、竹がパチパチはぜながら燃える火とでは全然違うはずでしょ。石油にポンと火をつけたら、とがった火にはならない。真ん丸です。煙が出るみたいにプワーッと丸くなって、渦巻くように中に入って、パッと燃える。そんなふうに、いろいろ複雑過ぎて簡単にはパターン化できませんが、作業的にはどのアニメーターにも描けるものでなきゃならないから、いちおうの落ち着きどころとしては、ろうそくの火を拡大したもの、という解釈になる。ろうそくの火は、わりと単純な形ですからね。フッと吹くと、パーッと散る。そういうのを見たりしながら、何とか法則性をつかもうとした。

ディズニーも同じようなことをやっていたそうですよ。

いずれにしても、「東映の火」は『白蛇伝』のころからずいぶんたくさん担当してきましたから、僕が試行錯誤した痕跡が各作品にはっきりと残っているはずですよ。

——その、本来難しいはずの火や水が、当時の東映作品では、必ず要所要所で大々的に出てきますよね。火を吐く怪物、大洪水、嵐の大海原とか……。

**大塚** それはやっぱり、お客さんは面白くて観ごたえのあるものを求めて来ますからね。アニメーションも実写映画も、基本的には見せ物でしょ。「わーっ、すごい！」と思ってもらうためには、天変地異みたいな派手なクライマックスがあったほうがいい。長編の中にそれがないと寂しいという意見が、きっと上層部にあったんでしょう。有名古典をモチーフにしたり、火や水を使ったクライマックスを用意したり。無難な方法論ではあるけれども、それが、実写でなくアニメーションとしてわれわれが提供できる最上のものだ——というのが当時の結論なんでしょうね。

——いわば、娯楽（エンターテインメント）としての命綱だと。

**大塚** そう。それが「売り」。今は映画が複雑多岐になって、あれもあり、これもありとバラエティー・ショーのように見せなきゃならないようになっているけど、当時の東映のいいところは、それらの魅力的な要素をどうやって見せるかというときに、起承転結のあるガッチリしたドラマ作りを絶えず念頭に置いていたことです。たとえば、内田吐夢監督の傑作『血槍《ちやり》富士』（'55年）。それまで蔑まれていた片岡千恵蔵のしがない槍持ちが、クライマックスで、ついに槍をふるって大暴れするでしょう。

——大勢の侍を相手に、主君の仇を討つんですね。

**大塚** 観ているお客さんは、すごいカタルシスを感じる。そういう、東映時代劇黄金時代の「ものづくり」の伝統を、東映動画も受け継いでいたわけですよ。

## スーパーマーケットと串だんご

大塚　ところが、手塚治虫さんが東映で『西遊記』を作られたときに、「これからは〝スーパーマーケット方式〟だ」とおっしゃった。つまり、現代ではスーパーへ行けば絢爛たる商品がいろいろ置いてあるでしょう。ぐるぐる回ってみると、どの売り場もいい。それと同じように、面白いシーンをいろいろ並べることによって映画も成立する、というわけです。でも、東映は違う。ドラマに起承転結があって、まず観客の興味を引きつけてハラハラさせ、最後のほうにドカンと大きなヤマ場を作って高揚した気分と満足感で終わらせる、という考えかたなんです。初めから面白いものをどんどん出したら、お客さんは飽きちゃう。そういうドラマツルギーの根本からして、東映と虫プロでは大きく違っていたんです。

――　なるほど。「序破急」ありきで、起承転結がはっきりしているという作劇は、ドラマづくりの王道とも言えるのでしょうね。いっぽう、虫プロの劇場用作品は、『千夜一夜物語』や『クレオパトラ』にしても、凝ったアイディアが随所にありながらも、たしかに見せ場が並列的に構成されている感じがします。

大塚　つまり、スーパーマーケットなんですね。1本の映画としてグワーッとくる盛り上がりが、どこか足りない。だから観終わったあとで、あるいは後年思い出したときに、断片的な印象しか残らないんじゃないんでしょうか。東映のドラマ作りは、だんだん盛り上げていって、ヤマ場で大乱闘が起こって、一気に終わる。で、終わったら、お客さんをパッと出しちゃう。それ以上引っぱると飽きちゃうから。「ああ、良かったねぇ！」って、お客さんを映画館から出したいんですよ。そういう東映流のドラマ作りと、手塚さん流の方法論との対比があった。実は僕ら、そのことには後年気づいたんですけどね。「あっ、そうか。こういうところが違っていたんだな」と。

――　いつごろ気づかれたんですか？

大塚　東映をやめてずいぶんたってから。東映と虫プロの違いを研究し始めてからわかってきたことなんです。とはいえ、東映でも、本当に集約的にドラマの構築ががっちりとなされたのは『ホルス』以降じゃないかと思うんですよ。高畑さんという才能が出てきたことが大きい。

―― たしかに『ホルス』以前の作品は、『白蛇伝』にせよ、『わんぱく王子』にせよ、虫プロ流スーパーマーケット方式とは違うものの、やっぱりどこか散文的な感じがしますね。

大塚 僕らは、それを「串だんご」と呼んでいました。串だんごシステムなんだと。

―― スーパーマーケットとどう違うんですか？

大塚 スーパーマーケットと串だんごの違いはね、串だんごは――典型的なのは『わんぱく王子』ですが――シーンごとにいろんなアニメーターの個性の違いを容認するというやりかたです。つまり、森康二さんがいたり、僕がいたり、月岡（貞夫）さんや、ちょっと毛色の変わった永沢（詢《まこと》）さんがいたりすると、それぞれの絵の個性がそのシーンを面白くしているなら多少他のシーンと絵柄や演技のトーンが違ってもいい、というやりかた。で、それらをつなぐ1本の線として、「主人公の旅」というものがバックボーンにある。だから、『わんぱく王子』も『シンドバッド』も旅の話なんですよ。

―― ああ、冒険の旅。

大塚 そう。対するスーパーマーケットのほうは、ドラマの途中に突然シュールなギャグが入ったり、突如活劇になったり、とにかく映像的に面白いものを意図的にどんどん並べていく。串だんごとは意味が違います。いずれにしても、「集約的でない」という点では両者共通しているわけですね。ですから私、初期の東映作品は、シーンごとにはさまざまに感心しながらも、作品全体への思い入れがもう一つ薄いというのが、申しわけないですが実感なんです。1本の映画として長く愛せるかと言われたら……。

―― それは、技術的な問題じゃないんですか？

大塚 いいえ。個々の技術にはむしろ満足しても、1本の映画としての魅力がちょっと足りないような……。なんというか、見事な技術の見本市みたいな感じがするんです。

**大塚**　ああ、それはあるでしょうね。『わんぱく王子』なんて、特にそう。あれはまさに技術というか、個性の見本市ですね。それはアニメーション映画の制作上、非常に困難な点なんです。AさんとBさんとCさんの個性がずいぶん違うとき、それを1本にまとめるというのは至難のわざですから。そのまとめかたに妥協したところが、森さんたちお客さんには散漫に見えちゃうこともあるんでしょう。『わんぱく王子』の、アメノウズメノミコトのシーンの抽象性と、スサノオとヤマタノオロチとの対決シーンのリアリズムとでは、全然違いますからね。

――そうなんです。スサノオが鳥船に乗って星空を飛ぶファンタスティックなシーンがありましたが、あそこと、大迫力で劇画調のオロチのシーンが、同じ映画の中に同居しているとは……。

**大塚**　まるで違いますよねぇ。だけど、そういう違いを包括して許容しないと映画が出来ないという事情が当時はあったんです。前に話した、キャラクター統一の件も含めてね。

――ところで、『西遊記』のもう一つの特徴は、ギャグのスタイルが新しくなっていることですね。『白蛇伝』『少年猿飛佐助』にくらべて、ガラッとコミカルでモダンな感じになっている。悟空が空中で闘牛をするスラップスティック調のギャグが入ったり、テレビ電話が出てきたり、音楽に軽快なジャズを使ったり。ナンセンスの要素もうんと強くなって……。

**大塚**　それはもう、確実に手塚さんの力ですね。もし手塚さんが関わられていなければ、あのコミカルな軽妙さは出なかった。冒頭で、天宮の警察が出てくるでしょ。パトカーがウィーンウィーンとサイレンを鳴らして悟空の筋斗雲を追いかける……ああいうセンスは、東映内部からは絶対に出てきません。

――そういう新感覚を、大塚さんは当時、どう思われましたか。

**大塚**　びっくりしましたねぇ。「なるほど、こういうのもアリだな」と思って、感心しました。火焰山の上空で牛魔王と悟空が戦う設定自体はもともとあったけど、それを闘牛にしちゃったのは手塚さんです。そういうひらめきは随所に出てきますよ。逆に、吹雪の中でのリンリンと悟空のつらい別れのシーンなどは旧来の東映動画ふうで、それらが斬新なギャグタッチと同居している。だから、手塚さんは非常に不満だったろうと思います。その後何度も、「あれは僕の作品じゃない」とおっしゃっていましたから。

**大塚**　――東映的な、しんねりしたところが気に入らなかったのでしょうか。

ええ。あんなものは要らないと。手塚さんはあの映画のコンテをご自身で描かれたんですが、僕ら現場サイドから見たら、残念ながら実際に使えるものではなかった。単発的なギャグの羅列である上に、まるで漫画のコマのようなスタイルで、アニメ映画の絵コンテとしては成立していなかったんです。それでも、原作（「ぼくのそんごくう」）がご本人の手塚さんだから、演出の藪下さんは可能な限り活かそうと努力したんですが。

## 色彩感覚について

**大塚**　――次の『安寿と厨子王丸』は、当時の東映動画スタッフ内では評判が悪かったそうですね。

ええ。たしかに厳しい評価もありましたが、それは主にストーリー面においてであって、高畑さんに言わせると、ああいうリアルな題材をやってみる意義は大きかったと。『安寿』と、その次の『シンドバッド』で、東映の幹部が実写の女優さんを連れてきて演じさせてみせ、それをフィルムに収め、「こういうふうにやってくれ」とリアリズムの演技をアニメーターに追求させたのは、歴史的に見ると非常に意義が大きかったんです。

**大塚**　――ライブ・アクションを基本とする、東映動画の作画の特長を作ったという意味でね。

『安寿』では、中間色を多用したカラーデザインがきれいでしたね。

映画美術家の鳥居塚（誠一）さんという人が美術設定をやったんですが、平安絵巻に徹したいということで、ああいう色使いになったんです。『西遊記』や『シンドバッド』のようなギタギタした色じゃなくて、日本の古典をモチーフにすると、自然にああいう地味な色になっちゃうんですね。

**大塚**　――地味というか、すごくきれいな色使いで。ほんのりした桜色、ウグイス色、ライトグレーとか。

あまり濃い色は使ってないでしょう。あれは意図的なものですね。

――大塚さんは、作画の重要な一要素である「色彩」については、どういうご意見をお持ちですか？

**大塚**　どの作品でも、僕はもっぱら動かすほうに専心していたので、色に関して口を出す余裕がなかったんです。いや、そりゃあ、口を出せばいろいろありますが、自分の色彩感覚をあんまり信用していないものだから（笑）。僕はねぇ、とにかく地味なんですよ。すべての色を混色しないとイヤなんです。原色は大嫌いで、茶色を作れと言われても、茶色に黒とブルーを入れて、渋ーい色にしてしまう。

――大塚さんのホームページ「峠の茶屋」を拝見しますと、オリーブドラブとか、ジャーマングレーとか、いわゆるミリタリー色満開ですよね。あれは、ジープ趣味にもつながっているのでは？

**大塚**　いやいや、そうじゃなくて（笑）、やっぱり原色の少ない少年時代を送ったせいだと思うんですよ。僕の田舎の島根県津和野は、本当に静かな、原色がないような町なんです。そういうところで育っているから、本能的に原色を嫌うんですね。僕だけじゃなくて、日本人全体にそういう傾向があるんじゃないですか。たとえば中国や台湾へ行って、仏像がキンキラキンに塗ってあるのを見ると、あまり神々しくないなと感じてしまう。枯れてるほうがいいというのが日本人の感性で、神社や寺にしても、年を経て風化して、自然の中へなじんだところにありがたみが出てくるでしょう。

――最近では、ファストフードやコンビニ、サラ金とかの派手な看板が町を覆っていますから、日本人の視覚的美意識もだんだん変わってきているんじゃないでしょうか。

**大塚**　いやぁ、そう簡単に変わらないと思いますよ。赤や黄色もアクセントとしては受け入れるけど、根底にある日本人の色彩感覚は、やっぱり渋いと思う。鎌倉時代ぐらいからずーっと続いている感覚ですからねぇ。

――ですが、フランスなどに行くと、ボルドーレッドやモスグリーン、ライトグレーとか、落ち着いたシックな色で国中がきれいにまとまっていて、うらやましく思いますよ（笑）。

**大塚**　伝統に反抗するという要素は常にあるわけでね。たとえば、最近では、日本でも若い人が茶髪や金髪にしたりすごいことになっているけど（笑）、あれは単なる流行でしょ。看板に赤や黄を使うのも、単に、目立って売りやすいからという理由だけだと思う。アメリカなんかに行くと、あの砂一色の砂漠の中で、「ああ、この世界には原色が必要だなぁ」と感じますね。で、ワシントンやニューヨークに行くと、朝のラッシュアワーの様子は日本とほとんど同じ。グレーのスーツを着た人の集団がダーッと歩いている。あれを見ると、つい反抗したくなると思う。ヨーロッパにあるパンクとかも、あの重厚な、石造りの沈んだ色の世界に対するアンチとしての、色や音による抵抗なんだろうと思いますね。そのいっぽうで、ドーンと重厚な文化が存在しているのがヨーロッパのいいところでしょう。

**大塚**　今の日本には、そういう「ドーンとしたもの」が少ないのでは？

いやいや、ドーンとしているんじゃないですか。都市文化、流行、商業主義みたいなもので表面は塗りたくられているけど、ベースになっている色彩感覚はいまだに渋いと僕は思います。宮﨑さんの作品なんかも、一見明るいようで、よくよく見ると、実に渋い色を使っていますよ。……まあ、色に関しては、僕はあまり主張しません。僕に色彩設計させたら、作品全体がすごーく地味になっちゃうだろうから（笑）。

## 小動物の大きな役割

**大塚**　話は変わりますが、当時の東映アニメには、犬とか、猿とか、パンダとか、やたらと小動物が出てきますね。

ええ。小動物が絶えずつきまとわないとアニメーションではない、と思われていた時期があるんです。ディズニーの影響ですね。ディズニーは、創業のときから動物重視。ミッキーの『蒸気船ウィリー』（'28年）に始まって、小動物ばかりですよ。子供がお母さんと一緒に観に来て「あら、かわいいわね」と受けるキャラクターを出そうということで、ミッキーとか、ドナルドとか、グーフィーとか、人気キャラクターをいっぱいこしらえてきた。そういう傾向は、前にも話した、人間の動きを描くことの困難さから動物に逃げたことと無縁ではありません。ディズニーの小動物趣味が世界に与えた影響はやたらに大きくて、日本でも、ロシアでも、フランスでも、小動物が出てくるのがアニメーションの一つのルーティンみたいになったわけです。

――観客である子供たち、つまり当時の私たちがどう感じていたかというと、実は、ちょっと余計な感じがしなくもなかったんです。

大塚　そりゃ、そういう子もいたでしょうけど、普通はあれがないと息が詰まってしまいますよ。今の子供も同じだろうと思いますけどね。

――うーん、「余計」はちょっと言い過ぎかもしれませんが、「ここでいちいち動物が出てきて、笑わせてくれなくてもいいのにな」と思った覚えはあります。

大塚　実は、そのへんの問題をうまくかわしたところが、日本のアニメーションの功績なんですよ。つまり、『鉄腕アトム』には動物なんかいなくてもいいわけでしょ。人間だけでドラマを描くんだから。もともとアニメに小動物を出すのには二つの理由がある。一つは、年少のお客さんをつなぎとめること。もう一つは、描きやすいこと。その二つの枷《かせ》を振り切ったことで、日本のアニメーションの今日の隆盛があると思うんです。いまだに小動物ばかり描いていたら、きっと、こんなふうになっていませんよ。そういうところは、やっぱり手塚さんの功績だと思う。アメリカはそうじゃない。動物主体のディズニーから独立したドン・ブルースにしたって、『ニムの秘密』（'82年、日本未公開）も『アメリカ物語』（'86年）もネズミの話だった。小動物でなきゃいけないというアメリカ人の固定観念は強烈ですよ。

――ハンナ＆バーベラの『トムとジェリー』にしても、ウォルター・ランツの『ウッディー・ウッドペッカー』にしても、言われてみればみんな小動物ですね。

大塚　国際的大作の『リトル・ニモ』（'89年、日本公開題名『ニモ』）で東京ムービー新社の藤岡（豊）社長が一番こだわったのも、イカルスというムササビを出すことでした。あれは、アメリカのマーケットをはっきり狙った作品でしたから。
　まあそんなふうに、小動物を出すのがアニメーションの一つのルールだと思われている。ここはこの本でぜひ強調しておきたいんですが、日本はそれを真似せず、独自の道を歩んできた。一番描きにくい「人間」に真正面から挑んできた……。それが、今世界から評価されている理由の一つだと思います。ただし、当時の東映はまだまだその前段階ですから、小動物を必ず出せというのが至上命令だった。大川（博）社長も幹部たちも、みんなそう考えていた。あの『太陽の王子』でさえ、子熊とフクロウとリスを出したでしょう。それくらい厳然たる制約があって、企画段階から小動物を組み込まなきゃシナリオさえ通らなかったんですから。

――大川社長といえば、当時はどの作品でも、最初に「製作　大川博」とドーンと大きくクレジットが出ますよね。「あの一枚看板を見ないと、当時の東映動画のムードが出ない」と言う人すらいるくらいですが、もしや大川さんは、わりと目立ちたがり屋だったんでしょうか。

**大塚**　いやいや、必ずしもそうじゃなくて、東映のアニメを何とか国際的に売ろうとするとき、やはりサンプルはディズニーだったんですね。ほら、よくやるでしょ。ディズニーが自分自身の名前を立てて……。

――ああ、「ウォルト・ディズニーズ・何とか……」という冠ですね。

**大塚**　そうそう。あるいは、映画の最初にディズニー本人が出てきて、「今日皆さんにお見せするのは……」とやったりする。東映動画初期の予告編に大川さん自身がよく出るのは、明らかにその真似ですね。クレジットを大きく出すのもそう。東映という大看板と「大川製作」の両方でみんなになじんでもらおうという意図です。ウォルト・ディズニーとの大きな違いは、大川さん自身がクリエイターではなかったことですが、名前の効果はやっぱり大きいと思いますよ。一つのベンチャーとしてあれだけのお金と人を集めて映画を作り始めたわけだから、当時の会社としては、あの人以外に売れる名前はなかったでしょう。

――そうだったんですか。大変失礼ながら、あの風貌とムードのためか、何となく芝居っ気のある感じの方だったのかなと思ったりしまして（笑）。

**大塚**　いやいや、純然たる経営者ですよ。売らなきゃならないという重責を背負った経営者だと思ってください。人柄的にも面白い人でしたよ。もともとが「活動屋」ですから、面白い映画を作ってじゃんじゃんヒットさせたいという一点だけで、おそらく、脚本もよく読んでいなかったんじゃないでしょうか。「君たち、任せたよ」

という感じでね。これは作り手にとって一番いいタイプの経営者であり、一番怖い経営者でもあるんですよ。だって、「任せたよ」と言われたら、こっちは必死に仕事を抱えていくしかないから。

**――**一番怖いというのは、結果に対するジャッジがシビアだったということでしょうか。

**大塚**　結果と言ってもね、「今度のは出来が悪いなぁ」とか、そういう内容的なことはいっさい言いません。そうじゃなくて、「アニメは利益にならんから、もう引きあげよう」と判断されるのが一番怖いよね。

**――**作品的にではなく、ビジネスのジャッジがシビアだったと。

**大塚**　そう。でもね、猛烈に優秀な経営者――本田宗一郎とか、カルロス・ゴーンとか――ああいう人がいないとできないことってありますよ。大勢が寄ってたかってやっても、なかなかねぇ……。お客さんもそのへんは敏感に感じ取りますから。巨木が倒れたあと、たとえばウォルト・ディズニーが亡くなった直後は、ディズニーに「売り」がなくなって、しばらく厳しい状態が続いたことでもわかるでしょう。

## 『わんぱく王子の大蛇退治』のころ

**――**さて、1963年には『わんぱく王子の大蛇退治』が登場します。この作品あたりから、大塚さんの描かれたヤマタノオロチのアクションシーンに代表されるように、作画のリズムがぐっとスピーディーになっているような気がします。

**大塚**　そうでしょうね。オロチのシーン以外のいくつかの戦いのシーンにおいても、かなりカットが細かく、シャープになってきている。僕自身も、最も活力に溢れていた時期です。32～33歳ですから、夜寝なくても平気で、面白がってどんどん仕事ができた。アニメーションの面白さ、自分の絵を動かすことの醍醐味をぞんぶんに味わった時期でしたね。

**――**雑司ヶ谷の墓地の中の一軒家に住んでいらしたというのは、そのころですか？

**大塚**　いや、もうそのころは大泉の近くに来ていたかな。雑司ケ谷にいたのは『白蛇伝』のころです。

――　またどうして、墓地の中なんかに家を借りたんですか？

大塚　タダだから（笑）。家というより、水桶とか卒塔婆《そとば》といったいろんな墓地用品を置く小屋です。明治時代の建物ですが、いちおう人が住めるようになっていたので、友だちが貸してくれた。深夜の墓地って、夏なんかアベックの大群が来てすごいですよ。冬は誰もいないから静かでいい。ただ、家の中にときどきフクロウが入ってきてねぇ。夜中にトイレに起きたら、バサバサッと、こーんな大きなフクロウがいる。「お前、どっから入ってきたんだよ」（笑）。羽根を広げると1メートルぐらいあるから怖いですよ。毛布を持ってワッと捕まえて、会社に持っていったことがある。みんなに見せようと毛布を開けたら、とたんに逃げて飛んでいっちゃった。

――　そのご経験が、『ホルス』のフクロウの作画に生きていたりして（笑）。

大塚　それは関係ないです（笑）。雑司ヶ谷とか祐天寺とか、あっちこっちに住んだなあ。とにかく給料が安いから、安いところがいいわけです。そうそう、新宿二丁目にも住んだことがありますよ。あそこはもと大赤線地域で、売春防止法の施行でいっぺんに空いちゃったんですね。で、空いたあと下宿屋になったんですが、これが安いんです。売春婦の使っていた部屋がずらっと並んでいて、どの部屋にも鍵がない。残業を終えて夜中に帰ってくると、警官がすっと出てきて、「女はどこだ？」（笑）。「いや、僕はここに住んでいるんです」「ウソをつけ」。つまり、もといた売春婦が客を引っぱり込むのにまだ使っていたわけね。警官を説得するのがひと苦労で……。まあそんなふうに、いろいろ面白い下宿生活をしていましたよ。

――　食事なんかはどうなさっていたんですか？

大塚　今と違って外食産業が発達していないから、自分で作る以外なかった。毎日サンマを焼いたりしてね。昔はサンマが貴重なたんぱく源でした。大根を煮たり、いわゆるごはん食の、古いタイプの食事です。自炊生活はかなり長いですよ。30歳で結婚するまでやっていましたから。

――　お得意のメニューは？

**大塚** サンマかな（笑）。あと、アジを焼いたり、サバを焼いたり。別に魚が好きなわけじゃないけど、なにしろ安いから。独自のメニューも作っていましたよ。海苔と卵と魚を一緒に煮たらどうなるかなと思って、味つけして食べてみると、これがものすごくまずい（笑）。そういう、実験的な料理を試みていました。

――『わんぱく王子』に話は戻りますが、クライマックスで、オロチの首がこちらに向かってガーッと迫って来るとき、まっすぐ来ずに、こう、うねうねと動きを溜めながら来るでしょう。あれは演出コンテに指定があるんでしょうか。それとも、原画段階で？

**大塚** 原画です。『わんぱく王子』のそういう技術的な部分は、月岡さんの影響が大きかったと思う。つまり、ものが動くのは決して直線的ではない、絶えず「揺れ」があるはずだと。人が歩くにしても、ちょっと左右に揺れながら来るというような、「乱れ」を非常に意識しました。

――オロチとスサノオの空中戦シーンのカットバックが華麗な演出だったと「作画汗まみれ」にお書きになっていますが、もう少し具体的におうかがいできますか。

**大塚** つまり、「時間の引き延ばし」の手法ですよ。あのころの東映はヤボったくて、そういう斬新な技法はまだ見受けられなかったんですけど、たとえばAとBがドーンとぶつかるシーンをそのまま描けば、ほんの一瞬で終わってしまうでしょう。Aがタッタッタッと走ってくる。カメラが切りかえして、今度はBがくる。「タッタッタッ、ドーン」というその一瞬を、実際よりも時間を引き延ばして見せるわけです。その手法を最も濫用したのは『巨人の星』ですね。一球投げる前に、飛雄馬が構えて、目がキラッと光って、「そういえば、あいつは何とかかんとかで……」、投げるモーションがこのへんまでいって、超スローモーションで振りかぶったら、今度は打つ側が「来るか、飛雄馬《ひゅうま》」とか言って、「おいおい、いったいいつになったら投げるんだよ」というね……（笑）。で、ようやく投げると、今度は超スローモーションでボールがブレながら飛んでくる。数カット重ねたあとでバシッとキャッチャーが捕球する――あの演出テクニックの初期段階が、オロチとスサノオの激突なんです。

――それ以前に、そういう手法は国内外問わずありましたか？

**大塚**　うーん、アニメーションではなかったように思います。実写映画では、西部劇の『ヴェラクルス』（'54年）、あの決闘シーンなんか、向いあってから撃つまでがえらく長いでしょ。で、ダーンと撃ってしばらくたってから、バート・ランカスターが拳銃をクルクルッと回して、サッとホルスターに入れる。彼が勝ったのかと思ったら、一拍おいて、バタッと倒れる。白土三平の忍者劇画でも、二人が空中に飛んで、チャリンと刀を合わせて、ドンと立って、しばらくしてから片いっぽうがバタッと倒れるでしょう。あれなんか、西部劇で使われた手をかっこいいから取り入れたんじゃないでしょうか。そういう新しい演出技法が、このころアニメーションにも入ってきたということですね。ダーッと迫ってくるオロチを3秒くらい見せて、次に突進するスサノオを見せる。それを交互にやって、初めのうちはそれぞれロングなのが、だんだんアップになっていく――僕にはとても新鮮に思えましたね。

たとえば、『少年猿飛佐助』で僕が描いた、夜叉姫の骸骨にナイフがグサッと突き刺さってガラガラとくずれ落ちるところ。あそこなんか、面白いシーンなんだから、もっとひき延ばせただろうと思うんですよ。ナイフが刺さったとたんに崩れるんじゃなくて、刺さって、骸骨の動きが止まって、パッと切りかえし、主人公が「やった！」と叫ぶと、一拍置いてからゆっくりと崩れる――というふうにね。そういう、エンターテインメント的な見せかたのテクニックを、芹川さんが東映動画にかなり持ち込んだわけですね。

――なるほど。そして、『わんぱく王子』の次が、『ガリバーの宇宙旅行』（'65年）です。

**大塚**　『ガリバー』と『わんわん忠臣蔵』（'63年）とが、2班体制で並行していたんですね。そのころ、東映動画は人数が膨れ上がって350人くらいになっていたし、組合も賃金アップの攻勢をかけていたから、会社としては今まで以上の収益を上げるために、必然的に長編2本を同時に作る体制になったんです。

――『ガリバー』は、ずいぶん前にオールナイト上映で観て眠かった覚えがある以外は、ひどく印象が薄かったんですよ。最近、ＤＶＤで観直しましたが、やはり同じような印象を受けました。

大塚　そうですか。黒田（昌郎）さんという人が監督でしたが、強く指導力を発揮するタイプの人ではなく、アニメーターが勝手に描くのを追認する作業しかしなかったように思います。

――ただ一つ、あのまっ黒い宇宙が不気味で、インパクトがありましたね。ブルーに塗られたシーンもあったと思いますが、おおかたはまっ暗な宇宙空間で、そこに、緑とか青とか、寂しい色の星々がポッカリ浮かんでいる。くすんだ寒色が多くて、やけに寒々しい感じで……。

大塚　演出家が細かいところにタッチしないと、みんな好きなことをやりたがる。あの色彩設計も、その結果の一つなんでしょう。たしかに、全体に寒々しいものになりましたね。色だけじゃなくて、キャラクターデザインもストーリーも、すべてが寒かった。だって、テッドという少年が宇宙に行く夢を見て、最後に「ああ、あれは夢だったんだ」って、またもとの風来坊に戻るんですからねぇ。宇宙での冒険から何も得ずに、もとのもくあみに戻ってる。考えてみれば、すごい映画なんですよ（笑）。

――ラストで、彼、ちょっとだけ陽気にふるまっていましたけどね（笑）。それより印象的だったのは、虫のように小さなロボット兵が、ピーンと横一列に並んで行進してくるシーンなどの不気味さのほうです。何か、独特の気持ち悪さがありませんか。

大塚　たしかにねぇ。そういうムード醸成も含めて、あの映画のコンセプトは間違いだったんでしょうね。

――どなたのコンセプトだったんでしょう。

大塚　関沢さんです。

――関沢新一さん（脚本）。東宝の怪獣ものやアクションものなどのシナリオで有名ですね。

大塚　東映動画として初めてＳＦに乗り出すには、あまりにも準備不足で、「やりたいようにやっていいよ」と。この映画のテーマは何だとか、こういうことを描きたいなんてほとんど語られずに、なしくずしに出来上がったのが『ガリバー』なんです。

――大塚さんは、どのシーンをお描きになりましたか？

**大塚** 覚えていないですよ。それくらい印象にない（笑）。それよりも、『鉄腕アトム』の一大影響で、東映が急きょ『狼少年ケン』でテレビアニメに参入することになって、『ガリバー』の制作が一時中断したことのほうが鮮烈に記憶に残っています。

## テレビアニメの台頭と「B作」の登場

―― テレビアニメの勃興が、そんなふうに東映劇場用長編の世界にも影響してきて、1966年に『サイボーグ009』が登場します。この作品、生まれて初めてスクリーンで観た映画という意味で個人的には感慨深いんですが、じゃあ、作画的に素晴らしいかというと、ちょっと……。ただ、いろんな意味で、東映動画のターニングポイントになった作品ですね。

**大塚** そうです。それまでの「A作」、つまりフル・アニメ長編の路線に対して、「B作」というラインが東映の中に初めて出てきたわけですから。テレビアニメ時代が黒船のように到来して、東映も、テレビ制作に向かって急速に体制を整えざるを得なかった。それはもう、嵐のような勢いでしたよ。虫プロの台頭に加えて、他のテレビアニメ制作会社がどんどん増えていって。

―― 『鉄人28号』『エイトマン』のTCJ（現・エイケン）、『0戦はやと』（'64年）のピープロ、『ビッグX』の東京ムービー、『宇宙エース』（'65〜'66年）の竜の子プロ……。

**大塚** そうそう。そういう会社と競合してテレビの世界でシェアを押さえるためには、どうしても安く、速く作らなきゃならない。その発想の延長線上で、劇場用長編にもAとBの2ランクを作ろう、という経緯ですね。B作とはどういう意味かというと、予算がBクラスで、尺（上映時間）も60分ちょっと。スタッフも新人中心。森さん、大工原さんといったベテランはもちろん、大塚、楠部（大吉郎）といった中堅もいらない。ともかく、全体に安く、速く作ろうと。で、作品のコンセプトとしては、漫画雑誌からストーリーやキャラクターを転用するだけで、準備さえもいらない。

――素朴な疑問ですが、なぜいっそ、全部B作にしなかったんでしょう？

大塚　うーん、まだ長編アニメ市場を独占しているという実情と未練があったのかなぁ。東映にはアニメの老舗だというプライドがありましたから。これはどんな会社にもあることで、「ウチはそんな安物ばかり作ってたんじゃダメだ」というね。

――でも、B作はやっちゃうわけですよね。

大塚　やっちゃうんです（笑）。はっきりAとBに分ける。『009』のスタッフを見てもらえばわかるけど、作監に木村圭市郎（圭一郎）君という若手を起用しているでしょう。石森（石ノ森）章太郎さんの原作に強みがあるから、若手にいきなり任せても、興行的にはそこそこいく。

――当たったわけですね。続編（『サイボーグ009　怪獣戦争』）も翌年（'67年）公開されていますから。

大塚　いっぽう、森康二さんを作画のトップに据えた『宇宙パトロール　ホッパ』（'65年）とか、月岡さんを使った『狼少年ケン』とか、むしろテレビのほうにベテラン陣が行っちゃった。『ハッスルパンチ』（'65～'66年）は……。

大塚　森さんです。比べてみるとわかるでしょ。劇場用B作では、新人をどんどん使っている。

――うーん、『ハッスルパンチ』や『ケン』にベテランを使うのなら、逆にして、テレビのほうを新人に任せ、お客からお金を取る劇場用B作のほうにベテランを投入するというやりかたもあったのでは、と思ってしまうんですが。

大塚　さあ、それは当時の経営者側の判断ですから、僕からは何とも言えませんね。

――森康二さんと並ぶベテランに大工原章さんがいらしたわけですが、森さんは『こねこのらくがき』（'57年）がLD（レーザーディスク）になったり画集も出ているのに、大工原さんについてはあまり資料がないですね。大工原さんは、大塚さんのお師匠に当たる重要な方でしょう？

大塚　ええ。僕の先生ですよ。

## 大工原章さんの大きな影響

——森さんと大工原さんの違いというのは、やはり大工原さんのほうが、よりアクション的だということでしょうか。

**大塚** わかりやすく言えば、そうです。お二人ともすごく絵がうまいんだけど、僕が大工原さんの下について良かったのは、あの方は好奇心が非常に強いんですね。自分と違う絵を描いてきても、「あっ、これ面白い！」と言って、極力使おうとするんですよ。いっぽうの森さんは、全部を自分の色に染めなきゃ気がすまない。ちょっとでも違う絵を描いてくると、すぐ直しちゃう。例えれば、今の宮﨑さんにやや似ているかな。普通、作監にはそういうタイプの人が多いんですが、大工原さんは大胆な人でね。いろんな価値感を認めるんです。で、僕自身も、そういう許容性をちょっと教わっていると思う。「うーん、ちょっと違うけど、これはこれで面白いかも」みたいなところをね。

——絵を描く、あるいは動きを作る上で、大工原さんから具体的にどんな影響を受けていらっしゃいますか？

**大塚** 大工原さんのはね、一つ一つの動きがダイナミックというか、わりと誇張されているんです。それと、動きのポイントポイントで、パッと見栄を切るようなポーズを取る。「大工原調」とでもいいますかね。『ハヌマンの新しい冒険』（'57年）という短編をやったとき、腕が6本もあるハヌマンというタイの妖怪がどういうポーズを取るんだろうと思っていたら、どの手にも、ピッと緊張感があるんですよ。

——わかります。こう、開いた指がピッと張って、妙に力が入っている感じでしょう？

**大塚** そうそう。大工原さんのあの癖は、実は、のちの日本のアニメーションにものすごい影響を与えているんじゃないでしょうか。手の表情をすごく大事にするというところがね。

——歌舞伎役者が見栄を切るときの、あの感じですね。

**大塚** 歌舞伎とか、京劇とかのね。インドネシアの踊りにも、こういう振りつけがありますよ（ヒラヒラと手が舞うしぐさをして見せる)。ほら、「弁慶の橋がかり」というのがあるでしょう。弁慶が片手に槍を持って、ドンドンドンと地面を踏んで、途中でひょいと足を持ち上げる動き。あるとき、大工原さんがあれそっくりの絵を描いたんですよ。僕は東映に入る前から歌舞伎に興味があったので、「大工原さん、歌舞伎を観たことありますか?」と聞いたら、「いや、ないよ」。そのころ僕はまだ新人だったけど、大工原さんのそういうポーズがどこからきているのか、不思議でしたねぇ。森康二さんのほうは、よくわかるんですよ。きっちりしたリアリズムが動きの基調ですから。

**——** 森さんの動きのほうがやわらかい感じですね。

**大塚** やわらかいし、素直だし、日常的。大工原さんは非日常的なんですよ(笑)。

**——** ちょっと劇画調で。

**大塚** そうそう。ある意味で、非常にスタイリッシュですね。そんなお二人の正反対の個性を、同時に、しかも間近で見ることができたのは、ものすごくラッキーだったと思う。

**——** 手に緊張感があるというのは、すごく良くわかるんです。大塚さんの絵でも、たとえば旧『ルパン』などで、指先や手の形に、ときどき独特の表情が宿ることがありますから。

**大塚** 間違いなく大工原さんの影響ですね。さっき名前の出た木村君なんかも、その影響を受けた一人です。大工原さん的な動きの成果として、木村君は『タイガーマスク』('69~'71年)でスポットライトを浴びることができた。なぜかというと、プロレスというのはもともとショー的というか、作られた演技の部分が多いでしょう。レスラーがやられると、ウワーッと派手にポーズを取る。普通ならそんなことしないところを、お客さんに対して派手にサービスしているわけですね。殴るのも蹴るのも、何割かは作られた演技。『タイガーマスク』での木村君の絵は、そういう素材にピタッとはまった。で、その源流を担っていたのが大工原さんだと思うんです。

**——** 木村さんは、大工原さん門下だったんですか?

**大塚** いや、直接には関係ない。大工原さんからそういうものを教わったのは僕です。ところが感心したことに、木

――村君は毎日僕のところに来て、僕の絵をじっと見ていたんですよ。「そのポーズいいなぁ」とか言ってね。「大工原さん発＝大塚さん経由」で、木村さんに動きの遺伝子が伝わったと……。木村さんて、どんな感じの方だったんですか。

**大塚**　面白い男でね、もとは箱根のほうの飲み屋の用心棒をやっていたらしい。体格が良くて、ちょっと見は怖いような、やくざみたいな感じの男です。アニメーターに向いてるのかなあと思ったけど、意外に向いていましたね（笑）。

わかりやすい例を挙げましょうか。たとえばこうやって机に向かっていて、うしろから「大塚さん」と声をかけられたとするでしょう。それをアニメーターがどう描くかというと、普通なら、体をちょっとねじって振り向かせるよね。体ごとグルッとは振り向かないでしょう。森康二さんが描いたら、顔だけ斜めにちらっと振り返って、「ん？・」というぐらいです（本章扉のイラスト参照）。ところが木村君だと、グルッと腕を回しながら「何だあっ⁉」と振り向く。ここからここまで手が動くんですからねぇ。

――ぐるっと半円を描いて（笑）。

**大塚**　顔よりも手の動きのほうが、ずうっと大きい（笑）。そういう演技は、リアリズムで考えると、すごくわざとらしいでしょう？

――ええ。でも、それも東映トーンの一つだと思います。

**大塚**　東映トーンといっても、森康二さんの中には絶対にない。やっぱり、とことん大工原さんですね。その遺伝子がまともにドワーンと伝わったのが、木村君の『タイガーマスク』だった。そのことを指摘した人はたぶんいないと思いますが。

――テレビの『サイボーグ００９』（モノクロ版、'68年）でも、木村さんが作監をなさった回では、キャラクターがハッと身構えると、必ず手に力が入っていますね。で、次の絵では、手の形がもう全然違っている。常に見栄を切っている感じが連続するのが、一種独特の味なんです。

大塚　そういう「手の表情」は、その後の東映アニメのあらゆるところに濃厚に残っていますね。『北斗の拳』（'84〜'87年）なんて、（手を大きく振り回すしぐさをして）まさにコレモンでしょう（笑）。そういうものを好む体質が、きっと日本人の美意識の中にあるんでしょうね。で、描くほうも面白いもんだから、どんどん伝播していった。

――『タイガーマスク』みたいに、線のとがった、超デフォルメされた絵は、動かしやすいんですか？

大塚　いや、動かしにくいです。止めポーズのかっこ良さだけ。ただ、ああいう絵は、要所要所でパッと止めに入りやすいんですね。その止めポーズをひたすら連続させるのが、今のテレビアニメの流行ですが。

――それにしても、ずっと「動き」主体で見せてきた東映動画の中にも、大工原さん、木村さんという「決め」系の絵――言い換えれば「止め」ポーズの遺伝子が、かなり初期からあったということに……。

大塚　そういうことになりますね。ただ、当時、それは「止め」ポーズとはっきり認識されていたわけじゃなくて、描き手の個性の面白さとして受け取られていたんです。

――そういう要素が、初期の東映テレビアニメには散見できる。劇場用フル・アニメのなめらかな動きだけでなく、それらも含めて、広い意味での「東映調」なのだろうと解釈しているんですが。

大塚　たしかにね。東映に限らず、ディズニーでもどこでも、一社の中にはいろんな絵描きがいますから。いろんな人の個性が融合されて、各社の画風が出来上がっていくんでしょう。その中で、どのラインを引き継いで発展させていくのか。それは、後継者が常に迫られる選択だと思いますよ。

## 『W3』のオープニングを作画

――ところで、'65年の虫プロ作品『W3（ワンダースリー）』のタイトルバックを大塚さんが担当なさったという記録があるんですが。

大塚　ええ、やりましたよ。

――どういうご縁で、虫プロ作品に関わられたんですか？

**大塚** 僕自身は、それまでにも何度か、手塚さんご本人から虫プロに来てほしいと熱心にお誘いを受けていました。ずっとお断りし続けていたんですけどね。だって、もし虫プロに行ったら、手塚さんの絵を描かなきゃならないでしょう。『アトム』を含めて手塚さんの絵は、僕にとっては動かしにくかったんですよ。あの絵は、ヘタにリアルに動かさないほうがいい。(『魔法使いサリー』の)サリーちゃんがリアルだと気持ち悪いのと同じでね(笑)。でも僕は、リアルに動かすのが好きだったたから……。

そんな状況下で『W3』のオープニングをやることになったのには、ちょっと珍なる事情がありましてね。当時虫プロでは、穴見(薫)さんという常務が経営を一手に引き受けていたんですが、その奥さんがもと東映の美人アニメーター、中村和子さんだったんです。ある日、彼女がいすゞベレットというクルマに乗って東映にやって来た。色はシルバーメタリックだったかな。ピカピカの新車で、「大塚さん、私、こんなの買ったのよ」って。そのころ僕もボロ車(日野コンテッサ)に乗っていたんですが、いいなあと思って、「ちょっと運転を教えてあげる」と二人でベレットで表に出た。大泉の街路で、「高速コーナーリングというのをやってみせるよ。ブレーキを踏みながら、同時にアクセルを踏むんだ」。ヒール・アンド・トウっていうのかな、僕も若かったもんで、はりきってやったんです。そしたら、クルマがくるくるっと2、3回転して、どこかの会社のブロック塀にドカーンと激突した。

――失敗したんですか。

**大塚** 大失敗(笑)。クルマのフロントがベシャッとつぶれて、上からコンクリートブロックがボカンボカンと落ちてきた。「これはもう、廃車にするしかないな」と言うと、中村さん、真っ青になってね。「せっかく買ってもらったクルマがこんなになっちゃって、主人にとても報告できない」って、道路にしゃがみこんで震えている。しようがないから僕から穴見さんに報告しようと、その足で虫プロに行った。「常務は会議中です」「緊急なんで、ちょっと話をさせてください」。なんとか頼んで廊下に呼び出してもらい、事情をすべて話して謝ると、穴見さん、最初は「エーッ!」と驚いてたけど、ややあって、「それはいいですから、そのかわりオープニングの作画を1本やってよ」と。

**大塚**　それもすごい話ですね（笑）。

『W3』のオープニングを描く人がいなくて困ってて、ちょうどその会議をしていたんですね。で、会議室に引っぱり込まれたら、手塚さんがいらした。穴見さんが、「先生、すべて解決しました。オープニングは大塚さんがやってくれるそうです」。手塚さん、「ええっ、ウソでしょう⁉」って驚かれましてねえ。事情を話すと、「大塚さんにやってもらえるなら、そんなクルマ、1台でも2台でもつぶれていいよ」。穴見常務も、「これは天から降ってわいた幸運だ。さっそく打ち合わせしましょう」と、その場で、「ターンターン、タンタカタッタ」って手塚さんご自身の実演入りで打ち合わせが始まったんです（笑）。それからの数日間は、もう、泥まみれでしたよ。東映の仕事も忙しいし、こっちも1週間でやらなきゃならないし。夜も寝ずにがんばって、とうとう事故の一件がパアになっちゃった。

**大塚**　手塚さんは、よほど大塚さんにやってほしかったんでしょうね。

それまで、いくらお誘いを受けてもお断りしてきたわけだから、たとえオープニングだけにせよ、僕がやるとは考えてもいなかったんでしょう。で、この件については、東映の労務担当にも白状しました。かくかくしかじかで虫プロの仕事をしますと。「やってもいいけど、体がもつかね？」と言われました。そりゃきついけど、やらざるを得ないですよねぇ。

**大塚**　『W3』のオープニングは、ミュージカル仕立てで、とても楽しい出来でした。ウサギと馬とカモのキャラクターが、スイングジャズにのってなめらかに動くんですが、一歩ずつステップを踏むのがちゃんと「音合わせ」になっていて。

宇野誠一郎さんのスコアが先に出来ていて、プレスコ[注6]的に作画しました。ステップを踏む位置に、ずうっと印がしてあるんですよ。技術的にはさほど難しくなかったけど、なにしろ時間がなくて……。まあ、車1台分ですからね、虫プロにとってもえらい出費だったろうと思いますよ。そんな大金、普通じゃとても外注に払えませんから。穴見さんも手塚さんも、きっと一瞬で決断なさったんでしょう。

――ビッグローリー（タイヤ型の乗りもの）が走るエンディングタイトルのほうもお描きになったんですか？

大塚　そっちはやっていません。オープニングだけ。

――壊れたブロック塀はどうなったんでしょう？

大塚　それも、虫プロが弁償してくれたんです。

――うーん……まさに、日本アニメ史上に残る珍事ですね（笑）。

大塚　僕のおっちょこちょいなところがよくわかる話でしょ。穴見さんというのはそういう豪快な人でしたが、その後、若くして亡くなられた。中村さんには、この一件ですごく恨まれちゃった。本当に悪いことしたなと今でも思っています。

## 労組の時代と個人主義

――さて、重要作『ホルスの大冒険』の話に入る前に、当時の東映動画の空気といいますか、会社のムードみたいなものについてお聞きしたいと思うんです。というのは、やはり『ホルス』は団結がテーマの作品ですから。「作画汗まみれ」の巻末に高畑さんが寄せた一文（「60年代頃の東映動画が日本のアニメーションにもたらしたもの」）によりますと、東映動画では、「社内の交流は仕事を通してだけでなく、労働組合やスポーツなどによっても広く密に行われ、生き生きとした人間関係や仲間意識が培われた」「スタッフ相互の多面的な交流こそ、諸技術の開発発展と人材育成の原動力だった」そうですが……。

大塚　そのとおりです。高畑さんは、実に正確に表現していますね。

――それを読むと、国産アニメの青春期、そこに群れ集った人たちの梁山泊《りょうざんぱく》みたいな、理想的な、一種のコミューン（生活共同体）みたいなものだったのかなと思います。とはいえ、会社というのはむろん最終的には営利組織であって、そこに勤める人は労使関係に縛られているわけですし、組織内の上下関係もある。しかも、アニメのようなクリエイティブな作業を媒介にしたときに、高畑さんが書かれたような理想的な関係が生まれるとは、ちょっと奇跡的なように思うんですが。

**大塚** それはね、単に労使の関係だけの問題じゃなくて、当時の時代背景から見なきゃいけないと思うんです。つまり、現代というのは、個人個人が最も拡散している時代でしょう。個人の権利も発言も自由で、団結する意味はあまりない。ところがあのころは、濃密な人間関係を作って仕事に向かうというやりかたが、東映に限らず、どこでも――ソ連をはじめどこの国でも――主流だったと思う。つまり、バラバラな人間をどうやって集めるかというんじゃなくて、初めからバラバラになりたくない人たちの集団だったんですよ。日常の楽しみにしても、みんなでどこかに旅行に行くくらいしかない。それが日本という国全体の傾向だったと思う。今はテレビゲームもインターネットもあるし、会社で旅行に行ってもつまらないから女房と子供を連れてどっかへ行ったほうがいいや、というふうに、非常に個人的な楽しみかたになっているでしょう。西ヨーロッパやアメリカでは早くからインディビジュアリズム（個人主義）が発達したけど、日本にはまだまだそれがなかったと思ってください。

―― すると、もし当時の東映動画にインディビジュアリストの人がいたとしたら、その輪の中に入らないのでは？

**大塚** ええ。おそらく会社を出ていったでしょうね。集団にくるまれている温かい関係がいいか、そうでないほうがいいか。「群れ集うのはうっとうしい。寂しいといえば寂しいけど、オレはオレでやるよ」という時代の夜が明けたのは、高度経済成長が成熟してからじゃないでしょうか。それまでの若者の楽しみといったら、会社の帰りにみんなで一杯飲むとか、気の合う仲間うちで旅行したりとか、そういうことだったと思う。

―― 大塚さんもそうでいらした？

**大塚** そうです。

―― 宮﨑さんや高畑さんは……。

**大塚** もっとそうです。極論すれば、他に楽しみを知らないんですよ。『太陽の王子』のテーマにもあるとおり、仲間が欲しい、仲間を求めていくんだというね……。一人で孤高に立つというのは、あのころの人間にはとても難しかった。今はいい時代になりましたね。一人で孤高に立つ人が多いでしょう。「こんなヤツとやっていけるか」といって、一人でもなんとかやっていけますから。それがいい悪いじゃありません。そういう時代の流れなんですから。だから、これからのアニメ作りはもっともっと難しくなると思いますよ。宮﨑さんの号令一下、兵隊になって作るのはイヤだと言う人も出てくるでしょう。「監督の名前が出るだけじゃつまらない、貧しくてもいいからオレはオレのものを作るよ」と。たとえ宮﨑さんのようにはいかなくても、自前のを作りたいというのは、考えかたとしては当たり前でしょ。だから、個人主義者の多い西ヨーロッパでは、商業アニメーションはほぼ全滅していますよね。その個人主義の頂点がアメリカだけど、あの国ではそれを札ビラで解決している。

**大塚**　産業としてペイするから。

――そう。巨大なマーケットを持っていますからね。巨額の金で言うことを聞かせるわけです。

**大塚**　そういう時代背景がベースにあったにせよ、当時の東映動画で、濃密な人間関係と技術の集積が保たれて、質の高い作品づくりにつながったということは、日本のアニメ史にとって幸運なことだったんじゃないでしょうか。

――幸運、かつ重要なことでした。地味ながら、労働者がこつこつ作った映画という感じが東映作品にはあるんですね。いっぽうの虫プロでは、手塚さんご自身が作家だったこともあって、スタッフの一人一人がすごく作家的だった。東映では、「オレたちは作家だ」なんて思ってる人はいませんでした。

**大塚**　とはいえ、やっぱり人間同士ですから、仲たがいしたり、派閥ができたり、ヒエラルキーができたりしなかったはずはないと思うんですが……。

――それについて、高畑さんの一文は触れていませんね。高畑さんは意図的に書いていないんでしょう。でも事実、僕らが『太陽の王子』をやるというときに、絶対イヤだと拒否して他の作品に行った人もずいぶんいたんですよ。

**大塚**　そうだったんですか。親しかった仲間に、『『太陽の王子』をやろうよ。来てくれよ」と頼むと、「いや。高畑、宮崎、大塚じゃ、ちょっとうっとうしい」なんて言われて。つまりね、それまでの東映には、そういう作品選択の余地がなかった。「劇場用長編」という一毛作の、一つの田んぼでしかやっていなかったところに、突如、テレビという別の田んぼが増えた。予算規模も増え、いろんな作品に人が散っていった。だから、昔ながらのA作長編映画である『太陽の王子』に木村圭市郎君は加わらなかったわけです。僕らは彼を誘ったんですよ。一緒にやろうよって。断られましたけど。

――それで木村さんは、『009』のほうに参加した。

**大塚**　彼は、「オレのもの」を作っていった。彼自身が選んだ道なんです。実際、虫プロに行った人たちも、東映のそういう団結ムードが初めから嫌いだったんだろうと思う。「われわれは自由な作家である」という考えかたも、いっぽうに確実にあった。だからキーワードとしては、一毛作が二毛作、三毛作になって、今は十毛作くらいになってると思ってください（笑）。

――なるほど……。もと虫プロの山本暎一さんが書かれた「虫プロ興亡記」という本を読みますと――小説形式なので、厳密な記録ではないかもしれませんが――その虫プロの中でも、人間関係的に、やはりいろいろ大変だったようです。結局、どこにいたってお互い人間である以上、絵に描いたような理想的な集合体なんて、なかなかあり得ない。で、「だからダメだ」という悲観論じゃなくて、「それならどうする？」という次なるステップを乗り越えるべきなんでしょうね。

**大塚**　それはもう、古今東西、どこでも同じ命題でしょうね。ただ、僕は、そういうあいまいな人間の集合体だからこそ、いざ何か大きなものを作るときには、キチンと意志統一をして、美意識や指揮系統を統一しなきゃいけないと思う。虫プロでは、トップの手塚さんが大作家だから、その下のほうがちょっと野放しぎみというか、東映よりもバラバラだったんじゃないでしょうか。でも、世の中の趨勢は、圧倒的に虫プロのほうに向かっていた。日本中がもう東映を顧みずに、これからは虫プロだという時代が確実にあった……。いや、虫プロは本当に豪華でしたよ。芸能界みたいに華やかだった。帝国ホテルやプリンスホテルでしょっちゅうパーティーをやったり。記者会見をすれば、マスコミが大勢集まってねえ。東映はそんなことやらない。地味ですから。労働組合があったせいか、根が労働者なんですよ（笑）。

——ですが、小田部羊一夫人になられたアニメーターの奥山玲子さん、毎日服が色とりどりに変わって、「ファッションショー」とお仲間うちで評判だったそうですが[注7]、そういう、おしゃれで素敵な方も東映にはいらしたんでしょう?

大塚　いやぁ、奥山さんにしても、心情的にはどっちかというと虫プロのほうが好きだったんじゃないかなあ。東映はおしゃれという感じではまったくなかったですよ。それはさておき、僕らはね、そういう時代の流れを肌身に感じていました。テレビの省セルアニメ技法が劇場用長編を浸食してきたとき、とても大きな悲愴感を持っていた。そのまっただ中で『太陽の王子』の制作に入ったわけだから、「こういう本格的長編はもうできない。これが最後だ、ちゃんと作っておこう」というスタッフの思いがあの作品には溢れているんですよ。

——『ホルス』は'68年夏の公開ですが、'65年から準備に入っていますから、B作の『009』が'66年に出てきた時点では、もう制作に入っていたわけですね。

大塚　ええ。いよいよこれでおしまいだという悲愴感が日増しに強まっていった。うっすらとですが、僕は、自分が東映をやめさせられるな……とすら思っていました。そういう息苦しい思いを抱きながら、『ホルス』という作品に激しい意欲を燃やしていったんです。

## 『ホルスの大冒険』の革新性

——その『ホルスの大冒険』は、大塚さんの初の作画監督作品、高畑さんの長編演出第1作であるとともに、日本アニメ史に残る作品になった。いいところを挙げていけばきりのない作品ですが、まず、ファーストシーン

**大塚**　が素晴らしかったですね。シネスコ画面のど真ん中で、斧が地面にグサッと突き刺さり、狼の群れがバーッと画面を走り抜けて、少年ホルスと狼のスピーディーな立ち回りが始まる……。前にも言ったとおり、あそこと岩男モーグが地面から起き上がるシーンは、スタッフに見せる作画サンプルとして僕自身が最初に描いた部分ですから、そうとう力が入っていますね。

――いきなり映画の中に観客を引きずり込む呼吸が見事で、観るたびにわくわくします。ああいう、ちょっと黒澤映画みたいなダイナミックな呼吸を、高畑さんは心得ておられるんですね。

**大塚**　一緒に労働組合で闘ったり、多くの議論を重ねる中から、同じ仲間としての目線から僕を含めたスタッフの表現力を掴んでいたからこそあんなふうにできたんだ、と思わずにはおれません。稀有なことです。

――錆びついた「太陽の剣《つるぎ》」が研ぎ直されるシーンにもしびれました。ジューッと湯気が立って、研ぎ上がった剣がスーッと画面にスライド・インしてくるんですが、普通なら、ここぞとばかりに透過光とかを使ってギラギラ光らせたくなるじゃないですか。それが、光るには光るけど、灰色の剣がキラッと鈍く光を反射する程度で、かえって重厚なメタル感が出ていました。ああいうところ一つ取っても、演出と作画の方向性がよく表れていると思います。

　ところで、「最後の本格的長編」という覚悟だったとのことですが、実際『ホルス』は、いったん制作中断になっているんですね。

**大塚**　そうです。コンテに非常に時間がかかり、作画もなかなか進まなくて、ついに中断命令が出ました。会社も苦悩の淵にあったと思いますよ。多額の制作費をすでに投じてしまっているから、今さらやめようにもやめられない。たいへんなジレンマがあったでしょうね。

――途中、「これはもうできないかもしれない」と思われたことはありましたか？

**大塚**　いや、それはないです。いったん中断しても、そのうち必ず再開するだろうと信じていました。まあ、この作品についてはいろんなところでいろんなことを語ってきているので、どうしても話が重複してしまいますが、この間、篠原（征子）さんというベテラン・アニメーターが僕にこう言ったんですよ。「大塚さんがこれまでに果たした役割の中で大きかったのは、『ホルス』で高畑さんと宮崎さんという大きな船を港から沖まで引っぱり出したことね。つまり、大塚さんはタグボートだったのよ」と。タグボートとはうまいこと言うなあと思ったけど（笑）、たしかに、高畑さんが演出しなきゃこの映画をやらないと会社に対して粘ったのは事実ですが。

――その一点を譲らなかったんですか？

**大塚** ええ。パクさん（高畑さん）がやらなきゃ自分もやらないと本気で思っていましたから。1年ぐらいかけて粘り強く会社に交渉して、とうとう引っぱり出した。で、いざ引っぱり出したら、彼は猛烈に作業を始めましたが、会社は高畑さんを煙たがったんです。うるさいヤツだということでね。さっきも言ったように、『ホルス』のスタッフを集めるとき、高畑や宮崎がやるならイヤだという人もいました。それも篠原さんに言わせると、一種の妬みもあったんだろうとのことですが。「スタッフの頂点にいた大塚さんが太鼓判を押したからこそ、高畑さんは大海に出られた。『ホルス』をやってなかったら、高畑さんは今ごろアニメに関わっていないかもしれないわよ」とね。僕は正直言って、そんな歴史的大役を担うとは夢にも思っていなくて（笑）、はじめて作監をやるにあたって、「自分の弱い部分を演出が担ってくれればそれでいいや」という感じだったんですよ。くり返しますが、決してみなさんの思われているような美談じゃないんです（笑）。

――高畑さんを引っぱり上げたのは、ご本人の人間性を評価されたのか、それとも先行する『狼少年ケン』での演出ぶりを評価なさったのか、どちらでしょう？

**大塚** 後者です。むろん人間的にも大いに認めてはいたけど、彼の演出ぶりにびっくりしたことが大きい。『ケン』で、僕が作監的役割で高畑さんが演出をやった回が2本ぐらいあるんですが、ある回で、ケンたちのグループとそれを攻撃する猿の軍団との戦いを描いた（第14話、『ジャングル最大の作戦』）。で、コンテを見ていると、その戦場の地図がありありと思い浮かぶんですよ。地形とか、両者の位置関係とかがちゃんと思い浮かぶようになっている。こんなふうに見事にコンテをまとめるとは大変な人だなあと感心しましてね。その前の『ガリバー』でがっかりしていたので、次の長編は高畑さんに演出させるしかないと思ったわけです。『ケン』で「白鳥の湖」のバレエを描かなきゃならないときに、できるだけ本物に忠実にと苦心した、あの彼のこだわり。「『白鳥の湖』のポーズはこうじゃない。大塚さん、勉強してください」と言った、あの粘りね。先輩に対してそこまで言う人はなかなかいませんよ。まして、テレビアニメの現場では絶対に言わない。「時間もないし、まあいいか」ってことになる。そこを彼は、徹底してやるんですから。

むろん、ただ粘るだけじゃなくて、高畑さんの演出意図にはすごい説得力がある。『太陽の王子』のクライマックスで、岩男と氷のマンモスが戦うでしょう。どっちが勝つか。あそこは、引き（ロング）のショットなんです。橇《そり》に乗った村人たちが画面の手前にバーッと入りこんできて、その奥のほうで両者が戦っている。「パクさん、ここはお客さんが見たがるだろうから、両者が組み討ちしてるところにアップで寄ろうよ」と提案したら、「いや、ダメだよ」とあっさり言う。どうしてか。そういうとき、普通の演出家はその理由をあまりうまく説明できないものなんだけど、高畑さんは違います。非常に明快に、「この映画のこの段階では、岩男とマンモスは、もう背景に入っててほしい。ここでは村人が主役なんだ。突進してくる村人を見せたい。その奥に、点景として両者が戦っているのを見せるべきだ」と。つまり、いわゆる「見せ場主義」じゃないんですね。全カットが、そういう高畑さんの思想のもとに統一されている。ああ、演出家とはこういうものなのかと感動しましたね。

――

たしかに、高畑さんの書かれた「『ホルス』の映像表現」（アニメージュ文庫）などを読むと、そういう論理性の凄さに驚かされます。ところで、『ホルス』を観ていていつも思うんですが、ヒロインのヒルダというのは、常に心理的に揺れ動いている女の子ですよね。寂しげな子ではあるけど、悪魔グルンワルドの妹と言われるだけに不思議なカリスマ性を持っていて、彼女の歌に村中みんながトロンとして、仕事をしなくなってしまう。その彼女が、村のおばさんに「おやおや、針も使えないんじゃお嫁にはいけないねえ」と言われたとき、キッと反発して、「刺繍なんてできなくたっていい！」と言い返すでしょう。で、一人の子供が、ヒルダに太陽の絵柄の布をパッとかぶせると、彼女はそれを反射的に払いのける。あの反発する気持ち、わかるような気がするんですよね。

**大塚**　いやあ、すごいですよ。まさかああいう人物が「明るく楽しい東映長編」に出てくるとはね。誰も予想すらしなかったでしょう。

――結局ヒルダは、一度死んでまたよみがえり、みんなの仲間に入って映画は終わるわけですが、あの布を払いのけたヒルダが最後までいたっていいんじゃないのかな、という気もするんです。ホルスを裏切ったことへの報いは受けるべきでしょうけど、刺繍ができない、わがままで孤独な歌い手として生き続ける女の子がいたって、それはそれでいいんじゃないかと……。そういう子だって、やっぱり一個の「人間」なわけですから。

**大塚**　今、森さんがおっしゃったこと自体が、高畑さんの中ではすでに計算済みで、そういうディベートがあり得るとわかっているわけです。映画の中でいろんなキャラクターを描くに当たって、この人間はこうだということを、高畑さんは、くり返しくり返し反芻《はんすう》したと思うんですよ。ヒルダは悪魔なのか、そうでないのか。ヒットラーじゃないけど、大衆というのは愚劣である、という考え方がある一方で、だけどいいところもあるよ、というふうに揺れ動く気持ちをアニメーション映画の中に取り入れようとしたのは、すごいことでしょう？

――ええ。非常に鋭いテーマですね。さっき話に出た、「団結と個人主義の相反」の問題に、早くも深々と切り込んでいるわけで。

**大塚**　それらすべてが高畑さんの狙いでした。だってね、脚本の深沢（一夫）さんが最初に書いてきたのは、本当に明るく楽しいホンだったんですよ。高畑さんは深沢さんと論議を深める中で、ものすごい時間とエネルギーを費やして深沢さんを説得していったんです。

――突きつめて考えれば、ついに刺繍ができず、悪魔の心を何割か持ちながら村を去っていくヒルダ……という形で終わっても、それはそれで納得できるし、映画の価値を損なうことはないと思います。ですが、実際の作品

**大塚**　では、どこか予定調和的というのか、ヒルダという不可解な少女が提示されつつも、その「落ちつき先」があらかじめ決められていて、観客はそこに巧みに誘導されているような気がして……。のちの高畑さんの『おもひでぽろぽろ』（'91年）のラストシーンにも、似たようなものを感じましたが。

**大塚**　そこは論議を呼ぶ部分でしょうけど、『ホルス』の場合、ある程度は東映動画という入れものの限界があるわけですから。高畑さんが理想主義的すぎるというわけじゃなくて、東映動画の「まんがまつり」（『ホルス』の公開当時は「まんがパレード」）に来るお客さんのために、最後はハッピーエンドじゃなきゃいけないという配慮もあったんでしょう。まあ、そのあたりを突き詰めるならば、高畑さんと直接話してもらう以外にないですが……（笑）。だけどね、そういうことを何十年後に、ここでこんなふうに熱っぽく討論させるだけの何かを映画が内包していること自体、すごいと思いませんか？

――本当に刺激的ですね。何十年たっても、ついつい人をムキにさせる「何か」を持っているという意味で、やっぱりわが国のアニメ史上の、エポックメーキングな作品だとあらためて思います。

高畑さん自身、制作当時、こんなふうに書いておられますからね。「私たちは、この孤独な二人（ホルスとヒルダ）の心の動きや生きる姿勢を、出来るだけ描き出すことによって、直接それに共感するというより、じっくりとそれをみつめ、考えてもらえるような作品にしたいと考えました」と。[注8] 直接共感するというよりじっくり考えてほしい、とはっきり表明しているわけですから。キャラクターにベタベタに密着せずに、ある距離を置いているわけですね。

**大塚**　そう。そのへんが実に高畑さんらしいところですよ。

ヒルダの作画は僕じゃなくて、主に森康二さんが担当されました。もし僕がメインの担当だったら、彼女のありようについて、高畑さんともっともっと議論したかもしれません。僕はね、あの映画の完成試写を観て、悔しくて本当に泣いたんですよ。その悔しさは、そういう議論を高畑さんと宮崎さんに任せっきりにして、ひたすら絵だけを描いていたことからくるんです。『ホルス』という映画を仕掛けた張本人が、絵を描いてりゃいいというところに逃げ込んでしまった……人間の描きかたをもっとちゃんと議論しておくべきだった、という悔いが残っているんですよ。

――それは、ホルスについてですか、ヒルダですか？　それとも村人たちですか？

**大塚**　ホルスです。具体的にどう思っていたかは、長い時間が経っているからよく覚えていないですが。おそらく僕が感じていたのは、ホルスがまじめ過ぎるということでしょうね。僕は道化が好きですから。まあ、道化とまでいかなくても、もうちょっとゆとりのある、ユーモラスなホルスにすれば良かったなと。

――キャラクターの演技を作画段階で直して、人物のニュアンスを大塚流に変えていくという作業を、のちの作品ではずいぶんおやりになっていますからね。

**大塚**　ええ。だから『ホルス』でもそんなふうに、表情をやわらげたりユーモラスなニュアンスを持ち込むことができれば良かったんだけど、そういう余裕のない、ギリギリの尺数だった。

――たとえば、ルパンを半分笑って半分困ったような「半々の顔」になさったように、あるいは『侍ジャイアンツ』の番場がまじめにポーズを取った次の瞬間ずっこけるように……そういう大塚さん独自のやりかたがおありになるので、尺数の問題を超えて、「半々の顔のホルス」があり得たのではないかと、つい思ってしまうんです。

**大塚**　いや、尺数の問題を除いたとしても、今思えばやっぱり無理だったでしょうね。そのぐらい濃密な演出プランでしたから。

――作画レベルでは緩めようがない？

**大塚**　もう、ギチギチ（笑）。

――なるほど（笑）。

**大塚**　そのギチギチ感がスタッフのみんなにもあったから、次の『長靴をはいた猫』で、みんな先祖返りするわけです。ワーッと、いっせいに作画で遊び始める。高畑さん自身も、そういうふうに分析していますよ。「『太陽の王子』で僕があそこまでみんなを締めつけたんで、その反動で、ポーンと解放された感じが『長猫』にはよく出ている」と。そういうみんなの反応は、実に健康的だと思う。いくら団結してるからといっても、アニメーターも機械じゃありませんからね（笑）。

――『ホルス』は、素晴らしい力作であると同時に、部分的に奇妙なギクシャク感を伴っていることも否めません。前半はセルをふんだんに使っているのに、中盤、止めっぱなしのシーンが突如出現したり、ホルスが「迷いの森」を脱出するシーンの演出がやたらと性急だったり……。

**大塚**　止めのシーンについては、最後の最後にスケジュールに追いつめられて、会社から「もうこれ以上枚数を使うな」という厳しい命令が出たんです。泣く泣くそうせざるを得なかった……というより、はっきり強制的な措置でした。

――中盤の、狼の大軍が村を襲うシーンと、ネズミの襲来シーンですね。この作品の場合、それまでが動きまくっているだけに、よけいにギャップが目立ってしまう。高畑さんは、どんなにか悔しかったでしょうね。

**大塚**　それはもう、断腸の思いでしょう。本来フルに動かすはずだったのが、あきらめざるを得なかったんですから……。演出的にせわしない感じのする部分があるのは、また別の理由です。仕上がり尺数、つまり上映時間の問題。高畑さんは、もう15分くれと、僕と一緒に会社に陳情したんですよ。1時間15分の上映時間を1時間半にしてほしい、いや、せめてあと5分でいいからと何べんも頼んだけど、上映枠というものが厳然とあって、会社はいっさい認めなかった。で、高畑さんはシーンごとに、1秒、2秒と、身を削る思いで切り刻んでいったんです。

――すると、実際に描かれたのに捨てられたカットはずいぶんあったんでしょうか？

**大塚**　いや、ほとんどないです。そこが高畑さんのすごいところなんですよ。ギリギリの制作状況下にあっても、一分の無駄も出ないようにすべてを計算し尽くしていた。だからこそ、さっき挙がった欠点については、ものすごい後悔があったでしょうね。本人は後悔とは絶対に言いませんが。

――のべ4年をかけた大作『ホルス』が興行的に不入りだったことで、会社側は長編路線について考えを改めたりしたんでしょうか。

**大塚**　いや、そうでもなかったんです。当時の東映は、長編アニメ映画に関してはまだまだ独占企業で、日本中の親子が観てくれるドル箱でしたからね。虫プロや他社も、その点、東映にはとても太刀打ちできなかった。制作力、集客力、自社の持つ映画館のあけかた――すべてにおいて、東映はその独占状態を捨てたくなかった。テレビもやるけど長編は長編でやっていこう、ということだったんでしょうね。

## 東映動画を去る

――次が、シャルル・ペロー原作の『長靴をはいた猫』。

**大塚**　これはどう見ても、『ホルス』からひるがえって、かつての東映路線の延長線上の企画でしょ。原作が名の知れた世界の名作ということで。

――大塚さんは、そろそろ東京ムービー傘下のAプロに移られるころですね。

**大塚**　ええ。『長猫』がすんだら移るつもりで、先方と交渉していました。

――『長猫』では、大塚さんは原画で、作監は森康二さん。

**大塚**　森さんはそのころちょっと病気がちだったんだけど、元気になられたんです。あのね、僕らの世界には、貸し借りの関係というのがありましてね。『太陽の王子』では森さんに一原画としてあんなに手伝ってもらった、今度は森さんがやるんだから僕もがんばる、宮崎さんと一緒に森さんに恩返ししなきゃいけない――というふうにね。『長猫』では、クライマックスの高い塔の上での追っかけとか、主に魔王ルシファがらみのシーンを描きました。お城の中でペロがルシファをだましてネズミに変身させて捕まえようとしたら、逃げられて、どくろのペンダントを取り返されてしまうシーンとかをね。

――ピエールとお姫さまが塔のてっぺんから落ちて、鳩の群れに救われる――あのあたりも大塚さんですか。

大塚　あのへんは、宮崎さん。僕も少しやってはいますが。そこにいく前の、塔の上でのアクションはね、カットごとに僕らが入れかわって描いたんですよ。『わんぱく王子』のオロチを月岡さんと一緒にやったように、宮崎さんと僕との息の合ったチームで、完全に分業できた。「ここはあんた、ここはオレ」というふうにね。そしたら、演出的なアイディアも含めて、宮崎さんはどんどんコンテを変えていくんですよ。こっちは、それに合わせていった。

――ピエールがペンダントをかざして「朝日よ！」と叫ぶと、朝日がさして、透過光がパッパッと光ってカットバックするでしょう。あそこの演出は宮崎さんっぽくないですね。ちょっとケレン味が強いというか……。

大塚　そういうのは矢吹（公郎）さんじゃないかな。宮崎さんは、アクションを描く上では演出以上のことをやっていますが、カットの流れそのものについては監督の矢吹さんが、「ここはどうしようか、派手にやっちゃえ」と指示したんだろうと思います。

――宇野誠一郎さんの音楽にのせた、ミュージカルふうのシーンが楽しかったです。特に「カラバ様万歳！」という歌では、カラバ公爵に扮したピエールを乗せた馬車の走りが、蓄音機の回転に合わせて速くなったり遅くなったりする「音ギャグ」が愉快でしたが、ああいうナンセンス性を取り入れたのは？

大塚　たぶん、矢吹さんのプランにあったんでしょう。あるいは、矢吹さんが中原弓彦さん（小林信彦氏のペンネーム、同作品ではギャグ監修）あたりと打ち合わせして、ああいうアイディアを盛り込んだのかもしれません。

まあとにかく、この作品を最後に僕は東映を去ったわけですが、その後も、外注で『どうぶつ宝島』をちょっとだけ手伝ったりはしました。森さんが家に来て、「大塚さん、少し手伝ってよ」と言うので、ノークレジットで何カットかやった。どのシーンかは覚えていません。たぶん、ギャグのあるところだろうと思いますが。

――『長猫』と『どうぶつ宝島』の間に作られた『空飛ぶゆうれい船』（'69年）については、のちに小田部羊一さんが、実は大塚さんが作監になる予定だったという発言をなさっていますが。[注9]

**大塚**　そうなんだってね。それ僕、初耳だったんですよ。「エーッ、そんなことがあったの⁉」と驚きました。僕がやめる前に、次はまた大塚にやらせてみようかという意見が会社側にあったのかもしれませんね。『ゆうれい船』では、ほんの数カットだけ、大ダコがワーッと暴れるところを描きました。あれは手伝ったうちにも入らないですが。

――　でも、あのタコ、実にいきいきと暴れまくっていて、『ゆうれい船』の中でも光っているシーンの一つだと思いますよ。ところで、東映動画をおやめになった経緯については、「作画汗まみれ」ではかなり流して書いておられますね。

**大塚**　そこは、経営者の心情をおもんぱかって、あまりはっきりと書いていません。高畑さんは、『太陽の王子』の興行的失敗で完全に干されて、仕事がない状態。宮崎さんはまだ新人だから、どんどん仕事をやらせてもらってる。で、僕のことは、きっと扱いかねていたんでしょうねぇ……。会社側でも、関（政次郎）さんという企画部長がやめさせられたんですよ。

――　『ホルス』の一件で？

**大塚**　ええ。ミサワホームかどこかに行っちゃった。このあいだ、30年ぶりぐらいに会いましたけどね。「関さん、あのときはお気の毒でした」と挨拶したら、「いやいや、いい作品が残ったと思ってますよ」とおっしゃっていた。僕にすれば信念を持って作ったんだから、口が裂けても謝りたくはなかったけど、思わず、「申しわけありませんでした」と言ったんです。
　で、関さんのあとに新しい部長が来て、僕の契約金を――そのときはもう社員じゃなくて契約だったんですが――3分の2に削りますと。月6万円ぐらいだったのを、4万円にすると言われた。ちょうどそのころ、安い家ですが、家を買いましてね。580万円くらいで、30年月賦で。今じゃ考えられないけど、当時はそういう値段だったんですね。その初期の払いで給料の半分は飛んでいた。6万円のうち3万円ぐらいがそっちの支払いにいってたわけで、月4万円になるとちょっと食えない。で、「それは会社をやめろということですか?」

と聞いたら、「いや、やめろとは言わないけど、会社の事情も察してほしい」。リストラという言葉は当時なかったから、やめろとまでは言わない。責任取れとも言わない。ただ、「会社の都合もあって契約金ダウンということで、ひとつ了承してくれんかね」と。

――実際、1960年代末というのは、アニメ映画に限らず、日本映画界全体が斜陽でどん底に向かっていたころですよね。

**大塚** だから、会社が苦しかったのは事実でしょう。大金を投じて『太陽の王子』を作ったものの、不入りだったわけですから。それで僕は、「わかりました。ずいぶんお世話になったけど、やめることにします」「いや、会社もお金があればいい映画を作りたいんだよ。また機会があったらぜひ頼むよ。どこへ行くんだい?」と言うから、「東京ムービーの下請けをしているAプロに行こうと思うんです」「そうか。まあ、がんばってくれよ」……というような経緯なんですよ。円満退社のようでもあるけど、クビといえばクビでしょう?

――うーん、微妙ですね……もっとはっきりした解雇のしかたもあったでしょうから。

**大塚** 東映にはね、そういう温かさがあったんですよ。どこか温かいでしょ。反対に、会社に残った矢吹さんには、『長猫』のあと長編を作る機会があまりなかった。1、2本あったけど、いいものができなかった。だから会社も、やっぱりちゃんと見てるんですよ。あれは矢吹だけの力じゃなくて、森、大塚、宮崎ががんばったんだな、というふうにね。

まあ、あとあとそんなふうに見てもらえたとしても、その時点での示しはつけにゃならんから、大塚には出てもらおう、ということになったんじゃないでしょうか。けれども僕は、それを個人的なできごととしては受けとめなかった。一つの時代の流れとして受けとめていたんです。「時代が変わったんだ。森康二とか、大塚とか、宮崎とか、凝って凝って凝りまくって金と時間を使う人間は、もう要らないんだろう」……とね。前々から予感していただけに、意外にクールでしたよ。実際に会社は、作監なら若い木村圭市郎君たちで充分、どんどん出てくる新人でも視聴率は取れる……というふうに変わっていった。それは実写の世界も同じで、かつて東映の大看板だった俳優さんたちも似たような目に遭っていますよ。

――そのころ、大工原さんはどうなさっていたんでしょう？

**大塚** 実は、僕に続いて森さんもやめさせられて、一時期、大工原さんにスポットライトが当たったんですよ。『ちびっ子レミと名犬カピ』（'70年）とか何本か作ったんですが、ちょっと出来が悪過ぎてねぇ……。スタジオ・カーペンターという下請け会社を作って、大工原さんをそこの社長にして、外に出しちゃったんです。

――『どうぶつ宝島』のあと、東映長編では、'79年の『龍の子太郎』までの間、内容的にめぼしい作品がありませんね。

**大塚** どんなことにも必ず終わりはあります。『白蛇伝』以来の東映長編の正統的な流れがそこでプッツリ途絶えたのも、時代というものと切り離しては考えられません。でもね、その流れは今、たとえばスタジオジブリという別の形で再生されていたりもする……。アニメ界のビジネス構造が変わったとしても、東映動画が持っていたあの高い技術力と志は、誰かがキチンと受け継いでいくべきだと心から思いますね。

第4章

# Aプロ、コナン、テレコム

**旧『ルパン三世』第2話**
次元大介の射撃シーン原画
大塚氏は、ビリビリとした震えを作監修正で加えている

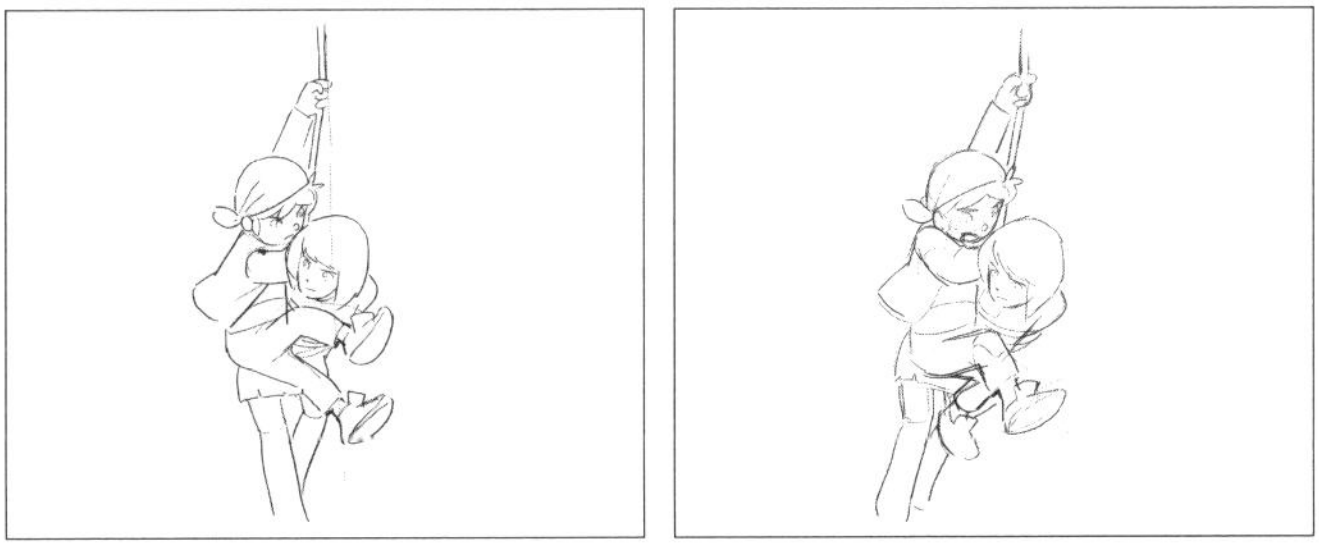

**『どうぶつ宝島』(東映動画作品)**
大塚氏による原画・2種

**『未来少年コナン』**
近藤喜文氏の原画(右)と、大塚氏による修正原画

## Aプロで手がけた『ムーミン』

――東映動画を出てAプロダクションにいらっしゃったわけですが、これは、そもそもどういうご縁があったんですか。

**大塚**　先に東映をやめた楠部大吉郎さんが自らAプロを作り、僕を誘ってくれたんです。で、Aプロの親会社だった東京ムービーの藤岡（豊）社長と何度か会ったら、すっかりまるめこまれちゃってね（笑）。「大塚さん、一緒に面白い映画を作ろうよ」みたいなことでね。

――それはいつごろのことですか？

**大塚**　東映で『長猫』をやっているころ。当時の東京ムービーはまだTBSの傘下だったけど、TBSから国際放映に資本が移り、国際放映が藤岡さんに経営を任せているという時期でした。

――'68年ごろというと、同社が『巨人の星』や『怪物くん』（'68〜'69年）を作っているころですね。

**大塚**　そうです。で、東京ムービーの作画部門はすべてAプロに任されていました。

――当時の東京ムービー作品には「協力」でAプロのクレジットが入っていることが多いですが、ムービー自体に原動画の機能はなかったんですか？

**大塚**　ごく少人数でしたが、「東京ムービー」本社班の作画チームもあるにはありました。

――どういうメンバーがいらしたんですか？

**大塚**　北原（健雄）さんとか、児玉（こだま、兼嗣）さんとか……。

――ああ、新『ルパン』の。

**大塚**　人数的にも、数人くらい。だから、『巨人の星』など同社の代表番組は、Aプロがまとめて作っていたんです。『怪物くん』は藤子不二雄さんの原作ですから、藤子さんたちがやっていらしたスタジオ・ゼロと半分ずつの共同制作なのはわかるとして、そういう特例を除いて、当時の東京ムービーにはAプロ以外にも外注先はあったんですか。

**大塚** いや、ありません。すべてAプロから外注に出されていました。東京ムービー本体のアニメーター、北原さん、児玉さんほかのチームも、実はAプロを手伝っている形になっていて、いわばAプロ傘下だったんです。

―― 不思議な構造ですね。ええと、整理すると、まず東京ムービーからAプロに仕事が降りてきて、その外注をAプロから出す。その出す先には、東京ムービー本体の作画班も含まれていた、と。他にはどういう外注先があったんですか？

**大塚** OHプロダクション、スタジオメイツ、ジャガードとか、虫プロ傘下で杉井ギサブローさんが社長だったアートフレッシュとか。そういう外注先がいくつもありました。

―― Aプロ自体には、何人ぐらいアニメーターがいらしたんですか。

**大塚** 25～26人はいましたかね。僕はそこにわらじを脱いだ。正規の社員じゃなくて契約でしたが、契約書を交わしたことはありませんでした。

―― そのころの東京ムービー＝Aプロ作品の一つに、『アタック№.1』（'69～'71年）があります。『巨人の星』と並行して放映されていた女子バレーのスポ根ものですが、この間、久しぶりに衛星放送で観たら、意外に動きがしっかりしていましたね。女の子が走ってきて、回転レシーブして、手をついてポンと立ち直るなんていう動作を、「引き」のワンカットの中でていねいにやっている。全話がそうとは限りませんが、私の観たエピソードでは、トスとかスパイクとかの動きをていねいな作画で描き、枚数も使っていました。

**大塚** 回転レシーブなんかは、今だったらどんどんカットを割るんでしょうね。たとえば、まず「引っぱり」で、パッとジャンプする止め絵があって、次に、流線の中でボールをレシーブする手のアップ。で、その次はもう、キャラクターが立ち直っている絵になる。そういうカット割りのほうが、描く手間がうんとはぶけますから。そこを、わざわざ「引き」の絵でていねいにやるというのは、当時のAプロの気質でしょう。僕は『アタック№.1』には参加していませんが、小林（治）さんとか、竹内（留吉）さんとか、東映直系の人がいっぱいいて、みんなけっこう動かしていましたから……。つまり、ある時期のAプロは、明らかに東映の流れを汲んでいたんですね。それに、『アタックNo.1』のころはまだ止めのテクニックがそれほど発達していなかったから、生《き》まじめに動かすしかなかったのかもしれません。

――　Aプロでの『ルパン』と『ムーミン』では、制作順序はどっちが先でしょう?

**大塚**　『ルパン』のパイロットフィルムが先です。初めは劇場用の大作をと意気込んでパイロットを作ったんですが、映画会社が関心を示さなくて、ズルズルと何年もたってしまった。しかたないから、その間にいろいろ他の仕事をやったんだけど、『ムーミン』もそのうちの1本です。

――　この時期に大塚さんは、演出家の大隅正秋さんと出会われているんですね。大隅さんと『ルパン』については別章でくわしくおたずねするとして、やっぱりここで『ムーミン』についてお聞きしたく思うんです。というのは、この作品、私たち当時の子供にとっては、かなりの異色作だったんですよ。それまでのアニメと違って、ポエティックな大人っぽい世界で、しかも、観ている人をちょっと突き放すようなところがあった。たとえばスナフキンというキャラクター――吟遊詩人というのか、いつも風に吹かれてギターを弾いている自由人ですが――あれなんか、非常に風変わりで印象的で。それから、ミイという少女も、いわゆるかわいい子じゃなくて、ちょっとイヤな子にしてあるでしょう。意地悪なミイが実はかわいい子だったという落ちがあるのかと思うと、必ずしもそうでもなくて……。

**大塚**　わりかし変な子として描いてるでしょう。でも、いじっぱりだけど、心の底は決して悪い子じゃないんですね。

――　ええ。そういう異色のキャラクターを、そのまま突き放して描いているから、観ているほうにとっては、当然あるべき、子供アニメ番組的なフォローがない感じを受ける。それがかえって新鮮でした。

**大塚**　大隅さんが人形劇出身なのが良かったんでしょうね。あの作品は、全体が人形劇のようなものですから。いわゆる子供アニメ的な、「お決まり」のヒューマニズムを変に持ち込まない。トーベ・ヤンソンさんの原作も、わりとクールで淡々とした世界でしょ。だから、演出家の選択としては大隅さんで正解だったと思う。たとえば、もし宮﨑さんだったら強烈に自分の世界に引き込んだだろうし、高畑さんでも、やっぱり子供への善意からそうとう強い高畑色に持っていったでしょう。ところが大隅さんは、まったく違う独自の色を持っていて、僕はそれが良かったと思う。

大塚 作品全体がどことなく寂しい感じで、それが妙に魅力的でした。

――原作がそうなんですよ。牧歌的でありながら、どこか寂しい感じがする。でも、企画者であるズイヨー（瑞鷹）の高橋（茂人）社長としては、あれでもまだ不満だったんですよ。アニメ版は、ちょっと漫画的になり過ぎたと。ヤンソンさんのイラストのままいってほしいというけど、原作のままじゃ日本ではエンターテインメントとして成立しませんよと、テレビ局側に近い立場にある電通も、それから、大隅さん自身も言っていました。

大塚 大隅さんは人形劇での経験から、客に受ける勘どころをよーく知っているんですね。

――大塚さんが『ムーミン』で腕を振るわれたキャラクターは？

大塚 特に誰ということはないけど、原作の絵の持ち味を保たなきゃならないから、どのキャラクターもあまりリアルに動かすわけにはいかない。大隅さんも、「大塚さん、これは動かし過ぎちゃいけないよ」とよく言ってましたっけ。

――『ムーミン』は、3クール目（第27話目）以降、突如として虫プロの制作になったんですね。

大塚 ええ。ようするに高橋さんは、東京ムービーの作ったものが不満だった。北欧やヨーロッパにも売ろうと思っていたのに、こんなに日本的に作られちゃかなわんということで、絶えず僕らに文句を言っていたんです。結局、第3クール以降は制作会社のチェンジになってしまった。

――大塚さんのキャラクターデザインやあの有名な主題歌は東京ムービーとAプロが作ったものですが、途中でプロダクションが変わって、それらの意匠はどうなったんでしょう？

大塚 そこはね、映像化におけるすべての権利をズイヨーが持っていたので、高橋さんがどう料理しようと勝手だったんです。で、東京ムービーは、「もういいや」って作品ごとぶん投げちゃった。

――「居抜き」で店ごと渡しちゃったみたいな……（笑）。いずれにしても、日曜夜7時半、フジテレビの世界名作アニメ路線――いわゆる「カルピス枠」がここからスタートしたわけですから、『ムーミン』の功績は大きいと思います。

**大塚** 前にも言ったように、僕が東映をやめてどうするか、宮﨑さんや高畑さんはじっと見ていたんだそうです。そしたら、『ムーミン』がけっこう良くできているということで、「大塚さん、やればできるじゃない」と。で、僕は、「Aプロに来てよ」と二人を呼んだわけです。

――ちなみに、大塚さんが超ロングラン番組の『巨人の星』に関わられた時期は、パイロット版『ルパン』や『ムーミン』などの間の、どのへんに当たりますか？

**大塚** 特にどの時期ということではなく、それらと並行してやっていました。原画というほどの分量ではなく、暇なときに何本か部分的に手伝ったのは、それこそカット単位です。ノー・クレジットでね。

――『巨人の星』をつぶさに観ていると、スポーツ新聞記者などの脇役で、ハンチングをかぶった大塚さん似のキャラクターがときどき出てきますよ（笑）。

**大塚** スタッフの誰かが、いたずらで描いたんでしょうねぇ（笑）。そういうことはアニメではよくありますから。

――オープニング主題歌「行け行け飛雄馬」のタイトルバック作画は、大塚さんが手がけられたんだそうですね。

**大塚** ええ。東映にまだ片足が残っているころ、楠部さんを手伝う形でやりました。楠部さんのコンテに従ってね。

――虹に向かって駈けていく飛雄馬の走りが妙にギクシャクしていたり、動きがいつもの大塚さんっぽくないですね。

**大塚** 原画はたしかに僕が描いたけど、動画は別の人だったのかもしれない。それに、ひょっとすると楠部さんの直しが入ったんですかねぇ……。いずれにせよ、ああいう劇画的な絵柄はやりにくかったですね。だからあの作品では、僕みたいな古株じゃなくて、荒木（伸吾）さんとか、劇画調を得意とする若い人がどんどん前に出てきましたよね。楠部さん自身もリアルな画風の人ですから、向いていたんでしょう。

――『ムーミン』の次が、『天才バカボン』ですね。

**大塚** バカボンとパパが雪山にスキーに行く話をやりました（『スキーがなくてもヤッホーなのだ』、前述）。あの回は、パイロット版兼制作第1話なんですよ。

――ああ、どうりで、キャラの顔が他の回とかなり違うと思いました。

**大塚** そうでしたか？　あまり覚えていませんが。

――『バカボン』全体に見られる、赤塚不二夫さんの原作とはまた違った、あのシンプルなキャラクターの顔立ちは、どなたのものなんでしょうか。

**大塚** 芝山さんです。

――脇のキャラクターの目が寄り目がちなあたり、ちょっと大塚さん的な遺伝子をも感じますが……。

**大塚** うーん、僕の影響がなかったとは言い切れませんが、あれはやっぱり芝山さん独特のものでしょうね。芝山さんは非常に整理された絵を描く人で、その個性が作品内容にマッチしていたと思います。

――そうですね。とてもすっきりした、いい感じで。

**大塚** 『バカボン』や『ど根性ガエル』には、その整理されたいい面が出ていますよ。『ど根性ガエル』なんか、原作よりはるかに絵がスマートでしょう。芝山さんは、もともと浅草の人なんです。だから、いかにも江戸っ子が作ったというスマートさがあるんですね。

## 重要作『パンダコパンダ』

――次がいよいよ『ルパン三世』旧シリーズになるわけですが、これはのちの映画版も入れるとかなり長い話になりますので、次章でまとめておたずねします。で、'72、'73年には大切な作品が登場する。劇場用中編『パンダコパンダ』、『パンダコパンダ　雨ふりサーカスの巻』の2部作です。

**大塚** 2作とも、楽しい作品でしたね。

――封切り時にゴジラを観に行って、その併映で、失礼ながら偶然拝見しているんですが（笑）、すごく面白くて、どのシーンもくっきり覚えていました。ずっとのちに、大塚、高畑、宮﨑、小田部の豪華メンバーによる佳作ということでアニメ誌などで話題になりましたが、考えてみれば、スタッフのみなさんはすでにこのとき、おのおのの後年の仕事につながるいい「種」を蒔いておられるんですね。

**大塚**　そう。オーバーでなく、その後のジブリまで続くラインの、一つのベースですからね。『アルプスの少女ハイジ』などにもかなり影響していますし。

――制作当時のことをおうかがいできますか。

**大塚**　当時、田中角栄首相が中国へ行って、日中国交回復のおみやげにカンカン、ランランというパンダをもらってきた。日本中がパンダブームになって、上野動物園は超満員。それにあやかる企画として、東京ムービーで短いものを作ろうということで、急きょやったんです。当時の力関係で、いちおう僕が作画監督になっていますが、実質的にキャラクターや作品世界を作ったのは、宮﨑さん、高畑さん、小田部さんの3人です。動きについては僕が全カット見て手を入れましたけど、このころから、あの人たちに日が当たり始めたというか、評価され始めた。もちろんその前に『太陽の王子』などがあったわけですが、高畑さんも世間ではまだそれほど知られていなくて、この『パンダコパンダ』で本当にずっしりした評価ができた……そういう感じがしましたね。内容的には軽いものだけど、非常にオリジナリティーが高い作品だと思います。

――同時期に東映もパンダのアニメ映画（『パンダの大冒険』、'73年）を作っているくらいですから、企画自体はキワ物的なんでしょうけど、そういうことを感じさせないほどオーソドックスに、キチンとできていますね。

**大塚**　短い期間で作ったけど、2本とも、やっていて非常に面白かった覚えがあります。

――作画監督は大塚さんと小田部さんですが、キャラクターデザインのベースになっているのは、どなたの画風でしょうか。

**大塚**　宮﨑さんです。僕は、もっぱら動かすほう。そういう意味では、作画監督として僕もかなり働いたけれども、ベースになるパパンダとコパンダ、ミミちゃんのキャラクター設計は、すべて宮崎さんがやった。

―― 『パンダコパンダ』のベースとして、『長くつ下のピッピ』という企画があったことはよく知られていますよね。

**大塚** ええ。北欧の童話をアニメ化しようということで、東京ムービーが原作者のリンドグレーンと交渉していたんですが、なかなか映像化権がおりない。でもまあ準備だけはしようというので、宮崎さんが生まれて初めての海外旅行でスウェーデンに行きまして。『ピッピ』の背景となる世界とは、どんな家で、どんな部屋で、どんな風景なのかをつぶさに調べてきた。企画自体は流れてしまったけど、そのときの財産がドバッと残っていたんです。それだけで本が何冊も作れるぐらいの分量の絵を、宮崎さんは描いてきた。

―― 写真ではなく、絵ですか？

**大塚** ええ。彼はね、カメラを使わない人なんですよ。全部、自分の目で見て描く。カメラで撮っちゃうと本当のものが見えなくなると言うんです。「帰ってから写真で見ればいいや」という気分になってまともに対象と向き合えないというので、時間はかかるけど、全部自分で描くんですね。

―― 大塚さんのカメラ好きと正反対ですね。

**大塚** そうなんですよ（笑）。とにかく、そのときの膨大なスケッチをもとにピッピのキャラクターを作り上げ、それが『パンダコパンダ』での、ピッピよりちょっと歳下のミミちゃんというお下げ髪の女の子になったんです。それと、あのパパンダの造形は、どう見てもトトロの原型でしょ。宮崎さんは、ずっと前から温めていたダンゴみたいな、ぬいぐるみみたいなキャラクターを、ここで初めて使ってみたわけです。で、お話のほうは、主に高畑さんがまとめました。

　実は、高畑さんも宮崎さんも、ちょうどそのころ自分の子供がまだ小さかったので、自分の子供に観せたいという気持ちで作ったんだそうです。子供を観察していると、走ったり、はね回ったり、実に面白いでしょ。作り手の私生活での経験が作品に反映したというのかなぁ。随所にそういう要素があると思いますね。

―― 第1作で、猛犬がコパンダに吠えかかるでしょう。あそこの絵なんかは大塚さんっぽいですね。

大塚　そうね。ちょっと凶暴な犬で。それから2作目の、サーカスでコパンダとミミ子が大きな虎と対面するシーン。暗い檻の中から、虎がヌッと出てくる――ああいうのは僕の感じですね。反対に、ごく日常的な、ミミ子が買い物をしたり、おばあちゃんに手紙を書いているところなんかは、宮崎・小田部チーム。ようするに、『太陽の王子』で僕らが培ってきたアンサンブル――原画マンの個性を生かすというやりかたが、この作品で理想的なくらいに効果を上げていると言えるでしょう。高畑さんは、この2部作でふたたびそれを実証してみせたわけです。

――　忘れられないのが、1作目の最初に出てくる駅の風情なんです。ホームの片側が緑の勾配になっていて、ミミ子とおばあちゃんが、改札口から階段でホームにおりてくる。屋根のない、さんさんと陽の当たっている小さな駅に、2両ぽっちの電車がのどかに入ってくる……。ヨーロッパの田舎あたりにはああいう牧歌的な駅があるのかもしれませんが、日本にはあんな駅はどこにもないだろうと思うんです。

大塚　でも、あれはまちがいなく日本ですよ。

――　たしかに、駅の名は「北秋津《きたあきつ》」となっていました。理想の駅を描きながらも、実際の西武線の駅にちなんだ名[注10]をつけるという、なかなか野心的なことをなさっている。

大塚　野心的というより、宮崎さんの頭の中で、ポッと自然に思いついたんでしょうね。『カリオストロ』のときも、最後に出てくるパトカーが「埼玉県警」だったでしょ。あれも、宮崎さん自身が埼玉県民だから。特に理屈をつけなくても、自分が知っているところでいいんだということでしょう。実際の秋津駅は、あれにちっとも似ていませんけどね。

――　今はどこの駅も、やれ高架だ駅ビル化だと機能一点ばりでまるで風情がないので、あんな素敵な駅があったらいいのになあと、観るたびに思うんですよ。

大塚　ほんとにねぇ。あの駅、とてもいいですよね。

――　長崎に行かないとゴネるおばあちゃんを、ミミ子が電車に押し込む。普通ならその間に自動ドアが閉まっちゃうんでしょうけど、二人のすぐ近くで車掌さんが待っていてくれて、ニコッと笑う。すごく人間的なあったかさがありますね。

**大塚**　ああいう空間のイメージの作りかたは、僕らの世代に共通しているお芝居、新劇の舞台の世界なんですよ。どういうことかと言うと、アニメで芝居を作るときに、演出家は、原作漫画のページを参考にして空間を切り取ることもあるだろうし、舞台や実写の映画から引用することもある。限られた空間、切り取られた空間で何かを表現するにあたって、僕らは、それまで接してきたいろんな娯楽や芸術から影響を受けるわけです。

──演劇でいうと、あの駅のシーンは、「第1幕・第1場」に当たるわけですね。で、そのあとミミちゃんが町で買いものをして、竹林の中をスキップで家に帰ってくる──そういう空間の変化が、いきいきしていました。

**大塚**　あの家そのものが不思議でしょ。竹林の中にポツンと建っている。今、あんな家はめったにないですよね。あれもきっと、宮﨑さんが昭和30年代の日本を旅して得たイメージなんでしょうね。

──店のおじさんがミミ子の一人暮らしを心配すると、「平気よ。お化けが出たら、ボイン、ターッとやっつけて子分にしちゃうもん！」と元気に答えて、棒つきキャンデーをもらう──あの子はほんとにいいですね。

**大塚**　素敵ですよ。今となってはちょっと牧歌的過ぎる気もしますけど。時代が変わったから、今や、ああいう少女像は夢のようなものですね。

──作画の上で、何か思い出はありますか。

**大塚**　いろいろあるけど、傑出したアニメーターが出てきたなと思いましたね。のちにジブリで活躍する近藤（喜文）さん。それまでにもAプロ作品で原画を描いていましたが、『パンダコパンダ』の1作目でなわ跳びのシーンを担当させたらすごく上手で、この作品ではずいぶん腕を振るってもらった。……あのね、僕らは1本の映画を作るとき、映画が完成するのもむろんうれしいけど、才能のある新人が出てくるのが何よりもうれしいんですよ。そういう人が出てくると、心から「いらっしゃい」という気分になる。『パンダコパンダ』での近藤さんの活躍は、そのくらい印象的でしたね。

## 美意識の問題

――次は『侍ジャイアンツ』ですが、実はこの原作漫画の絵柄は、子供ごころにちょっと苦手だったんですが、テレビアニメ版では、大塚さんがキャラクターをすっかり作り替えられているでしょう。のびのびと軽快な、ギャグアニメふうの絵になっているので、「あ、これはもう別モノに化けちゃってるな」という感じがすごくありました。

**大塚** たしかに、原作とはそうとう違います。原作があって、その上で僕らがアニメ化する際に絵柄を変更を施すことについては、一つの研究テーマになり得ると思うんですよ。『ルパン三世』には、その変更の良し悪しが一番はっきり出ているでしょう。いろんな人がルパンをアニメ化していて、その差がくっきり表れますからね。

――『侍ジャイアンツ』では、トラブルがあって、大塚さんはシリーズ途中で降りてしまわれたんでしょう?

**大塚** 演出の長浜（忠夫）さんとケンカしましてね。ある回で川上監督と主人公の番場蛮が話すシーンがあるんですが、画面上で二人が向き合って、手を重ね合い、「蛮よ、お前もまこと、侍よのう」「さすがはおっさんだぜ」みたいなことを言わせろと。僕はそのコンテを見て、「日本人はこういうキザなセリフを面と向き合って言うでしょうか?」と長浜さんに聞いた。で、「こうしたらどうでしょう」と提案したんです。二人が、じっとお互いの目を見ただけで、スーッと離れていく。雨が降っていて、傘の中で遠ざかる蛮を見ながら、「お前もまこと、侍よのう」と川上のモノローグが入る。で、川上の姿がだんだん小さくなると、去っていく蛮が、「さすがはおっさんだぜ」とつぶやく。それも、聞こえない位置でね。そんなふうに提案したら、「大塚さん、それじゃあダメだ。あんたは大衆芸術ってもんをわかってないわ」と一蹴《いっしゅう》された。

――ずいぶん辛辣ですね（笑）。

**大塚** で、「そんなの描けません。いや、どんな表情を描いていいかわからない」「二人とも真顔でセリフを言い合えばいいじゃないか。簡単だよ」。僕は賛成できなかった。自分の美意識からすれば、どうしても妥協できなくてね。「そんなの描けない」「じゃ、描かなくていいよ」と売り言葉に買い言葉で、とうとう途中で放棄しちゃったんです。

――全46話のうち、どのあたりで決裂したんですか？

**大塚** 10話目ぐらいかな。[注11] ただ、職責上、キャラクターだけは全話ぶん作らなきゃならない。毎回いろんな野球選手が出てくるから、実在の選手の写真を取り寄せて、その似顔を描いたりはした。作品のレールはすでに敷かれているから、スタッフはどんどん作業を進めていましたね。

――では、そのトラブル以降は、あまり絵を直さなかったんですか。

**大塚** ええ。でも、シリーズ全体としては、わりとよくできていますよね。原動画陣がしっかりしていましたから。

## 『ハイジ』と『三千里』のこと

――Aプロで『侍ジャイアンツ』をおやりになっているころ、ズイヨーに移った高畑さんと宮﨑さんは、小田部さんと一緒に『アルプスの少女ハイジ』をスタートさせているんですね。

**大塚** そう。しかも皮肉なことに、『ハイジ』は『侍』の裏番組だったんですよ。『ハイジ』はもちろん高畑さんの演出作品ですが、前にも言ったとおり、宮﨑さんがレイアウトや画面設定を全話ぶんやっているので、作品のキーになるところをかなり握っていたわけです。

――『ハイジ』は、オープニングのタイトルバックからして、すでに非凡でした。まず、アルプスの山々の壮麗な風景が映る。ハイジがブランコにのってヒューッとおりて来ると、背景の村がワーッとせり上がってくる。また揺り戻って「引き」の絵になると、今度はバックが全部青空になってしまう。

**大塚** ブランコのひもが、ものすごく長いでしょ。空を飛んでいるというか、空中からひもがおりてきている感じですね。

――空中でハイジの足に小鳥が群れて、ハイジがポンと雲に乗る。ブランコという日常的なものが、非日常的な、

「一つ超えた空間」に飛躍してしまう……。

**大塚**　そうそう。そういう、「境界線上」の作りかたが実にうまいですよねぇ。僕も観ていて、感心しました。あれが誰のアイディアなのか、今となってはわかりませんが、たぶん宮崎さんじゃないでしょうか。ただね、『ハイジ』全体に関しては、高畑さんのエネルギーと演出の方向性が非常にはっきり出ていると言えますね。つまり、テレビアニメという枠の中で、ああいう、清冽なくらいきれいなイメージの世界を打ち立てたということ。当時すでにテレビアニメは、だんだんえげつなくなってきていましたから。ドバーッとか、グチャッとか、ベチャッとか、ロボットプロレス的な世界になっていた。その中にあの作品がポツンと出てきて、しかも大ヒットしたことの意義はとても大きいと思いますよ。

今のアメリカ映画なんかもそうだけど、いつの時代もやっぱり派手なものほど受けるし、ケレン味があって異様な世界のほうが刺激が強くて有利でしょう。そういう状況下に、『ハイジ』のような清冽な世界をそのまま持ち込むのは、たいへんな冒険です。一見刺激が少ないから、中には不満を感じる視聴者もいるでしょう。それをあえてやるということは、お客さん側が想像する以上に厳しく、困難なことなんですよ。

――ですが、『ハイジ』には、そういうハンディを打ち破るような演出力があって、ぐいぐいと引っぱり込まれますよね。

**大塚**　ええ。ただ……どうなんでしょう。今の若い人が観たら、ひょっとすると不満に感じるのかな？

――それは観る人にもよると思いますが、私の知り合いの若い人が最近ＤＶＤで初めて観て、「恐るべき作品だ」と言っていましたよ。それまで観逃していて、たまたま観たら、「すご過ぎる、高畑さんの最高傑作だ」と感激していました。

**大塚**　若さの奔流というのか、人間のある時期、エネルギーが最も充満したときに、そういうものができるということでしょうね。その後、ちょっと惰性になったり、体力が落ちてくると、作品から活気が目減りしていくということは、どんな作家にもありうることです。完成度の面ではどんどん高くなっていったとしてもね。

――同じ高畑作品でも、『ハイジ』には、『ホルス』に比べて肩の凝らないムードがあって、のんびりリラックスして観られるのが魅力です。大塚さんは、『ハイジ』には関わられていないんですか？

大塚　スケジュールがきついからほんのちょっと手伝ってほしいと頼まれて、自宅で部分的に原画を描いたことはあります。カット単位で、それも数カット手伝った程度ですから、僕の仕事歴には入りませんね。

――そのあとの、『母をたずねて三千里』は……。

大塚　第1話をほんのちょっと手伝っただけ。これも、『ハイジ』に続いて高畑さんらしいリアリズムがよく出た作品だと思いますが。

――リアリズムといえば、『三千里』で、大きな飛行船が広場におりてくるというエピソードがありました（第12話、『ひこう船のとぶ日』）。見物人が大勢集まるから一稼ぎしようと、マルコと友だちが、アイスクリーム屋を開こうと古いアイスクリーム製造機を借りてくる。ハンドルと歯車のついた木樽の中に、ミルクと氷を入れてぐるぐる回すんですが、それがいちいちリアルで。異国の、しかも大昔のそういう機械をちゃんと描くなんて、さぞ手間がかかるだろうなあと感心しました。

大塚　あの作品で高畑さんは、イタリアはもちろん、南米にまでロケハンに行っていますからね。博物館とかでいろんなものを見て、作品に使えそうなものをたくさんインプットしてきたんでしょう。高畑作品には、ちゃんと調べたというリアリティーが常にあるから、その点で異を唱える人はほとんどいないと思いますね。

## 不完全燃焼だった初演出作『テングリ』

――Aプロでのお仕事に話を戻しまして……『侍ジャイアンツ』の次が、『ガンバの冒険』。

大塚　ときどき原画を手伝ったくらいですが、これは面白い企画でしたね。

――そのあと、Aプロからシンエイ動画に社名が変わり、’77年の短編映画『草原の子テングリ』で、初めて演出をなさっていますね。最近、宮﨑さんの特集上映ではじめて拝見したんですが、特に大塚さん的でも宮﨑さん

大塚　的でもなくて、あんまり印象に残らなかったんです。あれだけのスタッフで作っていて、なぜなのかなあと。あまりいいわけはしたくないんですが、あれは、桜映画社という会社が手塚治虫さんの原作で作ってくれとシンエイに依頼してきたものなんです。雪印乳業が工場見学の子供たちに観せるための、一種のPR映画としてね。おそらく手塚さんは、忙しいご本業の片手間にキャラクターとストーリーをお作りになったんだろうと思う。で、設定書を見たら、ちょっとそのままでは映画にならないんですね。舞台はただの草原で、地形的にアップダウンの変化もないし、どうもまともに面白い映画を作ろうという気のない原案に思えました。で、ラストはチーズの製法を発見してテングリは西のほうに行った、だからチーズは蒙古高原から西洋に伝わった、というふうになっている。ところが、あらためて調べてみたら、史実はそうでもないんですよ。アフリカでも、蒙古でも、あるいはアメリカのインディアンもチーズを作っていた。牛の乳を腐らせて加工すればああいう食べ物ができるということは、人類があちこちで発見している。それなのに、チーズは蒙古から西洋に伝わったという解釈をもし雪印乳業が主張したら、情報として偏るでしょう。僕はまず、そこをあいまいにしたいと思った。

――たしかに、史実的要素を織り込むというタイプの演出手法ではなかったですね。

大塚　正確でない情報をインプットをすると、子供たちは、「チーズは蒙古でできたんだよね」と信じちゃう。そういうことの真偽は記録映画か何かがやればいいんで、このアニメでは少年と牛の愛情だけを描けばいい。ところが、作画のスケジュールうんぬん以前に、その解釈の変更に費やした時間が長過ぎたんですよ。映画会社は、「とにかく手塚先生が設定されたとおりにやってくれ」。僕は、「そうはできません」。いかに手塚さんといえども誤りは誤りだと言ってすったもんだしたんですが、ちょっと消耗し切るぐらい相手が手塚信仰の強い人だった。で、最後は、かなりこちらが妥協して作ったんです。

――カルスト台地みたいな所で、巨岩を次々に倒して悪人を追い詰めるシーンがアニメーション的には見せ場でしたね。

**大塚**　そうそう。悪い坊さんが出てきてね。あれは実は原案にはなくて、僕が作った設定なんです。もともとは村長が悪役だったんだけど、流れ者の坊さんのほうを悪役にした。村へやって来て、黄金の牛を捕まえれば金になるからとみんなを煽動する役回り。今観ると、『ホルス』のドラーゴの影響ですね（笑）。あのカルスト台地みたいなのは、僕の故郷に近い、山口県の秋吉台のイメージ。で、その下に洞窟があって、洞窟を出たら湖。そんなものが蒙古にあるかどうかわからないけど（笑）。……いや、いくら蒙古だって、全部が全部草原じゃないと思う。洞窟も、湖も、森も、きっとあるでしょう。手塚さんはストーリーの作成だけでそういう設定まではなさらなかったから、僕らがどんどん付け加えたんです。

――　いずれにしても、大塚さんの演出作品としては、その後、'81年のテレビスペシャル『東海道四谷怪談』のほうが、演出的精度が高くて面白かったように思います。

**大塚**　いや、実はね、『テングリ』も『四谷怪談』も、僕としては不完全燃焼なんですよ。『四谷怪談』は一龍斎貞《いちりゅうさいてい》水《すい》さんの講談の実写が主体で、アニメ映像がそれをアシストする形でしたから。アニメーションを作る側としては、原作に対する貞水さんの解釈を超えるわけにはいかないでしょう？

――　それはそうですが、でも、アニメーションの部分は充分に面白かったですよ。貞水さんの実写がなければ本当に成り立たないのかなあ、と頭の中で「引き算」しながら観ていたんですが、アニメの部分はよく出来ていたと思いますよ。

**大塚**　貞水さんの口演に絵をつけるというより、逆に、貞水さんのほうを声優にしちゃってる感じでしょう？

――　ええ。それがうまくいっていました。アニメ映像のバックに講談が流れているんじゃなくて、ボイス・キャストの一人として貞水さんの声を取り込んじゃっている。貞水さんの熱演は、鬼気迫る激しい場面では特に効果的でした。

**大塚**　講談の世界とアニメーションを一緒にやったら、どうしてもああなるでしょうね。演技の持つ力は大きいですから。

## 時代劇、西部劇、戦争映画

――『四谷怪談』のラストで、伊右衛門が雪の中で狂乱して刀を振り回しているのを、フィックスのロングショットで、ポツンと撮っているのがいいですね。終わりかたとして、何かこう、映画的な格調があって。

大塚　あれはようするに、「人間なんてちっぽけなものだよ」ということです。昔、西部劇で『大いなる西部』（'58年）というのがあったでしょう。あの映画で、二人の男が殴り合いの大げんかをするんですよ。

――グレゴリー・ペックとチャールトン・ヘストン。映画史上有名なシーンですね。

大塚　そうそう。普通なら格闘の迫力を出すために、カメラが二人に寄っていくでしょう。場合によっては、げんこつのアップまでいく。ところがあの映画では、逆にどんどん引いていって、ついには平原の彼方で二人が夢中で戦っているのを小さく見せるんですよ。「この大自然に比べれば、人間同士の争いなんていかにちっぽけなものか」と思わせる演出。そういうもののインプットを僕が受けていたんでしょうね。伊右衛門というのは、欲の深い、哀れな、ちっぽけな存在なんだと。でも、あの演出には異論もあったんですよ。ラストはやっぱり血がドバッとあふれて、迫力のアップでいくべきだと。「いや、そうじゃない。ここは彼をちっぽけな人間として扱うことで、かえってメッセージ性が出るんだ」とがんばりました。

つまりね、鶴屋南北の原作に出てくるのは、誰もかれもみんな悪人なんですよ。伊右衛門なんか、もう最低の人間で。で、お岩にしてみれば、夫に毒を盛られて殺されて美女と再婚されたなんていうのは、女として恨み骨髄じゃないですか。けれどもあの時代では、化けて出るくらいしか抵抗のしようがなかった。そういう女の情念を描いて見せたことで、江戸時代、女性に大変な人気だったそうです。だから、そういう精神的なファクターを抜きさって、恐ろしい仕掛けだけで観せる『四谷怪談』にはしたくなかった……。映画を作るときには、表側の現象だけで描くわけにいかないでしょう。根っこからちゃんと調べて、作り手側が一種のメッセージを持っているべきです。ただ、難しいのは、そのメッセージが生に表に出ちゃうと、とたんに作品がつまらなくなる。僕はよく言うんだけど、公園で「この木を切るな」という札を木に打ちつけるようなものでしょ(笑)。それは木自体を傷つけることですからね。それと同じことをアニメーションでやっちゃいけない。そこは折り目正しくすべきだというのが持論なんですよ。

——いつの時代にも変わらない、エンターテインメントの本質を突くお言葉だと思います。そういう意味でも、変に押し付けがましくないあのラストは良かった。また、バックが一面の雪景色だからいいんですね。絵になるというか。

**大塚**　『四谷怪談』といえばむろん真夏だけど、僕の勝手なイメージで、ラストだけ冬にしちゃった(笑)。それにしても、あそこは友永さんに原画をやってもらったんですが、その表現力には感心しましたね。着物の前がはだけて、力なく刀を振り回す感じが抜群でした。

——狂乱した男が刀を振り回すラストといえば、東映時代劇の『十三人の刺客』('63年)もそうでしたね。田んぼの真ん中で、泥水まみれの狂った侍が、ひとり暴れ回っていて……。

**大塚**　ああ、観ました、観ました。あれ、よく出来ていましたねぇ。変な迷路みたいな町を作って、相手の一行を待ち伏せてやっつける話ね。池宮彰一郎さんでしたっけ(脚本：池上金男＝池宮氏のペンネーム)。でも、僕が影響を受けたとすれば、あの作品じゃなくて、やっぱり『大いなる西部』(ウィリアム・ワイラー監督)のほうですね。大ロングの大自然の中でキャラクターを小さく扱うというラストは、他にもいろいろ例があるでしょう。ジョン・フォード監督の『荒野の決闘』('46年)とか。

——前にも『ヴェラクルス』の話が出ましたが、大塚さんは西部劇がお好きなんですね。

**大塚**　そうでもないけど、エンターテインメントの世界では、戦後すぐから1970年代ぐらいまでは、西部劇と恋愛ものと戦争ものがずーっと主流でしたからね。そのあと、アメリカ映画がＳＦに着目して、一気にＳＦ的になっちゃいましたが。

——戦争ものと言えば、1950年代のドイツ映画に『08／15』というシリーズ[注12]('54～'55年)があったそうですが、

**大塚**　ご存じですか？

――　ええ。シリーズで3本ぐらいあるんだけど、全部観ました。なかなか面白かったですよ。

**大塚**　なぜこの話をしたかというと、無機質な機銃の型式ナンバーが題名になっているなんて映画史上でも珍しいわけで、大塚さんのご趣味からいって、きっとご覧になっているだろうなと（笑）。

――　たしか、優秀と言われたナチス軍隊のばかばかしさを描こうとした、ちょっと屈折した作品だったような覚えがあります。ドイツも日本も同じ敗戦国でしょ。当時、戦争映画の中でアイデンティティーを発揮するにあたって、あの戦争は正しかったとはとても言えない。かといって、もろに反省するのも悔しいし、みんな、ちょっとひねくれた戦争映画を作っているんですね。日本映画でも、ほら、中国戦線で変なやくざみたいな軍隊が活躍する……。

**大塚**　岡本喜八監督の『独立愚連隊』（'59年）ですか？

――　そう。あれが好きなんです。なんかもう、開き直って作ってるんですよねぇ（笑）。

**大塚**　でも、どこかに翳《かげ》があるんですね。屈折しているくせに、妙に陽気で……。

――　少しゆがんだ形で戦争というものをとらえようとしている。反対に、勝った側はいい気なもので、アメリカなんか、自分たちの正しかったことが通ったわけだから大喜び。作る映画にもそれがよく表れていますよね。

## かっこよさと思想

**大塚**　話がちょっとアニメからそれますが、その岡本監督は、ショートリコイルやブローバックといった拳銃の機構について、当時の日本映画界で唯一理解している監督だったという説もあるんです。アメ横の中田商店でモデルガンを買ったり、そういう趣味をお持ちだったらしい。別に、モデルガン好きだから人道的じゃないということじゃなくて、メカニズムとしてそういうものに興味を持つ人がいても不思議はないと思うんですが。

――　ええ。かくいう僕も、そういうのはやっぱり面白いと思うんですよ。というのはね、第2次大戦でドイツ軍は悪者だったけど、戦車の模型で人気があるのは、今も昔もやっぱりタイガーでしょう。タイガーやパンサーにみんな凝ってる。ドイツが良かった悪かったじゃないんですね。タイガーやパンサーがどのくらい強く、恐ろしい戦車だったか……『スター・ウォーズ』('77年)のダース・ベイダーみたいなものですよ。

――いわば、悪役の華？

大塚　そう。どんなにいいヤツでも、広く大衆の心を掴むという点においては、かっこ悪くてはダメなんです。その点、ナチスというのはずいぶん計算高いヤツがいるなと思うんですよ。ヘルメットとか、記章とか、軍装とか、いちいちかっこいいでしょう。

――キューベルワーゲンとか、シュビムワーゲンという有名なジープがありますが、水陸両用のシュビムの造形なんてユニークですよね。

大塚　すごいですよ。もう、ほんとに面白い。ドイツ的なデザインって、ちょっと堅くて、本来僕の趣味ではないんですが、それはさておき、やっぱりああいう造形的な面白さからまず入っていきますから。そういう感覚は、アニメーションの世界と決して無縁ではないはずです。若者の心をとらえるかっこよさ……と同時に、機能美がある。特に軍隊なんかは、かっこ悪いといけません。中国兵が鍋や釜をしょって歩いてるとか、日本軍がゲートル巻いて足が短いとか、かっこ悪くて見る気がしないですよ（笑）。ドイツ軍的なかっこ良さというのは、さかのぼればローマ時代からあると思う。甲冑とか、軍装そのものがかっこいい。全ヨーロッパを支配したというのもうなずけますよ。

――では、ギリシャ時代はどうですか？

大塚　ちょっとかっこ悪いですねぇ。がっちりした盾や槍の軍装が、何か異様で。ローマのほうがずっと洗練されていますよ。そのころのゲルマンとかイングランドなんて、ほんと、みすぼらしい軍隊ですからね（笑）。そこへローマがやってきて、道路を作り、水道を作り、町を作った。それがいまだに人類の遺産になっているでしょう。

――今でもイタリアは、ファッションやクルマの造形美とかでは素晴らしいですからね。ドイツにしても、戦車からクルマに行って、ポルシェ博士がフォルクスワーゲン・ビートルを作ったとか、全部、脈々とつながっていますから。

**大塚** 近代の、そういう造形美学の根本には、西ヨーロッパのデザイン・センスが確実にある。かっこいいものの中に、実は、イデオロギーが入っているんですよ。

――どういうことですか？

**大塚** つまり、ルネッサンスあたりに生まれたと言われる人間の自由や個人を尊重する主義とかいうものは、実はローマ時代にもあったんですよ。リーダーを投票で選ぶとか、一種の自由意思尊重があったわけです。有名なローマの共同浴場にはみんなが入浴できた、とか。

**大塚** そうそう。そうした自由主義的な土壌の中から、のちにヒットラーみたいな危険な人物が出てきたりもしたけど、あれも、いちおう最初は選挙で出てきたんですね。それがだんだん反対勢力を裏でぶっ殺すようになり、独裁者になって、民族全体を悪いほうへ引っぱってしまった。日本にはあんな独裁者はいなかったけど、ある時期、軍隊や国家があらゆる自由の声を圧殺して、今日まで来たわけでしょう。もし、みんなにもっと自由にしゃべらせていたら、この国も何から何まで変わっていただろうと思いますよ。

――そういうイデオロギー的なことと、さっきおっしゃった造形美との関係について、どうお考えですか。

**大塚** 自由な社会では自由な意見が出てくるし、自由なファッションが出てくる。だから、一見混乱したように見えるけど、最後の最後には「その他大勢」の大衆が決断を下すわけです。ちょっと楽観的かもしれませんけど、自由にやらせていれば、多少は異端が残る。異端を残すこと、つまり、全部を圧殺しないことで、かえって自由は保障される――そんなふうに考えています。だから、変な造形があってもいい。世の中には、極端に変なものも存在しなきゃいけない……。ただ、ことアニメーション作りにおいては、僕らはお行儀のいい東映式にのっとり、善男善女をメインにして、心底悪いやつは出さずに人間のいい面だけを描こうと考えています。そのほうが教育的にいいと思っているけど、そうじゃないものも残しておいていい、それを殺しちゃいけないという気持ちもいっぽうにあるんですよ。

――なるほど。

**大塚** それとね、これは僕個人の考えかたなんですが、機械文明というものには、必ず後ろにイデオロギーがくっついていて、善用も悪用もできるんです。そのどっちもあるんだけど、僕は善く使えるほうを選びたいと思う。だから、いろんな傾向のアニメーションがあって――高畑的なものもあるし、押井（守）的なものもあるし、もっと極端なものもあるかもしれないけど――すべてがいったん共存した中で、最後の最後にそれを選ぶのはお客さん、つまり大衆でなきゃいけないと思っているんです。みんなおのおの、「オレのほうが絶対にいいんだ」と思っているに違いないけど、他者の存在を許すことは非常に大事で、それが、世論によって圧殺されるようなやりかたは良くないですよね。

――今のわが国のアニメーションは、セックスとバイオレンスにすっかり毒されているという意見をよく耳にします。たしかに、かつてと比べて「童心」のようなものが大きく欠落してしまっていると思うんですが、それは、世の中自体の変化ということもあるでしょうし、日本のアニメが、いわゆる「児童向けメディア」に収まり切らなくなったことを意味してもいるわけで。にもかかわらず、依然として児童文化の一端を担っていることは間違いないし……本当に一口で語りにくい、特異なアートなんだなあ、と考え込んでしまいますね。

**大塚** 純粋で潔癖な考えかたをするならば、今のアニメ界の傾向について批判も出るのは当然でしょう。ただね、たとえばインターネットのサイトのアクセスで、日本に限らず、世界中で最大なのはポルノでしょう。1日のヒット数が35万件とか、信じられないくらいに多い。普通の人間がベーシックに見たいと思っている、あるいはエンジョイしたいと思っているのは、やはりセックスのような根元的なものなんですよ。それに全部蓋をしちゃって世の中が健全になるかといったら、ならないでしょう？

――ええ、おそらくは。

**大塚**　そういう意味で、今のアニメーションは「児童向きメディア」からはとうにはみ出し、細分化しきっていて、そこにはたしかにいろいろな行き過ぎもある。で、今後どうなるかというと、おそらく、いったん変なところに走ってみて、「やっぱりダメだ」と引き返してくる……そういう歴史の堆積になるんじゃないでしょうか。

## ＭＡＸ模型時代

――ところで、Ａプロ時代の後期に、アニメーターを廃業してプラモデルの企画者になろうかと思われたそうですね。大塚さんにもそういう時期があったと知ってびっくりしたんですが、そのときの心境をお話しいただけませんか。

**大塚**　いやぁ、アニメーターみたいにしんどい商売をやっていると、もっと楽な仕事はないかと常に思うわけですよ。ただし、単に楽なだけじゃダメで、楽な上に面白くなきゃいけない（笑）。で、考えてみれば、楽な上に面白いのはプラモ作りじゃないか、と。もともと、僕には好きなものがいっぱいありまして、むろんアニメも好きだけど、プラモデルやＳＬやクルマも大好き。参道狛犬《こまいぬ》も大好きです。そこに、プラモデル会社の企画部長をやるチャンスが出てきたものでね。

――どこのメーカーですか？

**大塚**　ＭＡＸ（マックス）というメーカー。「企画はすべて任せる、好きなトラックのプラモを作っていいよ」と言われて、ぐらぐらっと心が動いた（笑）。で、アニメーターのほうは廃業というより一時休止のつもりでした。「こうなったらどっちでもいいや、面白いほうの仕事をやろう」と。Ａプロを辞め、ちゃんと先方に入社して、1年間ほど働いたんです。'70年代の中ごろ。『侍ジャイアンツ』のあと、『コナン』の直前くらいのことです。

――大塚さんのフィルモグラフィーがちょっとあいている空白期ですね。そのプラモ会社はどこにあったんですか？

**大塚**　台東区の蔵前。今はもう、つぶれちゃってないですけど。そこで、好きなトラックのキットを作った。カナダ製のＣＭＰ（カナディアン・ミリタリー・パターン）とか、アメリカのダッヂ・シリーズとか、イギリスのベッドフォードＱＬトラックとか、日本ではマイナーな車種を選んで作った。ところが、これが当時は売れなくてねぇ。あとになって、世界的に有名なキットになったんですが。今でもすごいと言われているんですよ。

――すごいというのは、スケールモデルとしての精度が？

大塚　精度もですが、企画したアイテムそのものが。ふそうとか日野とかはやらずに、洋物のトラックばかり。熱心な年配のモデラーなら、覚えてくれてる人はたくさんいますよ。「大塚さんがやってたＭＡＸのもの、何であんなラインナップが突然出てきたんだろうと驚いたもんです」とね。プラモの世界では田宮模型というメーカーが有名だけど、僕は、全部が全部田宮じゃないだろう、変わったのがあってもいいと思っていたんです。

――いくらぐらいのキットだったんですか。

大塚　１０００円ぐらいかな。モーターはなくて、全部ディスプレイモデル。14個か15個くらい出したかな。で、ともかく入社してみたら、これがものすごく仕事の種類が多い。ようするに、昔ふうのオモチャ屋さんなんですよ。たった2、3人の会社だから、ふろしき包みでサンプル持って問屋を回り、何ケース買ってくれとかいう交渉までやらなきゃならない。あっちこっちの金型屋を値切って歩いたり、どんどん営業マン化していくんですよね（笑）。

――どこが「企画部長」なんでしょう（笑）。

大塚　これはダメだと思ってねぇ。社長が、「こんなに売れないんじゃ、もうやめようか」と言うから、「うん、やめよう」。「金型をどうする？」「僕が売ってきましょう」と、アメリカに金型を持って行ったんです。ペンシルバニアで、ピアレスという模型会社のゴールドバーグというユダヤ人に会って、売値の交渉をして、金型を全部売っぱらってしまった。で、ゴールドバーグは、すぐにエアフィックスというイギリスの会社にそれを転売した。

――えっ、あの有名なエアフィックス社ですか？

**大塚** そう。あそこが僕たちのキットを、世界的に、大々的に売り出したんです。エアフィックスでしばらく売ったあと、今度は、イタレリというイタリアの会社にまた転売された。今は、イタレリから出ていますけどね。

――いまだに出ているというのはすごいですね。

**大塚** 初版のMAX模型版は、レアで、今では高いみたいですよ。……まあ、そういう寄り道もしたんだけど、結局、アニメーションの道に戻ったわけです。この時期のことは、僕のキャリアの中でも、いわば秘史に属しますね(笑)。

## 『未来少年コナン』で宮﨑さんと再び組む

――Aプロ最後のお仕事が、ちばてつや原作の『おれは鉄兵』('77〜'78年)。これは原画や作画監督ではなくて、なぜかレイアウトなんですね。

**大塚** それも、ちょっと手伝ったくらい。MAX模型がすぐつぶれたので、古巣のAプロに帰ってきたわけです。Aプロ内部では僕の復帰に反対の声もあったらしいけど、楠部さんが「戻ってきてよ」と言ってくれてね。で、当面大きな仕事がないので『鉄兵』のレイアウトを手伝っていた。だから、仕事的には何の思い出もないんです。

――その仕事を中座する形で、日本アニメーション制作、NHK放映の『未来少年コナン』にかかるわけですが、当時大塚さんは40代の半ばを超えていらしたわけですね。

**大塚** もう50に近かったんです(正確には47歳)。

――「作画汗まみれ」では、もし『コナン』に入っていなければ、今ごろシンエイ動画(Aプロの新社名)の役員としてゴルフでもやっていたに違いない、宮﨑さんが人生の曲り角に立って、現役アニメーターとしてのラストチャンスのドアを開けてくれた――とお書きになっていますね。

**大塚** ええ。アニメの仕事に限らず、人生というもの自体がそうだと思うんですけど――人や企画との出会いかた次第で、その人の運命が決まっていくんですね。ジグザグに進んでいく人生の中で、「あれがなかったら、今どうなっていただろうか？」と思うことはいくつもある。「大塚さん、もういっぺん帰ってきてよ」という『コナン』での宮崎さんのコールがなかったら……あるいは、『ルパン』の劇場用とテレコムの育成を頼むという藤岡さんの誘いがなかったら……僕はやっぱりシンエイに残っていたと思うんですよ。あそこは安定路線で、その後も『ドラえもん』とか『クレヨンしんちゃん』とかヒットシリーズが多いでしょ。何を作ってもそこそこ当たるから、食うことは充分にできる。だけど、作画の上でわりとリアル指向の技術を持っている僕が、あらためて『ドラえもん』をリアルに描いてもしようがないでしょう。

――作監として腕の振るいようがないと？

**大塚**　まあ、そうです。宮崎さんが持ってきてくれた『コナン』、そののちにやることになった『カリオストロ』は、どちらも僕にとってぞんぶんに腕を振るえる素材だったんですよ。

――『コナン』を26本、今また『ホルス』的な密度を要求される中でやることに対して、体力的な自信はありましたか。

**大塚**　それはありました。相手が宮崎さんだから、僕がどうであっても彼がカバーするに決まっているから。一緒にやれば大丈夫という絶対的な信頼感を持っていたので、「わかった、行くよ」と。人生の岐路に立って、ほとんど躊躇はなかったですね。

――『コナン』に参加なさる前に、原作（アレグサンダー・ケイ「残された人びと」）はお読みになりましたか。

**大塚**　いちおう読んだけど、非常につまらなかった。でも、宮崎さんがきっと面白くするだろうと信じていました。

――大塚さんも宮崎さんも劇場用長編のご出身ですから、本道はあくまでも映画だとお考えだったかもしれません。けれども、『アルプスの少女ハイジ』を代表例として、26話とか52話という長人な時間の流れの中でしか描けないモチーフだってあるわけですよね。

**大塚**　そうなんです。2時間前後にすべてが集約される劇場用映画は、むろん非常に魅力的な器ですけど、『コナン』

のあの長いストーリーを綿々とやっていくなんて、26話もあるテレビシリーズでなきゃ絶対にできません。あれをいっぺんに観せられたら、観るほうもたまんないですよ（笑）。それとね、劇場用映画は、映画館に行って切符を買って、中へ入らなきゃならないけど、テレビは茶の間で簡単に観られるから観る層の幅が広いし、伝達力がものすごい。日本中の人がいっぺんに観てくれるなんて、すごいことですよ。それはいいんだけど、テレビアニメでは1本1本の予算が少ないから、クオリティーの高いものはできにくいという事実を、僕は百も承知でした。反面、テレビアニメ界を覆っている省セルアニメの技術でも、日本の視聴者相手には充分いけるということもね。でも僕らには、「いや。あの程度じゃなくて、もうちょっとできるはずだ」という挑戦心があったんです。

――『コナン』は、とにかく元気いっぱい動きまわるアニメという感じがしたんですが、セル枚数的には平均6000～7000枚だということでしたね。宮崎さんによると、日アニのカルピス路線は枚数を多く使う、『ペリーヌ物語』（'78年）など8000枚以上使うこともざらにあると。当時から不思議だったんですが、同じ「週1」の厳しい条件下で他社と競っているのに、なぜ、日アニだけがそんなに枚数を使えたのか……。

**大塚** そこはなかなか説明が難しいんですけど、近年テレコムが作った『パタパタ飛行船の冒険』なんかも、だいたい6000～7000枚は使う。回によってはもっと使うんですが、それでも当初はWOWOWでしか放映していないでしょう。僕には明言はできませんが、テレビ局や代理店、原作者などに払う金額が大きいと、アニメ制作会社が取るのは、制作費プラス・アルファ程度になってしまうようですね。ところが、それじゃなかなか食えない。で、利益率が大きい作りかたの例として「サス・プロダクション」、略して「サス・プロ」というやりかたがあるんです。つまり、制作会社が自前で企画を立て、自前でキャラクターとストーリーを作る。これだと、放映が終わっても諸権利は残るから、再放映しようが海外に売ろうが、キチンとお金が入る。そのぶん、制作現場のほうにもちゃんと再投資できるんです。

――ああ、なるほど。ですが、日アニの名作路線は、どれも自前じゃなくて海外の有名原作でしたが？

大塚　ところがね、そういう名作文学を原作にするほうが、人気漫画や劇画よりもかえって原作料が安いんですよ。それに、誰しもが気づいていると思いますが、日アニ作品のキャラクターは、ようするに亜流の連続なんです。『ハイジ』以来作ってきたキャラクターデザインの着せかえ人形をやっているわけで、特に目新しくはないけど、そのぶん絵に安定感がある。しかも、有名文学が原作だということで、お母さんたちが子供と一緒に観てくれる。スタッフ編成も、初期には森康二さん、高畑さん、黒田さんと、東映の流れの人たちでしょう。だから作画陣もけっこうていねいに仕事しているんですよ。

――なるほど。日アニ名作路線やテレコム作品の作画レベルが高い理由の一つが、それでわかりました。

さて、『コナン』ですが、これはもう、さっき申し上げたように、テレビシリーズならではの感動と言うにつきます。まず第1話は、のこされ島の丘のてっぺんにあるロケット小屋にコナンが駆けこんでくるシーンから始まりますよね。で、半年かけて26話をえんえん観てきて、最後の最後にコナンたちが島に戻ったら、そのロケット小屋が、隆起した新大陸の山上にポツンと小さく見える……。あれを観たとき、本当に落涙するくらい感動したんですよ。半年という長い月日をコナンやラナたちと共有したことで、彼らと同じような思いであのロケット小屋を見つめることができて……。

大塚　そういう種類の感動は、劇場映画ではちょっと描けない類いのものですよね。「時間」が保証する感動というのか、長丁場のテレビシリーズの特性をフルに活かした、素晴らしいラストシーンでした。それにしても、宮崎さんは最初からあのラストを考えていらしたんでしょうか。

大塚　いや、必ずしもそうじゃないと思う。『コナン』の世界のすべては、宮崎さんという稀有《けう》の天才の頭の中だけにあったんですが、最初から全部の構想を持っていたわけじゃない。1本1本、手探りで作ってきて、最後の最後にああなったんじゃないでしょうか。

――大塚さんが『コナン』の現場に入られた時点で、シノプシスとか、シナリオとか、絵コンテとか、全体のベースはどのくらいできていたんですか？

大塚　イメージボードが少しあったくらいですね。ともかく、ひたすら宮﨑さんの頭の中にしかない。他の誰にもわからないんです。おおまかなストーリーがどうなるかすらわからない。僕らの側からすると、ものすごくスリリングでねぇ。ある意味では、ものすごく危ない（笑）。それは最近のジブリ作品でも同じじゃないですか。ジブリのスタッフに聞いたら、『千と千尋』も、制作の中盤までまったくストーリーがわからなかったそうだから。「この映画、どうなっちゃうんだろう？」とみんな言ってたらしい。それでいて、毎回ちゃんと完成するんだからすごいですよ。

――でも、『コナン』には「脚本」というクレジットがありましたよね。つまり、1話ずつの台本があったわけでしょう？

大塚　宮﨑さんが各話のラフなシノプシスを書いて、シナリオライターに渡すんですが、上がってきたホンを彼はほとんど使っていません。あのころはまだ、慣例としてライターがいなきゃいけないとプロデューサー側が思っていた時代だから、そうしていたまででね。でも、宮﨑さんの場合、ライターがいなくても作れるんです。直接絵コンテを描きおろすから。

――『コナン』第1話の絵コンテを見たことがありますが、非常に完成度の高いものでした。各話とも、絵コンテ段階ですでにあの密度になっているんですか？

大塚　そう。いきなりあの密度。逆に言えば、絵コンテができてくるまで、現場はコナンやラナの未来も物語の先ゆきも何もわからない。ただひたすら、じーっと待つだけです。

――大塚さんは、『コナン』のラストをどんなふうに想像していましたか？

大塚　うーん……最後にはハイハーバーが復活して平和がよみがえる、くらいのことは見当がつきましたけどね。宮﨑さんは破滅的に終わらせる人じゃないから。そこは、彼の善意を信用するしかない。だけど、のこされ島のロケット小屋が見えて大団円というのは、最終回近くになるまでわからなかった。宮﨑さんと机を並べてやってる僕ですらそんな状態だから、他のスタッフにはまったくわからない（笑）。で、僕らとしてはね、そこにいくまでの過程の部分を、力ずくで描き続けるしかないんです。スリリングな作業であるいっぽう、面白いものを見るような気分でしたね。

――途中で聞いたりなさらないんですか？　食事のときなんかに、「宮崎さん、この先どうなるの？」とか。

大塚　聞いても、彼は答えないでしょうね。おそらく、「僕にもわからないんだ」と言うばかりでしょう。いや、別に照れて言わないんじゃなくて、彼自身、本当にわからないんだろうと思う。手探りで、暗闇の中からひとつひとつイメージを紡ぎ出しているわけだから。絵と向き合うことで、絵自体が自動的に動き出す……とでもいうのかなあ。

――自然郷ハイハーバーの対極に、太陽塔とインダストリアがありますよね。特に太陽塔は、ひょっとするとその太陽エネルギーによって人類が復活できるかもしれないと期待されていた。実際にはそうならないんですが、大塚さんは、太陽エネルギーで人類が復活するかもと想像なさいませんでしたか？

大塚　いや、それはなかったと思います。むしろ、太陽塔はいずれ壊すんだろうなと（笑）。宮崎さんは、超テクノロジーが嫌いな人なんですよ。ちょっと古風な感じの世界が好き。むろんＳＦですから、物語上は超テクノロジーも描かなきゃならないけど、ファルコにしろ、ギガントやフライングマシンにしろ、出てくるメカはみんな古めかしいでしょう。

――丸みのある、やさしい形をしていますね。

大塚　宮崎さんの少年時代、昭和30年代の少年誌の口絵にああいうのが出てくるんですね。一度見せてもらったことがある。たしかにフォルムは古めかしいけど、もういっぺん少年の日の夢に光を当てたいという思いが彼にはあったんじゃないでしょうか。

――ファルコなんか、実に原始的な造形ですよね。鉄板にリベット丸出しで。

大塚　戦前のアメリカの競争飛行機に、どんぐりというか、おだんごみたいな形のがあるんですよ。ジー・ビーというんですけど。ロシアにはポリカルポフ、イタリアにはマッキという戦闘機がある。ころっとしていて、本当に漫画的なフォルムで。僕も大好きなんだけど、そういうものの造形に宮﨑さんは愛着を持っていたんでしょうね。

――太陽塔にしたって、劇中では否定されるべき超テクノロジーの権化でありながら、やっぱり魅力的な造形ですよね。頂上にパラボラ状の反射鏡が3基。塔の真ん中がドーンと吹き抜けになっていて、その地下がコアブロックになっている。しかも、太陽塔に光を送る人工衛星が、人知れず宇宙の軌道を回っていて……あの発想はすごいです。

**大塚** 何度も言うようだけど、宮﨑さんという天才のイメージの所産ですね。文字のシナリオよりも、イメージ優先。イメージスケッチが先にあって、ストーリーがあとからついてくるというパターンは『ホルス』の昔からあったわけですが、『コナン』でそれが一気に開花したんですね。

――例の、第1話でラナを美少女に描かなかったために宮﨑さんが原画チェックを引き揚げたことが、大塚さんをコンプレックスに陥らせた、という説もありますが（笑）。

**大塚** いや、そうでもないですけどね（笑）。1話のときに、宮﨑さんが考えていた絵コンテよりも、僕のほうがちょっとレベルが低かったんでしょう。ちょっと雑にやってしまった。彼、「うわー、これはダメだ」と思ったらしくて、「よし、作監のかわりにオレがやる」と、第2話からは全カットの絵に手を入れ出したんです。僕は、最初から予想はしていましたよ。宮﨑さんはきっと全カットに手を入れるだろうなと。

――じゃあ、作画監督がダブルになっているような……。

**大塚** そうそう（笑）。そう思ってもらえればいいんです。

――第3話（『はじめての仲間』）で、コナンとジムシィが駆けっこしますが、実に大塚さん的ですよね。

**大塚** 非常に僕的なんだけど、実は、近藤喜文さんの原画なんです。近藤さん、うまいんですよ。駆けっこのシーンも彼が描いて、僕はチェックしただけ。動きが細かくて速いから、カットによっては1コマか2コマで作画していますね。

――人間が載って操縦する、下半身ロボットの「ロボノイド」は、主に大塚さんのご担当だったそうですが、あれ、ただの機械のくせに、腕を左右に振ってうれしそうにツイストしてみたり、やられるとガクッと腕を垂らしたり、すごく人間くさい演技をするでしょう。ああいうのがつまり、大塚さんが常々提唱なさっている「動きの中の人間的な演技」なのかなと思ったんですが。

**大塚** いや。「僕がそう考えてるだろうと想像して、実は宮崎さんが設定した」というのが正確です。僕らはそういう関係なんですよ(笑)。

――すっかり読まれている……(笑)。

**大塚** ロボノイドの動きを見てもわかるように、僕はちょっとおっちょこちょいで、どちらかといえば漫画的な志向が強いんですが、今のジブリのスタッフにはそういう人はあまりいない。まじめで、キチッとしたタイプの人が多いみたいです。

――最近のジブリ作品に漫画チックな「はみだし」があまりないのは、演出意図以外に、そういう理由もあるのかもしれませんね。

**大塚** つまり宮崎さんは、スタッフをものすごくよく見ているわけです。この人たちに描かせたら、友永さんや僕のようなアホらしさは出ないだろうと(笑)。でも、ちゃんとまじめに描くほうでは頑張ってくれるはずだ、というふうに、とことん相手を読む。これはアニメーション演出においてはすごく重要なことで、この人に描かせたらこうなるだろうというのを読まなきゃ、本当は絵描きを使えないはずなんです。今、日本のアニメ界で一番壊れているのは、そこですよ。誰に描かせても同じだろうと期待して、韓国などに外注でばらまく。同じものができてくるはずないのにねぇ。

――近藤さんが『コナン』で原画をお描きになっていたのは……。

**大塚** 1話から7話ぐらいまでだったかな。僕は全話全カットを見て、演技が気に入らなければとことん直したけど、近藤さんが描いてきたものはほとんど直さずに済みました。もともとうまい人ですからね。

大塚　――11話以降では、演出が宮﨑さんと早川啓二さんという方のダブル・クレジットになっていますが、この方は？演出補のような役割ですが、演出そのものではなくて、「撮影出し」（指示通りに撮影してもらうための作業）がメインだったように記憶しています。早川さんも変わった人でしたが、必死に宮﨑さんを支えていましたよ。

――シリーズの中盤、コナンとラナがインダストリアから逃れたあと、しばらくハイハーバー編になりますが、あそこが大好きなんです。ずーっと曇っていた空にパッと陽がさしたみたいに、明るく、はつらつとしていて。

大塚　13話（『ハイハーバー』）は、高畑さんの絵コンテですよ。描写がすごくリアルになっているでしょう。

――あのへんは派手なアクションが少ないせいか、あんまり『コナン』ファンの話題に上らないようですが、独特の良さがありますね。

大塚　高畑タッチが出ていますよ。そうそう、ハイハーバーに行く前、コナンたちがサルベージ船にいるとき（第10話、『ラオ博士』）で、水中に空気を送るポンプの棒を、ラナが押すでしょう。あれも高畑さんのコンテ。けっこうしつこく、えんえんと押すんですよねぇ……参ったけどね（笑）。でも、演出意図はよくわかるから、必死で描いていました。

――高畑コンテではないですが『島の一日』（第14話）なんて、地味な話だけど、とてもいい。で、平和な暮らしがしばらく続くと、16話（『二人の小屋』）のラストで、ある日突然、敵のガンボートがやって来る……。あの平和から危機への急速な切り替わりが実にスリリングでした。その前にラナが、何かが攻めてくるという予知の夢を見ますが、あそこはちょっと『ホルス』的でしょう。暗闇の中で、枯れ木の森が、ガーッと迫って……。

大塚　そうそう。『ホルス』の「迷いの森」みたい。2話（『旅立ち』）でおじいが死ぬシーンにしても、実に『ホルス』的ですよ。『ホルス』でも、おやじが廃船の中で死ぬでしょう。あのシーンとほぼそっくりのアングルを使っている。

――そのあと、主人公が小舟で旅立つという展開も同じ。

大塚　『コナン』は宮﨑さんの最初の演出作品ですが、原点の『ホルス』に帰るというか、高畑さんのカットの組み立てかたのトレースというか、バリエーションを試みているんですね。

──とはいえ、高畑さんそのものとはちょっと違う。より軽快でコミカルな感じがします。

**大塚** そうそう、高畑さんのほうが重量感がありますよ。

──重量感といえば、クライマックスで巨大機ギガントがついに飛び立つわけですが、あのギガントは、どうやって描いているんですか。

**大塚** 普通のセルですよ。

──どうしてあんなに重量感があるんでしょう?

**大塚** セルの塗りにマチエール（質感）をつけて、美術の山本二三さんが、背景のような感覚で描いているんです。うんと陰影をつけてね（ハーモニー処理）。それをグーッと引っぱったり、対比的に雲をパーッと飛ばしてみたりすることで、ギガントの大きさと重さを出しているんです。

──たしかにギガントは、セルの「引っぱり」が多いですね。

**大塚** 全部引っぱり。ギガントをフルに動画で動かしてるところはないでしょう。グーンと旋回するなんていうカットはなかったと思う。前から、後ろから、斜めから……全部「止め」ですね。引っぱりというのは省セルアニメ技術の代表のように思われがちですが、こういう場合に限って、非常に効果があるんですよ。へたに作画するよりも。

**大塚** ええ。ギガントのあの遅さに対比させて、雲の流れがすごく速い。あるいは、のちの『死の翼アルバトロス』（新『ルパン三世』、第145話）でも、巨大な飛行艇アルバトロスの脇で、小型機をうんとスピーディーに飛び回らせたり……そういうコントラストのつけかた、宮崎さんは実にうまいですよ。

──ゲートが開いてギガントがゆっくり出てくるシーンも、引っぱりだけだったら面白くも何ともないところを、紙切れみたいのがワーッと飛びかかって……。

**大塚** あれは貧民の家なんですよ。それがギガント発進の風圧で、紙きれみたいにバーッと舞い上がる。

――周囲にちゃんと動きがあるから、ギガント自体が止まっていても満足できるんですね。

大塚　そう。あとは雲。宮崎さんは雲のあつかいがものすごくうまい。一緒にやっていながら、もう感心の連続でしたねぇ。自分で真似したいとは決して思いませんでしたが。

――それはなぜですか？

大塚　あの発想と技術は、結局、誰にも真似できないだろうから。「よし、オレもいずれやってやろう」なんて思っても、そうはいかない（笑）。

――ギガントの翼の上でコナンが機銃掃射を受けたり、裸足で翼の上を走り回ったりという激しいアクションがありますが、あのへん、大塚さんは原画も描いておられるんですか。

大塚　ちょいちょいとは描いてますよ。でも、作画監督ですから、みんなの絵を直すほうがメインの仕事。はなから、ワンシーンとして、大塚さんの全作画というのは……。

大塚　ないです。それは次の『カリオストロの城』でも同じ。シーン丸ごとの作画は、『ホルス』や『長靴をはいた猫』ではありましたけどね。

――『コナン』には、ジムシィ、モンスリー、ダイス、ドンゴロスなど個性的なキャラクターがいっぱい出てきますが、どのキャラクターに思い入れがありますか？

大塚　よく聞かれるんだけど、作画監督をやっていると、そういう気分にあまりならないんですよ。東映時代のように、自分が夢中になって描いたシーンには思い入れがあるというか、よく覚えているものなんですけどね。

――少女は嫌い、しっかりと自立した大人の女性が好きとおっしゃっていましたが（第1章参照）、すると、少女のラナより大人のモンスリーのほうがお好きですか。

大塚　そうですねぇ。好きというより、描きやすいという意味では、たしかにモンスリーのほうがいいですね。

――どう描きやすいんでしょう？

大塚　絵を描く上ではラナもモンスリーもそう違わないけど、演技のつけかたが違ってきます。漫画でもアニメでも、女の子をかわいらしく描くというのは、たいていの場合、手を振って「バイバーイ」とか、手を胸の前で合わせて「大好き！」とか、手を後ろにしてもじもじしたり、いかにも「かわいらしゅうございます」という演技をつけるのがお決まりのパターンですが、僕にはあまり関心がないんです。日本文化の中には年端もいかない女の子がかわいいという概念があるけど、そりゃあ、あの年代の女の子は、ほうっておいてもかわいいですよ（笑）。

**大塚**　——（笑）。では、成熟した女性であるモンスリーに演技をつけるときには、どんなふうに……。

モンスリーはね、男みたいに描けるんです。操縦桿を握って「行くぞ！」と言おうが、戸をバーンと開けようが、すっくと立とうが、水辺をずんずん歩いてこようが、男と同じように描けばいい。女らしく、かわいくというポーズは要らない。顔だけ女（笑）。そういうほうが、はっきり言って描きやすいです。

**大塚**　——でも最終回、バラクーダ号船上での結婚式では、彼女、とてもかわいくなっていましたね。

宮﨑さんは、ああやってちゃんとバランスを取るんですね。最近のアニメ界では、ある特定の年ごろの女の子ばかりを、手をかえ品をかえて描くのが盛んですよね。フィギュアの世界なんかでも美少女系が多いでしょ。でもまあ、何度も言うように、僕自身、本物の17〜18の女の子にはあまり関心がないんですよ。

**大塚**　——おっしゃることはよくわかりますが（笑）、ラナという子は、すごく賢くてしっかりした、いい子じゃないですか。

宮﨑さんは、永遠にあの年ごろの女の子が好きですからね。やはり理想的に描きます（笑）。「そこは僕と違うね」と、当時から言っていました。「こういう女の子は描きにくい。バストショットでしゃべるときに、させることがないじゃないか」とわめいていたんです。腕を組んで話すわけにはいかないし、直立不動もダメ、腰に当てて話すのも変でしょ。いったい女の子が話すときの手つきはどうなのかと、一人でさんざん議論しました。で、宮﨑さんと一緒にスタジオ内を歩いていたら、こう、握った手を胸の前で合わせて話してる女の子がいたんですよ。

―― 日アニのスタジオ内を巡回したんですか？

大塚　そう。仕上げの女の子とかが、あっちこっちにいるでしょう。「ほら、あんなふうな手つきで話してるよ」とか二人でささやいて（笑）。

―― そういえば、ラナは、胸の前で手を合わせるポーズが多いですね。

大塚　そうそう。仕上げの女の子のポーズをそのまま使ったわけです。

―― 話は変わりますが、先日、宮﨑さんの特集上映で、『コナン』のギガント上での戦いのシーンと、『死の翼アルバトロス』の空中戦のシーンをスクリーンで映写したんですよ。同じ会場で、宮﨑さんが原画を担当した『侍ジャイアンツ』の第1話も映写したんですが、『侍』のほうは、いかにもテレビ用作品を拡大映写している感じに見えました。顔のアップが巨大に映って、観ていて疲れてくる。ところが、『コナン』や『アルバトロス』は、妙に映画っぽくスクリーンにマッチしていたんです。

大塚　画面の構築のしかたが安定しているんでしょう。一般的には、テレビと映画の作りかたは違うんです。テレビはできるだけバスト以上、アップにしたほうが親近感が出る。あまりロングに引くと、ブラウン管では小さくなっちゃいますから。

―― ところが、本来のテレビ画面で『コナン』や『アルバトロス』を観ても、違和感なくちゃんと観られるんです。そのくせ、大スクリーンにかけても大丈夫。不思議ですね。

大塚　なるほどねぇ。そこは、宮﨑さんや高畑さんの映像作りの秘密なのかもしれませんね。なんにしても、『コナン』のように、引いたフレームの中で思いきりキャラクターを動かせと指示されると、こっちも腕の振るいがあるというものです。思うぞんぶん動かす喜びを、久しぶりに味わえました。そりゃ、そのぶん作業は大変でしたが、しんどいと言ってしまえば、どの作品もみんなしんどい。アニメーションの作業は、賽《さい》の河原で石を積むようなものですからね。

## テレコム移籍と『じゃりン子チエ』

――『コナン』のあと、『カリオストロの城』を手がけるために、テレコム・アニメーションフィルムに移られた。

大塚　ええ。テレコムは、当時東京ムービー新社の社長だった藤岡さんが、海外に通用する劇場用アニメを作るために設立した子会社なんです。

――『カリオストロ』については、次章『ルパン』の項でお聞きするとして、ここでは、テレコムで作られた劇場版『じゃりン子チエ』についておたずねしたいんです。

大塚　この企画はね、当初、宮崎さんに演出の話が行ったんですよ。そしたら宮崎さんは、「これは全部猫の目から見た世界にしよう」と言ったんです。つまり、すべて地面からのアオリ（仰角）の絵でやる、人間なんか足元しか見えない、そういう世界にしようと。ディズニーの『わんわん物語』（'55年）がそうだったでしょ。犬の目の高さから見た世界、あれにヒントを得たんでしょうね。ところが高畑さんは、はるき悦巳さんの原作の世界をそんなふうにコンバートするのは良くないと考えた。高畑さんがそう思うだろうということは宮崎さんにもよくわかっていますから、結局、高畑さんのほうが演出することになったんです。で、例によってスタッフに目配りすると、あのテツというおっちょこちょいな男を描くのには、大塚さんがちょうどいいと（笑）。友永さんも、田中さんも、やはりこの作品には適任だろうと。で、唯一漫画的じゃないキャラクター、あのチエのお母さん……。

――ヨシ江さん。

大塚　あの人物だけは、ここ（テレコム）のスタッフでは無理だと思ったんでしょうね。それで、小田部羊一さんを引っぱってきた。

――ああ、そうだったんですか。大塚さんとダブル・クレジットの作画監督になっていますが、すると、小田部さんのご担当は、主にお母さんのパートと考えていいですか？

**大塚** そう。お母さん中心。

―― ちょっと腰の重い、もったりした感じの演技がいいですね。

**大塚** あれが小田部さんの持ち味なんです。お母さんとチエの出番専門にやってもらいました。あとのにぎやかな立ち回りとかは、全部僕らの担当。すごい計算ができる人だと、いまだに感心しているんですよ。

―― 高畑さんのことを？

**大塚** ええ。そういうアニメーターの的確な役割分担も見事ですが、はるきさんの世界をとことん大事にしているでしょう。過去、いろんな漫画原作がアニメになっていますが、その中で、はるきさんほどラッキーな人はいないと思う。原作のイメージをまったく崩さずに、映像としても成功しているんですからねぇ。これはすごいことですよ。原作の絵も、そのままいっぱい使ってあるんです。ほら、お好み焼き屋のおやじが犬をやっつけようとして石を持ち上げ、自分の頭の上に落とすでしょう。あの絵なんか、原作のページから切り取ってきたようにそっくりそのままですね。高畑さんは、のちの『ホーホケキョ　となりの山田くん』('99年）でも、原作（いしいひさいち）のタッチを尊重していたでしょう？

**大塚** ええ。人物の描線がつながっていないところまでそっくり（笑）。

演出家というのは、本来、素材を自分の手元に引き寄せようとするものなんです。宮崎さんにせよ、出﨑さんにせよ、それぞれ自分の世界を強固に持っているから、何をやっても必ずそこに引っぱり込む。ところが、『チエ』での高畑さんはそうじゃない。高畑さんはもともとクールな人だけど、『チエ』においては、原作者と、演出家である自分と、テレコムのスタッフの個性と、それらの三角関係をとことん計算したんだろうと思う。もしも『チエ』を他の誰かがやったら、ああなってはいないだろうと思うんですよ。

―― どうなったでしょう？

**大塚** うーん、断言はできないけど、たとえばジブリがやったとしたら、あの作品独特のドタバタ感と俗っぽい感じが消えたかもしれない。ジブリのスタッフが品がいいですからね。

――テレコムが品が悪いとは思いませんけど（笑）。

大塚　いやいや、品が悪いですよ（笑）。いちいち大阪的なところがありますよ。おバァがブレーンバスターでテツをぶちのめすところとか、猫同士の対決シーンの、あの恥ずかしいほどのケレン味とか。

――マカロニ・ウェスタンっぽい、あの墓場での対決ですね。

大塚　冒頭からして『スター・ウォーズ』のパロディーでしょ。巨大な下駄が、グワーッと空を飛んできて……。あそこ、びっくりしましたよ。これがあの高畑さんのやることなのかと、わが目を疑いました。こういう路線に転向なさったのかな、とすら思いました（笑）。

大塚　いやいや、違うんです。あれは高畑さん一流の遊び心なんですよ。

――下駄の『スター・ウォーズ』以上に驚いたのは、『じゃりン子チエ』というメインタイトルの出かたです。「じゃりン子」という字が左から来て、「チエ」が右から来て、画面の真ん中で出会って、ピカッと透過光で光る。いったいこのダサいタイトルは何なんだと（笑）。それこそ、高畑さんが嫌いそうな感じの……。

大塚　あれも意図的ですよ。照れくさいようなセンスをわざわざ持ち込んだわけです。

――よくあそこまでやりましたね。

大塚　よくやった。それから、チエが列車の中で朗々と歌うでしょう。「北の宿から」を。そう言えば、『おもひでぽろぽろ』の主題歌も都はるみでしたし、高畑さんは都はるみがお好きなんでしょうか？

大塚　いや、特に好きじゃないでしょう。たぶん、高畑さんがイメージしている日本人の大衆性の中に、都はるみ的な、気さくな大衆娯楽というものがあるんだと思う。『チエ』の縁日のシーンに、フーテンの寅さんが出てくるでしょう。で、映画館でやってるのが『ゴジラ』。

――ゴジラというか、ミニラ。シリーズの中でも子供向けでコメディー色の濃い『ゴジラの息子』（'67年）の実写フィルムを、わざわざインサートしている。もちろん、「親子」という作品のテーマに引っかけていて。

**大塚** ただね、『巨人の星』や『侍ジャイアンツ』の長浜さんなんかは、自分自身が頭からどっぷりと大衆性の中につかりきった演出家だったけど、高畑さんはそうじゃない。決してそこにはまりこまずに、ある距離を保ちながら、大衆娯楽、大衆芸能というものにアプローチしてみたかったんじゃないでしょうか。

――長浜さんは、大まじめ。高畑さんの場合は、何かこう、よくわかっていて……。

**大塚** ……遊んでいる。僕は、高畑さんがあそこまでぬけぬけと遊んでくれたという意味でも、『チエ』が大好きなんです。

――私も、『チエ』1本のおかげで、それまでの高畑勲観がどれだけ変わったことか。「ああ、面白い方なんだなあ」という感じが……。

**大塚** するよね。

――します。もちろん、『火垂るの墓』(’88年)とかでの、リアルに、誠実に、人の運命をキリキリと追い詰めていくようなあの演出も素晴らしいけれど、反面、『チエ』のハチャメチャさはすごいですよ。

**大塚** この前、パリで上映したときも、みんな感心していましたね。

――フランス人に『チエ』がわかりますか?

**大塚** わかるんですよ。根のきまじめな少女がいて、乱暴者のお父さんがいじけているという、ああいう親子、どこの国にもいるらしくてね(笑)。暴力を振るうけれども、本当は気が小さくて、お母さんに頭が上がらないというダメな父親像ね。それと、日本の庶民の生活をくわしく描いているでしょう。家の中がどんな構造なのかとか、そういうところも興味を引くみたいですね。そうそう、猫の小鉄がアントニオのキンタマを取ると、取られたあとに、ばんそうこうが貼ってある。あそこなんか、フランス人はみんなびっくりするんですね。上映後の質疑応答で、「日本人はどうしてキンタマをあんなにはっきり描くんだ。映倫コードに引っかからないのか?」と質問があった。「いや、猫はキンタマを普段隠していないから、コードには引っかかりません」と答えたんだけど、とにかく上映中は爆笑の渦なんですよ。

──「チエは実は男なんや。その証拠にキンタマ見せたれ」「レディーになんてこと言うんや！」なんて、あんなあけすけなセリフをよくもまあ……（笑）。チエ役の声の中山千夏さんが、また実にうまいんですけど。

大塚 そういうことをぬけぬけと描いたはるきさんもすごいけど、映像化に当たって、ごまかさないでそのままやっちゃった高畑さんもすごい。『太陽の王子』から『じゃりン子チエ』まで、そうとうの多様性があるわけですが、こういうタイプの高畑作品は、ひょっとするともう生まれないかもしれないですよ。

──高畑さんのメーターの針が一瞬パーッと振り切った感じの作品ですね。ただ、ずっと人間ドラマで押して来ていい感じになっているのに、クライマックスを猫対猫の決闘に持っていってサッと終わっちゃうのは、肩すかしを食ったようで、ちょっともったいない気がしました。

大塚 うーん、でも、今観直してもやっぱり巧みですよ。キンタマのあのばかばかしさをクライマックスに持ってきた映画なんて、他にありますか。弁当箱の真ん中にキンタマが入ってて、日の丸弁当になっているという、あのばかばかしさね（笑）。

──もう一つ驚いたのが、若手の上方漫才師をボイス・キャストで大勢起用しているでしょう。その中には、軽薄なだけでどう見ても実力のない、あだ花的な人たちもいた。当時は漫才ブームの絶頂期でしたから、宣伝のために会社側から押しつけられたのかなぁなんて、ファンの間で噂していたんですよ。

大塚 いやいや、それも高畑さんの意図でしょう。宮崎さんは漫才ブームが嫌いで、自分はあんなもの見ないと公言していましたが、高畑さんは、山田洋次さんとか、シナリオライターの倉本聰さんとかの世界が大好きですからね。そういう理解がないわけじゃないんですよ。

──そういう、ゆるい感覚と正反対の、異質なシーンが1カ所だけあります。親子3人で遊園地に行った帰りの電車で、チエがうたたね寝して、水道の水がポタンポタンと垂れている夢を見るシーン。かなり抽象的な描きかたで、あそこにだけ、高畑さんのインテリジェンスが……。

大塚 思わず出ちゃったのかな（笑）。いや、あそこはね、僕もずいぶん高畑さんに聞いたんですよ。「何でこういうものを入れるの？」と。抽象的で、お客さんに「何だろう？」と思わせるようなシーンですからね。ようするに、すべてがわかってしまってはいけないという考えが高畑さんにはあるんじゃないでしょうか。宮崎さんの『もののけ姫』（'97年）や『千と千尋』『ハウル』もそうだったけど、どこかに想像の余地を残しておく。すべてを説明してしまっちゃ面白くない、という考えかたですね。でもまあ僕は、そういう細部はあんまり気にしないで、作品全体で評価していく癖があるんです。全体で何を言おうとしたかが伝わればいい。面白いものを作ってくれた、謹んで描かせていただきます、という気分でしたね。

―― チエがよそ行きの服を着て、こっそり母親に会いに行くシーンなんて、素晴らしいですね。公園のベンチでサバ寿司のお弁当を食べて、母娘二人でボートに乗って。

**大塚** いいですねぇ。高畑さんの中からじわっとにじみ出てくる温かい情感ですね。大阪へ行ってみると、あの気分がよくわかるんですよ。高畑さんは三重県の出身で、高校まで岡山だったから、関西の気分がわかる人なんです。反対に宮崎さんは、西の気分がわからない。まったくの東京人、江戸っ子ですから。

―― 高畑さんと言えばリアリズム、という解釈が一般的ですよね。『おもひでぽろぽろ』のときなんかも、「背景美術がリアルですごい」とか、「農村の風景が実写を凌《しの》いだ」とか、すぐそういう誉められかたをされる。けれども、作家精神の柔軟さみたいなものを、私は『チエ』のほうにずっと強く感じるんですけどね。

**大塚** ほんとにねぇ。『チエ』にしても、大阪という特殊な街を舞台にしつつも、それをあまりリアルに描いちゃダメなんだと彼は言っていました。だから背景を、ふわっとした淡彩調にしているでしょう。そういう、リアル一辺倒でない、決して一筋縄でいかない計算がすごいです。

## 『リトル・ニモ』とスタジオジブリへの誘い

―― 『チエ』を最後に、大塚さんと高畑・宮崎コンビとの作品上の関わりが、とりあえずなくなっていますね。ファンとしては残念に思うんですが、また組もうというお話は、当時まったくなかったんでしょうか？

**大塚**　『チエ』のあと、僕はテレコムで『リトル・ニモ』にずっと携わっていましたからね。社長の藤岡さんは、アメリカ市場を狙った超大作の『ニモ』を作ることに人生の終盤を費やした人なんですよ。だから、それが完成するまで僕はここ（テレコム）を動けないということを、宮﨑さんも高畑さんも、よーく承知していた。「一緒に来てほしいけど、やっぱり無理だろうね」と高畑さんは言っていました。

――それはどの作品のころですか？

**大塚**　じゃ、『風の谷のナウシカ』（'84年）をやる前ですね。

――『風の谷のナウシカ』は、もとは大塚さんの作監でというお話だったんですか。

**大塚**　いや。そのものずばりの作監じゃなくても、技術顧問とか、何かしらの形で関わってほしいと。『ナウシカ』以降も、そういう話は何度かありましたよ。鈴木（敏夫）さんが三顧の礼をつくして、「ぜひ、ジブリに来てください」と何度も誘ってくれたけど、『ニモ』があと何年かかるかわからないし、すっかり定着しているテレコムのスタッフたちに「はい、さよなら」とは言えなくなった。「そこはわかってくださいよ」と答えたんですが。

――お二人への昔からの友情もあるし、組みたいという気持ちがあったとしても、道義的にちょっとできないと？

**大塚**　そうそう。それともう一つ、これはぜひ言っておきたいんですが、宮﨑さんたちをとりまく状況がすでに昔とは変わりつつあった、ということもある。

どういうことかと言うと、高畑さんも宮﨑さんも、かつては僕がいなきゃ大きな仕事ができなかった時代があるんですよ。気負った言いかたに聞こえるかもしれませんが、東映時代の『太陽の王子』も、あるいは『コナン』も、僕がいなかったらできなかったかもしれない。なぜなら、それぞれがはじめて演出するというとき、彼らには歴戦のアニメーターが絶対必要だったんです。演出はできるけれども、作画のほうは信頼できる人に任せるしかないでしょう。『カリオストロの城』のときも、やっぱり僕が作監をやるという条件で会社側はオーケーしたわけで、その延長線上に『チエ』もあるわけです。

その後、僕は状況をじっと見ていたんですが、もう僕がいなくてもあの二人はできるというぐらい、日本のアニメーションの技術水準が上がってきたんですね。いや、正確に言うと、アニメ界全体がますます省セル化に向かう中で、一部のアニメーターたちの腕が上がった、ということですが。何作も演出して彼らも自信がついただろうし、ある時期から、僕は心配しなくなった。それに、さっきも言ったように、僕自身、藤岡さんの夢の終焉を見届けるまではここを動けなかったんです。

――『リトル・ニモ』が、結局ああいう形で完成したのが１９８９年。そのあとジブリに、というお話はなかったんですか？

大塚　そのときは、もう間に合わなかったですね。ジブリの体制がすっかり出来上がっていたし、僕のほうも60歳近くなっちゃうんで、年齢的にしんどい。60過ぎれば年金が出るから、なんとかやっていけるし……（笑）。だってね、宮﨑さんや高畑さんとつき合うということは、それはもう、非常に過酷な労働を意味しますからね。組んだとたん、間違いなく大変なことになります（笑）。

――たとえ「作画監修」でも、しんどいですか。

大塚　しんどいでしょうねぇ。やりたい気持ちはむろんあるけど、もう、年齢的に耐えられないだろうと思った。それに僕は、アニメのほかにもいろいろ趣味を持っていますから。ジープとか、オモチャとか、老後に楽しもうと思っていたものを全部投げ捨てるわけにはいかないですよ（笑）。だから、お互いにもう羽ばたいて行っちゃったという気分ですね。やっぱり、出処進退ははっきりさせないと。「あの３人組はいつまでつるんでやってるんだ」なんて言われるよりはいいでしょう？

スパッといさぎよく別れたほうがかっこいい……と思うんですけどね、僕は。

# 第5章
# ルパンとの長いつきあい

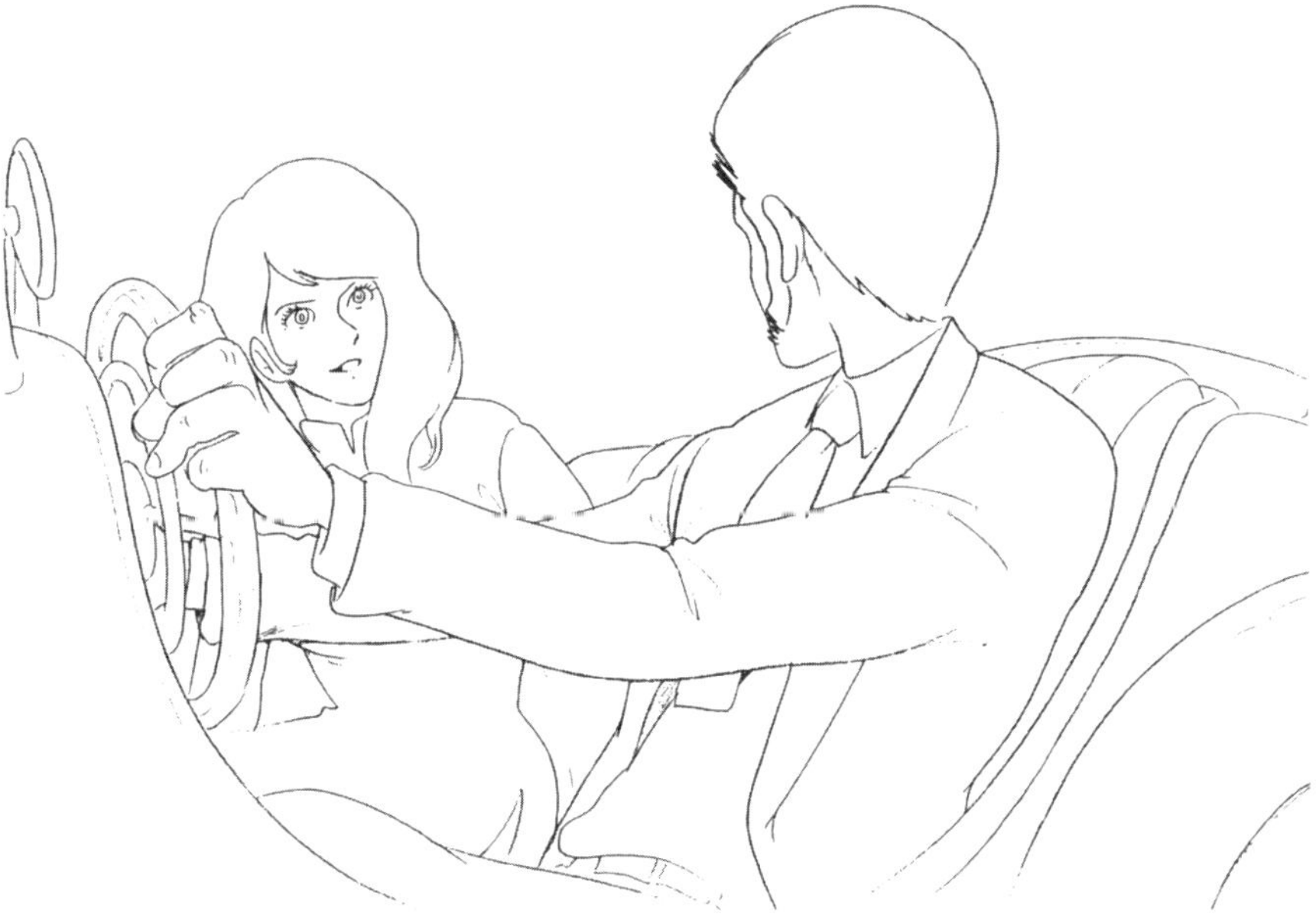

大塚氏による旧『ルパン三世』制作資料（「ルパン三世表情集」より）

## 藤岡プロデューサーとの出会い

――『ルパン三世』に関しては、テレビシリーズ、劇場版、テレビスペシャルと、いくつものバージョンが作られていますが、そのすべての魅力の原点は、大塚さんが手がけられたテレビ第1シリーズ、いわゆる旧『ルパン』にあることは、誰もが認めるところだと思うんです。

大塚　ちょっとほめすぎですが、もう30年以上前のことになってしまいましたねぇ……。旧『ルパン』に限らず、その作品がいいかどうかは、最終的にはお客さんが決めることだと思っていますので、自分では何とも言えません。東映からAプロに移って、まず最初に『ルパン』のパイロットフィルムをやったわけですが、これは正確に言えば、東京ムービー社長の藤岡豊さんが僕に目をつけて、『ルパン』をやるためにAプロにスカウトした、というのが本当なんです。

――どういう形でスカウトされたんですか？

大塚　東映で『長靴をはいた猫』の作画をしていたころ、よく、船橋サーキットにカーレースを観に行ってましてね。一番タイトなコーナー、つまりヘアピン・カーブのところに陣取って、クルマがひとかたまりになって突っ込んで来てコーナーリングするのを見ていた。するとそこで、いつも顔を合わす中年のおじさんがいる。そのうちに何となく話をするようになって、一緒に食事するようになったんだけど、それが藤岡さんだったんですね。

――藤岡さんは、どういう感じの方に見えましたか。

大塚　ちょっと怪しげで……いかにも人をだましそうな顔（笑）。ところが、あとで知ったんですが、藤岡さんのほうは意図的に僕に接近してきたんだそうです。『ビッグX』で人形劇団の経営からアニメーション事業に進出したものの、かたや老舗の東映あり、新勢力の虫プロあり、TCJ（エイケン）もある。その中で自分が何を目指すべきかを、企画者として常に考えていたらしいんですね。鋭い感性を持っていて、たとえば、川崎のぼるの『巨人の星』は、雑誌では人気があるけどアニメにするのは絵柄的に難しいと思われていたから、どこの会社も迷っていた。藤岡さんは、それに目をつけたわけです。

――ここに、『巨人の星』放映スタート当時の雑誌広告があるんですが、なんと宣伝コピーが、「大人も楽しい劇画調マンガ」。わざわざ「劇画調」とうたうということは、よほど異色のタッチだったということですね。

大塚　ええ。原作の絵に線の強弱があるから、アニメの絵にしにくい。当時、ああいうタッチのテレビアニメというのは、ものすごく冒険だったわけですよ。で、『ルパン三世』も、劇画調のうえに内容が大人向きだから、やはりどこもちょっかいを出さない。藤岡さんは、「よし、その最難関の二つをやってやろう」とアニメーターの人選を考えた。まず、しっかりした人物デッサンの得意な楠部さんに『巨人の星』をやらせ、その楠部さんから、「『ルパン』だったら大塚さんがいいよ」とアドバイスされたんだそうです。僕はクルマや銃に詳しいと思われていたんですね。

楠部さんは、「東映をやめてAプロに来ないか」と僕を誘ってくれたんだけど、給料を払うのは親会社である東京ムービーの藤岡さんだから、最終決定はできない。そこで藤岡さんが、「オレが直接会って話してみるよ」と。いろいろ調べたら、大塚は船橋に通っているらしいというので、彼自身もサーキットに通って、何となく知り合いになった。それで、とうとうある日、「『ルパン三世』という企画があるんだけど、やらないか」と話を持ち出してきて、何だかんだで僕のほうも、「じゃあ、やってみようか」という気になったんですね。

――藤岡さんは、どのあたりの時点でご自分の立場を明かしたんですか？

大塚　3回目か4回目に会ったときくらいかな。

――それまで黙っていたというのがすごいですね。スカウトしたいのなら、大塚さんの家の門を正面から叩けばいいのに、わざわざサーキットに通い、偶然を装って……そんなこと、普通するでしょうか？

大塚　いやあ、しないですよねぇ（笑）。ユニークなプロデューサーでしょう？　芝居っ気があって、独特の発想をする人でした。なかなか刺激的なことを言う人で、「日本のアニメーションはガキ向けばかりだ。大人向きを作れなくてどうする」とか、「ガキ相手の仕事は捨てて、青年の心を揺さぶる作品を作るべきだ」とか、いろいろ自説を唱えるわけですよ。「子供に対する善意こそアニメーションの王道じゃないですか」と僕が反論すると、「それはそれでいいけど、そういう作り手はいくらでもいるじゃないか。オレは駄菓子を作る気はない。ケーキを作りたいんだ。駄菓子はほかの人に任せたい」などと言う。その話の合間合間に、「かといって、日本にはそんな描き手はいないしなぁ」とか、「クルマをキチッと描けるヤツなんか、一人もいやしないよ」なんてね。

――明らかにブラフですね（笑）。

**大塚** そう（笑）。見え見えのブラフをしかけてくるわけ。「大塚さん、明日にでも切符を取ってアメリカに行きましょう」なんて言うんですよ。アメリカに行って、向こうのクルマがどんなものか、スプリントレースとかを見て、ジープの工場にも行ってどうのこうのって。「こいつ、誘ってるな」と思いましたね（笑）。

――勧誘が不発に終わる可能性もあったでしょうに……。サーキットで何度か会ったあとにそういう奇妙なやりかたでヘッドハントされるのと、はなからプロデューサーとしてどこかの事務所でお会いになるのとだったら、大塚さんのお気持ちからすればいかがでしたか？

**大塚** あのね、柳田國男のエッセイ「不幸なる芸術」の中にいろんな詐欺師が出てくる話があるんですが、その中の一人が、たいした収穫もないのに手間ひまをかけ、大演技をして、手練手管で相手をだますわけですよ。で、だまされる側も詐欺だとわかっているけど、その収穫に見合わない努力に対してわざとだまされてやる、という話。もともと、タケノコを売りつけるだけのことなんですけどね。僕はその本を何度も読んでいたもんだから、「この人は、うまいこと言って人を引っぱり出そうとしているな。本当は金儲けで映画を作りたいくせに、きれいごとを言う」と思ったんですが、同時に、「ああ、面白い人だなぁ」と興味を覚えた。だって、東映の偉い人たちは皆サラリーマン・プロデューサーでしたから、そんな芸当ができる人はいやしません。上から企画が来たからやる、という人ばかり。藤岡さんみたいな人は、はじめてでした。株の一発当たり屋みたいなもので、落差がものすごく大きい。当たれば上がる、当たらなきゃ落ちる。アメリカに多いタイプなんですよ。1本当ててビバリーヒルズに豪邸を買って、次の映画でコケて家を売って貧民街に移ったり（笑）。後年、『リトル・ニモ』でアメリカに行き、そういう人の話を何度も聞きました。藤岡さんについても、単純に好奇心からですが、「こりゃ面白い」と思ったんですね。

大塚 ともかく、そのアクロバティックな勧誘が成功して、Aプロにいらした。

――まずはじめにムービー本社に行ったんですが、驚いちゃった。部屋が一つ空けてあって、僕専用の部屋だというんですよ。作画用紙が用意してあって、「ここでどんどん絵を描いてください」と。さらに、若い、かわいらしい女性を秘書につけてくれたりもした。秘書なんかいりませんよとお断りしたんですけどね。

大塚 藤岡さんにしてみれば、特別待遇で迎えたということなんでしょうね。

――オーバーな歓待ぶりがまた独特でしたが、こと『ルパン』の場合、そういう風変わりなプロデューサーがいた意味は大きかったでしょうね。もしサラリーマン的な発想で滑り出していたら、『ルパン』はああなっていなかったかもしれない。で、藤岡さんは監督の大隅さんに対しても、「君らじゃダメだろうな。しょせんガキものしか作れないのが日本のアニメ界だよ」と、ものすごくブラフしていくわけ。それが僕にとっての『ルパン』の始まりだったんです。

## パイロットフィルムと大隅正秋さん

大塚 で、パイロット版を作りはじめたわけですが、僕だけではできませんから、杉井ギサブローさん、芝山さん、小林さんに手伝ってもらうことにした。

――それぞれ、出自はどちらでしょうか。

大塚 杉井さんは東映の出で、虫プロ経由。芝山さんと小林さんは、東映から直にAプロに入った。

――小林治さんについては、クレジットでよく見かけるわりには、あまりデータがないんですが。

大塚 ひょうきんなところがあってね。僕よりも『ルパン』に向いているような気がしましたね。

――杉井さんは、その後監督として『タッチ』（'86年）や『紫式部　源氏物語』（'87年）といった止め絵的な映画を作られましたが、『ルパン』パイロット当時の杉井さんは、「動かし派」的でしたか、「止め絵派」的でしたか？

**大塚**　どちら的とも言えないけど、当時はまだ動かすことを覚えていましたね。まだアニメーターらしかった。でも、本当は以前から演出をしたかったんだそうです。

――そのメンバーに演出の大隅さんを加えて、パイロット『ルパン』が作られた。絵のほうのイニシアチブは、どなたがお取りになっていたんですか。

**大塚**　それはまだ判然としない時期だったんですよ。シーンによってバラバラ。たとえば、ルパンと銭形が電話で将棋をさすシーンは杉井さん。ルパンが華麗なコスチュームをパッパッと着替えるところは芝山さん。冒頭の機関銃をババババッと撃つところは小林さん。爆弾のスイッチを踏んで小屋がドーンと爆発するところや、窓を突き破って大凧が空に舞いあがるところは僕とか、一種のコンクールみたいにやっていました。

――峰不二子のゴーゴーは？

**大塚**　杉井さんです。本物のゴーゴー・ガールを使ってライブアクションを撮り、それを杉井さんが、コマおとしふうに動きを分解して描いた。[注13]

――全体的に、大塚さんっぽい絵柄ではないですね。どのキャラクターもつり目っぽくて、不二子なんかも、さほどキュートという感じではない。でも、モンキー・パンチさんの原作も、初期はああいう顔だちなんですよね。

**大塚**　そうそう。モンキーさんの描く顔も、時代によって刻々と変わっています。で、僕らアニメ化チームとしては、まだ『ルパン』については絵柄が未確定な時期ですから、まずは、ああいうふうに原作どおりにやった。キャラクターデザインは芝山さんですが、みんな各自のパートを自分なりの解釈で描いたような感じでした。

――つり目の、ちょっときつい感じのキャラクターで、のちの『天才バカボン』『ど根性ガエル』などの、タレ目ぎみの芝山キャラとはそうとう違いますね。

**大塚** 芝山さんがモンキーさんの絵をああいうふうに解釈したんでしょう。やっぱり、原作あっての仕事ですから。で、彼らがこの仕事から去って、僕がメインでやらなきゃならなくなったとき、はじめて僕流の『ルパン』の絵柄が出てきた。

――パイロットフィルムは、シネスコ版とスタンダード版と2種類ありますね。同じ内容で撮影サイズを変更したと言われていますが、よく観ると、メインタイトルや各シーンの背景をはじめ、けっこうあちこち絵が変わっていますね。

**大塚** シネスコとスタンダードでは構図の取りかたも違ってくるから、部分的に描き直しているんです。残っていた前の素材も流用しながらね。

――このパイロット版、非常にぜいたくなお金と時間をかけて、ていねいに作られたものだというのが定説ですが……。

**大塚** いやいや、東映時代に比べたらまとまっていないし、それは映画とテレビのアニメ制作ノウハウの違いでもある。もともと映画用に売り込もうとしたのに、テレビ的レベルで作っちゃったというか……。それと、動きに関して言えば、やっぱり杉井さんたちが虫プロ的な、止め絵的要素を持ち込んできていますから。

――その杉井さんも、もとは東映にいらしたわけでしょう？

**大塚** 東映にいても、原画までは描いていませんから。たしか、動画まででやめちゃったでしょう。杉井さんってね、ちょっと夢見童子[注14]のようなところのある人なんですよ。あるべき理想を自分の中に持ってはいるけど、技術の末端にまでは分け入って来ない。ここのコマがおかしいとか、このポーズがどうとか、そういうことをあまり言わないんです。

――杉井さんの作品では『銀河鉄道の夜』（'85年）が好きなんですが、たしかにあれも、動きで勝負するタイプの作品ではありませんでした。

**大塚** やっぱり、絵描きというより演出家タイプなんですね。すごい映画を作りたいといつも夢見ているけど、足元はさほど気にしていないというか……。逆に、僕なんかは、足元ばっかり這いずり回ってるタイプだから（笑）。

――パイロット『ルパン』は、すごく気合いは入っていますが、動きという点から見れば、失礼ながら、大塚さんのそれまでのお仕事ぶりに比べるとちょっと見劣りしますね。

**大塚** それは、間違いなく、予算と時間とスタッフのまとまりのなさの問題ですね。東映のように手間をかけられないことは、作っている僕たちにもわかっていました。ぜいたくに時間をかけたというけど、単に制作期間が長かったというだけなんですよ（笑）。みんな他の仕事をやりながらだったので、ガッと集中して作ったわけじゃない。だから12分程度のものに1年近くかかっちゃったんです。

――あ、そういう意味での1年でしたか（笑）。では、ご自身としては会心作というわけでも……。

**大塚** まったくないです。ただね、このパイロット版がのちの『ルパン』のすべてのベースになったことは事実ですよ。大隅さん、藤岡さん、そして僕にとっても、まだまだ手探りの時期で、何かを確かめるために作ったという、まさに、言葉どおりのパイロット版だったんです。それを藤岡さんは、鬼の首でも取ったようにあちこちに見せて歩いた……。まず、シネスコ版の劇場用として東宝に。劇場用の大作をと意気込んだんですが、東宝は関心を示さなくて、ズルズルと何年もたってしまった。しかたがないからテレビ用にサイズを直し、アフレコをやり直して、いろんなテレビ局に持ち歩いて上映会を行なっては、「どうです、買いませんか？」とやっていたわけです。当時は各局とも、「こんなの、テレビじゃできないよ」という反応だった。放送が決まるまでにえらく時間がかかったので、僕もとりあえず食わにゃならんから、その間、『巨人の星』を手伝ったり『ムーミン』をやったりした。で、『ムーミン』でコンビを組んでいるうちに、大隅さんという人がだんだんわかってきたんです。大隅さんはね、自分では絵を描かないし、コンテも切らない。ただ、作品の進むべき方向性を明確に打ち出してくるという点で、プロデューサー的な役割を兼ねていたわけで、あの時代には貴重な存在だったと思いますよ。

――パイロット版でのルパンの声は、劇場用が野沢那智さん、テレビ用が広川太一郎さん。そして、次元の小林清

**大塚**　志さん、不二子の増山江威子さん（新シリーズ以降）は、この時点ですでに起用されている。旧『ルパン』での山田康雄さんや二階堂有希子さん（不二子役）にしても、ボイス・キャストはどなたが決めたんですか？

――パイロット版も含めて、すべて大隅さんのはずです。旧シリーズのほとんどの人がその後常連になっていることを思うと、適切な選択だったと言えるでしょうね。いくつものシリーズが作られて、キャラクターの絵がどんどん変わってもなぜかさほど気にされないのに対して、声に関しては、いわゆる「刷り込み」効果で観る側が毎回同じキャストを要求しますから、後で変更できなくなってしまうんですね。つまり、作品というのはいったん完成して世の中に出ると、観る側にとっても「自分のもの」になっちゃうでしょう。自分の青春の1ページと重なったりする。そうなると、とたんに保守的になって、違う声優の選択は考えられなくなっちゃうんですね。どこかの段階で、全部新しいキャストに入れ替えることだってあり得ると思うんですけどね。

**大塚**　のちの『風魔一族の陰謀』では、実際に全員チェンジされたわけですが。

――でも、ただ1回だけの試みに終わっているでしょう。まあ、それは置くとして、パイロット版と旧『ルパン』のボイス・キャストについては、大隅さんの趣味が濃厚に出ていると考えていいでしょうね。大隅さんの趣味というのは、大塚さんから見て、平たく言えばどういうものですか？

**大塚**　うーん、趣味というか、大隅さんの中心にあるものは、反権威だと思う。かなり良質の反抗精神を持った人なんですよ。悪く言うと、ヒネてる（笑）。でも、それと同時に、前にも言ったようにエンターテインメントのツボを心得てもいる。ここは大事なポイントですよ。単に反権威だというだけじゃ、どうしようもない。彼はもともと「飛行船」という人形劇団の舞台監督で、当時もアニメと並行して人形劇をやっていたから、劇場で子供がワッと湧くポイントを知っているんですね。ここは湧くなと思ったら、次の公演ではそこをぐっと引き延ばすとか、そういう、子供たちとの直接対話を絶えずやってきた経験を持っているのが、僕にはものすごく新鮮だった。映像の世界は常に一方通行で、それがないですからね。

## 旧『ルパン』放映へ

――結局、日本テレビ系列のよみうりテレビに企画が売れて、1971年秋にいよいよ旧シリーズがスタートするわけですが、制作第1話は放映第1話の『ルパンは燃えているか…?!』でいいんでしょうか。

大塚　そうです。あとの話数のオーダー（順序）はちょっと覚えていませんが、ともかく大隅さんも僕も、非常に張り切って始めた。で、そのころにはもう、高畑さんや宮﨑さんが僕のそばに来ていたわけです。二人とも東映をやめ、Aプロにお客さん状態で来ていて、『長くつ下のピッピ』を準備しながら、僕らが『ルパン』をやっているのを横目で見ていた。

――旧『ルパン』初放映のとき、私は小学5年生でした。日曜夜7時半の枠で、ひょっとすると親も一緒にテレビを観ている時間帯にこのエッチさは何なんだと、ものすごくドキドキしましたね。極端な話、『ルパン』イコール、エッチなもの」というくらい強烈な印象で（笑）。作っている側としては、7時半の枠であっても大人向けなんだという意識だったんでしょうか？　それとも、何割かは「子供向け」という意識も？

大塚　いやいや、完全に成人向けのつもりでした。その点、よみうりテレビも誤算だったし、東京ムービーも誤算だった。そもそも、原作自体がエッチでしょ。だから、どこの会社も手を出さない。で、双葉社とモンキーさんが東京ムービーに映像化権を渡しちゃったので、とにかく作らなきゃならない。そのときのコンセプトが、「青年アニメ」というものだったんですよ。世に子供向けアニメ番組は多いけど、少し上の、17～18歳くらいをターゲットにして、ちょっと背伸びしている若者向けに作ろうという方針が最初の企画書にある。で、ガキものばっかりやってるのはイヤだな、大人向けを作ってみたいなとみんなも思っていたものですから、そのポリシーに大乗りして『ルパン』をやった。ところが、6パーセントとか、一番ひどいときは4パーセントとか、空前の低視聴率。テレビ局は「こんなもの、だれも観てないぞ！」と烈火のごとく怒り、もともと僕らのポリシーに共鳴して受け入れてくれたはずなのにねえ、責任はプロダクションがかぶる形になった。で、後半は子供向けに作り直すことになって、大隅さんが降ろされちゃった、というわけです。

——視聴率のことに加えて、シリーズ開始直後に大きな放送事故があったりしたのも、アンラッキーでしたね。

**大塚** 放送事故？　いや、初耳です。

——少なくとも、東京地区ではありましたよ。忘れもしない第3話（『さらば愛しき魔女』）、ルパンが「第3の太陽」（架空の植物）を積んだロケットで島を脱出しようとすると、密航した不二子が「やっぱり乗っちゃった」と姿を現わす。そのあと、ロケットが重量オーバーで墜落するところで映像がプッツリ切れて、ずーっと黒味のまま放送が終わってしまったんですよ。だから、ルパンたちがＳＯＳサインを出しながらイカダで漂流するラストシーンは、再放送まで観られなかったんです。

**大塚** へぇー、そんなことがあったの。たしかに、当時のテレビでは、そういう放送事故が今よりも多かったような気はしますけどね。

——シリーズ初期の数話はテンションが異様に高く、とてもユニークなものでした。大隅さんご自身も、作品の出来には自信がおありだったんじゃないかと思うんですが……。

**大塚** そりゃあ、すごく自信があったと思いますよ。あのコンセプトを打ち出したことは、彼、今でも誇りに思っているだろうと思う。最近でこそ、子供向けじゃない、『ドラえもん』『サザエさん』の世界じゃない、高年齢層向けジャンルのアニメがすっかり定着しているけど、大隅ルパンは間違いなくその源流ですよ。それと、僕はメカ好きだったから、メカをいっぱい出した。それまでのアニメのメカは、本当にチャチなものばかりだったんですよ。いちおうクルマらしい形をしていればそれで済んでいたけど、僕は、「いや、ただのクルマじゃない。これはベンツで、これはルノー・アルピーヌで、これはミニ・クーパーなんだ」というふうにリアルに描きわけた。アニメでもそれができるというので、その後、ダーッとメカブームになった。旧『ルパン』は、その源流でもあるわけです。

——それとやっぱり——しつこいようですが——すごくエッチだったということ（笑）。第2話で、いきなり不二子がフルヌードで……。

**大塚**　僕はねぇ、エッチなのはあまり賛成しなかったんですよ（笑）。演出上必要で、描かなきゃならなかっただけで。

――大隅さんは、旧『ルパン』の演出方針について、こんなふうにおっしゃっています。「登場人物の内面に立ち入らないで、外側の描写だけで物語を進めるハードボイルド小説の方法が『ルパン』にピッタリだと思った。（中略）ぜひ『ルパン』にこれを取り入れたかった」と。[注15]ようするに、心理描写をセリフやナレーションに頼らず、人物の行動を通してやるということですが、そういう演出をすれば、当然セリフが減るわけで……。

**大塚**　そうなんですよ。すべてを絵で語らなきゃならない。ハードボイルド、あるいはクールタッチというのが日本人はもともと大好きなんだけど、フランス映画とかにも一時期あったでしょう？

――アラン・ドロンの『サムライ』（'67年）とか、ジャン＝ポール・ベルモンドの『いぬ』（'63年）といったフィルム・ノワールですね。

**大塚**　さらに古くは、ジャン・ギャバンの『望郷』（'37年）とかね。登場人物がタバコをくわえて何も言わず、すっと立ち去っていく……みたいなね。アメリカでいうと、私立探偵フィリップ・マーロウとか、『カサブランカ』（'42年）のハンフリー・ボガートのような立ちふるまい。ああいうのは、本来アニメーションにはあまり向かないと思うけど、大隅さんはあえてそれを持ち込もうとしたわけです。そういう意味では、僕は作監として、大隅さんにとっては最適任ではなかったかもしれませんね。

――作画する側からすれば、そういうムーディーなコンテを切られるとしんどいですか？

**大塚**　いや、しんどくはないです。ただ、そういうかっこいいポーズや動きをうまく描けるアニメーターが何人いるのかという現実問題に直面しちゃう。青木（悠三）君なんかは、そういうのが非常に好きですから、そういうコンテにはピーンとリアクションがはね返ってきましたね。

――第2話の冒頭で、ルパンが湖で寝そべって釣りをしているでしょう。いっぽう、次元は射撃の練習をしている。

大塚　釣竿を持ったルパンが、画面奥に立つ次元のところに、ワンカットでゆっくり歩いていく。で、ロングショットでとらえられた二人が耳をすますと、向こうの屋敷の2階の窓から、不二子の歌うもの悲しいメロディーが流れてくる……。あそこ、えんえんセリフがないですからね。

大塚　そうそう。ああいうムーディーでアダルトな雰囲気、キャラクターへの距離の取りかたは、大隅さんならではという感じがしますね。

## 助っ人、高畑さん・宮崎さん

大塚　視聴率問題で大隅さんが降ろされて、いったん演出がブランクになったんですが、始まった以上はシリーズを作り続けなきゃならない。で、『ピッピ』の企画が流れて手が空いていた高畑さんと宮崎さんに「ちょっと手伝ってよ」と頼んだんです。本人たちはイヤがったけど、他に人もいないし、ペンネームでならやるということで、「Aプロダクション演出グループ」というクレジットにした。コンテの調整とか、シナリオの切り貼りをして、なんとか急場を切り抜けたわけです。僕は作画監督としてスタッフに残ったわけですが、そうなると、作品自体のコンセプトがまるで変わってくる。シリーズ当初は、暗い、翳のある大人向けムードだったけど、後半、明るく愉快なルパンになっていくんです。

――当時、宮崎さんたちは『ルパン』についてどう思っていらしたんでしょう?

大塚　はっきり否定的でしたね。まず、泥棒を主人公にすることに大きな疑問があると。もう一つは、お色気を押し出すのも夜の7時半の時間帯でどうだろうかと。それに、クルマや銃のメカを凝って描くとなると、当時の作画環境では、どうしても僕頼みになるでしょ。ほとんどのアニメーターは、それらをリアルに描けなかったから。それを描けるようにする訓練は大変だとか、二人とも『ルパン』に対していろんなバリアを頭の中に立てていて、「そんなことやったってしようがないよ」という、非常に疑問符付きの見かただったように思います。

――ですが、宮崎さんたちは、「大塚さんが（Aプロで）『ルパン』やるらしいよ」「ああ、おもしろそうだな」「一本やらしてもらおうか、こっちで」というふうに話されていたそうなんですが[注16]、では、それは何かの間違いですか？

**大塚**　間違いです。『ムーミン』を見て可能性を感じた、と言い換えるべきでしょう。二人とも、『ルパン』という企画そのものに最初から否定的だったし、もっと言えば、藤岡さん自身に対しても疑問符を持って見ていましたから（笑）。で、僕だけが弁護するわけ。「藤岡さんというのは、ちょっと怪しげなところもあるけど、こういうところを見るべきだよ」と。

――こうしてお話をおうかがいしてくると、やっぱり大塚さんは、人間のとらえかたに独特の「幅」を持っていらっしゃるように思うんですね。生意気な言いかたですが。

**大塚**　いや、別に幅はないんですけどね（笑）。僕自身、変な子供だったものですから。ＳＬに乗せてもらってあっちこっち飛び回ったり、戦後、ジープをスケッチしていて進駐軍に紙やペンをもらったり……けっこういろんな人たちの善意に包まれていた。だから、未知の変わった相手とつきあうのはわりあい平気なんですよ。自分が変人だったせいもあって、変人アレルギーも外国人アレルギーもない。アニメ界に入ってみると、変人がとても多くてねぇ（笑）。だけどまあ、他の人ほどは驚かないわけです。

――あらかじめ「変人対応」ができている（笑）。……せっかくですから、ちょっと寄り道して、そのあたりのお話をうかがいましょう。

## クルマと拳銃趣味のルーツ

**大塚**　14歳、中学2年生のころ、中国地方から九州までＳＬに乗って飛び回っていたんですよ。しょっちゅう学校をさぼってね。今でいう不登校児ですか。それも、確信犯の不登校児（笑）。勉強も学校も嫌いじゃないけど、好きなことをやるためには学校になんか行っていられない。戦時中だったから学校も管理に甘いところがあって、それをいいことに、家を出て10日くらい帰らないわけ。やれ九州だ、広島だとほっつき歩く。行く先々で、機関士たちがサポートしてくれるんですよ。いつもＳＬをスケッチしに行って顔見知りになった機関士が、「岩国に行ったら面白い機関車があるぞ」「見に行きたいなあ。おじさん、連れてってくれよ」「じゃ、何時何分の汽車で行くか」。当時の機関車というのは、機関士の前は機械でいっぱいだけど、助手席の前がちょっと空いているんですよ。そこに乗って、駅を通過するときだけしゃがんで隠れていればいい。駅長が来ても、しゃがんでいれば中までは見ないから。いくつも駅を通過して広島に着いたら、今度は広島機関区の人に「この子をよろしく頼むよ」とリレーしてくれるんです。そのうえ、機関区に置いてある特別食の乾パンや焼き芋を食べさせてくれたり、お風呂にもちゃんと入れてくれたり……。

大塚　考えてみると、未成年でしょう。誘拐とまではいかなくても、親が厳しければちょっとまずいですよね（笑）。

いや、それは機関区の人にも確認されたんですよ。「お前、戦争で大変なときにこんなことしとって、親はどう言ってるんだ？」「親は賛成だから」「そうか。それならいいが」って。親も、はじめは警察へ通報したり大騒ぎしたんです。だけど不思議なもので、２、３回繰り返すと、「あいつはしようがないヤツだから」と親も学校もあきらめる。それからあとは、ぐっと楽になるんです（笑）。最長で半月ぐらい家に帰らなかったかなぁ。

大塚　すごい！　完全に放浪児ですね（笑）。

戦後になって、今度は進駐軍のお世話になったんだけど、これが意外にも、けっこう善意のかたまりという感じでした。軍用ジープを一所懸命スケッチしていたら、捕まっちゃいましてね。あまりにも克明に描くから、スパイでもしてるんじゃないかと疑われて、ジープで憲兵司令部に連れていかれた。通訳がいて、「どうしてわが軍の車両番号を全部描き写すんだ。誰かに頼まれたのか？」「いや、これは僕自身が面白くて、細かく描かないと気がすまないんだ」。カバンから絵を出して見せると、機関車がきれいに描いてあるのにびっくりしたらしくて、「まあよろしいが、今後ジープを描くときは、車体番号やマーキング、部隊番号だけは描くな」というわけ。「それにしても、こんな粗末な紙を使っているのか。どれ、ペンも見せてみろ」。僕が使っていたのは、古くさい、ごく普通のペンなんですよ。それとインク壺を抱え歩いていた。

――当時、ボールペンは？

大塚 なかったです。たしかシャープペンのたぐいはあったけど、今のようには良くない。で、「いい紙とペンをあげるから、これを使え。ついでに飯も食っていけ」なんてね（笑）。はからずも、ずいぶん親切にしてもらいました。まあ、僕のクルマ好き、メカ好きというのは、そのあたりがルーツになっているわけですね。

――では、拳銃にお詳しい来歴はどうでしょう？

大塚 簡単に言いますと、アニメーターになる前に、「厚生省関東甲信越地区麻薬取締官事務所」という長い名前のお役所につとめていて、そこでいつも本物に接していたから。分解掃除やスケッチをした関係で、銃には詳しかったんです。

――そういう、一見アニメーションに関係ないようなご経験の数々が、『ルパン』などに大きく活かされているんですね。もっといろいろお聞きしたいですが、このへんで話を戻しましょう。

## 東映はアカデミズム？

大塚 最終的には、楠部さんが大隅さんを『ルパン』から降ろしたんですけど、僕は、大隅さんのちょっと斜に構えたような人柄が好きでした。「オレはアニメ界の人間じゃない」と絶えず言っていたり、あるいは、アンチ東映だったり……。前にも言いましたが、大隅さんはね、東映動画が嫌いだったんですよ。

――そうですか。根っから東映出身の大塚さんとしては、それは……。

大塚 いやいや、僕は平気。アンチ東映でも別にいいじゃないかと思っていた。大隅さんは、どっちかというと虫プロのシンパでしたね。

――それは興味ぶかいお話ですね。つまり、旧『ルパン』の生みの親たちは、演出家がどちらかといえば虫プロ的、作画監督は根っから東映的だったということに……。

大塚 そこはね、このように理解してもらったらわかりやすいと思う。アニメーションにアカデミズムがあるとすれば、アメリカではディズニー、当時の日本では間違いなく東映でしょ。で、仮に誰かがアンチ・アカデミズムで出発しようとして、革新的、新鮮であろうとしたなら、「アンチ東映」にならざるを得ません。だから虫プロは必然的に、アンチ東映で自らを引っぱってきた。「東映の技法は古くさい、われわれのほうが新しい」というふうにね。当時、かなり多くのアニメ業界人が、大企業である東映に対して反発を抱いていたということを認識しなきゃいけないと思います。

―― 反発とは、会社に対してだけでなく、東映動画の作品や作風に対してもですか？

大塚 そうです。大隅さんの中にも、はっきり口に出して言うくらいのアンチ・アカデミズム、アンチ東映があった。どっちかというと虫プロ的な指向。でも、僕にとっては、そんなことはたいした問題じゃなかったんです。

―― それは、ご自分の作画力がアンチに太刀打ちできるという自信がおありになったからですか？

大塚 じゃなくて、僕が受け継いだ技術は別に東映だけで独占しなくてもよろしい、もっと普遍的な技術なんだ、と信じていましたから。

―― 東映の色に染まった技術ではなく、みんなのための、良質な技術なんだということですね。

大塚 そう。「まともに動かすなら、こう描くべきだ」という確信があったから。東映の技術だからどうのこうのなんて狭いことを言わないで、本格的なアニメーション技術をみんながすすんで覚えるべきだ、とね……。

当時、手塚さんにもずいぶんそんなふうに直接提言したんですよ。手塚さんには雑誌漫画家というルーツがあるから、そんなに動かさなくてもいいというセオリーをお持ちだった。でも、もしもアニメーションの映像を何十年も長生きさせようと思ったら、やはりキチンと動かすべきだと思う。自然界の作動原理を踏まえた動かしかたのノウハウは、決してどこかの会社の独占所有物じゃなくて、世界中に……人類全体に通用する原理なんだと思います。

―― なるほど。それにしても、大隅さんが虫プロ的センスに通ずるというのは、わからなくはないですね。たとえば、虫プロの『千夜一夜物語』のオープニングで、主人公の風来坊が広大な砂漠を歩いてくるんですが、かなりグラフィック的な絵づくりをしていて、そこに、リズム&ブルース調の、英語の主題歌がガーンとかかる。洋画っぽい、アダルトな感じなんですよ。で、その歌を歌っていたのが、ザ・ヘルプフル・ソウルというバンドにいた、旧『ルパン』の主題歌で有名なチャーリー・コーセイさんだったわけです。

大塚　ああ、なるほどねぇ。

——あるいは、旧『ルパン』第5話（『十三代五ェ門登場』）で、走るタンクローリーの上でルパンが五ェ門に対して身構えているポーズが、ワンカット、アオリ（仰角）の構図でパッと入るでしょう。劇画的で、なかなかかっこいいんですが、シリーズ後半の高畑・宮﨑ラインだったらおそらく登想しないであろう、ケレン味たっぷりの絵で……。

大塚　おっしゃるとおりですよ。まあ、大隅さんは自分ではコンテを描かないから、カットごとの細かい構図とかはコンテマンの仕事になっていくわけですけどね。でも、そのコンテを切るのが、出﨑さんや吉川さんだったりすることで、虫プロ的なセンスが入ってくるわけです。

——出﨑統さん？

大塚　ええ。彼は旧『ルパン』を何本もやっていますよ。ペンネームでね。当時まだ虫プロ系列だったアートフレッシュにいたから、本名ではやりにくかったんでしょう。

## 出﨑統さんの貢献

大塚　ほら、タイムマシンが出てくる話があるでしょう？（第13話、『タイムマシンに気をつけろ！』）あの回なんかは、出﨑さんのコンテです。

——ああ、魔《ま》毛狂介《もうきょうすけ》の出る……。ええと、資料によれば、13話は、脚本が宮田雪、絵コンテが斉九洋。

大塚　そう。その斉九洋というのが出﨑さんです。サイクヨウと読む。大隅さんに聞いたら、「面倒クサイヨウ」というところからきたペンネームなんだそうです（笑）。

——ですが、シリーズ中盤のあの回はもうすでに、高畑・宮崎演出なのでは？

大塚　いや、必ずしもそう言いきれるものじゃないと思う。覆面で演出を引き受けたからといって、高畑さんと宮崎さんは、自らおおもとのコンテを切ったわけじゃありません。ストーリーをわかりやすくするための、作画前のコンテチェック、コンテ修正、加筆といった役割で入っていますから。おおもとのコンテは、大隅さんの指示のもとにいろんな人たちが描いたわけです。そしてそこには、大隅さんとコンテマンによる演出の意志が強く働いていた……。まあ本当なら、こういう話は、もとのコンテと仕上がった映像を見比べながらしなきゃならないんでしょうけど。

——しかし、それはちょっと素通りできないお話ですね。ようするに、シリーズ途中からの「Aプロダクション演出グループ」作品にも、回によって、宮崎さんたちの役割分担の度合いにそうとう差があったということでしょうか。

大塚　そうです。大人向けのアンニュイ（倦怠）路線を子供にもわかりやすい内容にしてほしい、というのが局の改変の意向でしたが、高畑、宮崎さんたちに交代した時点で、すでに仕掛かりの作品がいくつも残っていた。だから、別の人のコンテに宮崎さんたちがちょっと手を入れた程度のものから、まるっきり直さざるを得なかったものまで、ずいぶんと作業に幅があるんです。『タイムマシン』の回では、ラストで卵型のタイムマシンをスパッとちょん切るというアイディアは宮崎さんだったと思いますが、そのほかのシーンにはあまり手を入れてなかったように記憶しています。だからあの回は全体的に見ると、高畑・宮崎演出というより、大隅・出﨑演出のタッチがはっきり残っている。いっぽう、15話（『ルパンを捕まえてヨーロッパへ行こう』）なんかは、小華和ためおさんが描いたコンテを宮崎さんがまるっきり変えちゃったから、濃厚に宮崎タッチになっているんです。

——ええと、コンテと演出の関係を最初から整理してみますと……まず第1話『ルパンは燃えているか…⁉︎』、これは完全に大隅時代ですね。コンテは高橋和美さんという方ですが、この方は？

**大塚**　ちょっとわかりませんね。誰かのペンネームかもしれないけれども。[注17]

**大塚**　――次の第2話、傑作の誉れ高い『魔術師と呼ばれた男』は、コンテが奥田誠二さん。奥田さんは虫プロ（アートフレッシュ）出身のコンテマンです。俯瞰《ふかん》で絵を描くクセのある人で、その後もいろんなところで活躍していますね。

**大塚**　――3話『さらば愛しき魔女』が斉九洋。つまり、出崎さん。これも大隅演出時代ですから、出崎さんのコンテのままです。

**大塚**　――出崎さんと大隅さんの相性はいかがでしたか？
非常に良かったと言えます。

**大塚**　――次の4話『脱獄のチャンスは一度』は、コンテが佐々木正弘さん。この人は東映の出身。

**大塚**　――次の5話が、傑作『十三代五ヱ門登場』。絵コンテが小華和ためおさん。東映やコマーシャル会社にいて、独立してコンテマンになった人です。

**大塚**　――1話から4話までシリアスなトーンできて、この5話は愉快痛快でしょう。もうここで宮崎さんたちが入っているのかなとも思うんですが、いかがでしょうか。

**大塚**　かなり手が入ってますね。逆に、次の6話（『雨の午後はヤバイゼ』）にはまったく入っていません。[注18]「いじりようがない……」と言ってましたね。

**大塚**　――6話は、いかにも大隅さん的ですよね。ストーリーは粗いけれども、ダークなムードで押し切った感じで。絵コンテは小泉謙三さん。

**大塚**　メイツという制作会社の社長で、東映出身です。

**大塚**　――7話『狼は狼を呼ぶ』が、また斉九洋。[注19]
これは、ほぼ出崎タッチそのままです。3話も7話も13話も、大隅さんが出崎さんに「こういう方針でやって

——くれ」と指示しただけだから、コンテを切った出﨑さんの色が濃く出るんです。このころの出﨑さんは、例の「止め絵レトリック」がまだ控えめで、『ルパン』の世界にかなりなじんでいる感じですね。ところで、作業の流れが「大隅・出﨑さん発、大塚さん経由」ということなのであれば、絵になる段階で演技などのトーンが変わっている可能性もあるんでしょうか？

**大塚** ええ。出﨑さんのコンテは非常にラフですから——それがいいかどうかは別として——作画のときにかなり変更できましたね。

——次の8話『全員集合トランプ作戦』は、コンテが奥田誠二さん。

**大塚** これも、ほとんど変えていません。

——9話『殺し屋はブルースを歌う』には、大隅さんの好みが強烈に出ていますね。コンテは奥田さん。

**大塚** これも、ほとんどもとのままだったと記憶しています。10話（『ニセ札つくりを狙え！』）も同じ。

——10話のコンテは矢沢則夫さん。この方は？

**大塚** JABという会社の人ですが、出身は東映でも虫プロでもなかった。

——『ニセ札つくりを狙え！』で不思議なのは、さわき・とおるさんのシナリオがどんなものかは存じませんが、あの雪山の時計塔のからくりは、すごく宮﨑さん的というか、『カリオストロの城』的じゃないですか。コンテをほとんど変えていないとすると、いったいあのアイディアは……？

**大塚** あの設定については、宮﨑さんは関与していませんよ。

——え、そうなんですか？　しかし、旧『ルパン』を語る際に、あの時計塔や歯車に後年の宮﨑駿の片鱗が見える——というのが定説になっていますが。

**大塚** いやいや、それは僕が関与しているのではっきり言えます。

——では、偶然ですか？　あの時計塔趣味というか、歯車趣味は。

**大塚** 偶然というか、ストーリー構成の結果、そうなっているんです。時計塔だけじゃなくて、ラストで、ルパンと大男が殴り合いして顔がボコボコに腫れあがるでしょう。宮崎さんはあのシーンにはタッチしていないけど、あれを『紅の豚』（'92年）のラストにそのまま輸入した。そんなふうに、宮崎さんが旧『ルパン』にインスパイアされたものはいろいろあったようですね。昔自分が吸収したものをあとで使ってみるというのは誰にでもありますから、宮崎さんにそれが皆無かというと、そんなはずはないでしょう。世界中の名作からいろんなものを取り入れていると思いますが、それが映画の中でしっかり組み入れられているかどうかの問題じゃないですかね。

―― なるほど。では、次の11話『7番目の橋が落ちるとき』は？

**大塚** 宮崎さんがドカーッと関与した最初の作品です。逆に、次のアイヌの出てくる話（第12話『誰が最後に笑ったか』）にはまったく関与していない。その次の13話『タイムマシンに気をつけろ！』では、宮崎さんは原画マンとしてあっちこっち手伝ってくれてはいるけど、さっきも話したとおり、コンテはあまり変えないまま作画段階で変更したように思います。

―― 13話のサブタイトル前で、暗闇を走るルパンと次元を止め絵的に処理したところなんか、シャドーのついたイラストを使ったり、言われてみれば出崎さんっぽいですね。歯切れが良くて、わくわくさせるオープニングです。でも、エピソード全体の印象は、終盤のドタバタシーンのためか、わりと宮崎さんっぽいんですよね。

**大塚** 作画の段階でムードが変わったということはありうるでしょう。でも、僕は今でも、出崎さんの描いたコンテをありありと覚えていますよ。

―― それにしても、出崎さんが旧『ルパン』で実質的に演出に近い作業をしていたことは、もっと知られていてもいいはずですが……。出崎さんご本人も、旧『ルパン』についてはほとんど語らず、「（いつ頃から関わったのか）よく覚えていないんです」とさえコメントなさっています[注20]。

**大塚** そうですか。おそらく出崎さんは、旧『ルパン』についてあまり語らない決心をしているんじゃないでしょうか。つまり、旧『ルパン』といえば何もかも大隅、大塚の手柄みたいになっちゃっている。黒子だった高畑、宮崎さんの足跡さえ、今ではかなり喧伝《けんでん》されている。出崎さんにしてみれば、代表作『あしたのジョー』（'70〜'71年）ほかたくさんの作品があり、功績と存在が評価されていますから、よけいに語りたくないんじゃないか……と僕は想像していますけど。それに、出崎さんは「いちコンテマン」として旧『ルパン』に関わっていたから、他の人が監督した作品について多くを語らないのは、当たり前といえば当たり前じゃないでしょうか。

そういう点では、大隅さんもちょっと屈折していて、「どうせオレたちの仕事はみんな高畑、宮崎の手柄みたいになっちゃったんだろう。もういいや、ほっとけ」みたいな気分がきっとあるんでしょう。

**大塚**　ファンの側からすれば、決してそんなことはないんですけどね。

——　時間が経つと、大隅さんの仕事がちゃんと理解されてきて、パイカルや殺し屋プーンを好きという人が「あれは高畑、宮崎だ」とは言いませんよね（笑）。大隅さんの貢献は、今や、誰にもわかっていると思いますよ。

**大塚**　14話が『エメラルドの秘密』。これがまた、かなりの傑作で。

——　これは、高畑・宮崎による全面改訂版。

**大塚**　絵コンテは岡崎稔さん。この方は？

**大塚**　虫プロ、東映の流れの人です。続く15話『ルパンを捕まえてヨーロッパへ行こう』、16話『宝石横取り作戦』も、高畑・宮崎版。

——　『宝石横取り作戦』のコンテは出﨑哲さん。「作画汗まみれ」にこの作品の宮崎コンテの一部が載っていましたが、すると、もとのコンテはどうなっちゃったんでしょう？

**大塚**　ほとんど残っていない。宮崎さんがまるで変えちゃった。出﨑哲さんというのは、出﨑統さんのお兄さんですよ。

——　『ど根性ガエル』『侍ジャイアンツ』の絵コンテとか、監督としても多くの作品を手がけられていますね。ご兄弟だったんですか。

で、次の17話『罠にかかったルパン』が、また斉九洋＝出﨑統コンテ。この回の冒頭、ルパンと次元が、不

**大塚**　二子に誘われてキャバレーで酒を飲むでしょう。サックス奏者が吹く「ミスティー」のメロディーと、ルパンたちが騒ぐ声だけがバックに流れて、止め絵が何カットも続くんですが、高畑・宮崎コンビにしては珍しい演出だなあと不思議だったんです。

――違うんです。あのコンテは出崎さんなんですよ。

**大塚**　音楽のムードで流していくシーンなので、止め絵でもさほど不自然じゃないですけど。あれはあれでいいんですよ。

――かたや、後半の追跡シーン、気球から空気が抜けてどんどんしぼんでいくあたりは、実に宮崎さん的なドタバタ漫画映画のおもむきでした。

**大塚**　宮崎さんがコンテを変えたのかなあ……。そのへんは、大隅さんとしては今でも語りたくない、悔しいところでしょうね。

――大隅さんは、このころはもう完全に現場を離れていらしたのでは？

**大塚**　もちろんそうなんですが、出崎さんにコンテを発注したということだけでも、そこに大隅さんの意志が働いているわけですからね。

――では、このあたりのエピソードには、少なくともコンテ発注段階では、大隅さんが関わっていらした可能性があるわけですね。

**大塚**　と思います。まあ、30年以上も経つと、いろんな話が横に流れて流布しますよ。なにしろ制作事情が混乱していたから、僕の記憶にも多少間違いがあるかもしれませんが……。

――18話『美人コンテストをマークせよ』が、また小華和ためおさん。19話『どっちが勝つか三代目！』――ガニマール警部三世とルパンが対決する話――が棚橋一徳さん。この方は？

**大塚**　同じくコンテを描いていた矢沢則夫さんたちと一緒に、ＪＡＢという会社をやっていました。

――20話『ニセルパンを捕えろ！』は泥棒島に行く話で、これも小華和さん。それから、宮崎タッチで有名な21話

『ジャジャ馬娘を助けだせ！』が高橋春男さん。同名のイラストレーター（漫画家）の方がいらっしゃいますが、ひょっとして同一人物でしょうか？

**大塚** わからない。まったく記憶にないです。誰かのペンネームかもしれません。

―― 22話『先手必勝コンピューター作戦！』がまた小華和さんで、最終回の『黄金の大勝負！』が吉川惣司さん。

**大塚** 吉川さんは、もと虫プロ（アートフレッシュ）。出﨑さんと同期くらいの人だから、虫プロでも古いほうですね。のちの劇場版（『マモー』）の演出もしています。

## 重層構造が生んだ魅力

**大塚** まあそんなふうに、大隅さんから高畑・宮﨑コンビに演出がバトンタッチされたといっても、ことはそう単純じゃないわけです。5話目ぐらいから宮﨑さんたちが参加したとはいえ、制作自体は何話ぶんも先行しているでしょう。その移行していく過程で、宮﨑さんと高畑さんは、各話の絵コンテにこういう診断書を出したんですよ。まず、「あ、この話はもう手遅れ、僕らがいじっても変わらない」と投げちゃった回がある。次に、「この話は補強すればもっと面白くなる。ちょっと手を入れよう」とか、「大塚さん、ここは変えてよ」と部分的に変更作業をした回があり、また、カットの構成自体は変えなくても、作画段階で絵のムードとかを変えちゃったケースもある。そういう、何段階にもわたる複雑な作業をやったわけです。その診断書の中で、出﨑さんの『タイムマシンに気をつけろ！』も、「これはいいだろう」ということになった。「このままでも面白いから、ほうっておこうよ」と。だから、彼らはほとんど手を入れていないわけです。[注21] 宮﨑さんたちは、大隅さんに敬意を払って「Aプロダクション演出グループ」という仮名を使い、隠そうとしたんだけど、あとになって旧『ルパン』の人気が出て、みんなが根掘り葉掘り聞くもんだから、いつのまにかバレてしまった（笑）。だけど、まだバレていないこともあった、ということですね。

―― うーん、そうでしたか。あの「Aプロダクション演出グループ」という罪なクレジットが、見る側をどれだけ

大塚　惑わせたことか……（笑）。それにしても、制作プロセスが複雑過ぎて、ちょっとフォローし切れないくらいですね。

大塚　ええ。そういう複雑ないきさつが、かえって、あの作品を一筋縄ではいかない重厚なものにしているんじゃないでしょうか。

――同感です。あの、なんとも言えない玉虫色の魅力は……。

大塚　単純じゃないですからね。まず、大隅さんのアンチ・アカデミズムが中核にある。そこに当時虫プロ系作品の現役だった出﨑さんたちが加わり、さらに高畑・宮﨑コンビが関与した……ね、これはすごいことでしょう？　そんな作品、他にないですよ。

――たしかにすごい。アニメの百鬼夜行みたいな（笑）。

大塚　さらに作画監督が僕で、かたっぱしから絵を直しているという……もう、ものすごい重層構造（笑）。多民族国家みたいなね。もし後年、スタッフの編成をちゃんとして、何もかもすっきり整理した上で同じように作ったとしても、きっとあんな作品は生まれないでしょうね。まあ、出﨑さんなんかは、「あれは僕の作品じゃない」と言うかもしれないけど、現実的には彼の着想やイデオロギーを反映しているわけですから。たとえば、魔毛狂介の描きかた……あのクールさね。コンテではもっともっとクールでしたが、僕が最後に大漫画にしちゃった。五ェ門にマントを切られて、パンツ1枚で逃げていくでしょ。ああいうくだらないことは、たいてい僕がやっているんですよ（笑）。コンテでは、たしか、スーッと消えていくような感じだった。それから教会のシーンで、牧師を宮﨑さんの似顔にしたのも僕のいたずらなんです。すぐ近くにいたので、「よし、ミヤさんを描いてやれ」って。

――そういうわかりやすい「目印」があるものだから、シリーズ中盤以降は全部宮﨑さんたちがやっていたように受け取られるんでしょうね。

大塚　だから、この本がいい機会だと思うんだけど、こうして旧『ルパン』についての質問に答えるうちに、まず最初に大隅さんが何を考え、誰がどうコンテを切り、誰が何を反映してどう直したかというのが、今みたいに細かく話すことによって浮かび上がってくるはずですよね。あの奇妙で特殊な重層構造が。

**大塚**　ええ。今のお話で、いろんな疑問が一気に氷解しました。

——僕は当時、そんなことを考える余裕がないくらい作画で忙しかった。もう、ドン詰まり状態で。だから、頭で考えることは全部人に任せていたんだけど、いざ絵と向き合っちゃうと、ここはこうしたほうがいいとか考えるでしょ。そういうときは、勝手にどんどん絵を直していた。で、直したことを誰にも言わないもんだから（笑）、重層構造の謎がよけいに深まる……というわけです。

**大塚**　9話の『殺し屋はブルースを歌う』、殺し屋プーンが出てくるハードタッチのエピソードですが、宮﨑さんたちがこれに手をつけなかったのはわかる気がしますね。

——二人とも、あのエピソードを極端に嫌っていましたから。観るのもイヤだというくらいにね。その後の日本のアニメーション——たとえば『人狼』（'00年）とか——ああいった作品につながるような、一種のニヒリズムがあるからでしょう。旧『ルパン』は、そういうニヒリズムの草分けでもあるんですよ。

**大塚**　ニヒリズムも、描きようによっては魅力的なんですけどね。

——そういうニヒルなかっこよさは、さっき言ったように、もともとはハードボイルド映画なんかから来ているんだろうと思う。殺人にしか興味がないような青年が最後に自らも死んでいく、みたいな厭世観の美学。明治以前の日本にもありましたよ。新選組の沖田総司とか、狂気のような剣の達人が、ついに無残に死ぬ。反社会的だけど美しい、というね……。

**大塚**　そういえば先日、大隅さん時代に書かれた、旧『ルパン』2クール（26話）ぶんのシノプシス集をインターネットで読んだんです。それによると、シリーズ前半はわりとそのままシナリオ化、映像化されているんですが、後半はがらっと変わっているんですね。もとのプランでは、ルパンが次元たちを殺す幻覚に苦しむエピソードがあったり、最終回がルパンの出生の秘密をめぐる話だったり……。もし原案どおりに全話制作されて

**大塚** いたら、そうとうハードでマニアックなシリーズになっただろうと思います。実際、活字にはなったけれども、途中で路線変更したために使われなかったシナリオも何本かありましたよ。幼児誘拐にからんだ、すごい陰惨な復讐劇とかね。まあ僕は、『雨の午後はヤバイゼ』とか、ああいう陰々滅々とした話は苦手で、観ていてつらかったですねぇ。

## モンキー・パンチさんの人柄

――実は私、旧『ルパン』の本放送で、第1話だけは観逃しているんですよ。当時はアニメの新番組のニュースを敏感に手に入れて、どの作品もちゃんと第1話から観ていたのに、旧『ルパン』に限って観逃しているというのは、やっぱり宣伝がうまくいっていなかったんじゃないでしょうか。

**大塚** おっしゃるとおりで、宣伝も足りないし、何よりも、子供たちのレーダーに引っかかっていなかったんでしょう。

――まず、原作を掲載している少年誌がない。ということは、そこから情報をもらえない。まさか、「週刊漫画アクション」を小学生が買うわけにはいきませんから。で、第2話を偶然観たら、峰不二子が太ももをあらわにして、「いらっしゃい、坊や」とパイカルを誘っている……。これはもう驚愕で、テレビのある居間に絶対親に来てほしくない（笑）。

**大塚** お色気も含めて、時代より早過ぎるという感じが、作っている側にもありましたね。

――とはいえ、お色気だけでなく、プロットの面白さにも驚いたんですよ。硬質ガラスや液体燃料といった小道具を、実にうまく使うでしょう。

**大塚** そうそう。まだコンピューターが普及していない時代に、コンピューターの回路のような図形をスクリーンに映したりね。

――そして、不二子がハーレーのバイクでライディングしている、あのエンドタイトル。背景がオレンジ色の夕日

**大塚**　で、ひたすらたそがれていて……。

**大塚**　大人の雰囲気ですね。あのエンディングは、河内日出夫さんの作画だったと思います。それから、4話で、不二子がワルサーを夕日の海にパーッと投げたり……ああいうムードは、むろん大隅さんの世界でもあるけど、どこかに出﨑さんの情念を感じますね。

――えんえんと遠景でバイクに乗っているだけというエンディングが珍しかったうえに、「ワルサーP38」という固有名詞が歌詞に出てくるのが非常に新鮮でした。放映当時モデルガンに興味があって、ワルサーP38、PP、PPK、ルガーP08、ニューナンブとか多少知っていたものですから、ビリビリッときましたよ。

**大塚**　ルパンたちの銃を決めたのは僕なんです。モンキーさんの原作では、特に拳銃の指定はしていなかったのでね。

――なぜワルサーP38になさったんですか。

**大塚**　コルトでも、ルガーでも、モーゼルでもなく。コルト・ガバメントもかっこいいけど、大きいうえに重過ぎて、日本人の手に余るんですよ。撃ったときの反動も大き過ぎる。ワルサーP38は手触りのいい拳銃で、38口径だから、トントンと撃てる。麻薬Gメン時代に、自分で触ったこともありますし……。南部式も見たことがある。それから、僕らGメンが持っていたのは、ブローニング・ハースタルという、峰不二子が持ってる小さな銃ね。

――きれいなフォルムですよね。

**大塚**　すごくきれいで、小さくて。撃つと、オモチャみたいで、トタン板を叩くようなパーンパーンという音がしてねぇ。それから、同じ38口径でもP38より薬莢が大きいのが、次元が持っているS&W（スミス&ウェッソン）のM19という銃なんです。マグナム弾で、薬莢に入っているパウダーの量が多いから、撃つと、ボンと大きな反動がある。'70年代に海外の射撃場でマグナムを撃ちましたが、反動がすごくてびっくりしました。

――いずれにせよ、ルパンがP38、次元がS&W、不二子がブローニングおよびシュマイザーというのは、大塚さんのチョイスだったんですね。

**大塚**　そうです。あのね、モンキーさんは、銃とかクルマについては詳しくないんですよ。

**大塚**――あ、そうなんですか。

非常に穏やかな、いい人なんですよ。旧『ルパン』のころ、紀尾井町あたりのビルで夜中まで打ち合わせしたとき、彼はクラウンか何かに乗って来てる。僕はフィアット500で、帰りは二人とも大泉だから、「モンキーさん、競走して帰ろうよ」と誘ったんです。「クラウンとフィアット500、どっちが速いかやってみようよ」「じゃ、オレ、全力で走るよ」なんてね（笑）。深夜の1時、2時ごろでしたが、今と違って車が少なかったものだから大丈夫だよと、違う道を帰ってきたんです。で、僕はあたりをよーく見て、あらゆる信号を無視するわけ。赤信号でも周りがいなかったらダーッと走る。そしたら、僕のほうがはるかに早く着いちゃった。モンキーさんは、ちゃんとルールどおり走ってきたらしい。大泉に着いて、「僕、15分も前に着いたけど、何してたの？」「あれっ⁉ オレ、必死で走ったのになあ。スピード違反で走ったんだよ」「僕は普通に走ったけど、この時間だから、フィアットのほうが速いんだよ」。それ以来、彼、「フィアットって速いねえ！」とよく言うの（笑）。

**大塚**――そういう、素直な方なんですね。

素直だし、非常にまじめな人なんですよ。クラウンというのも、どことなくお人柄を表わしているようで……。

**大塚**――そうなの。で、『ルパン』のパイロット版で峰不二子のゴーゴーを六本木で撮影したとき、モンキーさんを呼んだんですよ。六本木の、わりかし高級なディスコ、当時のゴーゴークラブを借り切ってやった。そしたら彼、長靴を履いてきた。入り口で、「モンキーさん、六本木のディスコに長靴履いてくる人は見たことないぜ」って（笑）。

**大塚**――長靴って、革のウエスタンブーツですか？

じゃなくて、雨靴。ゴム長（笑）。そういうわけで、同じ劇画家といっても望月三起也さんとかと違って、モンキーさんにはクルマや銃の趣味はないんですよ。だから、これはつけ加えるべきテーマだなと思って、それらを『ルパン』に取り入れたんですが、大隅さんは、「大塚さんが描けるなら入れてよ。でも、そんなの描けるとは思わないな」と挑発するように言う。僕は、「いや、描ける。絶対できるよ」とがんばったんです。自分の趣味を作品に活かせるチャンスなんて、そうめったにはないですからね。

## 贅沢か、否か

――ところで、ルパン三世というキャラクターと、その作品世界の定義についてなんですが、『カリオストロの城』のとき宮﨑さんは、もはや１００円ライターで充分だとおっしゃっていましたよね。ワルサーがどうの、ベンツがどうのと、そんなもので威張るのはばかばかしいと。実際、『カリオストロ』では、ルパンがワルサーを一発も撃たないうちにレーザー光線で溶かしちゃっている。パイロット版や旧『ルパン』の時代と『カリオストロ』の間には10年近い歳月が流れていて、その間に日本という国も大きく変質したわけですから、宮﨑さんのおっしゃることはよくわかるんです。ただ、そういうアイテムをむしろ作品中に活かしたいという大塚さんのガジェット趣味というか、モノ志向――いわゆるブランド主義とは違いますけど――は、時代相の問題を超えて、どこかで宮﨑さん的な考えかたと裏表のような気がするんですが……。

**大塚**　ええ。そういうことも言えなくはないでしょう。宮﨑さんて、根っから慎ましい人なんですよ。あれだけ映画が当たって成功しても、贅沢なことが大嫌い。映画は水ものと言うでしょ。当たるときもあれば外れるときもある。それなのに、今のように大ヒットしても、決して嬉しそうな顔をしない。平常心で次の仕事を淡々とこなしています。あれは、宮﨑さんの本心なんですよ。

昔、亡くなられたお母さんに聞いたことがありますが、子供のころからそうだったらしい。新しい服を着せると怒るんだって。「何でこんなもの買うんだ。僕はお兄ちゃんのお古でいいよ」とね。今でも、あんなに慎ましい人はいないですよ。食べるものも実に質素でねぇ。あれは「侍」そのものです。この前、２００１年だったか、フランスで、宮﨑さんがいらっしゃったからと、パリ市長が超高級料理店を予約したんです。そしたら彼、直前になって回転寿司屋に行くと言い出した（笑）。僕はそばで見ていたんですが、フランス側は大慌てで、「急いで回転寿司屋を探せ！」「パリの16区にあるらしい」というので、宮﨑さんと向こう側の責任者みんなで回転寿司屋に行って、寿司を食って帰ったんです（笑）。ようするに、バブルのころの日本人が大嫌いなんですね。もっと慎ましくてよろしいという思想。で、自分の好みそのものも慎ましい。そういう意味では、森さんが指摘したとおり、僕のもろもろの趣味なんかには反対するんだけど（笑）、こと『ルパン』に関して言えば、それがストーリー上の問題にも出ているんです。

――と言いますと？

**大塚** 「ルパンは泥棒だけど、結局、何も盗らない。だから金がないはずだ。そこを描かないとルパンにならない」と彼は言うんですよ。ところがモンキーさんは、「ルパンは生まれながらの金持ちで、先祖の遺産で豪華な生活をしているんだ」と言う。「いや、そんなはずはない、狭い四畳半に下宿してるに違いない」と宮﨑さん。だから、その中間点をとって作る以外にないんだけど、宮﨑さんが演出するなら宮﨑さんに従うのが僕の仕事ですからね。で、大隅さんのほうは、宮﨑さん的な論理は持っていないんです。

――豪華は豪華でいいと。

**大塚** そう。ベンツＳＳＫでいい。いっぽう、ルパンがあんな大金持ちの乗るクルマに乗れるはずがないというのが宮﨑さんの信念。

――ベンツＳＳＫをルパンの愛車に決めたのは？

**大塚** 大隅さんです。「ベンツＳＳＫって何気筒？」と聞くから、「あれは6気筒で、７０００ＣＣぐらいだな」。「フェラーリは？」「12気筒だよ」「あっ、それにしよう！」と。ＳＳＫにフェラーリのＶ型12気筒エンジン搭載させたのは大隅さん。とにかく豪華にしたいわけですよ。モンキーさん的趣味です。

――いっぽうパイカルは、いかにも渋い3輪のメッサーシュミットに乗っていましたが……。

**大塚** あれは僕。僕は、自分の好きなクルマを出せればそれで幸せ、みたいなところがあってね（笑）。

——大塚さんの、そういう「モノ趣味」というか、具体的な社名と商品名と記号番号を持ったモノへのこだわりは、先ほどお聞きした、少年時代に進駐軍のジープの車体番号までスケッチしたというご性格に根ざしていると思うんです。で、私たち大塚ファンは、そういう「趣味性」にどこかで共鳴して、アニメを通じて楽しませていただいているわけですが、とはいえ、それをとことんつき詰めていくと、物質主義的な執着に行き着くこともありえますよね……。不必要な経済力をルパンが振り回していることに対して、大隅さんはOK、宮崎さんはNG。どちらも信念あってのことなのはよくわかります。ただまあ、『ルパン』のような娯楽作品の場合、ゴージャスな世界が描かれることで、眼福というか、何らかの楽しみが生まれることもあろうかとは思うんですね。

**大塚** そこをね、キチンと考えるのが演出家の大きな役目だと僕は思う。そういう微妙なテーマを扱うとき、演出家は、厳粛な気持ちで自分の思想をまとっていないと困るんです。「いや、私にはそれはありません」という演出家がいたら、それはウソですよ（笑）。

戦後、日本がまだ貧乏だったころ、貧しい庶民の生活に寄り添うように描いた日本映画がいっぱいありましたよね。いっぽう、現実がつらいのに金を払ってまで貧乏くさい世界を観たくない。果たせぬ夢を映画で観て、「いやあ、良かったねぇ！」と気晴らししたいお客さんだっている。両方あるわけでしょう。両方あるうちで、僕が描くにあたっては、その演出的論理を納得させてさえくれれば、どっちでもいいんですよ。僕らは、アニメーションを描くための機能、いわば職人ですから。ただ、今言ったようなことを、何の根拠もなしに、ろくに考えもしないで演出するのは許せない。許せないというか、従いたくない。もっとも、そういう演出家は僕をパートナーに選んできませんけどね（笑）。

——そうすると、今度は観る側の問題になってくるんですけれども……。個人的な話で恐縮ですが、私、どうも大量消費文明というのになじめないのか、なんでもすぐに「もったいない」と思ってしまうんですよ（笑）。だから、宮崎さんが小さいころ古着を大切になさったというの、すごくわかるような気がするんです。にもかか

**大塚**　わらず、大金持ちの三代目で切れ者のルパンが、大きな家で、１９６０年代のフランス映画みたいなアンニュイなムードで暮らしているというのも、それはそれで好きなんです。我ながら不思議なんですけれどもね。そのことについては、今、日本も、世界全体も揺れ動いていると思います。バブルの時代……日本中を鉄筋コンクリートで固めて、豪華な箱ものを建て、やたらに道路を作り、官僚がのさばる。それが日本人の夢だというのは、どうやら間違いだったんじゃないかと今ごろみんなが気づいた。で、これからは、いろいろ変わっていくだろうと思うんですよ。あの時代に比べるとちょっと貧乏な感じになるとは思うけど、何か心安らぐ、いい時代が来るかもしれない。そういう国のサンプルが、現にあるんですよ。

――それはどこですか?

**大塚**　ヨーロッパ、しいて言えば、イギリスがそうなんです。大英帝国時代には世界に君臨して傲慢そのものだったあの国が、イギリス病といわれるぐらい落ち込んじゃって、いったん落ちついてみたら、今、世界中から観光客が集まるぐらいに、穏やかないい暮らしがそこにある。行ってみるとね、本当に慎ましいんですよ。日本人に比べたら粗末な服を着ている。住まいも、何年もいじってないような家で平気。日本もいずれ、ああいうふうになるんじゃないでしょうか。……いや、今は不況だ不況だと言いながら、まだまだ飽食ですよ。コンビニの時間切れの弁当を手に入れれば、日本中のホームレスがあのいい弁当を食べられるわけですからね。食料も衣服もあり余っている。そういう時代に、映像の作り手が何をテーマにすべきかというのは、非常に難しいですよね。宮﨑さんにしたって、貧乏でいいと言うけど、いっぽうで『千と千尋の神隠し』のあの豪華さはどうですか。映像がすごくリッチでしょう。だからね、リッチでいいんですよ。下敷きにしている思想の中に、慎ましさとか、慎ましい中でも努力しているとか、生きる意味を見つけるという思想をちゃんと持ってさえいればね。

――リッチといえば、旧『ルパン』の『エメラルドの秘密』の回で、ハリウッド美女のキャサリンが豪華客船で結婚披露パーティーを開くでしょう。あれなんか、やや成金趣味的に、皮肉っぽく描いているんでしょうけど、華やかで楽しげな雰囲気がちゃんと出ている。宮﨑さんが豪華さを忌避しながら、いざ必要とあればああいうシーンをキチンと描けるというのは、表現者として立派だと素直に思います。

**大塚** そこはね、宮﨑さんの腕前であると同時に、さっき言った重層構造のたまものでもあるんでしょう。つまり、大隅さんの世界をメチャメチャに壊すんじゃなくて、「これ以上変更したらいけない」というところは手をつけずに残す。大隅さんが一概に宮﨑さんたちを恨んでいないとすれば、そういうことだろうと思う。大隅さんが発注して、自分がやめてから上がってきたシナリオやコンテが何本もある。それを宮﨑さんたちが自己流に直したことについて、一概に非難はしていないだろうと思うんですよ。

僕はね、さっきも言ったように、絵を描く技術に徹した職人です。そこに徹しないと、僕自身が演出家みたいになっちゃって、対立した関係になりますから。相手が信頼に足る演出家ならば、「あなたはどう考えたの？ あ、そう。じゃ、そういうふうに描くよ」と、その人の考えを聞くだけでいい。その方針に納得さえできれば、どっちでもいいんですよ。豪華なら豪華に見せるし、貧乏なら貧乏らしく見せるのが僕らの商売ですから。どうもみんな、そういうことをはっきり言わないようだけど、そこははっきりさせたほうがいいと思う。技術というのは本来そういうものであって、その時々の演出を立てなきゃ商売になりませんからね。

――とても大塚さんらしい、潔い言葉だと思います。

## 泥棒は成功していいか？

――ところで、旧『ルパン』では、大塚さんはシリーズを通じての作画監督ですが、1話ごとに個別の作監を立てる、いわゆる「各話作監」みたいなシステムは当時なかったんですか？

**大塚** 旧『ルパン』のころは、まだなかった。でも、スケジュールがあまりにもハードだったから、僕自身がかなり手をかけた回とそうでない回ができてしまったことは事実です。で、中途半端に手をかけるくらいなら全然かけないほうがまだいいということで、まるっきりノータッチの回も何話かあるんですよ。

――え、そうなんですか⁉

**大塚** 第3話（『さらば愛しき魔女』）なんかは、実は全然チェックしてないんです。だって、ちょっとでも見たら全部直したくなるに決まっているから（笑）。で、もしも僕がそれをやったが最後、シリーズ全体の進行が破綻する恐れがあった。そのくらい厳しい状況でした。

――そういう特殊例は、何本ぐらいあるんですか？

**大塚** 『全員集合トランプ作戦』みたいにごく一部を見たものもあるけど、完全ノータッチなのが『さらば愛しき魔女』、『雨の午後はヤバイゼ』、それと『誰が最後に笑ったか』。それ以外の回は全部見ています。

――どれも初期の作品ですね。シリーズ中盤以降は、なぜ大丈夫だったんでしょう？

**大塚** あのね、宮﨑さんがスタッフに入るとまさに十人力で、キャラクターデザインから作画まで手伝ってもらえるんですよ（笑）。そこが絵を描かない大隅さんとの大きな違いです。

――宮﨑さんは演出だけじゃなくて、原画もそうとう描かれたんですか？

**大塚** ええ。『ルパンを捕まえてヨーロッパへ行こう』のラストで、銭形が飛行機に乗るでしょう。離陸した機が傾いて、銭形が通路をゴロゴロ転がる。あそこなんか、まるまる宮﨑さんの原画です。それから、金満邸の穴の上で銭形が大笑いしたり、穴の中を銭形がダーッと走ったりといった漫画っぽいシーンもね。他の回でも、宮﨑原画のシーンは実に多いですよ。

――演出のアイディアとしても、崖の上の小屋がロープで空中をスライドしていったり、小型飛行艇が出てきたり、実に宮﨑さん的冒険アニメという感じがしますが、では、高畑さん的な要素はどのくらい入っているんでしょう？

**大塚** アイディア的には、そんなに多くないと思います。むしろ、作品の筋立てを検討して整理したり、再組み立てをする作業のほうをやってくれた。ここは捨てて、ここはもっと延ばそうとか、非常に技術的な関与ですね。エンターテインメントとして起承転結をはっきりさせる役割を担ってくれたんです。

――論理といえば、『魔術師と呼ばれた男』で、ルパンとパイカルに二股かけておきながら、「さあ、どうしてかしら？　二人の男を同時に愛してしまったからなの」という不二子の行動――あれは、限りなくウソっぽいですよね（笑）。言葉だけで言ってるように見えるんですが。

**大塚**　そうですねぇ。もしも本気でそんなふうに描きたいなら、女の心理がもっとキチンと描かれていなきゃならない。だからおそらく、高畑さんも宮﨑さんも、シリーズ初期の、そういう行動原理のおかしな人間を平気で出すことがイヤだったんでしょうね。僕にしたって、疑問がないわけじゃなかった。たとえば、ルパンはたしかに泥棒ですが、本当に盗みを成功させていいのかどうか。テレビには放送コードがあるから、泥棒行為をしても、アメリカ映画の『オーシャンと11人の仲間』（60年）みたいに最後の最後は失敗する――というふうにしないといけない。『オーシャン』は、泥棒グループのチームワークの良さ、その人間的魅力を見せながらも、ラストではちゃんと失敗するでしょう。

――ええ。盗みには成功しても、その金が燃えてしまうという、うまい逃げかたをしていました。ですが、ルパンたちは、シリーズ中盤の作品、たとえば『エメラルドの秘密』ではまんまと宝石を盗んで船からモーター・ハンググライダーで逃げるし、『ルパンを捕まえてヨーロッパへ行こう』では金満さんの胸像を盗み出してハイウェイを疾走しますよね。あれ、観ているほうには、すごくカタルシスがあるんですが……。

**大塚**　いや、本当は放送コードに触れるんです。成功しちゃまずいんですよ。

――すると、シリーズ後半では、最後の最後によく盗品をポロッと落としたりして、あれは放送コードを意識してのことだったんですか？

**大塚**　そうです。つまり、盗ったかどうかわからないようにした。あとはお客さんに任せようということで。盗みに成功して豪邸を建てたという話にはしていないんですよ。

## 孤独のムードと時代相

――シリーズ後半でかなり明るくなったとはいえ、旧『ルパン』の、特に初期には、なんともいえない寂しさというか、孤独のムードがあるでしょう。それは結局、ルパンたちがそれぞれ独りで生きているんだ、というスピリットの表われだと思うんですね。

**大塚** その方針を打ち出したのは大隅さんですよ。彼が非常に早い時期に立てたポリシーの中に、「アンニュイ」という言葉があった。フランス語で倦怠感という意味ですが、それが大隅さんの演出ポリシーの中核だったんです。ものごとを少し斜にかまえて見るのが大人の世界なんだと。孤独のムードも、その結果出てきたものなんですね。

――『ムーミン』のスナフキンやミイが持っていた、あの、ちょっとはみ出した存在感にも通じますね。

**大塚** うーん、スナフキンよりも、むしろスノークのほうでしょう。スノビッシュというか、気どっていて。あれ、大隅さんの持ち味なんですよ。むろん、スナフキンのほうも反世俗的ですけどね。

――反世俗的ではあっても、決して犯罪者じゃない。心根は優しい。

**大塚** 孤高ですね。ああいうキャラクターも珍しいでしょう。ムーミンやノンノンは常識的ですが、周りに配したキャラクターには、非常にクセがある。東映的アカデミズムに対する大隅さんのアンチ・アカデミズムの情緒がよく出ていますよ。で、旧『ルパン』のキャラクターたちも、どこかでそれを引きずっているんですね。

――そういう、単純な喜怒哀楽に収まりきらないデリケートな情緒を絵にするにあたっては、表情とかポーズとか、すみずみまで微妙なニュアンスが求められたと思うのですが、どういう点に留意なさいましたか?

**大塚** 古い話ですからあまり覚えていませんが、かなり議論したことだけはたしかです。大隅さんはパイロット時代から、どちらかというと僕や芝山さんの作画力に感心しながらも、自分の目指す方向にうまく誘導するようなやりかたで、各キャラクターの個性を際立てていったんだ思います。たとえば、スノークやミイの描きかたも、

――前の回で気に入った演技やポーズがあると、「あれで、あのポーズで！」と、よくリクエストしていましたね。そういうこだわりは、旧『ルパン』にも感じられますよ。いずれにせよこの作品は、ドタバタ泥棒コメディーとしてのみ愛されているわけじゃなくて、シリーズ初期の、あの独特の寂しさに惹かれる人も少なくないと思うんです。なのに、新『ルパン』以降ああいうタッチの作品ができない理由としては、商業的に地味になってしまうという事情もあるんでしょうけど、やはり、時代相の違いというのが大きいんじゃないでしょうか。'70年安保闘争、公害、内ゲバ――もう少しあとになると、ドル・ショックや石油ショック――高度成長末期の、たそがれた、あのなんとも言えないうら寂しい時代のムード……。ある本に、こういう記述があったんですよ。[注22]「旧『ルパン三世』は、あの瞬間しか存在出来なかったものではないだろうか。1960年代から70年代への過渡期。薄暗い雰囲気のあるあの時代。もうあの時代に行くことも、帰ることもできないルパン。（中略）そう、彼はあの時に、一瞬光った青白い火花のような男だった。次元も五ェ門も不二子も銭形も、あの時代だけに生きているんだ。今も……」

**大塚**　ほめ過ぎだな（笑）。

――でも、言わんとすることはよーくわかりますよ。もしも今、旧『ルパン』を無理やり復活させようとしても……。

**大塚**　時代相が違いますからね。似たような例をあげると、戦後のある時期、悲劇的なタッチの戦争映画が一世を風靡したでしょう。フランスのルネ・クレマン監督の『海の牙』（47年）は、ナチス・ドイツの潜水艦内で繰り広げられる人間ドラマで、ものすごく悲愴だけれども、あの時代の観客は大いに共感したわけです。イタリアン・ネオリアリズムの映画なんかもそう。仮に今、同じテーマとストーリーで描いても、絶対にああいうふうにはならないでしょう。それと同じことですね。

――旧『ルパン』初期は、背景美術のトーンが、また何とも言えずうら寂しいんです。名も知れぬ山野や町……いったいどこの国なのか……。

**大塚**　もちろん、ヨーロッパがモデルでしょう。でもねえ、今観ると、当時の美術はわりといいかげんなんですよ。よくこんなの描いたなというぐらい雑で。画面の描き込みが足りないから寂しい、ということもある。

――あのムードが醸し出されたのは、ケガの功名でもあったんでしょうか（笑）。第2話で、ルパンがどこかの丘の上の、ガランとした石づくりの古家に住んでいますよね。キャラクターを描くにあたって、ああいう美術のムードに引っぱられたりはしませんか？

**大塚**　いや、あまりないですね。あのころのテレビアニメでは、美術と原画がまだちょっと離れてやっていたし……。大隅さんとしてはもっと描き込んでほしかったんだろうけど、そういう時代じゃなかった。今は、どの作品でも美術優先みたいなところがあって、背景がものすごく克明になっていますが。

――それから、これはあまり語られないことですが、SE（サウンド・エフェクト）の点でも旧『ルパン』は独特です。銃の発射音とかも、よくある「バン、バン」じゃなくて、ちょっとかすれたような「キュドーン、キュドーン」というSE。ドアが開く音も、「ギー、バタン」じゃなくて、「カキャッ」という、何ともいえない渋い音で……。

**大塚**　録音監督の田代（敦巳）さんの功績でしょう。虫プロの音響担当だった人ですが、自分で会社（グループ・タック）を作って、いろんな仕事を受けるようになった。録音に関しては、そういうわけで、セミ専門家とでも言うのかな。社長業と半分ずつ。でも、そういう人だからこそ、ありきたりの音じゃない新しい音、自前の音、個性的な音を作るんだという意欲があったのかもしれません。むろん、大隅さんがある程度は指示したんだろうと思いますが。

――音楽については、新『ルパン』以降、大野雄二さんの曲が定番になっていますが、旧シリーズでの山下毅雄《たけお》さんの音楽は素晴らしかった。作画する側からすれば、音楽的なこととの関連性はいかがでしたか？

**大塚**　作業的には関わりありません。

――オープニングやエンディングの主題歌のムードが、大塚さんの中に浸み込んでくるなんてことはありませんか？

**大塚** あ、それはありますね。お客さんと同じようなレベルでは影響を受ける。「ああ、音が入るとこうなるのか。それなら絵はこうだろう」と思って描いたことはあります。

―― では、声優さんの演技については？

**大塚** まったく影響ないです。アフレコの段階では、僕らはすでに別の話数の作業をやっていますから。出来上がったのをテレビで観て、「ああ、大隅さんはそう考えてたのか」と追認作業をするだけ。

―― 旧『ルパン』全23話の中で、お好きなエピソードを3本ほど挙げていただけますか。

**大塚** うーん、やっぱり枚数を使って動かした、あるいは自分で描いてて面白かった作品になるかな。『7番目の橋が落ちるとき』とか、『十三代五ヱ門登場』とか……。第1話も面白かったですね。縛られた不二子の服をビリビリと破って、ロボットの孫の手でくすぐったりするところ。宮崎さんは「最低だよ」と言っていたけど(笑)、描くほうとしては面白かった。あのへん、女の服をバーッと引き裂くパイロット版の雰囲気が残っていますね。大人的な情緒が。それが、だんだんと削られていくわけです。

## 新『ルパン』と劇場版『マモー』

―― 視聴率不調の旧『ルパン』が再放送で大人気を得て、5年後の1977年、ついに新シリーズが作られたわけですが、なぜオリジナルのスタッフで作らなかったんでしょう？

**大塚** 旧シリーズのスタッフは、僕も含めて、もう散り散りになっていましたから。で、会社は、北原(健雄)君という東京ムービーに昔からいた人に作画監督を任せた。こう言ってはなんだけど、はじめはかなり迷いがあったのか、キャラクターがシリーズ途中でずいぶん変わっていますよね。でも、あの超長丁場の本数をこなすだけで大変だったろうと思います。

―― この新シリーズ以降、ルパンたちがひとりひとりで生きているんだという孤独感というか、自立感みたいなも

**大塚** のがなくなり、キャラクターの魅力がだいぶ損なわれましたね。仲良しチームみたいになってしまって。慣れ合いになると面白くないですよねぇ。お話も、どんどんルーティン化してきて。ここでまた僕は、ユニークだった藤岡さんのことを思い出すんだけど、あの人以降のプロデューサーたちの考えかたがやっぱりつまらなくて、たとえば新『ルパン』のときに立てたポリシーはね、浅田飴提供の旧『ルパン』は青緑の服だが、今度はオモチャ会社の商品化などの都合で赤くしろとか……。

――そういえば、旧『ルパン』初放映時のスポンサーは、たしか浅田飴、TDK、三菱鉛筆でした。特にTDKカセットテープのCMは、洋ものっぽいというか、クールで大人っぽくて、アニメ番組に流れるCMにしてはものすごく異色だったのを覚えています。カセットテープ自体がそれほど普及していなかった時代に、それをアニメの枠で宣伝するなんて、まさに早すぎた感覚ですよ。

**大塚** そういうことも、番組が当初「青年アニメ」をめざしたことの表われの一つなんでしょうね。スポンサーの各社とも、今のように提供番組のキャラクターをたちまち商品化しようという考えはなくて、番組の中身で自分たちのイメージを打ち出せればそれでいいと。途中で路線変更したことも、23話で打ち切ったことも、単に視聴率が低いからというだけのことなんですね。ところが時代が変わり、人気が出ればマーチャンダイジングの商品がどんどん売れる時代になって、局やプロデューサーたちがルパンに派手な赤い服を着せた。それから、キャラクター5人それぞれに人気があるから、できるだけ出番を均一にしてほしいとシナリオライターに頼んだわけです。そうすると、毎回毎回、金魚のフンみたいにゾロゾロくっついて歩くことになる（笑）。ルパンたちひとりひとりについての突っ込んだエピソードが生まれ得ない。あるいは、殺し屋プーンみたいな渋いゲストキャラクターを登場させられないわけです。旧シリーズのように、ゲストキャラのパイカルの出番をうんと多くして、そのぶん銭形はいっさい出てこないとか、そういうふうに作るからこそ、お話としてうまくまとまるのにねぇ……。で、新『ルパン』の3つ目のオーダーは、毎回毎回、世界の街を回ること。今日はロンドン、明日はモスクワ。つまり、ご当地番組をやれと。

――お話のスケールを大きくしたいという意図だと思いますが、ルパンはもともと無国籍な世界だから、地名を特定することで、かえって裏目に出ていたような気がします。新『ルパン』は視聴率も非常に高かったし、今でもマスなファン層に支えられていますから、ここで少々辛いことを述べてもびくともしないという前提で、あえて申しますけれども。

**大塚** とにかく、そういう新『ルパン』の三大原則がある。これじゃ、どんなライターだって思うように書けませんよ。

――ハードボイルド派の代表格である大和屋竺《やまとやあつし》さんが書いたエピソードにしても、あのパイカルを書いた方が……どうしちゃったんだろうと思うくらい、明るく軽く変貌していました。

**大塚** ずっとのちに、テレビスペシャルで大隅さんが再度演出をやりましたが（『ルパン暗殺指令』、'93年）、残念ながら面白くなかった。あれもきっと、上からの締めつけがきつくなったからなんでしょうね。つまり、上のほうの人が作品内容に口を出すようになって、現場が置き去りにされちゃっている。「オレはこうやりたい」と作り手がいくら言っても、通らない。これは、現在のアニメ界全体を覆う弊害だと思いますよ。でもまあ、こと新『ルパン』に関しては、結局、演出の核になる人がいなかったと言うにつきるでしょうね。しいて挙げれば、鈴木清順さんでしょうか。

――「監修」の。ですが、そもそも実写畑の清順監督をアニメに招くという発想自体、どこから出てきたんでしょう？

**大塚** 藤岡さんです。実写の有名監督を看板がわりにするというのは、当時のアニメ界の流行りでね。東映が『ヤマト』のシリーズなどで舛田（利雄）さんを連れてきたり、虫プロも『ゆき』（'81年）で今井正さんを連れてきてみたり……。だけど、いくらそんなことをしたって、アニメーションの現場はうまく機能しないんですよ。作品にうんと深入りして、自らコンテを切って画面を作るような、たとえば黒澤明さんみたいなタイプの人なら違うかもしれないけど、普通は、アニメに対して手も足も出ない。自身でコンテを切らなきゃ演出意図は達成されませんからね。

――清順監督は日活時代に『殺しの烙印』（'67年）などハードボイルドの傑作を撮っておられるので、アニメに向くかどうかというより、『ルパン』の世界に向くんじゃないかと藤岡さんが考えられたのでは？

**大塚** おそらくそうでしょう。で、招いてはみたけれども、残念ながら清順さんはアニメの現場の支柱にはなれなかった。絵コンテを細かくチェックして、「ここはこうしろ、あそこはこうしろ」と作画のレベルに至るまで深く、細かく踏み込んではいないんです。

――清順監督とおつきあいはありましたか？

**大塚** 特にないですが、三度くらい会いましたかね。みんなでフグを食おうとかいう会に行ったら、清順さんがスタッフに、「バシッと斬ったら血が障子にドバーッと飛ぶような、そういうルパンでなきゃいかん」なんて話している。そういうのがお好きなんでしょう。僕は、「鈴木さん、アニメーションの場合、それじゃ説明にならないんじゃないですか。もっと具体的でないと」と言ったら、「いや、なりますよ。そういう精神が必要なんだよ」と。じゃ、あなたやってみたら、と言いたくなりましたけどね。まあ、そういうすれ違いは、何も清順さんに限ったことではありません。その後、テレコムが『ルパン』の劇場用『くたばれ！　ノストラダムス』（'95年）を作ったとき、伊藤俊也監督が来たんですが、やっぱり号令するだけで、「あとは頼んだよ」という感じでしたから。実写の監督が看板がわりにクレジットされたアニメ作品は他にもいっぱいありますが、ほとんどの場合、看板以上のことはできていないんですよ。自分の演出思想を具体的に作品に貫徹させるためのさまざまな段取りというかノウハウは、アニメーションにおいては作業が地味過ぎて、ちょっとお話にならないんでしょうね。

――新『ルパン』放映のさなかに、初のアニメ映画化が実現します。この劇場版（『マモー』）では、大塚さんは「監修」となっていますが、この作品、世間では『カリオストロの城』ほどには語られていないので、あえて細かめにお聞きしたいんです。

**大塚** あれは、『未来少年コナン』をやっている真っ最中でした。「大塚さん、こっちに来て作画監督をやってよ」と藤岡さんから誘いがかかった。こっちは『コナン』で手いっぱいで、とてもできないとお断りしたんです。で、会社は、作監に椛島《かばしま》（義夫）さんと青木さん、レイアウトに芝山さん、演出に吉川惣司さんを連れてきて、『マモー』の制作に入った。ところが、『コナン』が終わったころ、また藤岡さんが「至急来て、監修をやってくれ」と。しかたがないから行ってみると、もうすべての作業が進んでいて、どうにも手のつけようがなかった。

――制作はどのへんまで進んでいたんですか？

**大塚** シナリオもコンテもできていて、作画も九分どおり上がっていた。ただ、冒頭のシーンだけがまだだった。そこで、ルパンを捕まえられない銭形がついに警視庁を引退し、実家のお寺へ帰って念仏三昧《ざんまい》の生活を送っている――というイントロを僕が提案し、吉川さんが作品につけ加えようとしたんです。

――ああ、それで……。大仏のアップにお寺の鐘がゴーンと鳴る、あの出だしは、大塚さんのそのアイディアの名残りだったんですね。銭形のお坊さんは完成した作品には出てきませんが、実際にどなたかによって描かれたんですか？[注23]

**大塚** どうでしたかね。のちの『風魔一族の陰謀』のトップで、銭形が坊さんになって出てくるでしょう。引退して、女房も子供もいるという設定で。あれはもともと『マモー』のためのアイディアだったのを移植したんですよ。で、『マモー』には、大仏のアップの静止画だけが意味不明に残ってしまった……。あれ、長らくの謎でした（笑）。

**大塚** 謎なんだけど、僕や宮崎さんにしてみれば、「もしルパンが今生きているとすれば、どこを切り口に描くべきか」ということは、自分たちなりにずっと考え続けていますからね。つまり、その時々で自分がルパンの世界にとっかかる糸口が欲しいんです。で、『マモー』には、さっき言った新『ルパン』の悪しき原則が残っていて、パリやカイロやカリブ海で活躍するのが豪華である――という、ご当地シリーズふうになっている。そこは、映画としての構成上、非常に問題があったと思う。おまけに、SF映画の『スター・ウォーズ』の直後でしょ。ラストで宇宙まで行くなんて、僕に言わせればメチャメチャなホンですよ。

――『マモー』の作画に、シーンごとに激しいムラがあることについてはすでに話に出ましたが（第2章参照）、あれはなぜなんでしょうか。

**大塚** 今だから話しますけど、制作自体がちょっと特殊な状況にあったんですよ。ようするに、下請け構造に頼りすぎていた。映画は公開日が決まっていて、それに合わせて作業をするでしょう。で、追い込み時期になると、作業が激務になるから、下請けの賃金がバンとはね上がるんです。会社としては、少々余計にお金を出してでも完成させたい。で、下請けのほうもしたたかなもので、そこをちゃんと見ている。もう間に合わないというタイミングに、「いくら出すから」と頼まれると、高いからやるわけです。そこには、もう一つ別の問題も生じてくる。賃金が高い上に、少々手を抜いても通る。

――土壇場だから。

**大塚** そう。『マモー』は、そういうアニメーションの産業構造の隙間に、不幸にもはまってしまった。制作管理体制が弱いと、たとえばコンテの指定が3秒になっていても、下請けから来るタイムシートでは棒線を引っぱって、6秒ぐらいのカットにされちゃう。1枚の絵を止めて、ずーっと秒数を引っぱるわけです。

――たしかに、荒野の真ん中で次元がルパンの胸ぐらをつかんで殴ろうとするカットなんか、かなりの秒数ピターッと止まったままでした。

**大塚** それが全編に行き渡ると、倍の尺数になるでしょう。会社はそうして蓄積されたぶんを全部支払わなきゃならない。「大塚君、何でこんなに金を食うんだろう？」と藤岡さんもひどく気にかけていたので、僕がチェックしたんです。そしたら、全部そういう事情でコストがはね上がっていた。そんなわけで、『マモー』はとてつもない予算を食っているんですよ。ベテランの芝山さんや椛島さんがいてすら、そこをチェックしきれなかった。どうしてかというと、自分たちが外注の人を呼んできたわけだから、相手の立場もわかるわけです。少しぐらい多めに払ってあげようと気を使ったんだろうけど、それが積み重なると大きいわけですね。

―― エンドクレジットで、膨大な数の外注プロの名前が出ますね。

**大塚** ええ。動画もかなりの部分が韓国だったりね。制作体制がメチャメチャで、演出の吉川さんが怒り狂うんだけど、どうにもならないという状況だった。

―― 「製作費5億円」というのが『マモー』の宣伝コピーでしたが……。

**大塚** 実際、5億くらいはかかったでしょうねぇ。『カリオストロの城』は3億ちょっとぐらいだから、はるかに安くできています。

―― 『カリオストロ』のクレジットには、原動画の外注プロの名はほとんど出ませんが、それでいて、作画や美術の密度がまるで違うから恐ろしいです。

**大塚** こういうことを言っては身もフタもないですけど、今も昔も、アニメーション産業の大半は飯を食うためにやっているんですよ。ある日突然、「こういう作品をやってくれ」と頼まれても、たいていは断らないで受けちゃう。で、同じ時期に2本目の注文が来たら、それも受ける。かけ持ちして収入を上げるやりかただから、スタッフ全員が1本の作品に思い入れして情熱を注ぎ込むなんてことは、もはや、なかなかありえない時代なんです。もちろん、中にはそうじゃない人たちもいるでしょうけれども……。『太陽の王子』のときに僕が会社に言われた、「プレハブを作ってくれ、鉄筋コンクリートはいらない」というのは、残念ながら、今やアニメ界の常識なんです。アニメがキャラクタービジネスなどと直結しているから、商品が売れればそれ以上の無理はしなくてもいい、というやりかたでも充分通用する。だからこそ、そういう状況をはね返して、少数の人間が1本の作品に全力投球して、「面白いものを作ってやるぞ」という気概が画面に滲んでいるような作品が出てくれれば、それはきっとエポックメーキングなものになるでしょうね。

―― 『マモー』はあちこち面白いんですが、ラフなところも多いのは否定できません。番驚いたのは、パリの街路で不二子の乗ったミニが画面の手前に近づいてくるシーンです。ずーっと動画で近づいてきて、アップになって停まった瞬間、ボンネット上に「ＡＵＳＴＩＮ-ＣＯＯＰＥＲ」と書かれたエンブレムが、突如、パッと出現するんですよ。大塚さんを発祥とするルパン名物の「実証主義」はいいけれども、あの「後づけ」はいくらなんでも反則でしょう（笑）。

**大塚** それもこれも制作状況のしわ寄せと言うにつきます。で、最後の最後に藤岡さんが、「エンディングは三波春夫の歌でいこう」と（笑）。そしたら吉川さんが降りると言い出して、またまた大騒ぎになった。

—— 例の「ルパン音頭」。

**大塚** 実におかしいですよねぇ。そういうおかしさの塊が『マモー』という映画なんですよ。僕が応援に来てもどうしようもないので、もう、ほったらかしました。

—— 原画をお描きになった箇所はありますか。

**大塚** ワンカットもないです。

—— 上がってきた絵を直された箇所は？

**大塚** それもない。芝山さんや椛島さんが直しているから、僕はうっかり口を出せないですよ。それなのに「監修」とクレジットされているという屈折感があったから、のちの『風魔』では、全カット、きっちりこの目で見たんです。

## 『カリオストロの城』誕生

—— その『マモー』がヒットして、翌'79年、劇場用第2作の『カリオストロの城』が作られた。この傑作が生まれたプロセスについては「作画汗まみれ」にも書かれていますので、できるだけ重複は避けますが、今考えれば、「大塚、宮崎、プラス・テレコム」という最強の布陣だったわけですよね。当時、大塚さんの意気込みというか、作品にかける期待度はどんなものだったんでしょうか。

**大塚** 直前に『コナン』を一緒にやって、宮崎さんには作品の尺数やスケジュール、面白さをコントロールする能力がものすごくあるとわかっていたので、もう大船に乗って、ひたすら動かす技術に徹していればいいという気分でしたね。はっきり言って、何の心配もしていなかった。「こういうものが出来るだろうな」と思ったとおりに出来上がりましたよ。

**大塚**　――『カリオストロの城』というタイトルは、宮﨑さんご自身がつけられたんですか。

そうです。当初、僕が藤岡さんから演出を頼まれて、「演出はちょっと勘弁してください」と言った。鈴木清順さんが監修されたホンが、もう完成していたし……。

**大塚**　――鉄モグラのでてくる話だそうですね。「作画汗まみれ」によると、新『ルパン』をさらに軽くしたようなホンということですが、ライトタッチの新『ルパン』よりさらに軽いとは、どういう意味なんでしょうか。

つまりね、人間には誰しも行動パターンというものがあるでしょう。その行動パターンとは、性格から来ていると思うんですよ。せっかちなヤツはどういう行動を起こすか。逆に、落ち着いた人間はどうか。そういうキャラクターの性格と演技を描くことこそが、本来のアニメーションだと思う。ところが、そのシナリオでは、ルパンという人間が何を考えているのかさっぱりわからないんですよ。正義漢なんだか、悪漢なんだか、エッチなヤツなんだか全然わからなくて、「いったい何のために生きているんだ？」という感じでね。つまり、シナリオライターがサラリーマン化していて、「あ、『ルパン』ですね、はい、やりましょう」と、テレビの『スパイ大作戦』（'66〜'73年）か何かをちょろっと観て、引き出しをあけて、あの筋（プロット）でやろうとパーッと一晩で書いてくるといった程度で、ルパンが非常に軽いものとして受け流されているんですね。宮﨑さんは、たとえ素材が軽いものであっても、仕事としては重く受けとめてやるんですけどね。

**大塚**　――なんにせよ、かなりアバウトな感じのホンだったと？

ええ。何のために鉄モグラを使って要塞破りをやるのか。鉄モグラのメカの構造はどうなっていて、どうやって地下の複雑な地形を通るのか。対する敵側はどんな体制なのか――それらが全部あいまいなんですよ。もう頭っから、「新兵器を発明したぜ！」みたいなねぇ。で、僕は、「このホンじゃできません」と言った。「いや、何とかやってくれ」「じゃ、ホンを変えてもいいですか。ただ、今からじゃスケジュール的にどうかなあ」という論議を会社として、宮崎さんや高畑さんに相談したりもしたんです。二人とも当然、「やめたほうがいいよ」という反応だったし、どうしようかなぁと困っていたら、宮崎さんが「僕がやるよ」と言ってくれたんです。すぐに藤岡さんに報告したら、「うわー、ミヤさんがやってくれるならいいわ」ということでね。宮崎さんにとっては、思うぞんぶんやらせてもらうことが前提でした。彼、鉄モグラの脚本を一瞥《いちべつ》しただけで、自前であのストーリーを新たに考え出した。

——ここでひとつミステリーがあるんですが、「カリオストロの城　決定稿」と題するシナリオが私の手もとにあるんです。ちゃんと印刷されたもので、「1979年5月」と表紙にある。「総呎《フィート》数　八八一〇呎」、つまり1時間38分と想定されていますから、実際の映画（1時間39分強）とほぼ同じ長さですね。シナリオの書き手の名は、映画のクレジットに出る山崎晴哉とも、宮崎駿とも記されていない……。で、内容的には、お城があって、クラリスや伯爵が出てきてという基本設定は同じなんですが、話の流れやセリフがかなり違うんです。たとえば、敵のカゲの一人がルパンに化けてクラリスを誘拐するシーンがあったり……これはいったい、誰が、どの段階で書いたものなんでしょう？

**大塚**　それはこういうことです。今のジブリなんかではそうじゃないけど、当時は、アニメ映画にも文字で書かれたシナリオが必ず必要だった。制作慣習的にね。だから、宮崎さんが全シーンを克明に書いたメモをまず作り、それをシナリオライターの山崎さんに渡して、文字にさせたんですよ。

——ははあ……では、山崎さんのシナリオを宮崎さんが絵コンテ化したんじゃなくて、逆に、宮崎さんのメモを山崎さんが文字化したんですね。

**大塚**　そう。で、山崎さんはプロのライターですから、まるまるメモのとおりには書かずに、いろいろ自分の工夫をつけ加えたわけです。これが、宮崎さんにとって烈火のごとく怒る原因になっちゃった。だって、ジョドーがオカマふうになっていたり、明らかに不必要なシーンやセリフが入っていたり……。

――クラリスのウェディングドレスが世界一のデザイナー「ニッセイ・モリ」によるものだというセリフなんか、かなり俗っぽいですよね。

**大塚** でしょう？　宮崎さんはカンカンに怒って、活字になったシナリオをどうしても会社が欲しがるならそれを決定稿にしておけばいい、自分はそんなものに従って作らないと、もともとの構想どおりに作った。でも、山崎さんにしてみれば、自分なりに面白くしようとしたわけでしょう。宮崎さんは自分の原案どおりに書いてほしかったんだけど、それはライターにとっては屈辱的な作業ですからね。ただの清書屋さんになってしまうから。

**大塚** そう。だから宮崎さんは、以降の長編では、シナリオを他人に発注していないでしょう。[注24]　つまり、シナリオというもの自体が存在しない。いきなり、じか描きで絵コンテになるわけです。

――その「決定稿」に、こういうシーンがありました。甲冑がいっぱいある部屋で、忍び込んできたルパンに不二子が「もうこんなところまで来ちゃったの？」と言うシーン。ここは、完成版にもありますよね。ただ、シナリオでは、「（この城に）潜りこむのに、そりゃ苦労したんだから」と不二子が言うと、ルパンが「伯爵による厳重な身体検査でも？」と聞き返す。不二子は、「そのくらいのことで……」と肩をすくめてかわす。つまり、不二子はどうやらそういう目にあったかも、という含みがあるんですよ。

**大塚** 彼女はそんなことぐらい平気な女なんだ、というふうに、シナリオは解釈しているんでしょうね。

――完成版には、むろん、身体検査がどうのというセリフはありません。でも、観る側のわがままをあえて言えば、そこはちょっと観たかったかな、という気もします。つまり『カリオストロの城』は、『アルプスの少女ハイジ』的な、清潔でのどかな世界を舞台にした可憐なお姫様とのロマンスである――という意味においては、非のうちどころのない作品です。ただ、やっぱりもともとの素材が『ルパン』なんだから、1カ所くらい、大人っぽい、エロティックな「含み」があってもいいんじゃないかなあと……。

**大塚** もちろん、クラリスがそういう目にあったら映画はぶち壊しになっちゃいますが（笑）、不二子に関しては、旧『ルパン』第1話で「山あり

**大塚**　谷あり」なんてやってるぐらいですから。

**大塚**　間違いなく山崎さんがつけ加えた部分でしょうねぇ。宮崎さんはそれがイヤだったからオミットした。だけど、そういう細かい部分の解釈は置くとしても、この映画の場合、どのシーンやセリフを切るか残すかについては、もっともっと切実だったんです。なぜなら、仕上がり尺、つまり上映時間的に、もうギリギリいっぱいだったんですよ。

――どういうことですか？

**大塚**　もともとのお話自体、完成品の2倍ぐらい作ってあったんですから。波乱万丈、血沸き肉躍るストーリーを、宮崎さんはもっともっと長く作った。でも長過ぎて、1時間30何分におさめるためには、大幅に切らざるを得なかったんです。

――具体的には、原案はどんなふうに長かったのですか？

**大塚**　ひとつひとつのシーンの描写そのものが、もっとずっと長かった。軽く2時間以上の分量があった覚えがあります。というのはね、『ハイジ』や『三千里』、あるいは『コナン』といったテレビシリーズでは、一つのシーンを心ゆくまで描きこめるという利点があるでしょう。そういう仕事をずっとやってきたあとに、長編映画で濃縮ジュースみたいにお話をギュッと煮詰めると、ものすごく短い感じがしちゃうんでしょうね。宮崎さんはその後、2時間くらいの映画をしょっちゅう作っていますが、あれはその欲求の表われなんです。つまり、表現したいことがいっぱいあるんですね。

――ジブリでの諸作は、たしかに長めですね。

**大塚**　『カリオストロ』では各シーンが短か過ぎる、もうちょっとじっくり見せたいなぁと僕なんかも思うんですが、そこは、どんどんはしょってテンポよくストーリーを進めるしかないと宮崎さんは覚悟を決めたんだと思う。

――その2時間版とは、メモ段階ですか、コンテ段階ですか？

**大塚**　メモ段階。『カリオストロ』の絵コンテ本を見ればわかりますが、本編とそんなに違っていないでしょう。つまり、絵コンテ前に、宮崎さんの頭の中で短くしてあるわけです。

——コンテと本編が目立って違うのは、主題歌（「炎のたからもの」）が当てはまる前のオープニングタイトル部分くらいでしょうか。コンテでは、フィアットに乗ったルパンと次元がカリオストロ公国へ旅するうちに、ガス欠になって山村でガソリンをわけてもらったり、オレンジをいっぱい積んだトラックの荷台の女の子に道をたずねたりというシーンがありましたが、完成版ではオミットされている。それらのカットは、実際に描かれたんでしょうか。

**大塚** いや、描かなかった。作画作業に入ったときには、もう切り捨ててありましたね。

——原動画は、テレコムのアニメーター総動員で？

**大塚** ほぼ、オール・テレコムです。応援にはＯＨプロから二人——山内（昇壽郎）さんと真鍋（譲二）さんだったかな——に来てもらっていますが、それも身内という感じで、宮崎さんにとっても『ハイジ』以来つき合ってきたスタッフがメインですから、百も二百もわかっている。芝山さんの亜細亜堂には動画を手伝ってもらいました。でも、縁の下でがんばったのは、やはりテレコムの若い人たちですね。設立当初は技術的に拙かった彼らも、いくつかの作品を経て、どんどん成長していましたから。

——大塚さんご自身が原画を描かれたシーンはないとのことでしたね。

**大塚** ありません。チェック作業にせいいっぱいで、とてもそれどころじゃなかった。仕事量的には『コナン』と同じようなきつさで、毎日毎日、家に帰るのが夜中の1時か2時。朝、また9時ごろに出てきてやる、という感じでね。正味4カ月ちょっとで作らなきゃならなかったから、ちょっと地獄ですよ。

——各シーンをそれぞれの原画家に割り振られたのはどなたですか。

**大塚** 僕と相談のうえで、宮崎さんが。

——『カリオストロ』の動きのベースは、『ホルス』などと違って3コマ撮りなんですね。

**大塚** 基本は3コマ。そうでないとスケジュール的にとても無理です。でも、2コマとそんなに違わないクオリティーを持っていたと思いますよ。前に話したとおり、ポーズや動きを3コマに合わせてやればいいわけで、単純にコマ数をふやせばいいというものでもない。そのコントロールが非常に難しい。でも、キチンと理にかなった作動原理、説得力のある動かしかたを守れば、3コマベースでもうまくいくんですよ。

――宮崎さんによる絵コンテの指示を見ると、大屋根をダーッと駆け降りるルパンを真横からとらえたカットは、はじめは2コマ作画で、だんだん加速がついていくにつれて、1コマになっていくんですね。

**大塚** そんなふうに、演出意図に応じて、コマ数を自在にコントロールしているわけです。これは、限られた条件下でアニメを作るにあたって、とても大事なことだと思いますよ。

――作画以前のレイアウトもがっちりしていますね。ルパンと銭形がオートジャイロを奪うシーンなど、エレベーターの中で電話しているジョドーを画面の左半分に置いて、右半分ではルパンたちがつづら折りの階段を駆け昇っていく――ビスタのフレームサイズを最大限に活かした画面づくりが見事でした。

**大塚** ああいうのは全部、宮崎さんの指定。まったく、天才的な画面構成力ですよね。

## ファンタジーか、リアルか

――反対に、名シーンと言われる場面でも、初見の時からちょっと気になっていたのが、前にも申しましたが、フィアットがほぼ垂直の崖をスルスルと駆け登っていくシーンなんです。あそこともう一つ、ルパンが大屋根からジャンプして向こうの塔まで飛んでしまうところ。この二つは、いわゆる「映画のウソ」、「宮崎流・架空のリアリズム」だと重々承知していても、なぜか、もうひとつノリきれなくて。

**大塚** 宮崎さんは、ファンタジーとリアルの間を常に揺れ動いている作家ですからね。ああいうシーンも、宮崎さん的な一種のファンタジーなんですよ。ときどきリアリズムをポーンと無視して、大漫画になっちゃうこともあるわけです。

――それでいて宮崎さんは、重力や引力の法則を、常にリアルに画面に反映させている。そのへんのギャップが独特で。

**大塚**　重力や引力をきちんと描くのは、僕のほうの仕事でもある。重量感とか軽快感というのは、タイミングの取りかたや絵の描きかたで自由にできますからね。「宮﨑さんが表現したいのはこういう速さで、こういう重さなんだろうな」というのが、長いつきあいで僕にはよくわかるんです。

――それを超越したところに、あの大ジャンプがあるんでしょうか。その直前の、大屋根を駆けおりるところまでは最高に好きなんですが。

**大塚**　いやぁ、でもあの大ジャンプは、やっぱり映画を華々しく飾っていますよ。あそこでなまじ現実的なアクションにすると、普通っぽくなっちゃう。そのへん、なかなか微妙です。宮﨑さん一流の大飛躍、「ウソだぁ！」と叫んでしまうようなファンタジーだと受け取ってほしいですね。

――その大屋根や城、湖水や廃墟などの描きかたも含めて、『カリオストロ』の成功には、小林七郎さんの美術の素晴らしさが大きく得点していると思うんです。小林さんとは、『パンダコパンダ　雨ふりサーカスの巻』などでもお仕事なさっていますよね。

**大塚**　小林さんとはつきあいが長いんですよ。それこそ、東映時代から。東映動画の美術の重鎮だった小山礼司さんの直弟子で、自分のプロダクションを持ち、独自のスタイルを作ってきた人です。今でもうまいですけどね。『カリオストロ』では、小林さんともうひとり、山本二三さんという『コナン』の美術をやった若い人も参加していたので、美術は非常にいいですね。

――風光明媚なカリオストロ公国、湖水と城跡、そして古い城下町……空気の透明感さえ感じられます。

**大塚**　小林さんは色の使いかたに個性がある。紫色を上手に使うんですよ。紫というのは、かつてのヨーロッパでは皇帝しか使えない色だったらしい。そのことを知ってやったかどうか知りませんが、この作品の美術は非常に品がいいですよ。

――夜、不二子がのぞき穴のところに忍んで行くとき、無人の大広間をサーッと駆け抜けるでしょう。あそこの絨毯の「赤」が、ハッとするほど鮮烈でした。

**大塚** 大胆な色使いですよねぇ。

――あと、何てことないカットですが、最初のほうで、雲の影が草原をゆっくり動いていくところ……。

**大塚** コンテを見るとわかりますが、ああいうところは本当に隅から隅まで宮崎さんが指示していて、出来上がってきた背景画も、もうちょっと色を濃くとか薄くとか細かくチェックしているわけです。どんな小さなカットでも捨ててはいないですね。

――その完璧主義の宮崎さんが、『カリオストロ』のことを、最後の最後に大妥協しなければならなかった鬱屈の作品だとおっしゃっていました。どこを妥協したのかは言いたくないと……。私は、『カリオストロ』は完璧な作品だと思いますけれども、もしそれがあるとすれば、ラストで湖水があふれて時計塔が崩れ落ちるところ――地下工房に水が入り、札束が廊下を流れていくあたり――あそこのスペクタクル・シーンが、やや……。チャチに見えましたか?

**大塚** いえ、決してチャチではないですが、それまでが凄いだけに、もう一つもの足りないというか。

――そうかもしれないですね。あのへんはもう最後の最後で、スケジュールが本当に足りなくなっていましたから。

**大塚** コンテ上では、AパートからDパートまであって、最後の時計塔崩壊はDパート。ですが、実際の作画は、いわゆる「順撮り」、つまりシーンの順に作っていくというわけでもなかったんでしょう?

**大塚** いや。A、B、C、Dという、ほぼ順どおりの作業です。だから、時計塔崩壊は制作の終わりのほうですね。

――順撮りにしたのは、背景美術とかの作りこみの都合で……?

**大塚** じゃなくて、ようするに、宮崎さんの頭の中に全構想がはなから同じ密度であったわけじゃないんです。頭のほうから順番に発想していってるから、どうしてもDパートが最後に残る。で、最後は大ドタバタの見せ場でしょう。本格的にやろうとすれば、際限なく手間がかかる。きっと宮崎さんは、「これはもう見通しが立たないな」と判断して、コンテを調整し、制作可能な規模にとどめたんでしょうね。……まあ、どんな作品でも、部分的に妥協せざるを得ないことは必ずありますから。全部が全部理想的にいくなんて、いつの時代でも、どんな作品においてもあり得ないと思いますよ。

## 『カリオストロの城』初日風景

——それで、忘れもしない1979年12月15日、『カリオストロの城』の初日に、有楽町の映画館（ニュー東宝シネマ1）に勇んで観に行ったんです。制作中から楽しみにしていましたから、前売り券を買って、土曜日の午後、すっ飛んで行きましたよ。ちょうど1回目の上映が終わった直後に場内に入ったら、お客さんは八分の入りくらいだったでしょうか。ところが、1回目を観終えた若いアニメファンたちが、ロビーでガヤガヤと立ち話しているんです。何言ってるのかなと耳を傾けたら、「すごい！ 最高傑作だよ」「これ以上作るのはちょっと無理だよなあ」なんて、興奮してるんですよ。そんなにすごいのかと、思わず身が震えましたね。でも、お客はそんなに入っていない。当時はアニメブームのさなかですから、初日はファンが徹夜で並んで超満員、というのがザラだったのに。で、立ち話していた一人が、「さっき宮崎さんが来てたよ。（場内の）うしろのほうで観ていた」と話していました。つまり、『カリオストロ』には、舞台挨拶すらなかったわけで[注25]。

**大塚** あのころは宮崎さんもまだ知名度が低かったから、世間に顔を見せてもみんなが騒ぐことはなかったでしょう。たしかに、入りはよくなかった。『マモー』よりもずっと下です。

——半年間、必死の思いで作られて、不入りの場内を見て、宮崎さんはどんなお気持ちだったのかなあと、あとでしみじみ考えたものです。

**大塚** いやいや、あの人は平気でしょう。高畑さんも宮崎さんも、かく言う僕も、自分の良心がとがめない仕事をしたあとは、作り終えたという充足感でいっぱいで、不入りでくやしぃとか、今はダメでものちに評価されるだろうとか、そういうことすら考えていませんから。「いやぁ、頑張って面白いものができたなあ」という満足感でいっぱいで、客の入りでたじろぐことはないです。

――初日のお客さんの反応をちょっとドキュメントしますと、まず、タイトル前のカジノでの「ハードル跳び」でドッと笑いが出た。次に、クラリスのシトロエンを追いかけてフィアットのスーパーチャージャーが火を噴くところで、ブワーッと大爆笑。特にすごかったのが――今でもはっきり覚えていますが――峠道で対向車線にバスが来るところ。場内がどよめきましたからね。あそこ、ビデオの小さい画面で観るとそうでもないんですが、大スクリーンでバスがワッと迫った瞬間、本当にびっくりしましたよ。

**大塚**　大迫力でしょう？　そういう画面効果とタイミングを計算に入れて作られていますからね。フィアットが林をかきわけ、小鳥がパタパタと車内に飛び込んでくるところも大爆笑。

――この間フランスで上映したときも、やっぱり同じ現象でした。

**大塚**　ウケましたか。

――ウケたねぇ（笑）。すごかったですよ。フランスでは何回もやっているんだけど、宮崎さんと僕が行った記念に上映した。ワーッと拍手したり、足でバンバン床を踏んだり、あの作品を何度も観ているファンでも大騒ぎしますね。

**大塚**　権利的な事情なのか、『カリオストロ』の英語吹き替え版では、ルパンが「ウルフ」という役名になっていて気が抜けるんですが、お膝元のフランスでは「リュパン」で通用しますか？

――通用します。「リュパン」とちゃんと言っていますよ。……まあ、『カリオストロ』は26年も前の作品ですが、

**大塚**　今、もう一度作れと言われても絶対にできないと思います。いや、『カリオストロ』に限らず、もし僕らがまた『ルパン』を作れと言われたら、前の『ルパン』をいったん全部ぶち壊して、自分自身が清新の気に満ちていないとできないでしょうね。銭形が「ルパン、逮捕するーッ！」と追っかけっこばかりのワンパターンでは、ちょっとシラケてしまう。そんな馴れ合いの人生ってないはずですよ。

――『カリオストロ』の地下工房のシーンで、ルパンが「ほんじゃ、握手」と手を出すと、銭形が「馴れ合いはせん！」と拒否するでしょう。あれはアニメ界に対する宮崎さんの心情を表わしているんだよと、当時、熱心な

**大塚**　宮崎ファンの友人が言っていましたね。ちょっと読み過ぎじゃないかと思いましたけど（笑）。いやいや、宮崎さんに馴れ合いがないというのは、まったくその通りですよ。銭形は銭形で、忠実な公務員として生きているというのが、あの映画をぐっと引き締めている。その上で、警視庁という大看板を埼玉県警に変えちゃったんですからねえ（笑）。

――あれはどなたの発案ですか？

**大塚**　むろん、宮崎さん。彼も僕も埼玉県人だから、埼玉でいいんだと。ああいうところを見ても、前の作品を安易に踏襲したくないという気持ちがわかるでしょう。パトカーに「警視庁」と書くより、やっぱり「埼玉県警」と書きたかった。なぜインターポールが埼玉県警のパトカーを使っているのかは謎だけど（笑）。……でね、そういう謎は、作品を作った時点での「新しくありたい」という作者の心情から読み解いていかないと、正体が見えてこないと思うんですよ。宮崎さんにしてみれば、別に奇をてらって埼玉県警にしたわけじゃなくて、「前とは違うんだ」という気分が大いにあっただろうと思う。

――いつもの大看板の桜田門じゃないんだ、と。

**大塚**　そう。同様に、「拳銃なんか、もうルパンには持たせないよ」という気分もあったでしょうね。

――謎といえば……映画の最初のほうで、五ェ門を見張りに残して、ルパンと次元がアクアラングで給水口から潜って行きますよね。あずまやの下にアーチ形の鉄柵があって、満々とした水の中で、ルパンが鉄棒を1本引き抜く。で、ラスト近くで、夜が明けて、クラリスを抱いて干上がった同じ水路を戻ってきたとき、なぜか鉄柵が全部はまっているんですよね。

**大塚**　ああ、そうか……あそこ、本当なら1本欠けてなきゃいけないよね（笑）。廃墟だから、補修したとも思えないし。たぶん、うっかりチェックし忘れたんでしょう。

――もう一つの謎は、北の塔の屋根でオートジャイロに飛びつこうとしたルパンが撃たれると、同時に、オートジャイロがドカーンと爆発炎上するでしょう。銃声は1発なのに、なぜルパンとオートジャイロが同時に被弾していのか……？

**大塚** うーん……いや、あれは、1丁の銃だけじゃなくて、他からも銃撃があったんだと僕は解釈しますね。つまり、やや象徴的に描いている。

—— なるほど。いえ、なにも今さら粗探し大会をしたいわけではなくて（笑）、ほんとに、そういうつまらないことを挙げるしかないぐらい全編が緻密で、完璧なので。

**大塚** がっちり組み立てられていますよねぇ。やっぱり『カリオストロ』は、『コナン』と共に、宮﨑さんの才能が一気に噴き出た傑作だと思う。ほんとに恐るべき頭脳だと、映画が出来上がって驚嘆しましたよ。世間がそのことを充分に認めるのは、もうちょっとあとのことですけどね。

## その後のルパン

—— 『カリオストロの城』以降、大塚さんと『ルパン』のおつき合いは、一般的には『風魔一族の陰謀』だけのように思われていますが、実はその間、テレコムが参加した新『ルパン』の何話かがあるわけですね。『ルパン逮捕ハイウェイ作戦』（第151話）とか。実は当時、放映を観ていて、「あれっ⁉」と思ったんですよ。どうして突然作画の密度が上がったのか。事情がわからないものだから首をひねったんですが、テレコムが手がけたということだったんですね。

**大塚** ええ。友永、丹内、富沢、田中さんらが中心で、ノー・クレジットで僕もちょっと手を出している。スタッフみんなに『カリオストロ』の余韻が残っていたことも大きいですね。新『ルパン』のメインスタジオは東京ムービー新社の自社スタジオでしたが、原動画は外注が多く、いくつかの下請けスタジオと同様に、テレコムにも何話かが来たわけです。

—— テレコム参加の回は作画密度も高く背景美術もしっかりしていましたが、テレコムだけには、わりとエリート的な、いい条件が与えられたんでしょうか？

**大塚** いやいや。他の作品と同じレベルのシナリオで、スケジュールや予算も、同条件で来ていたように思う。つまり、テレコム側が「持ち出し」でがんばったんですよ。スタッフの創作性がもともと高いということもありますが、みんなが乗ってバーッと走り出すのを誰も止められなかった（笑）。

――テレコム参加作品では、たいてい作画監督が北原さんと丹内さんのダブル・クレジットになっていますね。

**大塚** 北原さんはムービー新社所属のレギュラーの作監で、丹内さんは各話担当の作監として立ったわけです。ダブル・クレジットではあっても、実作業はすべて丹内さんがやりました。

――大塚さんも新『ルパン』で原画を描かれていますか？

**大塚** 手伝いという感じで、少しだけ。『ハイウェイ作戦』では、ある程度カット数をこなしていますが……。宮崎さんがペンネーム（＝照樹務《てるきつとむ》、〝テレコム〟に由来）で演出した『死の翼アルバトロス』（第１４５話）では、桟橋に警官隊が殺到してきて、五ェ門が橋をチョン切るシーンとか。「ゆけ、ルパン！」というシーン。あそこ、大塚さんでしたか。

**大塚** あと、警官が寄ってたかってルパンを身体検査すると、いろいろ珍妙な小道具が出てくるでしょう。あれなんかも僕。

――アルバトロスから荷物をバンバン落とすところは？

**大塚** あそこは違います。たしか、友永さんだったように思う。

――最終回『さらば愛しきルパンよ』（第１５５話）にも参加されていますか？

**大塚** していないと思います。新『ルパン』で少しでも自分で描いたのは、『ハイウェイ作戦』と『アルバトロス』。それから、そのずっと前に、テレコムの新人アニメーターだけを使って作った『スケートボード殺人事件』（第72話）というのがある。ひどい作品なんですけど、まるまる1本ぶんチェックして、ほとんど直すはめになって、死ぬ思いをしました（笑）。素人に近い新人諸君の絵で、まるで使いものにならなかったのでね。

――ご自身の最低作だとおっしゃるので、つい先日、覚悟して観たんですよ（笑）。たしかにアメフトのシーンの動きなどは無惨でしたが、あの刑事ボロンコ少年が、ちょっとコナン似の顔だちで、表情豊かに演技するあたり、すごく大塚さんらしいなと思いましたよ。それに、ボロンコの声が、なんとコナンの小原乃梨子さん。偶然でしょうか？

**大塚** いやぁ、これはまったくの偶然です。なにしろ「いちアニメーター」としては、声優関係には全然タッチしていませんからね。

――新『ルパン』は、ともすれば宮崎さんの作られた2作だけが傑出しているように語られがちですが、作画的に見て、テレコム参加の『神様のくれた札束』（第153話）や『ルパン逮捕ハイウェイ作戦』なども佳作だと思います。

**大塚** 『荒野に散ったコンバット・マグナム』（第99話）なんかも、作画が非常に安定しているでしょう。あのへんもやっぱり、当時のテレコムの水準を表していますね。

――それにしても、テレコムは遅れて出来た新人集団なのに、どうしてそこまで急激にレベルアップしたんでしょうか。

**大塚** 答は簡単です。外注プロでやっていた友永さんや田中さんたち、もともとある程度うまい人たちを集めて、僕が編成し、再教育したので、動かす技術において東映動画的な流れを汲んでくれた……それだけのことなんです。

――'87年の『風魔一族の陰謀』では、監修をなさっていますね。

**大塚** 『風魔』はねぇ、宮崎さんのようなリーダーがいなくて、演出不在状態の中で、アニメーターみんながそれぞれコンテを切って、好き勝手に作った映画なんです。むろん、アニメーション映画には本来、強力な演出家が絶対に必要ですよ。だけど、もしいなかったら、アメリカ式に寄ってたかって作るやりかたも、なくはない。ウォルト・ディズニー亡きあとのディズニーもそう。その後、グレン・キーンのような傑出したアニメーターがリードした時期もあるけど、演出はほとんど数人でやって来たでしょう。

――『風魔』は小規模に劇場上映もされましたが、もともとはビデオ用だと聞いています。スケジュールや製作費的にはどうだったんでしょう。

**大塚** かなりきつかった。『カリオストロ』のころよりアニメーターの給料はずっと上がっているのに、『カリオストロ』と同じ程度の予算で作ったはずですから。

――それでも、そんなにかけているんですか。

**大塚** と思いますよ。

――美術にしても、『カリオストロ』と同じ小林七郎さんですが、背景の密度はずっと薄いでしょう。

**大塚** それは、美術を責め上げる宮崎さんみたいな人がいなかったからでしょう(笑)。まるで「お任せ」だったから、小林さんとしては、これでいいだろうというところでやったんでしょう。実際、『カリオストロ』では、小林さんは何度も降りると言ったぐらいですからね。あまり言いたくないんですが、仕上げのチーフの人も「降りる」とカットを叩きつけて帰ったこともあったほどです。

――そんなとき、宮崎さんはどうなさるんですか?

**大塚** 歯をくいしばって耐えていましたね。小林さんとも何度も大ゲンカになって、本気で降りると。それくらい宮崎さんの要求はきつかった。だって、一度描いたものを「こうじゃないんだ」と言われるのは、誰だってつらいでしょう。プライドも傷つくしね。でも、小林さんはプロとして、最後までちゃんとやり通したわけです。

## アメリカで作ったESSOのCM

――『風魔』のあと、しばらく大塚さんと『ルパン』との関係が途絶えますが、'90年代半ばに、ESSO《エッソ》のテレビCMで久しぶりにルパンをお描きになっていますね。

**大塚** ええ。ESSOは外資系の会社だから社長さんも外国人で、CMを受注した代理店のマッキャンエリクソン、ここも外資系ですが、両社の会議でCMキャラクターにはルパンがいい、ということになったんだそうです。

「ただし、日本で作る『ルパン』はもうダメだ。宮﨑さんがやるなら別だけど」と。つまり、外国人の目で見て、ルパンに元気がないと言うんですよ。止め絵が多いということでしょうね。

**大塚**　見抜かれていますね（笑）。

――そう（笑）。もっとキャラクターが動き回らなきゃいかんということで、いろいろ検討した結果、宮﨑さんがやらないなら大塚がいいと、僕に白羽の矢が立った。ただし、条件としてはアメリカで作ること。日本のアニメーターではダメだというんです。

**大塚**　大塚さんは、テレコムでやろうと主張なさらなかったんですか？

――むろん、しましたよ。だけど、45秒（30秒と15秒の2バージョン）に製作資金が1億円ぐらいあるからアメリカでも充分できる、やはりディズニーのアニメーターがいい、ということだった。当初、マッキャンはメトロライトというロスのアニメ会社に発注した。ところが、出来上がったのを観たら全然似てないんですよ（笑）。で、「これはルパンじゃない。大塚さんに全部直してもらってくれ」と。

**大塚**　向こうで作ったのを持ってきて、大塚さんがご覧になったわけですか。

――ええ。たしかに、まったく似てないんですよ。その上、動きもひどい。何でこんなにひどいんだろうと驚きました。「ともかくこっち（アメリカ）に来てくれ」というので行ったら、メトロライトは、もとディズニーのアニメーターのヴァン・シッターという男――おそらくディズニーの端っこのほうにいた人でしょうねぇ――のプロダクションに仕事を出して、そのヴァン・シッターは、韓国に外注しているんですよ。

**大塚**　何のこっちゃ、という感じですね（笑）。

――それとね、アメリカには「ムーンライト」というシステムがあるんですよ。「月光」、つまり、昼間どこかのプロダクションに勤めているアニメーターが、夜だけ別のアルバイトをする。そのムーンライトと韓国外注の作画を集めて、ルパンのCMを作ったらしい。「これじゃダメだ。全カット僕が手を入れて直すから、それに従ってほしい」とヴァン・シッターに言ったんです。ところがね、克明にチェックして直しても、またちょっと変えてくるんですよ。2回ぐらい直して、映像（フィルム）にしてきたかなあ。でもやっぱり、アメリカ人の描く絵はクセが強いんですね。そのクセの強さはどこから来るのか。基本的なジェスチャーやポーズにディズニー以来の「約束ごと」があって、たとえば人物がびっくりするという動きにしても、「アッ！」と驚く前に、必ず身体をかがめる絵が入るんです。専門用語でテイクというんですが、そういう余分な、オーバーな演技が入る。むろん、フォロースルー（人物の動きに従って衣服や髪が派手に動く）とかも入ってくる。極端に言うと、拍手するにしても、最初に手のひらのつけ根を合わせて、次に指の先を合わせて、それから手のひらのつけ根を離す、みたいな感じ。動きのエッセンスをすっかり形式化してしまっているわけ。

**大塚**――ある意味では、形骸化している？

そう。それを『ルパン』に持ち込まれちゃかなわない。それと、もう一つ困ったのは、声ですね。日本ではアフレコが主流だから、アニメーターが創造した演技でキャラクターを描けるでしょう。日本人はおとなしいから、たとえばハイジのおじいさんのようなキャラクターなら、腕組みしたままボソボソつぶやくような演技でいい。あのおじいさんが大げさな身ぶり手ぶりで、「だから、オレはよぉー」とやったら変じゃないですか（笑）。ところが、アメリカのアニメはプレスコですからね。声優さんも、猛烈な競争の中で生き残りたい一心で、フルの演技をしてくる。ボソボソいう程度じゃダメで、うんと抑揚をつけた大演技をしてくるわけ。

**大塚**――困ったものですね。

わざわざ変な声で大演技した録音テープを聴きながら描くと、絵のほうもさりげない演技じゃ通らない。で、どんどんどん両者がオーバーになっていく……。アメリカにだって、もの静かな人はいっぱいいるはずなのに、なぜそういう人物がアニメに出てこないのか。いろんな理由があるんでしょうけど、たとえば、ディズニーには評価委員会というのがあって、1本の映画が完成すると長老メンバーが集まって、「あいつは名演技をした」「あいつの演技はダメだ」とか、声優にランクをつけるそうです。それが次の契約にも響くから、声優さんも全カットで目立つ演技をやろうとする。絵のほうも、それにつられてどんどんオーバーになっていく。

観るほうからすれば、にぎやか過ぎてうっとうしいだけなのにねぇ（笑）。

――『ルパン』のCMにも、それがふりかかってきたんですね。

大塚　ええ。声はプレスコで、日本で、いつもの声優さんたちの声を先に録っておいたにもかかわらず、向こうは向こうの解釈をして、どんどん動きが派手になっていく。具体的に言うとね、ルパンたちのフィアットが走っている横を、本物の、ライブ・アクションの虎が追い抜き、それを見つけた次元が「おっ、タイガー」と言う。普通だったら、「おっ」と気づく絵があって、次に「タイガー」と指させばいいでしょう。ところが、向こうの人が描くと、腕が身体のうしろからぐーっと回りこんで激しく指さし、「おーッ、タイガァーーッ!!」となる（笑）。「ヴァン・シッターさん、これはちょっとオーバーだろう」「いや、秒単位のCMのメッセージは強烈でなきゃいかん」。「秒単位だろうと、分単位だろうと、あなたがたのは強烈すぎる。僕が望んでいるのはもっと自然な動作だ。『おっ、タイガー』と指さすときに、予備動作で指を背中まで引くのは、いくらなんでもオーバーすぎるよ」と反論したら、「大塚さん、それは違う。アメリカの野球のアンパイアを見てくれ。『アウトォーッ！』と、腕を背中から回しているよ。大球場で、誰にでも見えるように大きなアクションをすることで、初めてエンターテインメントとしての野球が成立するんだ。オーバーアクションのほうがいい」。そんなふうに、何でもかんでもオーバーじゃなきゃいけないと信じこんでいるのは、アメリカ人の悪い癖ですよね。

――東映動画の章（第3章）でお聞きしたところでは、「大工原さん直伝」の大塚さん流の演技は、どちらかというと派手なほうだということでしたが、その大塚さんから見ても……。

大塚　オーバー過ぎる。きっと森康二さんだったら、「おっ、タイガー」とおとなしく指さすくらいの、ごく自然な演技をさせるでしょう。僕なら、指をちょっと上から振り下ろすくらい。ところが、アメリカ人はちょっとどころじゃない。最後の最後は、「悪いけど、このCMを観るお客さんは日本人なんだ。ここは日本人の感性に合わせて自然にやろうよ」「じゃ、妥協しよう。私は（指の位置は）ここがいいと思うけど、大塚さんはここがいいと言う。その中間でいこう」と（笑）。

——なぜ、そんなにまで固執するんでしょうね（笑）。

大塚　アメリカのエンターテインメント・ビジネスは、とにかく目立って人の注意を引かないと生き残れない、ものすごい競争社会ですからね。パワフルといえばパワフルだけど、どこか躁病的なんです。コマーシャルなんかでも、画面いっぱいに顔が迫って、「ウワーォ！」とか「イェーイッ！」とか、タレントが叫び続ける（笑）。でもこのCMは日本人向けなんだからと、何度も何度も描き直させて、どうにか日本流にして持って帰ったんです。

——評判はいかがでしたか？

大塚　マッキャンの社長さんは、「ちょっと弱いんじゃないかな」と。やっぱりアメリカ人なんですね。でも、一般には好評でした。別のバージョンが2、3作できましたが、そちらの作画はテレコムの若手に任せた。日本で作ったほうがはるかに安いですからね。

## 今、もし自分がルパンを作るなら

——三十数年前のパイロットフィルムから、ESSOのCMまで、本当に長いおつきあいをなさってきたルパンというキャラクターについて、あるいは『ルパン三世』という作品について、月並みな質問ですが、大塚さんの思いをお聞かせください。

大塚　『ルパン』ではね、本当に遊ばせていただいたという気持ちでいっぱいなんですよ。でもね、僕がつきあってきた『ルパン』——作り手の思想と技術にキチンと支えられているもの——は、僕の中ではもう終わってしまったんですね。今作られている『ルパン』は、残念ながら、いろんな意味で形骸化しているんじゃないでしょうか。で、70歳を過ぎた今、それを再生するエネルギーが僕にあるかといえば、それは疑問です。いや、仮にあったとしても、大隅さんや高畑さんや宮﨑さんのような、しかるべき演出家が見つからなければね。

——では、今、折々の機会に絵筆を持つとき、どういうお気持ちでルパンや、次元や、五ェ門や、不二子をお描きになっていますか。

**大塚**　最近はお客さんの好みが保守的になっていますから、「『カリオストロ』のルパンを描いてほしい」とか、「旧『ルパン』の絵でお願いします」とか言われて、困っちゃうんですよね（笑）。

――ある特定の時代の絵は描きにくいですか？

**大塚**　いや、ちょっと練習すればできます。イラストレーションとしてのキャラクターを描きわけるぐらいは何でもない。そうじゃなくて、アニメーションとして、動く映像として、キャラクターにこちらの気持ちを込め、一人の「人間」として動かすのが難しい……。そこは、はっきり別問題ですね。ルパンにせよ、不二子にせよ、「彼らはこういう人間なんだ」というポイントを自分の中でちゃんと押さえて動かさない限り、それは、生きたキャラクターとは言えないんですよ。

――たしかにそこは、イラストとアニメの大きな違いですね。

**大塚**　実はね、何年か前にも、局のプロデューサーから『ルパン』を生き返らせるいい方法はないかと相談を受けたんですよ。「僕にすべて任せてくれるなら、なくはないけど」と答えたんですが。

――へえ、そういうお話があったんですか。

**大塚**　とはいえ、作画監督まではとてもできないから、どうしても「監修」みたいになるでしょう。それでも体力的にきついけれども、「もし、すべて任せてくれるならやりましょう」と。ただ、そのときに、「いいシナリオライターを連れてきますから」というだけじゃ困るんですよ。シナリオライターはあくまで文字上の世界を書く存在であって、僕はやっぱり、アニメーションとしてのイメージの構築から始めたい。予算はある程度守るけど、基本的にはすべて任せてほしいし、僕にとって面白いと思える話を作りたい。でも、そんな提案をされたって、プロデューサーは怖くて決断できないですよねぇ（笑）。やっぱりホンはどうで、今度の敵は何でっていう、いつものパターンに収まってしまう……。

ようするに、相談といっても、今レギュラーでテレビスペシャルを作っているスタッフに僕をくっつける、というような発想なんですね。そうじゃなくて、一から、スタッフの編成からあらためて考え直すべきなんです。特に、準備は大事ですよ。文字のシナリオからスタートするんじゃなくて、絵的な要素をうんと尊重すべきです。使うかどうかわからない絵をいっぱい並べて、そのイメージからスタートしたいと言ったら、それじゃスケジュールにはまらないと言う。結局、お断りしたんですけどね。

——うーん、残念ですね……。どんな形であれ、大塚さんの手がけた『ルパン』をまた観たいと願うファンは多いと思うんですが。

**大塚** そうは言ってもね、僕自身、キチンと『ルパン』を手がけるためには、やっぱりそれなりの準備と手続きは必要ですよ。別にシナリオライターの存在が悪いというんじゃなくて、ライターにすべてのイメージをゆだねてしまうのは、アニメーションの場合、無茶というか危険なんです。

——プロットや設定ありきでなく、イメージボード優先のやりかたがいいと?

**大塚** ええ。長年の経験から言うと、簡単な梗概からはじめてゆくやりかたが一番いいみたいですね。シナリオ優先で作ってうまくいった例はほとんどない。さらに言えば、シナリオが完成したあとでも、いかにそれを画面上で面白く見せるかという、現場の、才能あるスタッフたちによる「加工」は必要不可欠なんです。

——イメージボードというのは、スタッフがクリエイトしたい画面をあらかじめ提出するわけですから、一種の「判じ物」とも言えますね。

**大塚** そう。『太陽の王子』の企画中に、宮崎さんが岩男モーグのスケッチを突然持ってきて、「これを使ってほしい」と言ったのは有名ですが、いざ演出家がそれを使うとなると、シナリオに組み込むだけでも大変でしょ。でも、そういうふうに、ビジュアル的な好奇心を先に絵にして、それをドラマに組み込んでいくやりかたが正解なんじゃないかと思う。もちろん、実写の映画じゃそうはいきませんよ。アニメの場合の話です。「ああ、これが動いたら面白いだろうなあ」というビジュアル的要素をまず並べてみて、それがシナリオに入るかどうかを検討する。そういう、オーソドックスで理想的な作りかたをしているのは、わが国ではいまや、ジブリをはじめ、わずかの作品だけですけどね。

つまり、イメージボード優先だとどうしても手間と金がかかるから、みんなやりたがらない。ホンを先に書いて、「はい、何日までにやってください」みたいになっちゃう。でも、僕が考えているアニメーションとはそうじゃなくて、もっともっと慎重にスタッフを選び、作るプロセスを大事にしたいんです。言いかたが非常に難しいんですけど、そこらへんを汲み取って、「よし、わかった。その方向で行こう!」と決断してくれるプロデューサーがいればいいんですけどね……。アニメーションには依然として大金がかかりますから、どうしても現実的な方向に流れてしまうんですよ。

**大塚**　――特に『ルパン』の場合、プロットを優先しようにも、原作があってないようなところもありますからね。

そうそう。旧『ルパン』にしても、モンキーさんの原作には、そのままアニメのストーリーとして使えるものは多くなかった。あとはほとんど自分たちで作ったわけですから。……まあ、もしも今『ルパン』に新風を送りこむなら、いったん原点に帰って、銭形とルパンたちの駆け引きだけを徹底的に描くのも一手だと思うんですがね。

**大塚**　――最近のテレビスペシャルのように、「巨大な敵」を出さずとも。

巨大な敵って、実はつまらないんですよ。国際何とかの謀略とか、原子力潜水艦を盗むとか――話がやたら大きくなるでしょ。

**大塚**　――スケールの拡大につれて、どうしてもお話が大づくりになりますからね。ルパン本来の、小味で粋なものをたまには観たいものです。

小味で、そして、センスがよくてね。でも、やっぱりアイディアは奇想天外でありたいね。何かこう、突拍子もなく面白いものを……。あのね、さっきのルパン再生の相談を受けた件にしても、僕にすれば、まるっきり関心がないわけじゃないんですよ。相談を受けたことを宮崎さんに話して、「どう思う?」と聞いたら、彼は、『ルパン』を今やるなら、二つしかないだろうね」と言う。つまり、ルパンと次元、不二子がはじめて出会うところ、全員が20歳そこそこぐらいのときの話をやる。もしくは、全員引退して、老後の生活を送っているところにある事件が起こる――その二つしかないだろうと。僕は、「いや、もう一つあるよ」と言った。それは、ルパンを捕まえて監獄へほうり込むことだと。だって、あんなに年中「ルパン、逮捕だ！」と騒いでいて、優秀な警官のはずの銭形が捕まえられないのは変でしょ。「そこからストーリーが始まるんだ。半分以上、刑務所の中の話」「地味になるね」「いや、地味にはしない。そこはきっとうまくできるよ」って。どうせならうんと変な刑務所がいいと思って、刑務所映画をいっぱい観たんですよ。『大脱走』(63年) とか、『羊たちの沈黙』(90年) とか、衛星放送でやっていたシンシン監獄やアルカトラズ監獄のドキュメンタリーとかをね。

――モンキーさんが初監督なさった劇場用の『DEAD OR ALIVE』(96年)、あれも出だしが監獄でしたね。

**大塚** そうそう。だから、そういうものとのバッティングを避けてね。まあ、監獄の話が難しければ、違うものでもいいんですけど。

――うんと若いころの、無名のルパンをやるべきだというのは、宮崎さんは昔からおっしゃっていますね。

**大塚** 宮崎さんは少年少女が好きだから、どうしてもそこへ焦点を合わせてエネルギーを出そうと考えるんでしょう。いずれにせよ、誰かの書いたホンが先に来ちゃうと、こちらは手も足も出せなくなっちゃう。そうじゃなくて、ルパンたちがそれぞれ持って生まれた運命というか、彼らひとりひとりの性格からスタートしたいんですよ。そうすると、また、いくつかのキーワードが湧き出てくる。ルパンはすごい大泥棒だけど、いつも盗みに失敗している。それならいっぺん、徹底的に成功させてみたらどうだろう、と。泥棒行為というのはしょせん犯罪ですから、成功のむなしさみたいなものを検証してみるわけ。それで面白いエンターテインメントに仕上がればいいわけですから。

まあ、たしかに、よほどの覚悟がないとそういう異色作はできません（笑）。でも、どうせやるからには、みんなでとことん話し合い、スタッフ全員の意志を徹底させて、極めたものを作りたいわけですよ。

――そういう作品を、ぜひ観てみたいですね。

大塚　どういう『ルパン』を作るべきかじっくり話し合いたいとは思うけど、上のほうの人がいっぱいいる会議で僕がそんなことを言っても、なかなかわかってもらえないでしょうね（笑）。

――ですが、制作当時の収益はともかく、旧『ルパン』や『カリオストロ』の世評は今やこれだけ高いわけですし、商品としても大いにペイしているわけでしょう？

大塚　いやいや。そうは言っても、『ルパン』という題材についてまったく違う解釈をしている人たちを説得するのは難しいですよ。きっと、いつまでたっても平行線で、コンセプトの違いを埋めきれないんじゃないでしょうか。まあ、実際問題として、ずっと『ルパン』を作り続けて、しかも商売として成功させなきゃならない立場の人たちは大変だろうなとは思うんですが……。

あのね、僕は『ルパン』に関しては、ずっと遠慮してきたつもりなんです。若い人がやるのに口を出しちゃいかんと思って、黙っていた。だから、誤解しないでほしいのは、今話したことはあくまでも、「今、もし自分が『ルパン』をやるならば」という仮定の上での話なんです。スタッフ編成とコンセプトを任せてもらえないと、『マモー』の二の舞になってしまう。名前だけ貸すみたいになるのは、僕としてもちょっと困りますからね。

第6章

# 演出家それぞれ

おおすみ（大隅）正秋氏
1971年秋・SL会津線沿線にて

芝山努氏
1971年・Aプロダクションにて

高畑勲氏、宮﨑駿氏、大塚氏
1971年ごろ・Aプロダクションにて

（いずれも南正時氏による撮影）

## 東映動画初期の演出家たち

――「絵描きに徹する」という大塚さんのお考えは、これまでのお話でよくわかりました。そうすると、次なる興味は、演出家の方々のことなんですね。アニメーションの実制作は、演出家と作画家の両方がいてはじめて成り立つわけでしょうから、当然、両者の関係が気になるわけです。大塚さんがこれまでつき合ってこられた演出家の方々のお人柄や仕事のしかた、あるいは思い出などをお聞かせいただけますか。

大塚　あのね、個々の演出家の話に入る前にちょっと再確認しておきたいんですが、わが国のアニメーションにおいては、「演出」という明確な職分は、東映動画以前は実にあいまいだったんですよ。極論すれば、アニメーションは個人でも作れます。そういうプライベート作家は、演出と作画を一人でこなして、場合によってアシスタントがつくだけ。で、東映動画以前は、アニメーターである政岡憲三さんや森康二さんたちが、必要に応じて、ご自身で演出していた。彼らは、もともと絵描きなんです。ところが、東映のような大組織が長編を作るとなると、物理的に、どうしても分業しなきゃならない。加えて、東映は映画会社ですから、アニメといえども1本の映画に演出家が付くのは当たり前という考えかたがある。そこで、長編第1作目の『白蛇伝』で、実質的な監督である「演出」という役職を作り、短編で実績のあった藪下泰司さんを任命したというわけです。

――はい。

大塚　ところが、ディズニーなどでは、演出というのははじめからアニメーターの仕事の一部なんですよ。しかも、1本につき3、4人ぐらい監督がいる。近年ではアメリカでも、『トイ・ストーリー』（'95年）のジョン・ラセターや『アイアン・ジャイアント』（'99年）のブラッド・バードといった演出家が脚光を浴びていますが、そういう一種の「演出家中心主義」は、明らかに日本のアニメの影響なんです。

――たしかに、昔の『ピノキオ』や『ピーター・パン』の監督は誰？　と聞かれても、即答できる人は少ないでしょうね。

**大塚**　そう。つまり演出とは、もともとアニメーションを描くことの延長線上の技術だった。それがはっきり分離されたのは、日本では東映からです。東映と、それから虫プロの初期に、はじめて近代的な「演出」というポジションが出現した。

で、そもそも、演出には二つの機能があります。一つは、その作品の思想的・内容的な骨組みを作る作業。もう一つは、言うまでもなく、シーンごとの具体的な演出技術ですね。後者は、別にアニメーターでなくても、絵が描けなくてもできる。じゃあ当時、アニメーターはなんでもかんでも演出の命ずるとおりに描いていたかというと、そうでもないんです。描き手の個性、あるいは持ち味を演出家が必死になって引き出さないと、作品は成功しない。つまり、アニメーターを単なる「絵を描く道具」として扱うだけじゃダメ。ここは、重要なポイントですね。

――　演出家とアニメーター、それぞれが「達人」や「巨匠」、あるいは「鬼才」であるだけじゃダメだと？

**大塚**　そう。だから『白蛇伝』で藪下さんは、森康二さん、大工原章さんの二人を最大限に立てた。自分は絵が描けないから、「ここのところは画面に迫力を出して」というふうに大まかなプランを話して、実際のカットごとの構成は森さんと大工原さんがやったわけです。このやりかたはね、実写映画の監督システムとはまったく違うんですよ。実写の監督ならば、テイク１、テイク２というふうに、「ここのショットはもう一発、下のほうからも撮っておこう」とか、同じ演技をいくつも撮っておいて、それを編集段階で取捨選択できるけど、アニメーションではそうはいきません。はじめから１カットずつ、アングルも秒数もしっかり決まっていないと、二度はとても描けませんから。

――　アニメーションにおいては、「コンテをまとめる」ことが演出家の第一義的な役割になると考えていいのでしょうか。

**大塚**　そうです。コンテこそが、演出家の最大の仕事になります。自らが描こうと、人の手を借りようと、出来上がるべき映画の基本設計をコンテという形ではっきり提示しなくてはならないからです。

──その組み立て作業を、藪下さんの大まかな指示のもとに、森さん、大工原さんがなさったと。

**大塚** ええ。作品に入るにあたっては、森さんも大工原さんも絵のほうに集中したいですからね。「これは演出家が必要だな」と考えた山本善次郎（山本早苗）さんが、藪下さんを呼んできたわけです。山本さんは、事実上、あの作品のプロデューサーでしたから。現場での藪下さんは、完全にコーディネーター、調整者として機能しました。

──藪下さんは、当時おいくつくらいの、どういう感じの方だったんでしょう？

**大塚** 当時、僕が26歳、森さんが32～33歳で、大工原さんが40歳前後かな。藪下さんはそれよりかなり上で、50代の半ばくらい。戦時中、陸軍少尉としてフィリピンで飢えに苦しんだという経歴の持ち主です。日動や東映の前に日映新社というニュース映画の会社で監督をなさっていたから、カッティングとか、切り返しとか、そういう映像的技術はよくご存じだった。

藪下さんはねえ、コーディネーターにふさわしく、人柄の非常に温厚な、優しい感じの人なんですよ。いつもニコニコしていてね。ただ、アニメーションの定義については、一本筋が通っていた。「アニメーションは子供たちに対する善意から出発しなきゃならない」といつも言っていましたね。それから、「アニメーションは動かすだけでも大変な作業なんだ。人物が真っ正面におじぎするだけでも難しいんだよ」と、僕らはしょっちゅう言われていました。まったくそのとおりでね。今でも難しいですよ、キャラクターが真っ正面におじぎするのを描くのは。下手をすると、上から頭をギュッと押しつぶしたような絵になってしまう。だから、そういうやっかいなカットは、アニメではあまりお目にかからない。そういうことをよくご存じの方だったからこそ、リーダーシップを取れたんですね。

──次の『少年猿飛佐助』も藪下さん。クレジットでは、「演出」で大工原さんとお名前が並んでいますが……。

**大塚** 藪下さん時代は、まだまだアニメーターとの共同演出に近いですからね。クレジットがどうであれ、内情はさっき話したとおりなんです。

――第3作の『西遊記』では、藪下さん、手塚治虫さん、白川大作さんの3名。

**大塚**　そのへん、ちょっとディズニー的ですよね。いくつかのシーンを白川さんも多少手伝ったということで。白川さんは、演出家というよりもプロデューサー系の人で、この作品で手塚さんと東映を結びつけるにあたって活躍した。営業マン的というか、非常に話が上手でね。のちに『わんわん忠臣蔵』を自身で演出しましたが。

――『わんわん忠臣蔵』では、雪の町を野良犬がいっぱい走っているシーンが記憶にありますが、全編通じての強烈な印象はないんです。ひょっとするとそれは、白川さんが演出にぐっと深入りするタイプの方ではなかったことの表れかもしれませんね。

**大塚**　演出に深入りするには、アニメを動かす技術にかなりの部分で立ち入らないとね。口で指示しただけではとうてい無理です。

――次の『安寿と厨子王丸』では、藪下さんと共同で芹川有吾さんがクレジットされています。芹川さんは、のちにロボットものや魔法少女ものなど、東映のテレビアニメのほうもずいぶんおやりになっていますが、作品本数が多い割に、アニメファンの間であまり名前の挙がらない方ですね。

**大塚**　もともと新東宝で実写映画の助監督をしていた人ですが、ここでの芹川さんの登場には、かなり意味があるんです。それまで、演出というほどの演出がなされていなかった東映長編アニメーションに、はじめて本格的な演出手法を持ち込んだのが芹川さん。それ以前の演出家の人たちは、さっき話したとおり、演出家というよりもコーディネーター、調整係みたいな役割だった。芹川さんはそうじゃなくて、「演出が作品の全内容をリードする」という方針を持っていて、『わんぱく王子の大蛇退治』において、アニメにおける演出の次元を一段高めた人ですからね。

いや、演出が全体をリードするなんて当たり前のように聞こえるでしょうけど、アニメーターの個性をぞんぶんに活かした上でリードしていくとなると、これはなかなか遠回りで、難しいことなんですよ。実写だったら、リハーサルで「君、そこでいっぺん、こんなふうに演技してみてよ」と指示すれば、すぐにその演技が見られるでしょう。アニメーションではそうはいかない。完成図は常に紙の上にしかないから。撮影して映像になってから改めて描き直しというわけにはいかないから、アニメーターの能力を掴み、自らの演出意図をアニメーターに充分に理解させるといった作業が必須になるわけです。

――リテイクが効かないということは、演出意図が大外れに終わることも……。

**大塚** しょっちゅうありますよ。

――そういうとき、現場はどうなるんでしょう。

**大塚** そういうことがあまり続くと、やっぱり、その演出家はアニメーターたちから敬遠されますね。「あいつ、わかってないなぁ」と。むろん、会社側からも異議が出ます。リテイクは予算オーバーの原因ですからね。僕が芹川さんの登場に意味があると言うのは、演出家としての姿勢がちゃんとしていたということに尽きます。『わんぱく王子の大蛇退治』で、オロチ退治のシーンをどう見せようか、芹川さんはずっと考え続けていたんでしょうね。で、オロチが首を伸ばして空中で戦う、あのスピーディーな空中戦のイメージを思いついた。芹川さん、飛行機大好き人間だったから。

――ああ、そうなんですか。

**大塚** 家に行くと、飛行機のプラモデルがいっぱいあってね（笑）。飛翔感というものを非常に大事にした。そういうことが、演出のアイディアを決める上で非常に大きな役割を果たしていますね。

――そういえば芹川さんは、のちにテレビの『サイボーグ００９』（'68年、モノクロ版）でも飛行機が出てくるオリジナル・エピソード（第12話、『天かける巨人』）を作っておられましたが、これが、1話まるまる、輸送用巨大機のメイキングの話なんですよ。機首がコンコルドみたいに折れ曲がって、可変翼と特殊なフラップにより滑走路が短くてすむとか、風洞テストで機体の強度がどうとか――妙にフェティッシュで細かかったんです（笑）。

**大塚** ああ、それはもう間違いなく、芹川さんの趣味が出ていますね（笑）。僕はその作品を観ていないけど、芹川さんの情念を強く感じますよ。演出家もやっぱり一個の人間だから、自分の趣味にそんなに広がりがあるはずもない。芹川さんはきっと、飛行機への興味と愛着を自作に反映させたいと常々思っていたんでしょうね。

大塚　――芹川さんは、どんな風貌の方でしたか。

長身で、首をまっすぐ伸ばしていて、ちょっとお役人のような堅い感じの人です。話すときも、公式的な話しかたというか、あまり冗談を言わないタイプ。でも、真面目だけど、根は面白い人でしたよ。僕とは、共感し合って仲間になったという感じじゃなくて、少し距離がありましたけど。というのはね、芹川さんはアニメーターという集団にかなり愛憎を持っておられたようです。「どうして頼んだとおりに描いてくれないんだ?」というね……。それは、当時の描き手の能力の問題でもあったんですが。

大塚　――では、愛憎の「愛」のほうは?

もしうまいアニメーターがいたら、いい作品でとことんつき合いたいと。うんと後年、宮崎さんが出てきたときにも、「宮崎君と1本作りたいなあ」と言っていましたから。

大塚　――ああ、演出家ではなく、アニメーターとしての宮崎さんと。

そう。飛行機の趣味があるから、うってつけだったんでしょう(笑)。宮崎さんには宮崎さんなりの飛行機趣味が、また別にあるんですけどね。いずれにせよ、美意識とか、完成すべき映画に対するイメージが演出家と一致すれば、描くほうは非常に幸せですよ。それが一致しない不幸を考えればね。

……あのね、高畑さんが非常に幸運だったのは、『安寿』と『わんぱく王子』で芹川さんに付いて、「演出とはかくあるべし」と教わったことだと思うんです。

大塚　――芹川さんが実写出身だからでもあったのでしょうか。では、高畑さんに流れている血の何パーセントかは、ひょっとすると芹川さんの……。

ひょっとするとじゃなくて、はっきり芹川さんから学んだと思います。

大塚　――芹川さんは、高畑さんのような、生活リアリズム基調の作家という感じがあまりしないんですが……。

いや、作風がという意味じゃなくて、影響を受けたのはあくまで演出家としての姿勢でしょう。アニメーションの作画集団のただ中にあって、それまでの演出家たちが従属的ポジションにいた、あるいは単に調整役として機能していたのに対して、「演出が全編の主導権を握る」というやりかたを芹川さんから学んだということです。で、その方式をさらに確固たるものに高めたのが、高畑さんの『ホルス』です。宮﨑さんは、近くでそれをじっと見ていた。「『ホルス』で、はじめて本当の意味での演出というものが日本のアニメーションに確立されたんだね」と彼も言っていますよ。

――しかし、実写映画の世界では演出家がそういう姿勢を持っているのはむしろ当然で、それがアニメ界においてはある時期までそうでなかったということのほうが、むしろ意外ですね。

**大塚** いや、ある時期までじゃなくて、今でもそういう傾向がありますよ。ディズニー作品などに、調整役としての演出家が1作品に数人クレジットされていたりね。それと、もう一つ言えることは、『太陽の王子』のころ森康二さんや僕は東映作画陣のいわば頂点にいたわけですが、そういう先輩の意見を演出家は聞かなきゃならないという風潮が当時はあった。実写の世界でも、かつて京撮（東映京都撮影所）には片岡千恵蔵、市川右太衛門、大友柳太朗という三羽烏がいて、そういう「御大《おんたい》」と呼ばれる役者さんたちに対して新人監督がヘタに差し出がましいことを言うと、「君はダメだ」なんて言われかねない。つまり、僕よりはるかに先輩の森康二さんに新人の高畑さんがいろいろ言うと、やっぱりケンカになってしまうんです。実際、高畑さんは森さんに「そんなに言うんなら、自分で描きなよ」なんて言われたりもした。これはね、演出家にとって死活的な言葉なんですよ。描きなよと言われたって、描けないんですから（笑）。だから、高畑さんは武器を持ったんだと思う。演出家としての確固たるポリシーという、自分なりの武器をね。

――なるほど。

**大塚** 今はね、逆に、そういう武器は要らないんです。どこのスタジオでも、原画はほとんど外注ですから。ポンポン外注に出して、頼んだとおりに描いてくれればそれでいいや、と……。でも、本当はそうじゃなくて、演出家と作画スタッフが激しくバトルしているという状態は、ある意味で健全でしょう？　そうでないと、作品に活力がなくなってしまう。言われたとおりに描けばいいってもんじゃないですよ。アニメーターだって、ときには演出家と徹底的に議論すべきです。

――ただその場合、うまく描ける、あるいはせいいっぱいうまく描こうという気概を持っている、というのが描き手側の条件なんでしょうね。

**大塚** むろんそうです。そこを取り違えると、ただの描き手のわがままになって、困ったことになっちゃう（笑）。

とにかく、芹川さんは自分では絵を描かなかった。アニメーションの世界では、絵を描かない演出家というのは、非常に大きなプレッシャーを抱えているんですよ。つまり、演出家とアニメーターの意見が対立したとき、演出家は自分の意見にそうとう強い説得力を持っていなきゃならないんですが、そこが弱い演出家だと、美意識の上で、描き手との戦争になってしまう。そういうとき、芹川さんはちょっと引いてしまうんですね。「アニメーションは実写と違って、わがままなアニメーターの意見を演出家が聞き入れなきゃならない。つらいところだ」と、ご本人の口から何度も聞きましたよ。

しかしまあ、この問題は芹川さんに限らず、アニメの制作現場には永遠について回ることです。僕らアニメーターの側にもいろいろ意見があって、ここの演技、ここの構図、ここのカット割りはこのほうがいいとこちらが主張することもある。で、「こいつらの意見を受け入れたほうが映画が良くなるぞ」と踏んだら、それを受け入れる演出家もいる。最大限にそれを受け入れたのは、『長靴をはいた猫』の矢吹公郎さんでしょう。また、芹川さんは『わんぱく王子』で、なぜ永沢さんに非常にスタイリッシュな天の岩戸のシーンを描かせたのか。反対に、なぜ月岡さんと僕にものすごくリアルなオロチのシーンを描かせたのか……？　僕らは、「こうやってくれ」とは決して言われなかった。やらせてみたら良いから、どんどん「やれやれ」と両方をあおっていたと思うんですね。あとは、演出家としてのまとめかたの腕次第ですよ。描かせるだけ描かせて、あとで編集で料理するというやりかたですね。

――ところで、東映のみならず往年の「活動屋」の世界には、一升酒を徹夜で飲み明かすみたいなイメージがある

**大塚**　んですが、東映動画の演出家とアニメーターの間ではいかがでしたか？

それがねえ、ないんですよ。たしかに東映撮影所のほうにはそういう風潮があったかもしれませんが、僕ら動画のほうには、飲み明かして仲間意識をどうこうっていうのはない。あくまで、どんな作品を作るかで相手と共感し合うという感じでしたね。

**大塚**　――でも、演出家と飲みに行ったり、食事に行ったり、そういう日常の接点はおありだったんでしょう？

いや、それもあまりなかった。少なくとも僕に関してはね。芹川さんとも、藪下さんとも、白川さんとも、わりと事務的なつき合いでした。同じ仲間としてスタッフ間に堅い結束ができたのは、やっぱり『太陽の王子』のときでしょうね。

**大塚**　――次の『アラビアンナイト　シンドバッドの冒険』の演出は、藪下さんと黒田昌郎さんの共同。

ある時期、東映動画が池田（宏）さん、高畑さん、白川さんといった演出候補の人を何人か入社させたんですが、黒田さんもその一人でした。で、月日がたって、ボツボツいいだろうということで、会社が彼に演出させてみた。黒田さんて、ちょっと無口な人でねえ。「こうこうこうやってよ」と言葉少なく指示するくらいで、何を考えているのかつかめない感じなんですよ。で、こっちが勝手にイメージをふくらませて描いても、あまり文句を言わない。褒めもしなければ、抗議もしない。黒田さんが単独演出した『ガリバーの宇宙旅行』にしても、主人公のテッド少年の運命と内面的成長をどう捉えるかという重要ポイントを押さえるのは、本来、演出の役割でしょ。僕らアニメーターは、テッドを宇宙ではね回らせたり暴れさせることはできるけど、作品の核になる部分は演出家が押さえてくれなきゃ困る。『ガリバー』という作品の印象が薄いとすれば、演出家の強い主張、世界観が滲んでいないからでしょう。

その点、『シンドバッドの冒険』も同じですよ。主人公が危機におちいっても、「アラーの神よ！」の一言でパッと救われちゃう。あれじゃまるでイスラム教徒の話になってしまいますよ（笑）。観客は、もっと必死に努力して、血みどろになったあげくに救われる、そういう主人公を見たいわけでしょう。

――　ええ。

大塚　そういう基本中の基本の部分を、しっかり押さえてほしい。それでね、演出という仕事をさらに「演出屋」と「演出家」に分けるとすれば、前者は、一種の現場コーディネーターで、アニメーターの表現能力をのばし、やりたいことをできるだけ実現させてやるのが主な仕事。あるいは、「ここはセルを何秒の速さで引っぱろう」といった細部のテクニックを心得た、「演出処理屋」とでも呼ぶべき人たちのことです。いっぽう後者の、本物の演出家は、「こういうキャラクターを、こう動かして、こういう世界を作り上げたい」という意志がはっきりしている。そうでなくては、本来、長編映画の演出はもちません。テレビシリーズの1話ぐらいならともかく、曲がりなりにも長編1本作るわけですから、その人の個性や主張が強く滲んでいてしかるべきですよ。

## 驚くべき理論家・高畑勲さん

――　次の『太陽の王子　ホルスの大冒険』で組まれたのが高畑勲さん。

大塚　高畑さんが演出家としてすぐれた構成力を持っていることを『狼少年ケン』で知ったのは前に話したとおりですが、それ以外にも、組合運動で一緒に役員をやって、夜を徹して語り合ったときなんかにも、あの人の教養の高さ、知識の奥深さに感嘆したものです。文学、美術、クラシック音楽など、あらゆることに通じている。アニメーションに対する世界観も、藪下さん以来の、子供に対する善意にあふれているという点ですごく印象的だった。まだ若いにもかかわらず、僕がそれまでに出会った演出家とは明らかに違う何かが、彼にはあった。「ああ、この人なら、アニメーションに強靱な演出の権威を確立してくれるだろうな」という予感がしましたよ。……ただねえ、高畑さんは、ちょっと考え過ぎて、時間がかかることが多いのね（笑）。会社にしてみれば、「あんなに時間をかけてスケジュールを延ばして、ハラハラさせる演出家は困るよ」と。それ以外の、才能の面では、会社も彼を大いに認めていたと思うんです。

――　若いころの高畑さんはどんなふうでしたか。

大塚　東大の仏文出で超インテリなんですが、ちょっと変わっていましてね。今でもそうですが、ものを考えるとき、他のものがいっさい目に入らないというくらい集中する。それと、一つのことを話すとき、その前提のさらにまた前提くらいから入るので、「この人、いったい何を言ってるんだろう?」と、みんな、わけわかんなくなっちゃうんですよ（笑）。

――前段を埋めないと後段に行かないんですね。

大塚　そう。後段だけが求められているときにも、前々段ぐらいから始まっちゃう。たとえば、フランスのアニメのことを話すとして、ルネッサンスのあの絵がどうのこうのと、まずルーツから入る（笑）。で、その知識の深さがものすごいから、逆に話がわかりにくくなっちゃう。いろんな映画の細部も実によく見ているから、ちょっとかなわないですよ。

――そういう対象への食い下がりかた、筋道立てた論理性というのは、高畑さんの実写ドキュメンタリー映画『柳川堀割物語』（'87年）を観ても、ひしひしと感じますね。柳川の町と水路と人々の生活との関係を、過去の、根っこのところから全部説明したうえで、バンと核心に入っていく。

大塚　だからあれ、とても長いでしょ?

――ええ（2時間45分）。でも、観客を引っぱる力があるから、どんどん観てしまいますが。……ところで、普段の高畑さんて、どんな雰囲気の方なんですか。

大塚　穏やかですよ。ときどき怒ったりもするけど、5分後にはニコニコ笑っています。ただ、喜怒哀楽をあまり表に出さないから、人によっては気難しそうに見えるかもしれない。

――どういうことに対して怒るんですか?

大塚　筋の通らないことに対して。無礼である、という言いかたで怒る。だから、こういうインタビューがなかなか成立しないんですよ。「そんなこと、どうして僕に聞くんだ」と言って、ポンとおしまい（笑）。だから、良いロング・インタビューがなかなかないんですね。

――ご自身で書かれたものには、面白い文章がいくつもありますよね。文庫になった『『ホルス』の映像表現』も、そうですが、「作画汗まみれ」の巻末に載った一文（「60年代頃の東映動画が日本のアニメーションにもたらしたもの」）なんかも、すごく密度の濃い分析でした。

大塚　凄いでしょ、あれ。きわだった整理好きというか、論理好きというか。当時の東映動画について書かれたもので、あれを超えるものはまずないでしょうねぇ。

――アニメ界のことだけじゃなくて、当時の社会情勢やら、他ジャンルの芸術・娯楽についてまで、目配りが実に広い。しかも、あそこで述べられているのは、どれも非常に本質的なことばかり。高畑さんにインタビューする人は、たしかに大変でしょうね（笑）。

大塚　本人があまりに論理的なんで、僕らでも、下世話な話はあんまりしませんからねぇ（笑）。そうそう、僕は彼と出会う前に弁証法や唯物論の本を読んでいたんですが、たとえばレーニンという人はいろんな論文を書いたけど、面白いことに、まず先に他人に言わせるという癖があるんですよ。ブハーリンとか、他の理論家がある論文を書くと、それを論破するという形で自分の論文を書く。「A君の言ってることのうち、ここは破綻している。本当はこうである」というふうにね。高畑さんにもそういう癖があると思う。

――ようするに、反証的なんですね。

大塚　ええ。東映動画の歴史についても、僕なんかよりずーっとしっかりした定見を持っているのに、なぜか、自分からはなかなか書かない。あるとき僕が、川崎の市民ミュージアムというところで東映動画の思想的背景について講演したら、彼、それを補強する形で、すぐ自分なりのものを書いた。それが例の、「作画汗まみれ」の一文ですよ。これなんか、典型的でしょ。補強するに値すると思われただけでありがたかったですけどね。

――高畑さんは、ニックネームで「パクさん」と呼ばれているそうですが、どうして「パクさん」なんですか？

大塚　あの人は夜型で、今でもちょっと朝寝坊なんです。東映時代には中村橋の下宿で一人暮らしをしていたんですが、毎朝、始業時間ギリギリに息せき切ってやって来ては、タイムレコーダーをガチャンと押す。そのあと、入り口脇の水道でガーッと水を飲んでは、来る途中で買ってきたパンをパクパク食べている……というのが名物風景だったんです。だからとうとう、「パクさん」になっちゃった（笑）。

大塚　――紅茶やコーヒーじゃなくて、水でパンを流し込むんですか。

あんまり人目を気にしないんでしょう。でもね、そんな高畑さんに対して、僕や宮崎さんをはじめ、アニメーターのほとんどみんなが敬意を持っていたと思いますよ。同期生や高畑さんより歳上の人の中には、悔しいからなのか、なかなか認めたがらない人もいましたけど。

大塚　――当時、高畑さんとのプライベートなおつきあいは？

東北や箱根とかにしょっちゅう旅行に行きましたが、それは他の人たちとも一緒ですからね。で、日常生活での高畑さんはだらしないもんだから、言いかたは悪いけど、ちょっと能なしみたいに見えるときもある（笑）。不器用で、みんなで料理を作るときも、彼だけはあまりうまくできなかったりね。

大塚　――宮崎さんは、「パクさんは大ナマケモノの子孫にちがいない」と書かれていますね。[注26] 高畑さんがナマケモノのはずはないんでしょうけど。

いや、見かけはちょっとナマケモノふうのところがありますよ。のんびり屋的ムードとでもいうのかな。宮崎さんいわく、「ナマケモノは鋭い爪を持っていまして、決して平和ないきものではないのです。突然凶暴な攻撃性を発揮してひき裂きますから、的になった者はたいへんです。もっとも凶暴性については他人をとやかくいえるほど、私も立派な人格者とはいえません。ただし、傷口の深さは彼のほうが上だと思っています」

大塚　――これはどういう意味でしょうか？

うーん……冗談で言ってるようにも聞こえるけど、その深い傷を受けたのは、おそらく、他ならぬ宮崎さん自身でしょうねぇ。僕はそんな傷は負わなかったけど、何を言っても全部叩き伏せられてしまうほどすごい思想と論理を持っていますから、つき合っているうちに、「この人にはとてもかなわないなぁ」という気分が出てくるんでしょう。会議なんかするとね、彼、はじめはじっと聞いているんですが、しだいに伸びをしたり、

――「ちょっといいですか」なんて、いつの間にか長椅子に横になっていたりする。あるいは、ずっと机にうつ伏せになったまま、顔も上げない。あまりいい態度じゃないですよ。「何考えてるのかな」「寝てんのかな」とみんな思うんだけど、実は、ちゃーんと話を全部聞いている（笑）。

**大塚** こわいですね（笑）。

――で、最後の最後に、「悪いけど、今おっしゃったことは全部間違っています」とそれまでの意見をすべて否定する。みんな唖然とするんですよ。彼、ニッコリ笑って、「この企画はダメですね。はい、終わりにしましょう」（笑）。それまで懸命にしゃべっていた人は、どうしていいかわからなくなる。「高畑さん、どこがダメなんですか？」「いや、全部じゃないですか。また今度にしましょう」。そういうとき、人に与える打撃の大きさははかり知れないものがあるでしょう。

**大塚** 「ひき裂く」とはそういう意味なんですね。ご本人に悪意や他意はないにせよ。

――決してありません。いろいろ見通しを考えてみたけどダメだという結論を自分なりに出した、ということなんですよ。囲碁で十手先を読むようなものです。周囲はあとになって、「ああ、そうか。そういうことだったんだ！」とわかってびっくりするわけです。

**大塚** 高畑さんも人の子、時にはミスジャッジもあるのでは？

――もちろんあるんだろうけど、普段ものを調べたり考えたりする量と質が半端じゃないから、ほとんどの場合、みんな納得してしまいますね。たとえば、詩人のジャック・プレヴェールについて、フランス人も知らないような文献を探し出してきて、全部訳して、自分のパソコンに入れている。でも、あんまり難し過ぎてなかなか出版の引き受け手がない。「この文献の書き手は有名なの？」「いやいや。でも書いていることは正確だから、ちょっと訳しておいたんです」なんて言うんですよ。そんなことする人、いませんよね。

**大塚** いつの間にそういう作業をなさっているんでしょう？

――ゴロゴロしながら、何となくやってるみたいですね（笑）。ときにトンチンカンで、私生活もメチャメチャというか、意表をついた人です。

――そうなんですか。私生活もキチッとなさっていそうな気がしますが。

**大塚** いやいや、とんでもない。奥さんなんか、困り果ててるんじゃないかな。奥さんがいないと、すぐ生活できなくなっちゃうような人です（笑）。

――大塚さん的な、クルマやプラモといったディレッタント的な趣味はお持ちでない？

**大塚** そういう偏執狂的な趣味は全然ない。でも、音楽とかに対する造詣の深さは半端じゃなくて、そのへんの音楽評論家がかなわないくらい。知識だけじゃなくて、譜面も読めるし、ピアノも弾ける。そういうことを表には出さないですけどね。

――高畑さんも宮崎さんも、ふだんは穏やかでも、いざ現場に入ると鬼になるという風評を耳にしたことがありますが。

**大塚** そんなことないですよ。二人とも、人に対しては鬼になんかなりません。ただ、作品に対しては鬼にも蛇にもなる。ものを作るためには、そうしなきゃならない場合もあるんですよ。自分が必要なだけの才能をスタッフに求めるから、どうしても冷徹に見えてしまうんでしょうね。でも、人が這いつくばってがんばって、やってもやってもこれ以上できないというのを、「死んでもやれ」とか、「体を壊してでもやれ」とか、そういう無茶を言うわけじゃありません。

他人の才能を見通すことについては、そりゃ、二人ともうるさいですよ。なぜなら、これは僕にも経験がありますが、「こいつはきっとできるだろうな」と思って善意でやらせてみて、結局できなかったときは、こちらも失望が大きいでしょう。それがつらいもんだから、まず最初にそこを厳しく見極める……。宮崎さんの場合、その人には無理だとわかったとたん、「じゃあ、オレが代わりに描いちゃおう」ということになるわけですが、高畑さんは絵描きじゃないから、そうはいかない。状況は、より切実ですよ。他人にそういう能力があるかどうか、最初の段階で、ものすごく厳密に見通す以外に方法がないわけだから。

**大塚**　――高畑さんは、いつごろそういう眼力を身につけられたんでしょうね。

いろいろ作品を作りながらでしょう。宮﨑さんと組んだり、小田部さんや僕と組んだり、近藤君と組んだり……練達のアニメーターと組まないと、思うように作品を成就できないから。もっとも、練達の中にもいろいろタイプがありますけどね。ずいぶん前だけど、「いっぺん芝山さんと組んでみたら？」と薦めてみたことがあるんですよ。そしたら高畑さん、「うーん……あの人は経営者でしょう」って乗り気にならない。つまり、アニメーターからスタジオ（亜細亜堂）の経営者になったとたんに経済的な計算が先に立って、もうコストを無視して動かしたりはできない。しがらみに入ってしまう。いったんその世界に入った人を、今さら呼び戻せないだろうと踏んだんでしょうね。いっぽうの僕は、歳をとって、もう現場の仕事はダメですけど、経営者ではないでしょ。ここ（テレコム）の経営陣でも何でもない、ただの風米坊。だからこの間も、「宮沢賢治に面白い作品があるんだけど、やる気ありませんか？」と高畑さんに言われてギョッとなりました。瞬間的に頭の中の計算機を叩いて、労働量や執着力がついてゆけるか計算しましたが、無理だなぁ……という結論に至った（笑）。

まあ、そんなふうに、採算度外視で、死にものぐるいで面白いものを作ろうとするエネルギーと才能のある人――そういう人と常に組みたいと高畑さんは考えているんでしょう。ただ、さっきの冷徹だという風評にしても、あそこまで抜きん出た能力を持っていると、普通人のものさしで計っちゃうとわからないこともあるんでしょうね。『じゃりン子チエ』のとき、彼、立ったまま頭を壁にゴンゴン打ちつけてるんですよ。そんなことを5分以上もやっている。「何やってるのかなぁ」と思うけど、恐ろしくてとても聞けない（笑）。

**大塚**　――きっと、何か熟考なさっていたんでしょうね。

長浜さんや大隅さん、あるいは宮﨑さんにせよ、演出家が何を考えているか僕にはだいたい読めるんですけど、高畑さんだけはちょっとわからないところがある。そうそう、あるとき高畑さんが、アニメーションをやめて文房具屋をやりたいと言い出したことがあるんですよ。小学校のまん前に店を開いて、子供たち相手に文房具屋をやるのが夢なんだと。

——それは、本気で？

**大塚** 半ば本気でしょう。アニメの仕事があまりにもきついから、もう少し楽で面白い仕事はないものかと僕らが話していたころのことです。で、みんな、それ聞いて吹き出しちゃってねぇ。「なにもあんたが文房具屋をやらなくてもいいだろう」って（笑）。いっぽうの宮﨑さんは、そういう弱音はいっさい吐かない。高畑さんには、やっぱりどこか優しい、弱いところがあるんですね。それに、子供たちのことが心から大好きなんでしょう。

——勉学と理論の人のようでいて、そういうトッピなこともおっしゃれば、『じゃりン子チエ』のようなベタベタに俗っぽい作品も作る……不思議な、面白い方ですね。

## コーディネーターに徹する、というやりかた

——高畑さんの次に組まれたのが、『長靴をはいた猫』の矢吹公郎さん。

**大塚** 「組んだ」という実感はなかった、というのが正直な気持ちです。矢吹さんも、コーディネーターに徹すると決めて演出に臨んだ人でした。「映画のあらすじ、つまり、入れものは自分が用意するから、あとはやりたいようにやってよ」という感じでしたね。で、僕ら作画陣は、それぞれの担当シーンをどんどん膨らませていったわけです。もともとシャルル・ペローの原作は、誰が見てもわかりやすいシンプルなお話でしょ。矢吹さんは、映画の全貌というか、骨組みがだいたい見えた時点で僕らに各シーンを任せ、自分はコーディネーターに徹して演出をしたわけです。

3匹の殺し屋ネコの設定なんかは、森康二さんが作ったんじゃなかったかな。全体のキャラクターの性格づけは、森さんが準備段階で行った。矢吹さんは、そういう森さんのアイディアをとことん活かす役割。同じように、実際の作画作業においては、僕や宮﨑さんやいろんな人のアイディアもどんどん活かす……。それまで東映が試行錯誤して築いてきたアニメーションの作りかたを、矢吹さんはここでぞんぶんに勉強し、開花させ

たんだと思います。

――矢吹さんは、どんな風貌の、どんな雰囲気の方でしたか。

大塚　ちょっと背の低い、穏やかな感じの人です。話しかたも穏やかで、ものごとに角を立てない人ですね。その後も東映で子供たちのための作品を作っていましたが、『長猫』のときほどの充実した作画スタッフにめぐり逢えなかったためか、演出家として決定打を出せなかったようですが。

――『長猫』も、あれだけの有名作なのに、「監督は誰?」と聞くと知らない人が意外に多いんです。「矢吹作品」という確固たる印象がないためかもしれませんね。

大塚　ともあれ、矢吹さんは、ラッキーにも前作『太陽の王子』で鍛え上げられた良質なスタッフを引き継いだわけですが、思いきった漫画調に徹することによって、スタッフみんなの欲求不満を解放してくれました。シリアスな『太陽の王子』から一転した明るく楽しい作品で、僕らの気分をポーンと解放してくれて、それが作品の出来にも確実に反映されていますから、大きな功績と言っていいでしょう。ほんとにもう、みんなでドンチャンドンチャン楽しくやりましたよ。『長猫』は、興行的にも非常に良かったですしね。

――次の、『空飛ぶゆうれい船』と『どうぶつ宝島』の池田宏さんはいかがでしたか。

大塚　両方ともわずかに原画を手伝った程度なので、僕の作品歴には入りませんが、池田さんもやっぱり温厚ないい人でしたね。矢吹さんの仕事を見習っていたから、同じように、コーディネーター的演出に徹していたように思います。

――『ゆうれい船』は、東映動画には珍しいSFスリラーですね。武器輸出や資本主義大国への批判を込めた社会風刺的なストーリーで、今観ても鮮烈です。ですが、もし池田さんの演出が温厚でコーディネーター的だったのなら、あの作品の持つ「鋭さ」や「毒」は、いったいどこから出てきたんでしょう?

大塚　シナリオの辻(真先)さんじゃないかと思うんです。あの作品ができたプロセスについてはよく知りませんが、池田さんも矢吹さん同様、しっかりまとまった質の高いスタッフを活かすノウハウを心得ていた。ただ、矢吹さん、池田さんの二人とも、高畑さんほど強いリーダーシップを発揮することは、性格的にできなかったんじゃないでしょうか。

大塚 ――『ゆうれい船』は、作監が小田部羊一さんで、原画には宮崎さんや、小田部夫人の奥山玲子さんも参加なさっています。大塚さんは、小田部さんご夫妻とのおつき合いは……。

これはもう、ものすごーく長いですよねぇ（笑）。奥山さんはいわゆる女闘士タイプで、組合の役員が務まるような人です。当時のアニメーターには珍しくファッショナブルな人ですが、いっぷう変わっている。やっぱり、ものを作る人間は「いっぷう変わっている」というのが一つのキーワードなんですね。もちろん反社会的に変わっているんじゃ困るけど、個性を発揮するという意味において、変わっているのは、平凡なだけの人よりもまだ取っつきようがありますから。

大塚 ――一般の会社では、変わっているのは困るというのがむしろ普通でしょうから、やっぱりアニメ業界の特性というか、クリエイティブな職場の風土みたいなものを感じますね。

奥山さんはね、仙台のよく知られた旧家のお嬢さんなんですよ。一度ご実家に遊びにいったことがあるけど、お屋敷という感じの立派な家でね。お父さんも背筋のしゃんとした、折り目正しい人。そういう家庭の人はアニメーターには珍しいですよ。アニメーターの賃金は高くないから、そういう人は普通、もうちょっとペイのいいところへ行く（笑）。ところが彼女は、なぜか東映に来た。もともと、とっても品のいい人なんですよ。

大塚 ――でも、組合の闘士でもある。

そう（笑）。そういうところが面白い。かたや小田部さんは、労働組合なんて苦手だし、人前でしゃべることすら苦手という穏やかな人です。まあ、あまり穏やか過ぎる人は、なかなか集団を引っぱるリーダーになれないものですがね。

――ですが、小田部さんは、『アルプスの少女ハイジ』の作監をはじめ、すごくいいお仕事をなさってきていますよね。

大塚　たぶん、宮﨑さんや高畑さんのような強力なリーダーと一緒だと、うんと力が発揮できるんでしょう。のちに『龍の子太郎』の作監もやっていますが。

――ちょっと渋いけれども、いい映画でしたね。水墨画みたいなタッチが良かったです。

大塚　初期の東映動画みたいなちょっと古めかしい感じがあって、なかなかいいですよね。聞くところによると、浦山桐郎監督が、とことん演出の主導権をにぎってがんばったんだそうですよ。普通、外部の、実写の演出家を連れてくると肩書きだけに終わることが多いのに、浦山さんは違った。アニメの現場に積極的に入り込んで、本当にいい仕事をしたと思います。

## Aプロで出会った演出家たち

――東映のあと、Aプロの演出家の方々とのおつき合いが始まるわけですね。まず、『巨人の星』の長浜忠夫さん。長浜さんは、大隅さんと同じく人形劇出身ですが、アニメーションのノウハウなんか知らなくたって演出できる、人形劇の演出法で充分だという考えを持っていました。僕とはいろんなところで考えかたが食い違っていたんですが、一番困ったのが、照れくさい演技を臆面もなくやることでした。「おお、星よ！」「伴よ！」と抱き合って、涙がウワーッと出て（笑）。ああいうのは、ちょっとねぇ……。

――『巨人の星』の場合、むろん原作にもそういう要素がありますが、もう少し抑制されていますよ。アニメ版では数倍オーバーになっていました。

大塚　まあ、そういう照れくさいことを堂々とやるのが大衆芸術だと本気で思っている。長浜さんは薩摩（鹿児島）の出身で、喜怒哀楽がものすごく激しい。その点、クールな大隅さんとは対照的ですよ。僕はAプロに来て、まったく対照的なタイプの演出家二人にいっぺんに出会ったわけです。長浜さんは、とにかく大衆芸術の作家を自認していた。テレビの『水戸黄門』（69年〜）にしてもそうですが、一般大衆はかなり照れくさいことでも受け入れるんだ、という信念ですね。僕にしてみれば、もうちょっと考えてほしいなと思ったけれども。だってねえ、シナリオに「飛雄馬の目に燃え上がる闘志」と書いてあったら、目の中で本当に火がメラメラと燃え上がるし、「感情が爆発する」と書いてあれば、火山がボーンと爆発するんだから（笑）。「彼は不死鳥だ」と言うと不死鳥が飛んでくる、というイメージショットもありました。

**大塚**　何だこれはと思ってね。あまりにも即物的というか、照れないというか。で、作品の上だけじゃなくて、本人も照れない人なんですよ。みんなの前で話すのが大好きでね。

――どういう話をなさるんですか。

**大塚**　ようするに、自慢話ですね。集会とかパーティーとかの場で、あの作品はオレ一人で作った、みたいなことをワーッとしゃべるわけ。周囲に「ちょっと恥ずかしいな」と思わせるような人でしたね。で、前にも話したとおり、『侍ジャイアンツ』の途中で、僕は実質的に降りてしまった。そういうのは、美意識として、たとえば高畑さんとかの作品の中でいうシーンは、どうしても描けなかった。男同士が真顔でお互いを褒めあうなんてはあり得ないことなんですよ。宮﨑さんにはちょっとあるんですけどね。ストレートというか、ちょっと照れくさいところが（笑）。たとえば、「作画汗まみれ」にも書きましたが、『未来少年コナン』で、コナンとラナが木の上に家を作るでしょ（第16話、『二人の小屋』）。ラナがはしごで上がっていき、コナンがうしろからついていく。コンテを見ると急な階段だから、「宮﨑さん、これ、ラナの真下からコナンが上がっていくとスカートの中が丸見えだけど、どうしよう？」と聞いたら、「大塚さんはいやらしいなあ。何でそういうこと考えるの？」。でもねえ、見えるものは見えるはずだから（笑）、僕はそう思って描くわけですよ。

――ことさらアオリ（仰角）のアングルにしなくても、「コナンには見えている」という前提自体が、大塚さんには気になるんですね？

**大塚**　そうそう。ところが宮﨑さんは純粋で、そんなこと考えてもいない。「コナンはエスコート・ヒーローなんだから、ラナを先に上げて、万一落ちたらいつでも救えるように後から上がっていくんだ。そんないやらしいこと考えてもいないよ」「いや、そう言ったって、いざ見えたら考えるんだよ」って（笑）。

**大塚**　まあ、考えますよね（笑）。

――考えるんだけど、宮﨑さんは女の子のパンツなんて、見えるものは見えるからと、平気で描いちゃうでしょう。

**大塚**　ええ。『風の谷のナウシカ』でも、飛行中のナウシカの肌色のタイツを見せていたし、『魔女の宅急便』（'89年）でも、キキのパンティをあっけらかんと見せていました。

――同じですよ。彼にはいやらしい発想はない。でも、僕にはあるから（笑）。……まあ、そういう意見の食い違いがあっても、宮﨑さんとならまだ妥協できるんですよ。長浜さんとはちょっと妥協できなくて、決裂しちゃった。

**大塚**　プロの中のプロであり、「描き手に徹する」という信念をお持ちの大塚さんがそういう状況に陥ったのは珍しいんじゃないですか？

――そりゃ珍しいですよ。唯一と言っていいかもしれない。でもまあ、長浜さんとケンカするのは、僕にとっては別に何でもなかった。

**大塚**　ケンカって、本当にどなり合いみたいな？

――そうです。「こんなのが照れくさいというんじゃ、あんたの仕事は大衆芸術じゃないな」とまで言うから、「僕の大衆芸術は、照れくささをどう表現するかに腐心するんだ。照れくささを露骨に出せばいいというんじゃ話にならない」とね。こっちは直前に『ルパン』をやっているでしょう。大隅さんは、照れというものをよく知っている人でしたからね。

**大塚**　『ムーミン』『ルパン』の直後だけに、よけいにギャップが大きかったんでしょうか。

――ええ。大隅さんはね、今までにもちらほら語ってきたとおり、一種の反骨精神の持ち主で、ちょっと斜に構えた人なんですよ。それが僕には合っていた。『ムーミン』でも、キャラクターが非常に照れるんですが、あれは大隅さんの人柄なんですよ。「ここはキャラクターがすごく照れちゃって、『困ったなぁ』という感じにしてよ」としょっちゅう指示していたし、出来上がった作品にもそれがよく出ていた。照れるだけじゃなくて、スノークはちょっとスノビッシュで気どってる、ミイは怒りんぼうだけど根は優しいとか、キャラクターの性格をキチッと押さえて、表現したい内容を具体的に、かつ的確にスタッフに指示していた。『ムーミン』が面白かったとすれば、大隅さんの功績はすごく大きいですよ。

アニメーションの演出家としてはね、大隅さんもコーディネーター・タイプです。「ここは、こうやってかっこよくしようよ」とかスタッフに指示するだけで、自分自身で絵コンテを切るわけじゃない。ただ、作っている過程を非常に大事にして、作品のコンセプトのようなものをいろいろと提言してくる。東映時代の演出家の人たち――芹川さん、矢吹さんはもちろん、高畑さんとも明らかに異質なタイプで、僕にはとても新鮮だった。彼が人形劇の世界からアニメ演出に持ち込んだものがいっぱいある。それともう一つ、あの人独自のモダニズムね。当時の東映にはなくて虫プロにはあった、一種のファッション性というのかな……。

そうそう、虫プロと言えば、大隅さんとはこんな論議もしたんですよ。僕は、「もしアトムを動かせと言われたら、アトムが生きてるようには動かさない。ロボットなんだから、ロボットとして動かそうと考える。生きた人間のように泣いたり、叫んだり、喜ぶこと自体がおかしいんじゃないか」と彼に言ったんです。「手塚さん十八番の〝本当は人間になりたかったロボット〟というテーマは、カレル・チャペック以来の大錯覚だと思う。ロボットはロボットとして動かさなきゃいけないし、ロボットが人間になるというのは、それこそ非常に哲学的なテーマになるから、そのテーマをキチンと討議した上でのアニメーションであるべきだ。そこを全然考えずに、普通の子供と同じように描くのは、アニメの作動原理からいっておかしいよ」。そう言ったら、大隅さんは、「いや、アトムを生きた人間として動かさなきゃ意味がない」と反論してきた。「だったら、アトムじゃなくて別の題材にすべきだ」と僕がまた反論する……というような議論をさんざんしたわけです。大隅さんがその議論に堪えられる人だと知っていましたからね。

――大塚さんと大隅さんのロボット論議なんて、ちょっと意外で、ぜひライブで聴いてみたいですね。なんにしても、大隅さんというと、やはり旧『ルパン』のイメージが強いんですが……。

**大塚**　たしかに、『ルパン』が大隅さんの正念場でしたね。あのころ彼は、「自分は人形劇団の主宰者で演出家だから、アニメーションには外来者なんだ」といつも口にしていた。たしかに自分ではコンテも描かないし、コンテを発注して、打ち合わせに立ち会ったら、それでおしまい。途中で絵も見ない。現場に来て、「へぇ、こうやって描くの。アニメーションってすごいねぇ」なんて言ってるくらいですから。作画作業的には非常に浅い関与だったんだけど、ルパンというキャラクターの設定、生きかた、そういうものを深く考えぬいていた。'60年代の学生運動、その嵐のあとにやって来るものはいったい何なのか……？　そういうことを、歴史的な立場を踏まえて大隅さんなりに理解していたことが、旧『ルパン』を作る上で非常に大きかったんです。で、僕は、大隅さんの考えかたに共感することが多かった。そういう部分で演出家とアニメーターの話が合うというのは、いいことでしょう？

――本当に。創る喜びの一つと言えるでしょうね。

**大塚**　森さんはさっき、大隅作品に流れている孤独感のことを指摘していたけど（第5章参照）、思えば、それこそが彼の原点なんでしょうね。Aプロで演出をしていても、自分はあくまで「お客さん」であり、「外部の人間としてお手伝いしているんだ」という一種のアウトサイダー的な気分があるもんだから、一歩身を引いて、スタッフの中にのめり込んで来ない。そういうやや特殊な制作状況と、彼自身の人生観との両方が、旧『ルパン』の映像に色濃く滲んでいるんだろうと思う。

――大隅さんとの個人的なおつき合いで、何かエピソードはありますか？

**大塚**　それがねぇ、ほとんどないんですよ。いろいろ語り合ってはいても、彼は常に一歩引いていますからね。で、僕はそうでもなかったんだけど、彼のそういう、いかにもお客さん的なスタンスは、Aプロ側にすればやっぱり不満もあったようですね。「もっとのめり込んでこいよ」と思われていたようです。いっぽうの宮崎さんや高畑さんは、同じように外から来てはいても、いったん中に入ると完全に内部の人間として動きますからね。

――大隅さんは、作り出すキャラクターもご本人も、やっぱりどこかストレンジャー的なんですね。いや、パッセンジャー的と言うべきか。ふとすれ違い、通り過ぎていく人のような……。

大塚　そうそう。パッセンジャーならではの良さがありますね。

――こちらにちょっと横顔、あるいは斜め後ろ顔を向けているような独特の作品ムードに、ファンは惹かれるわけです。

大塚　ただね、こういう言いかたはなんですけど、彼がたった一つだけ理解していなかったことがある。自分がAプロで、僕や芝山さんや小林さんという、当時としては得がたい作画メンバーと組んでいたという事実です。あのメンバーでパイロットフィルムをスタートしていなければ、旧『ルパン』はああなっていないはずですよ。

――もし、よそが旧『ルパン』を作っていたら？

大塚　そうですねぇ……たとえばもし虫プロが作ったとしたら、やっぱりあまり動いていない、止め絵的にかっこいい『ルパン』を目指したでしょうね。第1話でのF1の疾走も、フィアット500のハチャメチャな走りも、ルパンたちのドタバタアクションも、きっと見られなかったでしょう。

――なるほど……。ところで芝山さんと言えば、『天才バカボン』『ど根性ガエル』でも組まれていますよね。両作品とも芝山さんの肩書きは作画監督でしたが、のちに『ドラえもん』シリーズなどを演出なさった演出家でもあるわけですね。

大塚　東映動画時代からの知り合いだし、演出家兼任だからといって、特に構えてつき合ったわけじゃないんです。芝山さん自身、アニメーター的資質の強い人で、演出とアニメーターを兼業しているわけでしょ。江戸っ子で、絵柄のとおり小気味のいい性格の人ですよ。

――『ドラえもん』『ちびまる子ちゃん』『忍たま乱太郎』と綿々と続く、芝山さん独自の気さくで平明なギャグ路線のシリーズは、ジブリ作品やロボットアニメとはまた違う意味で、わが国のアニメ界を底から支えていると思います。
　で、次が、『ガンバの冒険』演出の出﨑統さん。

大塚　彼もやっぱり、独自の世界を持っている人ですね。ただ、前にも話したとおり、絵コンテを切ったあとは現場におまかせで、作画という最も重要な作業に踏み込んでこないことが僕にはちょっと不満でした。それと、ある時期以降、仕事の選びかたがちょっと荒っぽいような気もします。旧『ルパン』を一緒にやって、彼の青春のほとばしりみたいな時期を知っているだけに、よけいにそう思うのかもしれませんけどね。

## ストイックな天才・宮崎駿さん

――最後に宮崎駿さんのお話になるわけですが……これまでの章でも、高畑さんと並んで、宮崎さんのお名前がずいぶん出てきましたね。

大塚　僕のキャリアの重要な部分がいかに彼らと密接に関わりあっているか、ということでしょうねぇ。宮崎さんは、今や国民的規模、いや世界的規模で承認された作家のレベルに至っていますが、その、ほぼすべての作品が「宮崎オリジナル」と呼べるところがすごいと思います。原作から、キャラクターから、ストーリーから、動きの細部に至るまで、それら全部を仕切るだけのものすごいパワーを秘めた作家になっちゃったという意味で、本当に驚いているんですよ。で、たしかにそうなったけれども、彼自身はきっと、平常心でいたいと思っているに違いないですよ。自分は普通の人間だ、そんなおこがましい大作家だとは思いたくない、と。慢心したら最後、そこで作家としての生命が終わると自覚していると思う。

――ストイックな方なんですね。

大塚　それはもう。非常にストイックです。仕事をする以外に生きようがないという人ですから。たとえば今、この瞬間にジブリに行ったら、彼、机に向かって1枚1枚絵を直してるような気がする。立ち止まったりうしろを振り向くことは許されないという心境で、きっと、死ぬまでやると思うんですよ。その壮絶さがあまりにもすごくて、僕なんかのようにちょこちょこ寄り道しながら歩いてる人生とは違い過ぎましてねぇ（笑）。じゃ、そのほうがうらやましいか、自分もそうなりたいかというと、実はそうでもないんですが……いや、これは本音ですよ（笑）。

大塚　はい（笑）。あそこまで行ってしまった人なんだという感嘆の思いで、僕は今、彼を見ています。普段はそんなことはおくびにも出さずに、普通の友だちのようにつき合っていますけど。……まあ、僕の人生の中であんなすごい人に出会うことは、もうないでしょうね。あんなに厳しく働く人は、おそらく今の日本にはいないだろうから。いや、世界中でもたぶんいないでしょう。あの才能と仕事量は一代限りのもので、決して誰も引き継げないだろうと思う。

――宮崎さんと最初に会ったときのことを覚えていますか？

大塚　よく覚えています。東映動画の労働組合の集まりでした。たしかそのころ、僕は組合の書記長だったと思いますが、その年に入った新入社員を練馬区の講堂に集めて、労組についての説明をした。そのとき、普通なら質問なんか出ないんだけど、突然すっくと立ち上がって、組合の理念についていろいろしつこく聞く男がいた。それが宮﨑さんです。「うるさいのがいるなぁ」と思ったけどね（笑）。僕は、そういう場所で話すときは、あまり生臭い話ではなく、ある程度ものごとを俯瞰して――たとえば、組合運動の位置づけとか、マルクスやレーニンが唱える理念についてとか――そういう話しかたをするんですが、宮﨑さんもね、そういう話が大好きなんですよ。だからたちまち、「この男はうるさいけど、なかなか面白いな」と思うようになりましたね。実際にアニメーションを教え始めたら、吸収力がおそろしく早い。「その動かしかたは間違ってるよ」とか、僕も最初のころはずいぶんきついことも言ったけど、たちまち覚えてくるからびっくりしましたねぇ。もともと素質のある人だから、まもなく僕のほうが逆に教わることも多くなってしまった。

――東映動画時代の大塚さんのことが宮﨑さんのインタビュー[注27]に出てくるんですが――これはもちろん冗談なんでしょうけど――「大塚さんは机に座っていなくて、プラモデルを作って遊んでいた」と（笑）。かたや大塚さんは、スタッフの中でご自身の労働量が最も多いくらいだったとおっしゃる（第1章参照）。かなりお話が相

**大塚**　反していますが……。いやいや、それは宮﨑さん一流のアイロニーでしてね（笑）。「もうちょっと全身全霊を捧げてオレみたいにやりゃいいのに、しょっちゅうプラモを作ってやがるな」みたいなことが、彼には腹立たしかったんじゃないですか。

――　プラモ、お作りになっていた？

**大塚**　ええ（笑）。だけど、勤務時間中にじゃないですよ。その日の仕事を終えて、残業中にちょっとだけね。プラモを作って遊んでいたというのとはずいぶんニュアンスが違うけど、それはあの人独特の照れなんです。わざと誇張して言ってるんですよ。

――　若き日の宮﨑さんはどんなふうでしたか？　いや、つまり、今の宮﨑さんが突然存在するわけじゃないでしょうし、大塚さんは、その成長過程をずっと見てこられたわけでしょう？

**大塚**　ところがねぇ、若いころからそんなに変わっていないことは、誰の目にも明らかなんですよ（笑）。本当に、ものを創るために生まれてきた人なんだという感じが、当時からありありとしていました。

――　『狼少年ケン』のころから？

**大塚**　そう。キャリアの有無の問題じゃない。どうしてああいう突出した才能が出てきたのか不思議なんだけど、そういうとき、人は「天才」と呼ばれますよね。で、彼の場合、天才にしては労働量がすさまじすぎるんですよ。

――　では、宮﨑さんとことんつき合った作品、精根尽きるくらいつき合い切った作品があるとすれば、それは何ですか。

**大塚**　残念ながら、そこまではやっていません。僕も懸命にものを作りはするけど、どこかで遊んでいるような気分があるんですよ。なんというのか、絵を描くのも一種の道楽だという感じがね。そういう意味で宮﨑さんのストイックさには驚くんですが、それ以上に驚くべきは、あの奇想天外な発想ですよ。コナンが足の指で飛行機の翼をつかむとか、普通、思いつかないでしょう（笑）。で、みんな、そのルーツ探しをやるわけ。「実は何とかという映画をパロッている」とか、「あの作品から引用している」とかね。でも、極端な話、あらゆる作家は常にどこかから何かを受け取って、それを次の世代に受け渡しているわけだから、このさいルーツ探しはあまり意味がないと思う。

――　最後の最後に浮かび上がるのは、やっぱりその人、演出家の人間性なんでしょうね。

**大塚**　そうです。人間性という意味で、宮崎さんも高畑さんも尊敬に値するし、そりゃ壊れた部分もいっぱいあるだろうけど（笑）、それは誰にもあることでしょう。そういう人間としての個性や面白さを、僕は、これまでの彼らとのつき合いの中で堪能させてもらったわけです。

――　どんな作家にも「同時代性」というものがあって、その点、１９７０年代からリアルタイムで追いかけてきた宮崎さんのことは一口で言えないくらい好きなんですが、俯瞰して見ると、'80年代半ばごろから、宮崎作品をとりまく状況が変わっていったように思います。『天空の城ラピュタ』のとき、「宮崎ブランド」というキャッチコピーが生まれたりして。

**大塚**　それだけ世の中の彼に対する認知が進んだということでしょうね。

――　そういう周辺状況はおくとしても、近年の諸作品は、Aプロや日アニですったもんだして作られた作品群に比べて、すっきりと混じりっ気なく、純粋培養的に生まれているような感じを受けます。観る側からすれば、そのぶん、思いもかけぬ意外な企画に出会うことも少なくなったといいますか……。

**大塚**　うーん、それはどうでしょう。たしかに、たとえば『カリオストロ』のときなどは、さして好きでもなかったルパンという題材で世に問うていますが、あのときにはあのときの状況があった。劇場用長編アニメの演出という絶好のチャンスをみすみす逃す人ではありませんから……。まあ、宮崎さんも東映を出て以来、他流試合の連続でずいぶん苦労してやってきた末に、とうとう自前の創作の場所を作り、高畑さんにもそれを提供して、二人でこの20年近くをやってこられたというのは、やはりなるべくしてなったんだなぁという気はします。

でもね、彼らも今また、新しい岐路に立っているんですよ。高畑さんは今年（'05年）で70歳、宮崎さんも64

歳ですから、ジブリとしては次のクリエイターを育てなきゃならない。だから、『猫の恩返し』（'02年）で若い森田（宏幸）君を、『ギブリーズ episode 2』（同）でベテランの百瀬（義行）君を演出に起用しているでしょう。能力とやる気のある人にはお金を投資してやらせてみようという、いい意味での実験道場にジブリはなり得ると思う。成功すれば、若い人たちもまた次が作れるわけですからね。

**大塚**　宮﨑さんも高畑さんも秀でた論客という感じですが、あえてお二人の違いを言えばどうでしょう？

――それぞれに鋭い視点を持った理論派ですが、宮﨑さんは、高畑さんからかなりの部分を輸入していると思う。もし高畑さんとつき合っていなかったら、今の宮﨑さんはない。それは断言できます。ものごとのルーツにどんどん食い下がって、その源流から文化全体を丸ごと理解しようという姿勢は、まぎれもなく高畑さんのものです。……いや、むろん宮﨑さんの中にも、そういう素地はもともとあったんでしょう。だけど、人間は紙の上からじゃなくて、生きている人間から具体的に受け取ったものが一番大きな財産になると思うんですよね。

**大塚**　本で読んだり、テレビで見るよりも？

――と、僕は思っています。高畑さんは今でも、妥協しないぞ、作品の中身についてはすべてを自分が仕切るんだという姿勢でしょう。『太陽の王子』で日本に初めて確立された、アニメーションにおける「監督」という立場の重さと責任を、宮﨑さんは高畑さんから学んできた。ただ、『未来少年コナン』からあとは、明らかに宮﨑さん独自の世界ですね。『太陽の王子』から『母をたずねて三千里』まで、高畑さんと濃密な議論をし、実作業を共にし、そのエッセンスを体内に蓄積してきたけれども、高畑さんはちょっとまじめ過ぎる、理屈っぽ過ぎるところがある。そうじゃなくて、オレは漫画少年の夢である冒険大活劇をやりたいんだ……というアンチテーゼを糧に、宮﨑さんは育っていったんだろうと思うんですよ。で、『ハイジ』『三千里』の文芸路線でつのった欲求不満が、ついに『コナン』でボンと爆発した。

――これは悪い意味ではないんですが、ある種の「演出的独裁」みたいなものも、宮﨑さんは高畑さんから受け継いだのでしょうか？

**大塚** それはもう、間違いなく（笑）。１００パーセント受け継いでいます。ただ、独裁するに足るだけの想像力、イマジネーションを宮﨑さんはもともと持っていましたけどね。

―― いくら独裁といっても、みんながついてこないんじゃ話になりませんよね。

**大塚** そう。そこを忘れちゃいけない。みんながついてこられるだけの説得力を、宮﨑さんの絵やストーリーは持っていますから。そのことが、国民的規模でだんだん承認されてきた。今、彼は間違いなく自分の作品を作りやすい環境にいますね。『千と千尋』にしても、『ハウル』にしても、もしも構想段階でみんなに公表して「どう思う？」と聞いたら、きっと反応は千差万別だったはずです。だから、次回作のストーリーなんか、はじめから周囲に教えませんね。こんなのダメだとか、好きだの嫌いだの、いっさい言わせない。「いったいどうなるんだろう？」と、いつもみんなハラハラしている（笑）。

―― 一種の「純粋演出」の世界ですね。

**大塚** そうです。演出というのは、スタッフに対してそうとうな締めつけをやらなきゃ、なかなかいいものはできませんから。みんなの意見をいちいち聞いていたら、何もできなくなっちゃう。まず独断をして、ある一定のテーマを打ち立てたら、そこに向かってダーッと突き進むしかない。そのことを、宮﨑さんは高畑さんからとことん学んだんですね。宮﨑さんはね、とにかく面白い映画を作りたいという情念でいっぱいの人なんです。もともと熱血漢のうえに独断と偏見の持ち主でもあるから（笑）、インタビューなんかすると、思わず過激な本音が出ちゃったりもする。

―― 誤解される可能性もあるんでしょうね。

**大塚** 非常にエネルギッシュに、攻撃的にものを見ることでエネルギーを得ている人だから、それはそれでしかたないんですよ。だって、これだけつき合いの長い僕でさえ、ときどきボロクソに言われるんだから（笑）。おそらく、ジブリの鈴木さんは必死でしょう。彼の過激な発言と渡り合わなきゃならないから（笑）。

―― 宮﨑さんの映画がヒットするのは、むろん作品が面白いからに違いないんですが、それだけじゃなくて、長い間ずっと作品やご自身の言葉を通じて伝えようとしてきた考えや何かに共鳴して、それを頼もしく思っているファンも、かなりの比率でいると思うんです。

――ええ。それは、宮﨑さんが長年かかって培ってきた信用でしょうね。

**大塚** やさしさとか愛とかだけじゃなくて、もっとエッジの効いた、宮﨑さんならではの、環境とか、社会とか、人間に対しての感性。たとえば『千と千尋』で、オクサレさまのトゲを抜くと自転車がゴボッと出てきて、ゲロを吐いて、パーッときれいになるシーン。「よきかな」と言って、不浄なものが全部出ていく。世の中の汚れかたにうんざりしている人は、きっとあそこにすごいカタルシスを感じると思うんですよ。

**大塚** そうですね。でも僕は、あの作品は理屈抜きにお客が入ったんだろうと思うんですよ。みんな、理屈で観たわけじゃないように思う。あの独特の感覚――不思議な銭湯があって、変な神様がぞろぞろ出てきて……なんで神様がお湯に入りに来るんだというね（笑）。『もののけ姫』や『ハウル』のヒットも同じことだと思います。

――たしかに、『もののけ』『千と千尋』『ハウル』と、よりイメージ優先というか、脱ドラマ的な方向に向かっているような気がしますね。

**大塚** つまり、宮﨑さんは今、エンターテインメントとしてのアニメ作家を超えて、一種のイメージ作家になったんだと思う。ダリみたいに、彼独自の世界を力強くクリエイトしている。で、そのイメージの源泉は何かというと、やっぱり非常に土俗的な、日本人の遺伝子のどこかにずーっと眠っている、縄文人以来からの感覚だろうと思うんです。……ちょっと言いすぎかなぁ（笑）。

# 第7章 アニメーション・スタジオの実際

1950年代後半、新設された東映動画スタジオ（練馬区大泉）にて

1970年ごろ、中野坂上に移転したAプロダクションにて、看板を描く大塚氏、下で見上げる楠部大吉郎氏（右）と芝山努氏

日本アニメーションのスタジオ（多摩市）にて、『未来少年コナン』に参加

テレコム・アニメーションフィルム（阿佐ヶ谷時代）の屋上にて、中央に寝そべっているのが大塚氏

## はじめに経営者の理想ありき

――さて、これまで「技術」「作品」「人（演出家）」という角度からおたずねしてきたわけですが、ここでちょっとお聞きしておきたいのは、それらの「いれもの」、つまり、アニメーションの制作スタジオのことなんです。

アニメを観る側にすれば、ふだんいろんなスタジオの名を見聞きしても、そこにどれくらいの人数がいて、場所がどこで、どんな社風なのか、何を目指しているのか、なんてことは、作品自体からある程度はうかがい知れますが、実際的なところまではわかりません。少し解説をお願いできますか。

**大塚** そうですねぇ……アニメーション・スタジオは、古くさい言いかたをすれば、本来「夢の工場」であるべきだと僕は思っています。とはいえ、実際には利益追求のための商品生産の場であることは事実ですし、それを否定するつもりはありません。ただ、東映が市場を独占していた時代と違って、今では、競争原理からくる人材難とコスト圧力が大きいものだから、過半数のスタジオは「作るのがやっと」という状態で、夢の工場とはほど遠いことになっているように思います。特に日本は「アニメ大国」と言われて、慢性の過剰生産状態でしょう。テレビでは低コスト生産がすっかり定着し、僕が考える、本来あるべき姿とかけ離れてしまっているように感じています。

――具体的には、どういう状況なんでしょうか。

**大塚** セル（動画）枚数は年々少なくなるいっぽう。その反面、美形キャラとか、影のついた複雑な絵柄の競争になっていて、動画1枚あたりの作画速度がかなり落ちています。それなのに受注単価は変わらないから、アニメーターが減収に追い込まれたりもする。各スタジオとも、韓国などへの海外発注に依存してなんとか維持しているようですが、人材の養成も含めて、スパイラル状の「アニメ不況」に向かっているんじゃないかと思っています。

――ああ、ここにも「スパイラル型不況」が顔を出しますか。

大塚　ええ。まあ、最近は非常に多くのプロダクションが活動していて、僕の知らないことも多いので、あくまでも知っている範囲でお話しするしかありませんが……。ところでね、これまで意外に語られなかった盲点が一つあるんですよ。

――何でしょう？

大塚　経営者、つまり、スタジオの社長さんのことです。1本のアニメ作品が世に出るとき、そこには必ず、経営者による商業的プランが存在します。そのプラン、およびその営業体制の下にわれわれ技術者がいる。だから、その経営者がどのくらい大きな夢と手腕を持っているかが、もの作りの上で非常に重要なポイントになってくるんですよ。個人が机の上で、それこそペン1本で書ける小説や漫画と違って、典型的な労働集約産業であるアニメーションを語るとき、やっぱりそこを抜きには語れないでしょう。

――なるほど。

大塚　東映動画初代社長の大川博さんは、大きな夢を持っていたんですよ。アジア一のアニメーションを自分たちの手で作るんだという理想をね。いっぽうの手塚治虫さんも、日本人の手によるアニメを作る夢を持っていたし、東京ムービーの藤岡豊さんは、アメリカや世界に通用するアニメを作るのが悲願だった。で、現在では、スタジオジブリの鈴木敏夫さんが、どんなにお金がかかろうと良質な作品を作って、宮崎さんや高畑さんたちをバックアップしたいという夢を持っている。彼らのような経営者が、苦労してあちこちからお金をかき集めてきて、多額の製作費を投入するからこそ、作品が成立するわけです。最近ようやく、その点が注目され始めてきてはいますが。

――たしかに、現場の花形としての演出家や作画監督、声優さんたちばかりが注目されがちでしたが、制作から作画まですべて一人でやるインディペンデント作品は別として、商業アニメの場合、作り手が活躍できる「環境」があってこそなんでしょうね。

大塚　そう。むろん、万全な体制なんていうのはかなわぬ夢としても、できうる限り良い環境を作り手に提供するのが会社の大きな役目です。ところが今、アニメーションの世界はものすごく細分化が進んでいて、残念なことに、作品も経営者そのものも、どんどんスケールが小粒になってきているようですね。これはなにも日本に限らず、アメリカなどでも同じで、全世界でいちように プロデューサーが小粒化している。

というのはね、一つには、オリジナル題材のアニメを作るのは現在では至難の技ですから、すでに当たったもの、つまり、漫画原作や有名な小説を取り上げて作るのが一番確実でしょう。その手軽さと確実さが普遍化しちゃって、夢のあるプロジェクトがなかなか生まれない。極論すれば、ヒットした雑誌原作をアニメにすればそこそこ当たる、みたいな状況になっちゃって、それを超えるオリジナリティーのあるものを作ろうという気概があまり見受けられないと思うんです。

――製作する側のスタンスが、大川さんの時代とは違うんですね……。むろん、例外はあって、原作を自ら作っているスタジオもあるようですが。

**大塚** テレビアニメの台頭以前は、大川さんといえども雑誌原作のアニメ化など思いもよらなかった時代ですから、練馬区大泉の東映撮影所内に建ったスタジオ――あの3階建てのコンクリート社屋は、まさに大川さんの夢の所産だった。で、僕は、その夢の実現のために全力を尽くそうと真剣に思いましたよね。

実際、あの東映動画のスタジオはアジア一の規模だった。森康二、大工原章という優秀な二大技術者がいた日動映画のメンバーを母体に、東映がお金と場所を提供してアニメ映画を作らせたわけですが……。結局、母体となった日動が良かったんですよ。日本のアニメーション技術の伝統にキチンとのっとった、卓越した技術がね。

――技術力のほうは日動ゆずりだとして、当時の東映動画は、設備的にはどうだったんでしょう。

**大塚** 当時としては最新の設備だったと思います。でも、安いものですよ。アニメーションは作画机とカメラさえあればいいんです（笑）。あとは人間だけ。資産の90パーセント以上が人材だった時代です。

――東映動画のスタート時（'56～'57年ごろ）は、何人ぐらいだったんですか？

**大塚**　100人ぐらいでしたかね。作画と撮影、管理や営業部門も全部入れてですけど。

――例の『わんわん忠臣蔵』『ガリバーの宇宙旅行』の映画とテレビ作品で制作チームが「三毛作」になった時点（'63〜'65年ごろ）で、350人くらいに増えていたとのことですが、ほんの数年間ですごい膨張ぶりですね。

**大塚**　ええ。それまでは東映動画の独占市場でしたが、虫プロの『鉄腕アトム』でテレビアニメがスタートしたことで、その独占の一角が崩れた。東映もテレビに参入しなきゃ生き残れないということで、大急ぎで体制転換を図ったわけです。

――今の東映アニメーションは何人ぐらいでしょう？

**大塚**　やっぱり200〜300人くらいはいるんじゃないかな（'05年3月末時点で256人）。

――当時の東映動画は、社風的にはいかがでしたか？

**大塚**　親会社の東映がしっかりしていたから、やっぱりキチンとした雰囲気でしたね。規律正しい、普通の会社。「アニメーターには夜も昼もない」みたいなイメージが今も昔もあるようだけど（笑）、労務管理的にもちゃんとしていましたよ。朝9時にタイムレコーダーを押さないと遅刻になって、給料を引かれる。で、夕方はたしか6時までだったと思うけど、それを過ぎると残業手当もちゃんと出ましたから。

――東映撮影所の中にツケで食べられる社員食堂があるのがとても良かったと、宮﨑さんはおっしゃっていますね。

**大塚**　僕らの給料じゃ社員食堂でしか食えなかった、というのが正確です（笑）。いや、でもまあ、そういう設備があっただけでも恵まれていたんですね。それはさておき、最近では、「どこそこの会社は何人」という社員数の概念は、昔ほど意味がないんですよ。非常に多くの仕事を無数の弱小プロに外注していて、そのまた先に韓国やフィリピンがあって……というふうに、1本の作品に膨大な人数が関わっているから、参加人数を全部数えると、ものすごい数になってしまう。今は、スタジオ自体の規模を問うてもスケールの基準にはならない。そこところが、発足当時の東映や虫プロには、まだ外注に出す先がないから、全部自分たちでやるしかない。そこであるとき、東映が経営コンサルタントみたいな人を呼んできて相談したら、「このままじゃ大変だから、仕事を外に出しなさい。積極的に外注を育てるべきです」ということで、急きょ、外注プロ育成のポリシーを採り始めた。それがアニメ外注のことはじめです。

――いつごろのことですか？

**大塚** 虫プロができたころだから、1960年代のはじめですね。高度経済成長の前期で、トヨタや日産はもちろん、いろんな業種の会社が、いっせいにそういう方針になっていった。わが国の下請け構造の確立期とでも言いますかね。それが、えんえん今日まで至っている。映画会社にせよ、出版社にせよ、今や自社内だけでやっているところはあまりないでしょう。大もとの会社は指示を出す管制塔であって、飛び回っている飛行機の1機1機は、その会社の人間とは無関係。1作1作のペイだけで繋がっている……そういう時代になりましたね。

――「出来高払い」の時代とでもいうんでしょうか。

**大塚** そう。給料の支払いかたという面では、たしかに合理的ではあるんですよ。東映動画の初期なんか、普通の会社のような賃金体系を適用したことで、大きな矛盾が生じていましたから。その矛盾の一番いい例が僕だったんですけど（笑）。

つまり、アニメーターも正社員だから、完全固定給でしょ。学歴や経歴で初任給を決めるわけですよ。で、僕は中学卒だから、月給6000円くらい。同じころ入った東京芸大出の同年輩の人が1万円で、僕はその半分強。ところが、実際の作業に入ると、僕は彼の2倍ぐらい描くわけ。こうなると、総務部長も困っちゃうんですよ。当初は、アニメーターが辞めても他に行くところがないから会社も安心だったんでしょうけど、虫プロができてからは、いつ辞められるかわからないから、真剣に給与体系の変更を考えはじめまして（笑）。

――ですが、大塚さんは虫プロへいらっしゃる気はなかったんでしょう？

**大塚** それはまた別の問題です。給与面だけでなく、絵柄の好き嫌いとかの問題もあるわけだから……。で、毎月毎月、給料日になると部長に呼ばれて、「大塚君、残念ながら東映の給与体系があるから、君の給料は今すぐには上げられないんだ。何とかガマンしてくれよ。実は今、会社は新しい雇用方法を考えているんだ」と。つまり、契約制度ですね。実写の俳優さんは大部屋時代から契約制度だったわけですが、それと同じにしようと。ボーナスが出ないかわりに、毎月の月給はずっと多く出せる。で、その原資をどうするかというと、これが驚いたことに、建築費から出すというんです。

――建築費？

**大塚** ええ。つまり、映画の撮影所ではセットをいっぱい組んだりつぶしたりするから、材木費とか建築費とかいう名目があって、かなり自由にできる。あるいは、たとえば、映画の主人公が海辺にたたずんでいるシーンがあって、撮影中、その沖を大きな船が通ったとする。たまたま船が通っただけなのに、「実は、あれはお金を払って通ってもらったんだ」ということにして精算する。そんなふうにして計上した機動費を、僕のほうに回してくれたわけです。東映動画が東映の子会社だったからこそできたんですけどね。

――当時ならではの、大らかな話ですね（笑）。

**大塚** 苦肉の策でしょ（笑）。それでも、いったん決まった給与体系はなかなか崩れない。で、虫プロができて、ダダダーッとみんな東映から抜けていくと、会社は不安のあまり、「契約になってほしい」と言ってきたわけです。

――正社員をいったん外れて、契約社員に。

**大塚** そう。入社して10年たっていたから、6000円の月給が3万2000円くらいにはなっていたんですが、契約になると、いっぺんに6万円ぐらいはいく。そのかわりボーナスは出ない。それでも他の人とのバランスを取るために、ボーナス時期には、また何やかやいっては出してくれましたけどね。この間、東映ＯＢ会というのが池袋であったんですが、当時の役職者の方たちも来ていて、「大塚さん、あなたの給料では苦労しましたよ。下げる苦労じゃなくて、上げる苦労でね」なんて言われた（笑）。

――そのくらい突出しちゃっていたわけですね。でもそれは、大塚さんの力量と実績があってのことで、むしろ例外だったんでしょう？

**大塚** まあ、僕のは極端な例だったにしても、そこかしこで同じような矛盾は起きていました。同じころに楠部さんや月岡さんが独立した原因でもあるんですが、アニメ界の給料というのは、会社が増えてくると「横断賃金」になって、人は高く出すほうへ移動します。それと、企画の魅力で移動することもある。当時、アニメの大手5社による「5社協定」というのがありましてね。

――へえ。実写の映画界の5社協定は有名ですが、アニメ界にもあったんですか。

大塚 ええ。東映動画、虫プロ、東京ムービー、竜の子プロ、エイケン（TCJ）の5社だったかなあ……それら各社が集まって情報交換をしたんですが、裏では引き抜き合戦ですからね（笑）。いや、どの会社が悪いということじゃなくて、良い人材をいかにして集めるか、各社とも本当に必死だったんですよ。で、会社は、よそに引き抜かれないための、いわば引き止め料として、それなりの給料を僕らにくれるわけです。いっぽう、仕事の能率の上がらない人は配置転換したりする。よくあるパターンですが、創立10年目の東映もそういう感じでした。やがて時代が下り、正社員も契約社員もあまり関係なくなり、外注がメインで、できる人には出す、できない人には出さないというのが業界での風習になってしまったんですけどね。

## 社長自ら絵を描くような会社がいい

――1968年の暮れ、キチンと組織化されていた東映から、ぐっと小規模なAプロダクションに移られたわけですね。一口にアニメーションの会社といっても、自ら資金を出して「製作」までする会社と、作品そのものだけを「制作」する会社まで、規模や役割においていろいろあるわけですが、ここではあえてそこまで細分化せずに、大塚さんの足跡に沿って語っていただければと思います。まず、Aプロは当時どこにあったんですか？

大塚 東中野です。住宅地の中の、普通の民家を借りてスタジオにしていた。

――民家を？

大塚 100坪くらいあったかなぁ。和風の、けっこう広いお屋敷でしたよ。庭先にプレハブを建てて、30人ぐらいがそこで仕事をしていた。母屋のほうも使っていましたけど。

――『ルパン三世』も『巨人の星』も『アタックNo.1』も、みんなそのプレハブから生まれたんですね。

大塚　そうです。今は、いろんなアニメ会社が自社ビルを持つようになりましたが、ここ（テレコム）みたいに、スーパーマーケットの2階を借りてやってるようなところも依然として多い。ワンフロアで、こんなに使い勝手のいいところはなかなかないんですよ。

――ここ、広いですよね。

大塚　あんまり細かくちぎれたような構造だと、どうしても部屋ごとに独立した気分になるでしょう。人間同士の交流がなくなっちゃう。

――東映はどうだったんですか？

大塚　ドーンとぶち抜きワンフロア。アメリカのハンナ&バーベラ・プロにしても、巨大なワンフロアのスタジオでしたね。作画セクションに限らず、アニメの作業は人間同士の活発な交流が何より大事だから、あえて、ドーンとぶち抜いてある。

――建物の構造が、作品の出来に密接な関係があると？

大塚　そう思いますね。細長いビルで、各階ごとに小分けになっていると、どうしたってコミュニケーションが断絶しますから。5階の人と1階の人がほとんど会うこともなく、5階は5階、1階は1階でことを済ませてしまう。アニメの仕事では、スタッフ同士がいつも対話をしていて、お互いの持ち味がある程度わかっていたほうがやりやすいんです。そういう意味では、Aプロはコンパクトなだけに、すごく密接感がありましたね。

――Aプロの雰囲気は、東映と比べていかがでしたか。

大塚　東映は、部課長さんがいっぱいいる大会社。Aプロには、そんなのは一人もいない。たしかに楠部大吉郎さんが社長なんだけど、そういう気分じゃないんですよ。社長兼作画監督だから、毎日毎日、朝から晩までせっせと『巨人の星』を描いてる。

――社長自ら朝から晩まで『巨人の星』をなんて、なんか微笑ましいですね（笑）。

**大塚**　いやいや、アニメのプロダクションでは、いいところはたいていそういうスタイルですよ。社長から若手までが総力を挙げて描く、あるいは社長自らがプロデュースを手がけるから、いい作品ができるんです。たとえ会社が大きくなったとしても、そういうような気風を持ってる会社がアニメには向いているように思います。

そんなわけで、楠部さん自身がアニメーターでもあるAプロは、規模だけでなく、組織としての成り立ちかたが東映とは全然違う。アニメーションには巨大企業というのはどうも似合いませんね。

――そういう側面があるのはわかります。ところで、Aプロもやっぱり9時～6時の世界だったんですか？

**大塚**　もうちょっとフレキシブルでしたかね。朝は10時ぐらいまでに入って、夜は遅くまでずっと、みたいな。タイムレコーダーもあるにはあったけど、ただの目安です。今は、どこのスタジオでもフレックスタイムが主流でしょ。フレックスとはいっても、ここ（テレコム）では11時を過ぎたら遅刻扱いですけど、11時から8時間働けばいいだけですから。で、みんな夜型になってしまう。夜が遅いから、朝ギリギリまで寝ていて、11時ごろにぞろぞろやって来る（笑）。ところが、今やフレックスですらないプロダクションもあるんですよ。やった枚数ぶんだけお金をもらう、100パーセントの出来高払い制。これはね、実は、働く側の同意もあってのことなんです。やっただけもらうシステムのほうが気楽でいいや、という人も案外多いんですよ。僕は昔風ですから、そういうのにはちょっと違和感があるんですが……。いずれにしても、ここで強調しておきたいのは、労働集約産業であるアニメーションにおいては、どんな作品の裏にも必ず労務管理の問題が大きく横たわっている、ということですね。

――一般のアニメ雑誌のインタビューなどでは、そういう話題はまず出ないですよね。

**大塚**　出ませんねぇ（笑）。お客さんの側からすれば、作品からだけでも価値判断ができますからね。

――いや、そういう話題が出ればいいというものでもないですが……。

**大塚**　そこはね、あまり若い人には理解しにくい点だろうけど、ある程度歳のいった人、世間をわかっている人には、できれば複眼的にアニメ界を見てほしいですね。もの作りの現場が置かれている状況やモラルがどう変わってきているのか、そして、どんな将来が予想できるのかをね……。

大塚――そっち（状況論）ばかりで、今度は作品そのものについて誰も語らなくなっても困りますけどね（笑）。

そこはまあ、うまくバランスを取って……（笑）。

あのね、経営者というのは、単にお金を出して組織を運営していくだけじゃなくて、最終的には作品の質についても責任があるんじゃないかと僕は思う。極端にひどい作品が世に出ると、すぐ絵描きが悪い、演出が悪いと言われるけど、経営者だってちゃんとそれを観ているわけですからね。そのひどい作品を完成試写で観て、自らの見識で「こんなものはダメだ！」と怒る経営者はいないのか。その作品をパスさせた責任があるはずですよ。そういうことをちゃんと理解したうえで、なおかつ現場に冒険をさせてくれる意欲ある経営者が出てきてくれれば、アニメーションはもうちょっと面白くなるはずだと信じているんです。

## 日アニの特異なシステム

――Aプロの次にいらしたのが、『未来少年コナン』の日本アニメーション、通称「日アニ」。日アニのスタジオは、当時も今も、京王線の聖蹟桜ケ丘にあります。

大塚――ルーツをたどると、『ムーミン』の企画会社である瑞鷹エンタープライズが、ズイヨー映像になって、フジテレビ世界名作劇場路線の『山ねずみロッキーチャック』（'73年）や『アルプスの少女ハイジ』を作った。その後、'75年の『フランダースの犬』の途中から日本アニメーションがシリーズを引き継いだんですね。

大塚――ええ。瑞鷹というのは、もともと高橋茂人さんという独立プロデューサーの会社だったんです。西崎（義展）さんとかああいう感じのプロデューサーで、「一発当てよう」という、アメリカによくいるタイプ。原作者を渡り歩いて映像化権を取り、スポンサーに企画を持ちこんで成立させようというね。ただ、高橋さんは頭のいい人だったかもしれない。だって、『ロッキーチャック』をやるとき、動物を描ける人を聞いて回り、東映から森康二さんを引き抜いてきたんですからね。

**大塚**　――慧眼《けいがん》ですね。

ええ。次の『ハイジ』では、高畑さんと宮﨑さんを連れてきているし。日アニ社長の本橋（浩一、当時）さんは別の分野からの進出だったと聞いていますが、ズイヨーから日アニへのシリーズ移行期には、ちょっとややこしい事情があったようです。社員数も、たぶん100人以上はいたでしょう。それに加えて、大きな外注組織を持っていましたから。1作品に関わる人数は、ここ（テレコム）なんかよりはるかに多かった。

**大塚**　――当時の日アニは、どんな社風でしたか？

おおらかというか、わりとルーズでしたね。勤務時間なんか知ったこっちゃないという感じ。もの作りに関しても、社長がラッシュを観てあれこれ言うなんてことはなくて、現場が勝手に、自由に動いてるようなところがあった。そういう意味では、東映ともAプロとも違う。わりとやりやすかったですね。労務管理的にも優しい会社で、あれこれ厳しいことは言われなかったし。

**大塚**　――その「おっとり感」が、世界名作劇場路線のムードにも反映しているんでしょうか？

そういう面もあるでしょう。日アニについて言えばね、社風がどうとかよりも、作画体制自体に特異なものがあったんですよ。つまり、大規模なムーンライト――アメリカではアニメーターの夜間アルバイトをそう呼ぶんですけど――の体制を持っていた。日アニはいわゆる「アニメ村」（練馬、杉並を中心とするアニメプロダクションの多い地域）からポンと離れてるものだから、外注の個人アニメーターをムーンライトで使うには、東京の西側を縦断しなければならない。彼らがたとえば練馬区とか、埼玉県の所沢とか、大宮あたりに住んでいるとしますね。あらかじめ電話で打ち合わせした上で、やってほしいカットの指定を袋に入れて、道路がガラすきの深夜に、車でバーッと配って回るんです。アニメーターが朝起きると、カット袋が届いている。で、その仕事をやって、同じ場所に袋を置いておくと、また深夜に車が来て回収していくわけ。

**大塚**　――へえ……その袋はどこに置くんですか？

ドアの近くとか、ポストの中とか。盗まれないように、みんないろいろ工夫していましたよ（笑）。たまになくなっちゃうこともあったそうだけど、日アニはそういう外注先を、何十人、何百人と持っていたわけです。彼らの中には、他のアニメ会社の社員もいましたが。

――まさにムーンライト（月光）という感じですが、世界名作劇場路線のあの高い作画力は、そういうシステムの工夫によって維持されていたんですね。

**大塚**　そう。外注といえども、うまい人を探しておけばいいわけだから。ただ、彼らには何ら生活上の保障がないよね。やったぶんの金額が自動的に入ってくるというだけで。会社組織としてのスタジオに守られているわけじゃないから、非常に不安定な雇用関係ではあったんです。

――『コナン』でも、そのムーンライトのシステムを使ったんですか？

**大塚**　そうです。日アニでは、そうするほかなかったもんですから（笑）。

――当時、日アニの世界名作劇場路線をそっくり真似た他社作品があったんですが、もうひとつでしたね。似たような海外原作ものなのに、どこか違っていて。

**大塚**　そうですか。やはり日アニは、森さん、高畑さん、宮﨑さんたちによって始まったという歴史がありますから、クオリティーの高さというものが、ある時期、確実にあったと思いますよ。ただ、名作ものでも何でも、いったんスタイルが出来上がるとしばらくはルーティンでやっていけるけど、やがていつかは視聴率が落ちて、やっていけなくなっちゃう。そのとき、まったく新しい、新鮮な企画をボンと打ち出すエネルギーがあるかどうかは、また別の問題ですよね。

## テレコムが抱える課題

――最後に、今おいでになるテレコム・アニメーションフィルムについて。東京ムービーの関係会社としてテレコムが生まれたのが１９７５年。海外に通用する劇場用長編アニメの制作を目的に設立されたそうですが、かつて、『カリオストロの城』や『死の翼アルバトロス』、『じゃりン子チエ』などを観て、すごいハイクオリ

**大塚**　ティー・スタジオだなという印象があったんですよ。

そこは日アニの創立期と同じことで、ようは人材なんですよ。自分のいる会社のことはちょっと話しにくいんですが、発足当時から今にいたるまで、テレコムの作画クオリティーは間違いなく高いと思います。でも、作品というのは今も昔も、人と企画との出会いの産物ですからね。いくら作画クオリティーが高くても、やはり、腕のいい演出家とチームになっていないとね……。それが今のところ、演出家のほうはなかなか自前で出せない。といって、外から呼ぶとなると、テレコムにはテレコムなりのポリシーや作風があるから、それを理解してくれた上ですぐれた演出力を発揮してくれる人となると、なかなか難しい。そこが、この会社の抱える課題の一つでしょう。アニメーションには優秀な演出家が絶対に必要です。あるいは、チーム全体のリーダーになるべき人がね。残念ながら、僕はもう、この歳ではここのリーダーになり得ませんから（笑）。社長の竹内（孝次、当時）さんが今非常に苦心しているのは、そこでしょうね。

――テレコムやジブリで大塚さんは新人に作画を教えていらっしゃるそうですが、両社の若いスタッフに何か違いを感じることはありますか。

**大塚**　大きな違いはありません。若い人は、基本的には白紙で入ってきますから、「現状に甘んじずに、仕事以外に自分で学ぶ習慣を持ってほしい」ということをまっ先に教えます。

――作り手として、動かし手として、自分のよりどころを持つべきだということでしょうか。

**大塚**　そうです。なんとかしてね。「自分はこうやりたいんだ」という意志を強固に持つこと。自分の才能を客観的に見つめられればそれに越したことはないんですが、誰しも、集団の中で貢献できることが何かあるはずです。無目標に毎日を過ごしていると、時間なんてあっという間にたってしまいますからね。これは何もアニメーターに限ったことじゃなくて、一般の学生でも同じですが、誰しも、人と比べて何らか優れたところがあるはずでしょう。それが何なのか、必死で見つけようとするのがコツです。

――はい。

**大塚**　僕なんか、若い人たちにあえて無茶を言うんですよ。「A地点からB地点まで、自転車がただひたすら走るだけのアニメを描いたらどう？」なんてね（笑）。A地点とB地点の間には、山あり谷あり、人家があったりするんだけど、とにかくまっすぐ走る。狭い日本でそんなことを考えても、まず無理でしょう。無理だけど、そこをなんとかできないかと考えるのが楽しいわけですよ。5台くらいの自転車が、競争でそれをやる。誰がどうやって川を渡るか、住宅を乗り越えるか……それだけでも、じゅうぶん面白いアニメになるはずですよ。ただし、描き手が好奇心を持って「やってみたい！」と思わなきゃ、とてもできない。そういう提案をよくするんですが、断られるばかりでねぇ（笑）。なぜか今はみんな、動かすことよりもキャラクターを描くほうに関心があるようですね。

　まあ、テレコムにしても、決まりきったクリーンナップや、きれいな絵を描く技術はていねいに教えるけど、そういう意識を持てとまでは教えてくれません。もっとも、動かす技術なんてどうでもいい、ただ、美少女キャラやロボットを描きたいという人がここへ来ても、そういう作品はやってないしね（笑）。間違って入ってきても、すぐに辞めちゃう。昔と違って、アニメーターも個人の好みがうんと強いですから。

**――**　そういえば近年、宮崎さんがこんなふうにおっしゃっていました。
「きちんとする、ということがむずかしい時代になりました。きちんと自分の仕事を達成すること、役目を守ること、（船の乗組員が）当直の時はどんなに疲れていても眠ってはいけないということが、あたり前にできない時代と人々になりました。ちょっと飛躍して言うなら、長編アニメーション映画をつくりにくい時代に、日本も入ったんです」――と。[注28] 大塚さんはどう思われますか。

**大塚**　いや、僕も宮崎さんも、「今どきの若い者は……」みたいなところから始まるセリフは、実は言いたくないんですよ。人間、時代と共に変わっていきますからね。高度成長時代と違って、今は、会社のために死ぬほど働けなんて言わなくなった。もう一つには、不景気とはいえ日本はそれなりに豊かで労賃も高いから、アニメのような労働集約産業は賃金の安い外国に仕事を出さざるを得ない。老舗の東映も今はかなりフィリピンに外注しているようだし、大半の会社は韓国、フィリピン、中国に出す。いや、それはそれでいいんですよ。けれども、作品づくりの核心部分においてみんなを束ねていけるリーダーの育成、これは絶対に必要です。そういう人が、はたして出てくるかどうか……。加えて、さっきも言ったように、大きな理想を持ち、未来を見越してお金を出してくれる経営者の存在——それらが、アニメ界で今一番求められていると思う。日本人はたいへん器用ですから、作画などの実践的技術については、いろいろ困難な状況下ではあっても、きっとやりようがあると思うんですよ。

## テレビアニメにまつわる危機

**大塚** ところで、ことテレビアニメに関して言えば、作画能力や演出力がどうのという問題とは別に、今、一般の視聴者には見えないところで、各スタジオは大きな曲がり角に立っているような気がします。

―― どういうことでしょう?

**大塚** これはアニメに限らずどの分野でも起こりうることですが、過剰生産というか、供給過剰の段階に立ち入ってきているように思います。視聴率がわずか0・8パーセントぐらいでも、海外販売やDVD、ビデオ化でかろうじて採算を取っているのが実状で、旧『ルパン』のように6パーセントで番組打ち切りという時代とはすっかり様変わりしていますね。ですが、もし、そのDVDがファンに飽きられたら、いったいどうなるんでしょうか……。それと、これも時代の流れでいたしかたないことなのかもしれないけど、1本のアニメ作品がオンエアされるまでに、いろいろ複雑なプロセスがありすぎる。制作現場に企画が降りてくるころには、作品づくりのコンセプトがほぼすべて出来上がっちゃっているんですよ。

―― そういうことをお感じになったのは、いつごろからですか。

**大塚** うーん、僕自身の印象では、'80年代以降でしょうか。'70年代の中ごろ、少なくとも『侍ジャイアンツ』のころまでは、まだそうでもなかった。あれは、同じ梶原一騎原作の『巨人の星』が最高視聴率36パーセントというメガヒットになって、その亜流として出てきた企画でしょ。僕は作画監督を任されて、「今さら『巨人の星』でもあるまい、違うのにしちゃえ」と、ガラッとスタイルを変えたんですが、それで通っちゃいましたからねぇ。わりあい鷹揚《おうよう》だったと言えます。今では、あんなことはとてもできません。今、雑誌で当たった漫画をアニメにするとき、アニメの現場では、原作以上のことをほとんどやらせてもらえないんですよ。

大塚 ―― 原作から離れることがリスクになるわけですね。

ええ。だから雑誌のままでいい、よけいなイデオロギーや解釈をつけ加えないでほしい、ということになる。プロデューサー、監督、シナリオライター、アニメーターと、ありとあらゆるスタッフに対して「変えるべからず」、ひいては「動かすべからず」というプレッシャーがダーッとかかってくる。これはつらいですよ。すべての会社のすべての作品がそうだとは言えませんが、業界全体として、そういう傾向は強い。僕が今、最も危機感を感じているのは、実はそこなんです。日本文化を代表するジャパニメーションなんていうのは実は大ウソで、これじゃあまるで、アニメは雑誌漫画をテレビ化するためのツールにすぎないじゃないか、と……。もしも雑誌漫画文化が日本を代表しているのなら、海外の人たちも、アニメじゃなくてそっちを研究すればいいわけでしょう。

大塚 ―― うーん……なるほど。

それから、作品をハンドリングする局のプロデューサーや出版社の担当者のレベルも上がってきています。昔は出版社の人も「アニメはようわからんから、ひとつよろしく」みたいな感じで、ようするに素人っぽかった。ところが今や、「私は素人だからお任せします」なんていう人は出版社じゃやっていけませんよ（笑）。局のほうも同じです。「面白いものを作ってください、あとはよろしく」という時代には、現場がずいぶん遊べたし、そのぶん苦労もするけど、「いっちょう面白いものを作ってやれ」とがんばれた。創作という作業には、実は、そういうことがとても大事なんですよ。管理組織があまり強固になると息苦しいですね。

―― すると極論すれば、今、ある程度自由に題材を選びたければ、アニメスタジオが、自ら企画を立ち上げる以外にないということでしょうか？

**大塚** ええ。だから、ここ（テレコム）では、『パタパタ飛行船の冒険』にしても『サイバーシックス』（'00～'01年）にしても、自前で企画を立ち上げているんです。ただ、それらはフランスやカナダにあらかじめ売れていて、いちおうの利益を上げているから、どうにか成立するんですけどね。

―― どこのスタジオもきっと、自分たちの作品を持ちたいと願っているのでしょうけど、テレコムがそんなふうに海外にプリ・セールスできるという信頼関係は、どうやって生まれたんですか。

**大塚** それはやっぱり、『リトル・ニモ』のときの経験と人脈でしょうね。

**大塚** ああ、そこで『ニモ』が関係してくるんですか。

―― ええ。あの作品で、アメリカのメジャーをはじめ、海外の各社との密な関係ができ上がった。たくさんの相手と電話で「やあやあ」とやれるようなつき合いを、大事に温存してきましたから。そこは、竹内社長のたいへん大きな功績ですよ。

―― ジブリとは違った意味で、特異なポジションを持つスタジオだと言えますね。

**大塚** 決してそんなに儲かっているわけじゃないけど、海外との緊密な連携を保っていることで、単なる下請けスタジオになっていないんです。まあ、海外を重視するためには、向こうの観客の好みを多少はわかっていないとできませんが……。とはいえ、もしここが日本のテレビアニメだけをやろうとすれば、あっという間にどこかの下請けになるしかないでしょうね。それがアニメのプロダクションなのか出版社なのかはわかりませんけど。せっかく育ててこられた技術ですから、５本に１本ぐらいは純日本向けの作品を作ってもらいたいような気もしますね。

―― 

**大塚** いや、テレコムも、仕事の切れ目には『犬夜叉』（'00～'04年）とか『ぴたテン』（'02年）とかを部分的に手伝ってはいるんですよ。でも、さっき言ったような理由で、原作以上にはやれることがない。かつて僕らは『じゃりン子チエ』で、はるき悦巳さんの原作をアニメ化にするにあたって、動きの面白さをどこに求めるかを大まじめに研究しましたが、今はああいう余裕はないですね。

## 原作漫画とアニメの関係性

――その「原作つきアニメ」の特長の一つに、波瀾万丈のストーリー性があると思うんです。日本の漫画や劇画のストーリーは今や小説に迫るとさえ言われるほどですが、テレビシリーズなど、話数が多いものになればなるほど、その長大なプロットを借りられるというメリットがあるわけで。

**大塚** 『巨人の星』なんか、まさにその典型でしょ。原作をえんえん引き延ばして、ついに3年半のロングランになってしまった。いくらなんでも、あれはちょっと延ばしすぎですけどねぇ（笑）。

――プロットの利点に加えて、原作漫画の人気を借りるのは、多額の資金を出す製作サイドからすれば、リスク回避のための「保険」にもなるわけでしょう。

**大塚** そうでしょうね。何度も言うように、日本人はアニメーションの「動き」自体についてはぜいたくじゃないから、手をかけて動かしたからといって喜ばれるわけでもない。ちょっとキツい言いかたをすれば、雑誌漫画に色がついて、有名な声優が声を出して、ある程度動いてさえいれば喜んでくれる。それ以上の厳しい採点はない……。皮肉なことですが、そのお客さんの「ゆるさ」こそが、逆に、今の日本アニメ隆盛の大きな理由じゃないかと思うんです。これも、「動かし派」としてのグチにすぎませんが。

――私は雑誌漫画世代のせいか、仮に原作付きであっても、アニメ作品として中身が素晴らしければOKというか、さほど抵抗感がないのですが。

**大塚** そうですか。そこは、世代差というのもあるんでしょう。けれども、ストーリーとキャラクターの重視、「人気漫画、即アニメ化」という流れがあまりにも定着しすぎてしまったことで、いっぷう変わった企画が出にくくなっていますよね。極論すれば、断固としてそれを続けているのは宮崎さんだけ。いっぽうで、押井（守）さんや今《こん》（敏《さとし》）さんたちが頑張ってはいますが……。アニメーションの創作活動が資本主義経済のメカニズムにがっちり組み込まれすぎてしまったことで、作品自体ではさほど儲けからなくても、権利元には二次的、三次的な収入がある。ムックを出すとか、マーチャンダイジング、ビデオ、DVDとかいろいろあるわけでしょう。たとえば、『ガンダム』のオモチャがあれほどまでに人気があるのは、やっぱり映像の力のおかげだと思うんですよ。映像が生み出す副次的な収入がスポンサーの玩具会社やアニメの制作会社を食べさせているという状況は、おそらく当分続くでしょうね。

――ところで、漫画とアニメは、同じ「絵」という意味では隣接した世界ですから、絵を描くのが好きで、漫画家になるべきか、アニメーターになるべきか、悩む人も多いんじゃないでしょうか。

**大塚** そのことでいつも思い出すのは、貞本義行さんのことです。

――『新世紀エヴァンゲリオン』の？

**大塚** そう。絵を動かさせたら、べらぼうにうまい人なんですよ。

――貞本さんをどうしてご存じなんですか？

**大塚** 僕、ここで教えてたから。

――えっ、貞本さんはテレコムにいらしたんですか？

**大塚** 一時期ね。『リトル・ニモ』をやっていたころ、新人で入ってきた。とにかくもう、めったやたらにうまいんですよ。どのぐらいうまいかというと、僕が今まで出会ったアニメーターの中で、新人の時点で、「あっ、この人は自分よりうまいんだ！」と思った人が3人いる。月岡さんと、宮崎さんと、貞本さん。3人とも、そのぐらいうまかった。「ああ、この人はアニメーターとしてやっていけないだろうなぁ」と思った新人がその後上手になったという逆の例はあるけど、そうじゃなくて、はじめからもう脱帽というのは、あとにも先にもその3人だけです。だけど、そのうまさをアニメ作りにおいて完全に使いこなしたのは、今のところ宮崎さんだけだと思う。きっと、あまりにもうますぎると、集団作業の中で絶望しちゃうんじゃないでしょうか。自分と同じ技量のアニメーターがもしも10人いたらこういう映画を作りたいけど、一人しかいない、いや、一人もいないなんてことになると、やっぱりギブアップしちゃうだろうと思うんですよ。少なくとも、月岡さんの場合はそうでした。集団の中で仕事をするアニメーターとしてはギブアップして、一人の映像作家になった。

——月岡さんは、ＮＨＫ『みんなのうた』やテレビ・コマーシャルのアニメも数多く手がけておられますよね。ＣＭでのアニメを作り続ける理由として、「質の高い作品を作れること」というコメントをなさっていたのが印象的でした。注29

大塚 月岡さんはそういう道を選んだわけですが、貞本さんの場合は、イラストや漫画を描くようになった。『エヴァンゲリオン』では、アニメの作画もいろんな人と一緒にやったようだけど、主な仕事はキャラクターデザインでしょう。その点、第１作の『王立宇宙軍　オネアミスの翼』（87年）では、彼、アニメーターとして本気でやりましたよね。

——大塚さんは、『オネアミスの翼』をどう評価なさっていますか。

大塚 意欲的な作品だと思うんですけどね……。なぜ彼が続けてやらなかったのか、今でも不思議です。貞本さんは、ね、もともと大阪で庵野（秀明）さんとか、評論家になった岡田（斗司夫）さんとか、ＧＡＩＮＡＸ社長（当時）の山賀（博之）さんらと一緒にＤＡＩＣＯＮ　ＦＩＬＭというのをやっていた。で、それを解体して、バンダイに出資してもらって新会社ＧＡＩＮＡＸを作るために東京に出てきたんです。ところが、みんなアニメが好きで集まっただけだから、どうやって新人教育すればいいのかわからない。新人教育のノウハウを覚えようというので、メンバーがそれぞれ身分を隠して、あちこちのプロダクションに潜り込んだらしいんです。

——すごいなあ。策士ですね（笑）。

大塚 面白いでしょう（笑）。３カ月の養成期間がすんだらいっせいにやめて、みんなでまた集まろうということらしい。だから、そのへんの初心者と同じはずがないんですよ。こっちはそんなことはつゆとも知らず、大学を出てアニメは初めてだというから、そのつもりで貞本さんの作った試作フィルムを見たら、これが目をむくぐらいうまい。タイミングのとりかたも、ポーズも、すべてがリアルなんでびっくりしましてねぇ。何じゃこりゃと同級生がみんなまっ青になって（笑）、とうとう、やめるという人まで出てきた。「あんなにうまい人がいるんじゃ、とてもかないません」「ちょっと待て、彼は特別だから」と引き止めて、貞本さんを呼んだ。「君、前にアニメをやってたことあるだろう？」「いや、はじめてです」「嘘つくのは良くないよ」と問いつめたら、「すみません。大阪でやっていました」。それじゃしかたないと、みんなもやっと安心して残ってくれました。

大塚　——貞本さんはテレコムにどのくらいいらしたんですか？

——3カ月プラス2カ月くらいかな。そのあと、『オネアミスの翼』の制作にかかったんです。けれども、どこのスタジオでもそうですが、アニメーター全員がうまいわけじゃないから、それを自分のレベルに統一していこうとすると、ものすごい労働量になる。貞本さんも、今の若い人らしく、以後、そこまでのエネルギーはあえて使わないんでしょうね。

大塚　——そうでしたか。アニメーターが漫画家になった例としては、あの「こち亀」の秋本治さんも、もと竜の子プロのアニメーターだったそうですね。逆に、漫画家がアニメーターになったケースもあります。永島慎二さんがいっとき虫プロにいらしたのは有名ですし、坂口尚《ひさし》さんは、漫画家とアニメーターを交互になさっていた。でも、一般的傾向としては、漫画家からアニメーターになるケースでは、必ずしもうまくいくわけでもないようですね。

大塚　——アニメーターから漫画家になるのはまだいいけど、その逆は、二重の意味で難しいでしょう。というのは、漫画家であった時点で、その人はすでに一人の「作家」でしょ。出版社は、どんな新人でも頭っから作家扱いをする。「あなたの個性が欲しい」と言われるわけです。ところがアニメーションでは、集団創作の中で自分の個性を殺さなきゃならないことも多い。おおかたの作家は人に合わせるのが苦手だから、集団作業についてこられないケースはおうおうにしてあり得ますよ。

——なるほど。

大塚　それから収入面でも、アニメーターの場合、どんなに頑張っても少々のことではペイは上がらない。ところが漫画家は、ある程度売れればアニメーターよりはずっとペイがいいから、けっこう安定する。その違いはあるでしょう。

大塚――絵を描くこと自体において、両者で、技量的な違いはあるでしょうか？

それはないでしょう。今言った2点が問題なんだろうと思う。これは「作画汗まみれ」にも書きましたが、東映動画の立ち上げのとき、大川社長は、漫画家グループとアニメーター・グループ、その二つの流れを作ろうとして、前者には、岡部一彦さんや野沢和夫さんといった既存の漫画家をずらっと並べたんですよ。ところが、そっちのグループの絵は、見ていて気の毒なぐらい似ていない。どうしても自分の絵になっちゃう。アニメーターは、絵柄というよりも動きで個性を出す仕事ですが、すでに漫画家である人には、そのバリアがなかなか突破できないんですね。

大塚――わかるような気がします。

つまり、アニメーションを作る――絵を動かすということは、きれいなイラストを描くこととも違うし、面白い漫画を描くこととも違う。いかに両者が隣接した業界であっても、やっぱり決定的に違うんです。そこをちゃんと理解した上で、なおかつアニメに情熱を持った若い人がどんどこの世界に来てくれて、また、彼らを失望させないだけの質の高い仕事をスタジオ側が用意できれば……さっき言ったような危機も、きっと乗り越えられるだろうと思うんですけどね。

終章

# アニメーションのこれから

2014年11月12日、改築直前の東映アニメーションのスタジオ前にて（撮影: 南正時）

## アニメ技術の転換期？

――『白蛇伝』から約半世紀が過ぎました。その間、日本のアニメーション界にはいろんな波が寄せては返したわけですが、大塚さんは、アニメーションのこれからについてどうお考えですか。

**大塚** うーん、どう変わっていくのか予見するのは難しいことで、そのあたりは研究家にお任せすべきだと思っています。みなさん、僕なんかよりずっとたくさん観ていますからね（笑）。ただ、手法やスタイルにいろんな変化があったとしても、テレビアニメでは省セルが年々進んでいることは間違いない。「それでいいのか？」「いつまでもこのままでお客さんが満足してくれるのか？」「これからどんな技術革新がありうるのか？」などということが、やはり気にはなりますね。

――CGの発達についてはいかがでしょう？

**大塚** コンピューターの進化によって、CGがキャラクター以外のもの、つまりメカや自然現象などにも盛んに使われるようになっていますが、『シュレック』（'01年）や『ファインディング・ニモ』（'03年）などを観ると、人間や動物の「演技」にCGを活用するというチャレンジがアメリカではどんどん進んで、もう引き返しがきかない地点にまで来ているように思います。アメリカ人をはじめ、西欧人はもともと立体画像が夢でしたから、今さら二次元画像に戻るとは思えませんが、日本人は昔から平面的な「絵」のほうが好きですからね。

――たしかに、2D、二次元が好きですよね。

**大塚** よその国がどうであろうと、いかにして「絵を動かす」ことを発展させていくか――そのことについて考えてみる必要があるでしょうね。やっぱり手描きの「絵」にこだわるのが本筋だという人もいるけど、手描きじゃアニメーターの訓練とコスト高などの壁を越えられないという現実もいっぽうにあるから、アニメーションが今後CGに頼るのは必然じゃないか、という予想もできます。たとえば、「絵」というものがなかった先史時代、つまり恐竜の時代を描くのなら、CGで充分です。メカを描くのも、CGのほうがはるかにすぐれているのは明らかですね。それから、よく言われる中国、韓国などへの外注によって国内のアニメ産業に空洞化が起こっている点は、実はそれほど大きな問題でもないと思うんです。作業工程の一部が海外外注であっても、作品自体はまぎれもなく「日本産」なんですから……。少なくとも日本が輸出してきた文化の中で、これだけ世界中に、しかも大衆レベルで人気を得たものって、珍しいんじゃないですか。

―― その「大衆レベルで」というところがポイントですね。必ずしも高邁《こうまい》な「芸術」としてではなくて……。そういう意味では、たしかに素晴らしいというか、おそるべき伝播力だと思います。

**大塚** ただね、ここで一つ忘れちゃいけないのは、いくらインターナショナルだ何だと言っても、「作っているわれわれ自身は間違いなく日本人なんだ」ということの自覚ですね。作った作品がどこの国のどんな文化に根ざしているかを問われたとき、日本文化特有の、「海外に眼が向いている」という点を抜きにしては話ができないでしょう。日本人は昔から、面白いものなら遠慮なく輸入して、なんでも日本流にこなしてしまう特技を持っていますから。

―― その、インターナショナルな市場を求めすぎた一例が『リトル・ニモ』なのでしょう。日本の高い技術を使って欧米に通用するアニメを作ろうとした藤岡プロデューサーのフロンティア・スピリットは本当に尊敬しますが、なぜそこでアメリカ産の題材を選び、アメリカ人と組んで作ろうとなさったのか……。

**大塚** 『リトル・ニモ』製作の顛末は、「作画汗まみれ」と「リトル・ニモの野望」（04年刊）にくわしく書きました。そこでは書くのを遠慮しましたが、「アメリカ人による素材をインプットし、日本人の器用さと低賃金に依拠《いきょ》して」という発想自体がダメだったのかもしれないということと、全米上映にあたってディズニーによる配給が実現できなかったこと――その2点が、失敗の主な原因だと考えることができる。反面、今世界中で、特にアメリカ市場で人気がある和製アニメは、もともと日本人向けに作られたものばかりでしょ。日本アニメ特有の、「どこの国のキャラだかわからないけど、かわいい」という不思議な感覚が評価されているんでしょうね。日本では、ストーリー性のあるアニメの制作においてはまだまだ手描きのほうが安いし、事実さかんですが、ゲームの世界では着々とモーション・キャプチャー、ＣＧ処理が進んでいる。そういう新しい風潮がアニメにも流入しないという保証はありません。最終的には、日本の観客の見かたの変化によるでしょう。

――よくわかります。さっきお話に出た「どこの国向けか」という問題を、観る側の立場からちょっと補足させてください。私が子供のころ――１９６０年代から'70年代にかけてですが――アニメに限らず多くの日本映画やテレビドラマには日本人しか出てこなくて、たまに外国人やハーフの出るシーンがあっても、英語とかの表現や処理がたいていいいかげんで、ものすごくかっこ悪く見えたんですよ。狭い日本国内で生産・消費されるだけの、スケールの小さいものなんだというのが、子供心にもあからさまにわかりました。オール外国人キャストで英語を使った国際的なドラマ――舞台は宇宙でもどこでもいいんですが――そういう壮大な作品は日本には無理なのかなぁと夢想したものです。今思うと欧米コンプレックスもいいところですが（笑）、でも、あの高度成長のころ、そういう夢を見た子供は決して少なくなかったんじゃないでしょうか。それで実は、東映が輸出前提で作った『ガンマー第３号　宇宙大作戦』（'68年、正確には日米合作）という実写ＳＦ映画がありまして、これが宇宙ステーションが舞台で、オール外国人キャストだったんです。のちのバブルのころにも、日本出資のハリウッド製宇宙ＳＦ映画ができた。ところが、いざ観てみると、これが別に何てことないんですよね（笑）。ようするに、何にも根ざしていないから。わざわざ外国人俳優を使って、日本的じゃない場所を舞台にして作っても……。

**大塚**　アメリカ発の実写映画を観たあとでは、「違うのでは？」という感じになってしまうんでしょう？

――ええ。『リトル・ニモ』の発想も、その点、ちょっと似ているように思います。技術的にすごいシーンはいっぱいあるけれども、外国の原作で、キャラクターも外国人で、スランバーランドという異世界を舞台にした欧米マーケット向き作品――これを日本人が苦労して作る意味があるのかなあと、素朴な疑問を抱きました。

**大塚**　観る側のニーズも作る側の企画のありようも時代と共に変化するんでしょうけど、今も昔も変わらない大原則は、「海外に売ろうとして変におもねると、おかしなことになる」ということですね。ところが藤岡さんは、最初からそういうものを作ろうと明確に意図していた。それが、宮﨑さんや高畑さんがあの作品から途中で抜けていった理由の一つです。向こうで評価された作品——『ハイジ』にせよ『ナウシカ』にせよ——もともと海外向けに作られたわけじゃないですからね。

**大塚**　——そのへん、「目的」と「結果」の前後関係が実に難しいですね。

藤岡さんの挑戦は、トライアルとしては立派だった。ただ、アニメ作品の尾っぽにはそれを作った国固有の文化がどうしてもくっついてくるから、そのまま輸出しようとしたって、スポーツ選手や精密機械のようにはいきませんよ（笑）。たとえば、サッカーのワールドカップの試合にカメルーンが出てきたって、何も問題はない。世界中、同じルールで試合しているわけですからね。機械もそうです。日本製の小型トラックや乗用車を、アメリカ人も、アフガニスタン人も、アフリカ人も運転している。つまり、「文明」は輸出可能なんですよ。ところが「文化」というのは、その国固有の歴史の殻を引きずっているから、そう簡単にはいかない。日本でいくらお祭り文化が盛んでも、そのままではよそに出せないようにね。アニメもやはり、そういう部分を色濃く持っていますよ。映像文化も、コアの部分はその国固有のものですから。ただ、本来簡単にはよそに出せないはずのドメスティックなものが、好奇心で受け入れられるということはあり得る。『千と千尋の神隠し』にしても、ヨーロッパ人にはすごい違和感があるだろうけど、人間的な何かを描いているという意味で、好奇心を持って観てもらえたんだろうと思うんですね。

**大塚**　——ドメスティックに徹することで、かえって普遍的な「何か」が生まれ得る、ということでしょうか。

そうです。それでね、日本人が海外の真似をしてもうまくいかない典型がSF映画だと思うんですよ。特に宇宙SFは、白人が主役じゃないとどうもしっくりこない。あれを日本人でやられてもねぇ（笑）。

**大塚**　——たしかに（笑）。なぜなんでしょうね？

うーん……なぜだろう。SFと言っても『大魔神』（'66年）みたいな土着のファンタジーならいいけど、宇宙に飛ぶと、なぜか日本人じゃ似合わない。で、その代替行為をアニメの宇宙ものがやっているわけです。アニメの宇宙船やロボットのパイロットたちは、なんだかんだ言って、国籍不明のキャラクターばかりでしょ。アニメなら、受け入れてもらえるから。『エヴァンゲリオン』の綾波レイですか、あの髪の色、目の色は、どう見ても外国人じゃないですか。そういう「あいまいさ」をすんなり受け入れられるのは、日本人独自の感性ですよね。仏教と同じ。ブッダはもともとインドの神様なのに、日本に取り込んで、すっかり日本化した仏像を拝んでいる。文化に関しても、自分たちに都合のいいように取り入れて、都合の悪いところをばっさり切り捨てている。そんなふうに、もともと欧米のものを急速に日本流にしちゃったのが今のわが国のアニメ文化だと思うんですが、絵的には、やっぱりどこかに土着の美学が滲んでいるんでしょうね。

――大塚さんは「作画汗まみれ」の中で、スタジオジブリについて「さりげない民族主義」と表現なさっていましたが、そのとおりだと思うんです。今、グローバリズムと反グローバリズムが世界を分けていますよね。その中で――たとえば、かつての『ホルスの大冒険』において――高畑さんや宮﨑さんが提唱された村落、集落の独立性というのは、しいて言えば民族意識なんだと思います。『ホルス』の外敵、悪魔グルンワルドとは、当時で言えば大国主義の悪しき側面、今で言えばグローバリズムの大波みたいなもので、いずれも、すべての村を支配下におさめて画一化させていこうとする巨大な力なわけです。それに対して、守るべき村、自分たちの集落を夢見たいというあの思想は……。

**大塚** 一種の民族主義ですよね。

――ええ。ただ、それぞれの国旗を振るという国粋主義とも違うわけで。もっと素朴で、純粋な何か……。

**大塚** あのね、ロシアのマカロフという人が言っているんですが、愛国心というのは突き詰めていくと、「奇妙な風俗、奇妙な習慣に包まれた村の文化」なんだと。みんながそれを愛している。ただ、それをどんどん広げていくと、ある時点から、民族主義や愛国心に変化しちゃうというんです。本当の意味で国を愛するというのは、地元の村落とか自分たち独自のお祭りのようなものを含む、はたから見るとちょっと珍妙に見えるような文化を愛することだと思う。たとえばバリ島へ行くとね、あそこは全島挙げておかしいんですよ。こう、首を動かして、みんなでしきりにヘンな踊りを踊って（笑）、島中で何かを拝んでいる。あれは、いわゆる愛国心じゃないですね。いわば、愛郷心。

**大塚**　――愛郷心……いい言葉ですね。

そういうものをうまく織りこみつつ、作品としてキチンと仕上がると、アニメーションも、本当の意味でインターナショナルな面白いものになると思うんですよ。

**大塚**　――すると、『ホルス』の村落も、『パンダコパンダ』のあの町も、みんな「愛郷」ですね。『トトロ』なんて、まさにそう。あの時代の狭山丘陵の、あの環境を「いいなあ」と思うのであって。

ええ。バリ島の風習はわれわれが真似できるものじゃないけど、あの島固有の文化がとても楽しいでしょ。だから、中国や韓国のアニメにしても、へたに日本の真似をしないで、その国固有のところから出てきたものを観たいなと思います。

今や、エンターテインメントのベースはアメリカやヨーロッパでなきゃダメという時代じゃないと思う。われわれ日本人が愛しているものの中には、やおよろずの神とか、土俗的で怪しげで面白いものがいっぱいある。道ばたに仏様や神様が腐るほどあって、それにちゃんとお花をあげて拝んでるおばあさんがいる。ああいうのは、無理に宗教とは呼べないでしょ。

**大塚**　――たしかに、経典でみんなを規制する宗教とは違いますね。

キリスト教やイスラム教とは違う。われわれの神様というのはあの程度のもので、みんなが、そのぼんやりした何かに包まれ、守られている。『もののけ姫』では、深い森が信仰の対象になっているでしょう。神様が住んでいるのは、あの森の中だと。あれなんか、民族主義というよりも、縄文時代から持っている日本文化の源流をちょっとつまみ出して見せてくれているような感じがしますね。もっとも宮﨑さんには、そういうものを出せば日本人に、あるいは外国人に受けるだろうという計算はない。あの人はただそれを感じているだけで、説教がましい意図は特にない。観るほうも、よくわからないままに、風俗として、土俗的な面白いものとして受け入れているんじゃないでしょうか。

――　では、今、ゴリゴリに理屈で固めた西洋志向のものを作っても……。

大塚　たぶん、かつてのような意味は持たないでしょうね。僕らもさんざん『ホルス』だの『ルパン』だの作ってきましたが、今にして思えば、「なんで主人公がホルスという名前なの？」と（笑）。「ホルス」って、もとはエジプトでの名前ですからね。「グルンワルド」は、東ヨーロッパの地名。あるいは、「なんでアルセーヌ・ルパンの三代目が主人公なの？」と。さんざんヨーロッパの文化に憧れて、真似して、受け入れてきたけど、アニメーションの素材は決してそれだけじゃない。日本にも世界に通用する題材がいっぱいあるはずだという気分を、今、僕や宮崎さんや高畑さんは持っているんですよ。

――　ジブリにはかつて『紅の豚』みたいな作品もありました。風光明媚な南イタリアが舞台の、趣味的な、ディレッタント的な快作を作ってくれた。そういう、企画の「幅」がうれしかったんですが。

大塚　そういう試みは、これからのジブリでも続いていくと思いますよ。ただ、その基調になってるのは、『平成狸合戦ぽんぽこ』（'94年）や『となりの山田くん』とかも含めて、やっぱり日本なんですね。そりゃ、僕らが描いたら、どうしたって日本になっちゃうんですよ。どんなにがんばっても、本当の西洋の風土は描けないし、西洋人の演技は真似できない。断言してもいいです。

――　じゃ、『カリオストロの城』や『紅の豚』が描いた向こうの風土も、大塚さんから見れば……。

大塚　間違いなく日本ですよ。もう、日本そのもの（笑）。そこを勘違いすると、おかしなことになってくると思います。

## フランスで感じたこと

大塚　ところで、フランスでは近年、日本のアニメが大人気なんですよ。4年ほど前に向こうで日本アニメの映画祭[注30]があったんですが、パリの中心街の映画館を3館あけて、毎日いろんな作品をマラソン上映した。たいへんな人気で、若い人の間で日本のアニメがなぜあんなにモテるのか……不思議な現象だなぁと思いましたけど。

――　1970年代の後半に、『UFOロボ　グレンダイザー』（'75～'77年、仏題名『ゴルドラック』）や『キャンディ・キャンディ』（'76～'79年）といった日本のテレビアニメがフランスでヒットし始めたのは有名ですよね。

**大塚**　そういう子供向けアニメがかつて大受けしたという下地がある上に、最近、また別の盛り上がりを見せているんです。

――　パリに住んでいる友人もそんなふうに言っていました。日本のアニメを今本当に理解しているのは、アメリカじゃなくてフランスだろうと。そこには、作風というか、作品の奥にあるものに共鳴するかどうかという、国民性や精神性の相性もあるみたいですね。

**大塚**　つまり、フランスでは、大の大人がアニメを観て熱狂する。アニメ人気のもう一つの理由は、今、フランス映画に元気がないことでしょう。ハリウッドにやられっぱなしで、どこの街に行っても、映画館はハリウッド映画ずくめ。で、彼らも悔しいもんだから自国でいろいろ作るんだけど、製作予算規模のこともあってか、万人向けのエンターテインメントがなかなかできない。理屈っぽい、小難しい映画はできてもね。

――　たしかに、フランス映画の現状はちょっと寂しいですね。

**大塚**　黄金期はあったんですけどね。第2次大戦前後までのフランス映画は、本当に素晴らしい黄金期です。パリのフォーラム・デ・イマージュという施設では、あの時代のほとんどの名作を収集していて、いつでも観られる。僕はマルセル・カルネの『悪魔が夜来る』（'42年）が大好きで、向こうでビデオを買ってきたんだけど、あの映画にはものすごい影響を受けたんですよ。

――　昔テレビで観ましたけど、たしかラストで、愛し合う男女が抱き合ったまま彫像になってしまうんでしたね。で、悪魔がいくら鞭打っても、石になっているから全然通じない……今思えば、ちょっとアニメーション的な発想ですね。

**大塚**　イメージの飛躍のしかたがね。ああいうのをいっぺんアニメでやってみたいですねぇ。フランスは、自国にそういう名作をいっぱい持っているから、ハリウッドに負けたくないという気持ちがある。ところが、アニメーションに関しては、今も昔もプライベート作品以外はどうも元気がない。市場の問題もあると思いますが、アニメ制作につきまとう労働集約産業という枷もあってか、エンターテインメント的な作品があまり生まれない。そこで、日本のアニメが非常に新鮮に映った……。しかも、買い値が安いもんだから、どんどん買っちゃう（笑）。

**大塚**　あ、買い値の問題もありますか。

大きなポイントでしょう。パリでの映画祭に話を戻すと、フランス人のファンを相手にシンポジウムをやったんです。そしたら、『パンダコパンダ』を観た小さな子供が立ち上がって、「パンダは中国の動物なのに、どうして日本語をしゃべっているの？」と聞くんですよ。僕は答えに窮して、「中国生まれだけど、フランスへ来たらフランス語をしゃべるし、日本に来たら日本語をしゃべるんだよ」と説明した。すると今度は12歳くらいの女の子が、「ミミちゃんがお母さんで、コパンダがいるということは、パパンダとミミちゃんは愛し合ったんですか？」なんて聞く（笑）。「いやいや、違うんだ。ママパンダがまだ日本に来てないから、仕方がないからミミちゃんがお母さんがわりをやっているんだ」と答えましたがね。

そんなふうに、フランス人はすべて理屈で押さえ込もうとする。日本人に一番欠けているのは、その論理性です。彼らは子供のときから理屈で育っているから、たとえば「ジュ・テーム」という言葉にしても、一語の中に、ジュ（私）とテュ（君）とエーム（好き）と、要素が全部入っている。日本人で、「私はあなたを愛しています」なんて言う人はいないでしょ。「オレさ、好きだよ」って、全部言わなくてもわかる文化があるから。半分しか言わないけど、そのほうが優雅でしょう。

**大塚**　やっぱり、俳句と短歌の国ですからね。

短くする文化ね。だから、日本のアニメが向こうに行くと、あちこちで論理性を欠いていると言われるんですよ。「ルパンはフランス人、五ェ門は日本人。じゃあ、次元はどこの国の人だ？」なんてねぇ。

大塚――「そんなこと、どうでもいいじゃないか」と言いたくなりますね（笑）。

言いたくなるよね（笑）。僕らは、面白いときは理屈を言わずに楽しむけど、そういう感覚の底には日本古来の文化があると思うんです。で、フランス人同様、英語民族も理屈っぽいでしょ。僕はアメリカ版の『ゴジラ』（'98年）を観てびっくりしたんですよ。日本製ゴジラと違って理屈っぽいところに。すごいねえ。重さも理屈。ズンズン地面を踏むと、ちゃんと足がワーッとめりこむ。ゴジラも子供を生むはずだと考えて、産卵場所を作り、卵の孵化まで見せる。形からして、ちゃんと恐竜、それもティラノザウルスに先祖帰りしている。日本のように、「いや、理屈がないからいいんだ」じゃ通らないんですね。

大塚――では、ご自分が関わった作品に限らず、日本のアニメが海外に出ていったときに、「あ、こんなふうに受け取られてしまうんだ」と意外だったことはありますか。

意外と言うより、その選別眼に感心したことはあります。そりゃ、向こうの人たちだって、山のように入ってくるのをただただ無条件に受け入れているわけじゃありませんよ。フランス人なんか、なかなか厳しく選別する。大ヒットしたあるテレビアニメについて、「たしかにこれも面白いけど、寿命は3年だ」なんて言うんです。で、「『パンダコパンダ』は50年だ」と。内輪褒めのようですが、たしかにそう言われました。

大塚――それはフランス人の、どういう方がおっしゃったんですか？

普通の人。評論家とかじゃなくて。

大塚――そんなこと言うんですか。日本では、評論家でもなかなかそんなふうには言い切りませんね。

ヨーロッパの人は、常に作品を寿命で考えていますから。『ルパン三世』にもバリエーションがいっぱいあるけど、どれが良くてどれがそうでないかは、ちゃーんとわかっている。『もの』はいっぱいできる。でも、そのほとんどは駄菓子だ」と彼らは言うんです。たしかに、今や日本の、普通のテレビアニメは、彼らに駄菓子と言われてもしかたないでしょう。いや、もちろん、駄菓子も大事ですよ。ちゃんと需要があるんですから。でも、「駄菓子ばっかり山のように作ってどうする、オレたちはそれだけじゃ終わらないぞ」という志を、作り手のみなさんに持っていてほしいとは思いますけどね。

――しかしそれは、作り手側の責任だけではなくて、いっぽうでニーズ、つまり、観る側の理解と要望のありかたにもよるんじゃないでしょうか。ニーズがあれば、やはり「もの」は生まれますよ。

**大塚**　だから正確に言えば、観る人と選ぶ人、両方の認識ですね。フランスでの映画祭の作品チョイスをしたのはイラン・グェンさんという30代の人でしたが、日本語を学んでコツコツと日本のアニメを研究していたのをフランス政府が認め、フランス大使館付にして、日本に2年間行かせて研究させた。批評家でもなんでもない、普通の民間人ですよ。上映についても、政府が金を出して、その人を中心にやらせた。市の職員も全部その人に従うわけです。で、彼が選んだのは、ほとんどが東映の旧作とジブリの作品でした。「公平にやらないんですか?」と聞いたら、「こういうものに公平はないでしょう。私がいいと思ったものでやります」と。「ものを生産するとき、どうしたってゴミもいっぱい生まれる。そのゴミと本物を見わける目は、突き詰めて言えば偏見です」なんて言うんですよ(笑)。すごい人でしょう? そんな民間の一マニアに政府が目をつけ、日本に派遣して調べさせて、パリの映画祭の選別の中心に据えるわけです。

――フランスもなかなか大胆、辛辣ですね。

**大塚**　すごいでしょう。よくある選定委員会とかの多数決じゃなくて、個人の感覚を信用して任せている。さらには、日本のアニメ界にこれから出てくる新しい芽を見つける姿勢を持っておきたい、という気概をも感じますね。たとえば、次回の映画祭には『クレヨンしんちゃん』の監督を呼びたいと言っていました。以前作った「ぶりぶりざえもん」(『電撃! ブタのヒヅメ大作戦』、'98年)というのがパリでも評判で、今度あの人を呼ぼうと。

――原恵一監督。劇場版の『しんちゃん』は、近年かなり評判ですからね。

**大塚**　あと、押井守さんを呼びたいという。ちゃんと選んでいるわけですね。どこの国でも、選別の目は常に光っているんですよ。フランス人の評論家に「『しんちゃん』のどこを評価しているんですか?」と聞いたら、「日本では子供が背伸びしすぎているんじゃないか。早く大人になりたいと背伸びしている感じがこの作品にはある。

チビだとバカにされたくないというのは世界中の子供の願望の一つだけど、それをちょっと刺激する要素を持っているところがいい」と言うんですね。

それから、こんなことも言っていた。「いっぽうで押井さんは、子供をまったく無視している。非常にイラスト的な、画面の完成度だけを求める若いファン層をターゲットにしていて、しかも作品世界が明るくない。だけど、一部に人気があるということで、別に過激な思想を語っているわけじゃないからいい」と。そういう受け取りかたの柔軟性は、やはりヨーロッパの知恵なんでしょうね。で、「押井作品は人間の善意を描いていると思いますか？」と聞いたら、「いや。作者自身にも、そんな意識はあまりないんじゃないか。でも、それは宮崎さんが描けばいいわけだから」と言っていましたね。

—— うーん、なるほど。

**大塚** 僕は、数人の評論家に雑誌のためのインタビューを受けたんですが、向こうの人は、常に文化的な視点から聞いてくるんですよ。「『エヴァンゲリオン』の文化的背景は何ですか？」とかね。ロボット文化は今や日本人の日常生活で大きなウェイトを占めているし、アニメの世界でも『アトム』以来ずっとそうでしょう。オモチャの世界でも、いまだに『ガンダム』はベストセラーですからね。そのぐらい『ガンダム』の存在は大きい。宮崎さんとは別の側面で日本のアニメを背負っていることは確かです。でも僕は、そういういろいろな現象に対して「あれはあれでいいんだ」というのは、ちょっと総花的過ぎるように思う。そういうものが受ける時期もある、でも、そうでない時期が来るかもしれない……そう思っているんですけどね。

—— ある時期での流行は絶対的な評価ではない、ということでしょうか？

**大塚** そうです。だってね、女性の顔にたとえれば、平安美人って「引き日・かぎ鼻」が基本じゃないですか。あのころの女性美の理想はああだったのかと思うと、すごく不思議でしょ。で、江戸時代では目がうんと切れ長で、口が異常に小さくて。浮世絵顔というんですかね。あのころの人には女性の顔があんなふうに見えたのかなぁと思っちゃう（笑）。だから１００年後の日本人は、今のアニメが描いている、目が異常に大きくて髪の毛の茶色い女の子を見て、「あのころはああ見えたんだろう」と思うかもしれないですよ。もとは同じ人間の顔なのに、その時代の流行がそう見せているわけです。

――日本の漫画やアニメでキャラクターの目が大きいことは、昔から海外でさかんに指摘されていますよね。国内でも、かつて評論家の石子順造さんや佐藤忠男さんが、日本の少女漫画の目はなぜ大きいか、その精神的ルーツを探る興味ぶかい文章[注31]を発表されていますが。

**大塚** いろんな背景があるにせよ、今のはちょっと極端ですよ。女の子の顔半分が目なんだから。あれはきっと、願望で描いているんでしょうね。「目が大きいほうがかわいい」という美意識で。すると、実際の若い女の子たちも、猫もしゃくしも目を大きく見せようとメイクや整形をしたり、漫画やアニメのキャラクターにどんどん似てくる（笑）。アメリカ人なんかには、あの目の大きさは異常、バランスが狂ってると言う人も多いんですよ。まあ、文化とは、元来バランスが狂っているものだとは思うんですけど。最近では、韓国アニメの目もだんだん大きくなってきているし、台湾や中国でもそういう絵が出始めている。ものの見かたの流行とは、そんなふうに伝播していくんでしょうね。

――こうしてお話をうかがっていますと、アニメーションのことを具体的に語りながらも、大塚さんのお話にはどこか巨視的というか、歴史的な視点があるように感じます。絵柄のこと一つにしても、浮世絵や、もっと古い「伴大納言絵巻」までさかのぼってお考えになる……。単に「今、何が受けているか」ではなくて、もっと引いた目で見ると、やっぱり文化の伝播みたいなことがアニメの表現のバックボーンに動かしがたくある――というようなご意見で。

**大塚** そういうものの見かたが好きなんでしょうね。高畑さんの影響かなぁ……（笑）。でもまあ、文化の伝播というのは、やはり見逃せない要素ですよ。浮世絵にしたって、歌麿や北斎は今でも残っていますが、残らなかった絵描きも無数にいたわけでしょ。その中で、まず最初に、日本人が歌麿や北斎を選んだ。で、次に選んだのはオランダ人ですね。明治時代に日本人は、「浮世絵なんかもう要らないよ」と海外に売っちゃった。そしたら、オランダ人やフランス人に「いい」と言われて、あわてて再評価した（笑）。海外の目で選ばれた、いや、救われたと言ってもいいでしょう。伊藤若冲《じゃくちゅう》なんて、特にそうです。彼の逸品は、ほとんどアメリカ人が持っているわけだから。偉大な文化的遺産が、あんなにも海外に流出するなんてねぇ（笑）。今、日本のアニメが海外で峻別《しゅんべつ》されているという現象も、それと似ているんじゃないでしょうか。

## アジアのアニメーション攻勢

**大塚**　これからは中国や韓国や台湾が、ＣＧアニメではインドが、人件費の安さを武器に、かつての日本のアニメ界の大真似をしてくると思いますよ。国が援助して、研究機関を置いたりして、「オレたちも負けちゃいないぞ」とね。

――　中国なんか、本気になったらすごそうですよね。なにしろ、あの人海戦術でやれば……。

**大塚**　そう。あれだけの人数がいれば、突如すごい天才が出て、世界に通用するアニメを作ったって不思議はない。宮崎さんは、「今、中国はお金に狂って大騒ぎしているけど、中国文化の本当に愛すべき部分を、あの国固有の風土を借りてインターナショナルな作品に仕上げるアニメ作家が出てきたら、それはたった一人でもいい」と言っていましたっけ。「一人出てきたら、それはきっと世界に通用するだろう」とね。人海戦術と言っても、大勢で作ったものがすべていいなんてことは、クリエイティブの世界ではあり得ませんから。

　それと、中国にせよ、韓国や台湾にせよ、どうもアニメーションについて根本的な誤解があるようにも思います。「アニメなんて、絵が描けりゃいいんだろう」という大きな誤解がね。どこの国でも、いつの時代にも、特に経営者サイドにはそういう誤解が根強くあるものなんですよ。大がかりな機械を買う必要もないし、アパートを一部屋借りて、机を並べりゃできるだろうという錯覚があるから、参入してくる人は際限なく多い……。「日本でアニメがさかんだが、韓国には１０００年の美術の伝統がある。中国は５０００年だ。オレたちのほうがうまく描けるに決まってる」とね。それが大間違いなんです。アニメーションは「純粋美術」じゃないんですから。じゃあどんなものなのかと言えば、それはこの本の中でずっと話してきたから、ここでは繰り返しませんけど。

たしかに中国にはかつて墨絵の文化があったし、アニメーションの世界にも萬《ワン》兄弟や特偉《トーウェイ》をはじめとする強烈な文化があった。それがいったん全滅状態になって、今中国のアニメ界には、日本やアメリカからの下請けを、いかに上手に、速く、大量にこなすかという構造しかほぼ残っていないんですね。極論すれば、お金の追求です。アニメーション作家の心意気というか、個性豊かな作品を生み出そうとするスピリットが絶えているのは残念ですね。

大塚　――一時期、『ナーザの大暴れ』（'79年）とか、日本でも中国アニメが話題になりましたよね。

大塚　『ナーザ』の時期はまだ良かったんです。上海美術映画製作所が健在だったのは、'80年代のはじめくらいまでかな。「偉大な」という言いかたは僕は嫌いだけど、これからだって優れたアニメーション作家が出てくる可能性はあるのに、そういう人がぞんぶんに活躍できるような基盤がどんどんなくなってきている。で、その基盤とは何かというと、この場合は、国家の体制なんですよ。ロシアのアニメにしても、ひょっとすると、かつての共産主義時代のほうがまだ良かったかもしれない。

中国では、急速な自由競争のもとに、資本主義がどっと入ってきた。アニメ1本作るにしても、スポンサーが要る。すると、作品内容を理解し、それを作らせ、宣伝し、マーケットに流して、お金を回収するという経営的手腕を持つ人がどうしても必要になってくる。ウォルト・ディズニーみたいな人がリーダーになって、まず産業構造を作り上げないと、自国のアニメ界自体が成立しない――そのへんが、中国アニメの抱える大きな課題でしょう。

## 趣味人が増える？

大塚　以前、「アスキーネットJ」という雑誌に「道楽もの絵詞《えことば》」というタイトルのエッセイを連載したことがあるんですよ。「絵と向かい合ってきたルーツを教えてください」と編集者に頼まれまして。そこでも書いたんですが、僕は、自分たちのやってきたアニメーションは、あくまでもサブ・カルチャーなんだと思う。メイン・カルチャーであるべき厳然とした映像文化は、実写映画の世界のほうにちゃんと存在するわけです。同じように、わが国の絵画の世界にも、厳然とした芸術、つまり日本美術というものがある。そうした中で、本来サブ・カルチャーであるはずの漫画やアニメが、なぜこれだけの地位を獲得したのか。なぜ実写の映像を抜いて、日本で最高の興行収入を獲得したのか――真剣に考えていいテーマだと思います。

たとえば狩野派は、江戸時代の全期を通じて日本画壇の中心にいた。ところが、ヨーロッパ人たちは、狩野派の影響なんかちっとも受けていないんです。サブ・カルチャー、つまり大衆芸術にすぎなかった浮世絵を見て、「これはすごい」とゴッホやセザンヌが熱狂し、大きな影響を受けた。そのことと良く似ていますね。つまり、昭和30年代以降の日本のアニメーションが、サブ・カルチャーでありながら諸外国に多大な影響を与えているのに対し、本来の日本映画のほうは、黒澤明さんのような例外はあるにせよ、ほとんど何の影響も与えていないように思うんです。

大塚――メイン・カルチャーとサブ・カルチャーの逆転ということでしょうか。

――ええ。戦後、手塚さんのテレビ作品をはじめ、「たかがアニメ」と思われていたものが、外国作品に比べて映像的にものすごく進化した。外国は、それでもまだバカにしていた。「どうせお子様向けなんだから、本格的な映像である必要はないよ」なんて思っているうちに、日本のアニメは、画面の切り口やら何やらが、ものすごく映画的になっていった。それが今や評判を得て、世界的に定着しているんだと思う。

――伝播するにも、それなりの時間とプロセスが要るということですね。話は変わりますが、日本では今、雇用不安みたいなものがすごくあるでしょう。若い人たちの未来がふさがれ、好きな仕事に突っ走ることができにくくなっている。この十数年でどんどん余裕がなくなって、このままでいくと、大塚さんのエッセイのタイトルにある「道楽もの」の趣味性みたいなものが、どんどん目減りしていくようにも思えるんですが。

大塚　それは逆だと思いますよ。日本は失業者が多くて困ってるというけど、実際、餓死する人なんていないでしょう。悲観して自殺する人はいるけど、いざとなれば何とか食ってはいける。イギリスが'80年代の初めに凋落《ちょうらく》して、いわゆるイギリス病になっちゃいましたが、今の日本もそれと似たようなもので、そういう世相においては、二つの大きな傾向が生まれるんです。一つは、経済的に子供をたくさん養えないから、人口が減る。次に、趣味人が増える……。

――減るんじゃなくて、増えるんですか？

大塚　ええ。することがない人間は、しかたがないから何かを始めるわけです。そのこと自体じゃ食えないけど、とにかく始める。イギリスに行くとね、男性も女性も、びっくりするくらいいろんな趣味を持っているんですよ。むろん、以前からそういう素地はあったんでしょうけど、最近は、趣味の種類がより豊富になっている。大英帝国300年の間に、趣味に使うための知識や物品がたまったということもあるんでしょう。世界中から集めた骨董品があふれて、骨董屋が増えたとかね。

なんにせよ、日本やアメリカ、イギリスという先進国がこれから直面するのは、平和で、大きな戦争をしないで、貿易もちゃんとルールに沿ってやっていった結果、何が楽しみに残るかというと、やっぱり「道楽」しかない――という現象でしょうね。

――好事家があふれて、社会がどことなく無気力になる、ということでしょうか？

大塚　そうです。日本は、室町時代から戦国時代にかけて戦《いくさ》ばかりやっていた。そのあとの徳川綱吉の時代、元禄のころの趣味文化は絢爛《けんらん》たるものでしょう。絵画や浮世絵、詩歌管弦の宴とかが日本中でいっせいに花開いたわけです。芭蕉なんて、（『奥の細道』で）江戸から東北一円を旅しても、一銭も要らないんですからね。その土地の長者が、泊まらせて、食わせてくれるから。で、また次の世話先を紹介してもらって、歌を詠んでは旅を続ける――あれ、全部無銭旅行なんですよ（笑）。

今、アニメーションを好きな人の数は絶対的に増えていますが、その人たちはきっと、いつまでもアニメを捨てないでしょう。50年たってアニメに関心がまったくなくなる、ということはないと思います。道楽に限らず、日本人は道を極めるのが得意ですから（笑）。……実はね、うちの女房が革手芸をやっているんですよ。レザークラフトというんですか、手芸教室に通って、今20年目くらいですけど、結局、他にすることがないんですね。子供は自立したし、家のローンも済んだし、あとは年金で僕ら二人で暮らすばかりだから、ひたすら趣味の世界にのめり込む。展覧会に出してちゃんと売れるくらいの作品を作るわけです。

――へえ、すごいですね。

大塚 そういう現象が日本中に広がっているんですよ。子供が自立したあと、女性が生きがいを求めて何をやるかというと、そりゃいろいろあります。生きることのテーマを見失う人もいっぱいいるだろうけど、それさえ見失わなければ、きっと何か「もの」を生産し始めますよ。だって、これだけの文化国家になって、曲がりなりにも世界第2位の経済力があって、世界で一番海外支援をしなきゃならない国になっているわけでしょう。年齢性別に関わりなく、個々の人間が何をテーマに生きるか、それしか考えることがなくなってくるわけですよ。

――ですが、趣味を極めるには、それなりの心の余裕とお金が必要なのでは？

大塚 いや、それも大して要らないでしょう。たとえば、日本の釣り人口は世界有数です。まわりが全部海だし、川も多いし、釣りに関する情報も安い道具も、めったやたらに溢れている。あとは、日がな一日釣り糸を垂れていればいいんですから。お金がない暇がないっていうのは、実は本当じゃないと思う。そういうことがもっともっと切実な国々は、世界中にいっぱいありますよ。……あのね、これは経験から言いますが、つぎ込むエネルギーの量や、自分のノウハウを公開することのデメリットを勘定に入れたら、趣味なんてものは元来ソロバンに合わないんですよ（笑）。そういう意味では、いろんな人がいろんなことを始めるのには、計算ずくでない「何か」がそこにあるわけで、なかなかいいことだと思う。それと、これは趣味とは違いますが、あの『プロジェクトX』みたいな番組が話題になるのはいいですよね。無名の人のやっていることに光が当たる……アニメ界で言えば、誰も彼もが「宮﨑さんバンザイ」の今、特にそう思いますね。ジブリがいい仕事を残していますが、他にも素晴らしい仕事をしている人がいるんだという事実にキチンと光が当たってほしい、と心から思います。僕は、ある一つの岸――宮﨑さんとほぼ同じ岸に立っているから、そこからしかアニメ界のことを見られませんが、できれば視野を広くして、別の岸に立つ人のことも見つめていきたいと思っているんですよ。本来はね。

## 「約束ごと」とショートカットの文化

―― ところで、ここ10年くらいの日本のアニメでの流行で、登場人物が冷や汗をかいたり、あきれたりするときに、巨大なしずくを顔や頭部に描くというレトリックがありますよね。ふつうに汗が出るんじゃなくて、キャラクターの頭半分くらいの巨大なしずくが、スーッと下にスライドする。もともとはギャグ漫画あたりからきている手法だろうと思うんですが。

**大塚** 明らかにリアリズムじゃないわけだけど、それが許容されるかどうかは、作品のスタイルにもよるでしょう。『ちびまる子ちゃん』みたいな、簡単な絵柄のギャグものならいいのかもしれない。

―― リアルなタッチの作品では？

**大塚** うーん、僕の考えとしては、リアルな作品の中では、あんまり感心しませんね。表現手段というのは、あくまで素材とのマッチングを考えた上で選ばれるべきだと思うので。でもね、そうした手法の流行の裏には、ひょっとすると、制作上の手間ひまの問題もあるのかもしれませんよ。アニメの初期には、みんな、汗をふつうに描いていた。次に、それがキラッと光ったり、ツーッと滑ったりするような凝った表現をした。けれども今は、汗をいちいちていねいに描いていられない。ましてや、冷や汗をかいてるキャラクターの心理を、演技、つまりしぐさで描く余裕なんかない。「じゃあ、いっそ様式化して、汗を大きくしてスライドさせちゃえ」という意図もあるのかもしれません。それがもし雑誌漫画からの安易な移植だとすれば、ちょっと情けない気がしますけど。

流行に理由はない、ノリでやっている、ということなのかもしれません。

大塚――そうですねぇ。ただ、そういう表現が半ば記号化して通用していること自体は、なかなか興味ぶかいですね。というのは、もともと日本人は、表現上の「約束ごと」が大好きですから。たとえば、人形浄瑠璃の世界には「いずまいを正す」というしぐさがある。偉い人に会うのでいずまいを正すとか、そういうときには人形が、胸の上で、手を襟に沿って上下に動かす。つまり、「襟を正す」わけです。実際に襟にさわっていなくても、それで「いずまいを正した」ことになる。あるいは能で、顔の前で手をわずかに動かすと、「号泣する」という意味になる。それらはいわば、表現上の「約束ごと」なんですよ。昔の人はその約束ごとをちゃんと知っているから、「あっ、今、主人公は泣いているんだ」と理解して感情移入する。そういう表現様式は、日本文化のどの時代にもありますね。

大塚――すると、「巨大な汗」も、そういう様式化がアニメの世界で進み始めたことの表れなんでしょうか。

それもあるでしょうし、もともと日本のアニメファンには、作品の簡略化、もっと言えばアニメ表現的な粗雑さを許容する体質があると思うんです。それは制作上、やむを得ない粗雑さだったわけですけどね。

たとえば、今、「旧『ルパン』がいい」なんて皆さん言ってくださるけど、前にも話したとおり、あのシリーズの中にはスケジュール的に僕がまったくタッチできていない回もある。今観ると、観るのがつらいくらい絵が違う。だけどお客さんのほうは、どうもそういうことも含めて、旧シリーズ全体で一つのイメージを持ってくれているみたいなんです。だから、日本人って賢いなぁと思うんですけど、そういう「欠けているもの」を補完する機能をあらかじめ持っている。歌舞伎の黒子は、「観客からは見えないことにする」という約束ごとの上に成り立っているでしょ。日本文化のどこかに、そういうショートカットの発想があると思う。ヨーロッパ人なんかはリアリストだから、そういうものの存在を許容できない。「見えないことにするったって、見えているじゃないか!」と(笑)。浄瑠璃の「襟を正す」表現にしても、向こうでは、本当に襟に触らないとそうしたことにならないでしょうね。日本人は、リアルなものを非常に形式的なものに置きかえていく独特な文化を持っていて、話し言葉なんかにもそれがよく表れている。ほら、略語とか略称をたちまち作るでしょう。いちいち覚えきれないくらいに。

——　造語ですね。「エンタメ」とか「サバゲー」とか……。「アニメ」もそうですけど。

**大塚**　そうそう。次から次へ、言葉そのものを平気で単純化しちゃう。中国語や韓国語じゃ、ああはいきません。中国はいまだに漢字だけを使っているけど、仮に英語の語句を輸入したとしても、カタカナを持っていないから、漢字は漢字でしかない。日本では、カタカナとひらがなと漢字と、最近じゃアルファベットそのものまで混ぜてグチャグチャになってる（笑）。そういうこと一つとっても、それぞれの国の文化のルーツをたぐっていかないと、現代のいろんな現象は正確に解明できないはずだと思うんです。アニメも同じですよ。何でも貪欲に取り入れるうえに、ショートカットが大好き。省略したものを平気で受け入れる国民性が、日本のアニメをここまで大きくしたと言えるでしょう。「省略しない文化」というものに何か抵抗感でもあるのか、ディズニーのあの作風は、いかに作画がていねいでも、欧米諸国ほどには受け入れられていないでしょ。

——　あのリアリズムが、日本人には、いまひとつ肌が合わないんでしょうか。

**大塚**　だと思います。ただね、アニメの手法についても、動きについても、ケース・バイ・ケースで考えなきゃならないときもある。一つのパターンに入れて考えちゃうと、いろいろ無理が出てくることもあるんです。たとえば最近、芭蕉の俳句をいろんなアニメーターが連作したアニメがあったでしょう？

——　『冬の日』（'03年）。高畑さんや小田部・奥山ご夫妻も参加なさっていましたね。

**大塚**　あれ、実は僕にもオファーがあったんですが、お断わりしたんです。「なぜ断るんですか？」と聞かれたから、「芭蕉の俳句というのは、動かすイメージじゃないですよ」と答えました。だって、「荒海や　佐渡に横たふ　天の河」といったら、僕には止まっている風景しか思いつかない。「閑《しずか》さや　岩にしみ入る　蝉の声」もそうです。そういうのは純文学の世界であって、アニメにはとてもならないと思った。サブ・カルチャーであるアニメーション向きの素材としては、僕はやはり、同じサブ・カルチャーである落語や講談のほうにはるかに大きな関心を持ちますね。同じ句でも、「誹風柳多留《はいふうやなぎだる》」の、庶民が作ったバカな川柳のほうにはちゃんと人物が見えてきますから……。「何でもアニメにできる」というのは実は間違いで、アニメーターみんなが、それぞれ自分のシェアというかカテゴリーを持っていて、それを弁護しているんだろうと僕は思うんですよ。

## 「ストーリー」か、「動き」か

――俳句というのは極端な例にしても、日本のアニメが純粋芸術でなくサブ・カルチャーであるとする視点の成立理由の一つに、「漫画との相互乗り入れ」現象があると思います。ようするに、アートというよりは、肩ひじはらない気さくなものであると。漫画原作付きアニメの功罪についてはこの本でもずいぶん話に出ましたが、うねるような波瀾万丈のストーリーを、視聴者は毎週毎週楽しむんじゃないでしょうか。

**大塚** そうかもしれません。で、そういう大河ストーリー漫画的アニメの正反対に、海外のカートゥーンがある。『トムとジェリー』や『ポパイ』、『ヘッケルとジャッケル』とか、短編のシリーズがいっぱいありますよね。ミッキー・マウスも含めて、それらはアニメーションの源流の一つと言えますが、わが国では、そっちのほうに入れ込むファンはあまり多くないでしょう。どんなに技術的に巧くても、主人公に思い入れできないものは、日本ではなかなか成功しない。

――そうですね。『ロードランナーとコヨーテ』なんかを観ると、面白いなぁと感心しつつも、なぜか、それ以上にはのめり込めない。観れば面白いのは明らかなんですが……。で、それはなぜかと考えたとき、やっぱりストーリー性の有無ということに突き当たるんですね。面白いプロットがまずあって、その上で、技術としてのアニメーションがぞんぶんに駆使されているものが観たい――ということになる。海外の作品でも、『トイ・ストーリー』みたいにお話や構成ががっちりした長編だとかなり楽しめるんです。

**大塚** そこはね、森さんに限らず、日本にアニメーションが発生したときからの課題というか、疑問符なんですね。海外のというより、はっきりアメリカのアニメと言っていいでしょう。アメリカの観客がアニメに期待するのはあくまでもエンターテインメント、それも、面白いスラップスティックなんですね。滑ったり転んだりのドタバタ喜劇が実写のサイレント映画で大繁盛した時代があるでしょう。チャップリンのちょっと前、バスター・キートンのころ。あれから派生して、とにかくアイディア第一主義で、面白いしぐさを面白く描く。それに尽きるんですね。作品自体がキャラクターのしぐさの集積だから、一貫したストーリーはなくてもいい。追いかけっことか引っ越し珍騒動とかをひたすら描くわけです。

―― 『トムとジェリー』で、ジェリーがいたずらをして、トムがその騒音にイライラして一晩中眠れない、という設定だけで１話持たせているのがありました。

**大塚** そうそう。そういう、ストーリーがあってないような単純な話に日本人はついていけないんですよ。ドライな国民性じゃないから、滑ったり転んだりだけじゃ満足できない。その点、一部のカートゥーン・マニアの人たちのほうが、むしろ例外なんでしょう。一般の日本人は、やっぱり登場人物に感情移入できて、ここぞという見せ場で「中村屋！」とか叫ぶのがいい（笑）。だから僕は、日本のアニメを語るとき、よく歌舞伎を引き合いに出すんです。歌舞伎の中に含まれている、あの情念――自分の子の首をとって親がさし出す「加賀見山《かがみやま》旧錦絵《こきょうのにしきえ》」とかを観ると、情念のすごさに観客は震えちゃうわけですよ。人形浄瑠璃にも世話ものや武者ものがありますが、自分が苦しいときに他人のために死ぬという侍の情念がみなぎっていたりする。そういうものを好む体質は、日本文化の中で、長い長い、奥深い歴史を持っていると思いますよ。

―― １９６０年代にハンナ＆バーベラが、わりとストーリー性のあるＳＦヒーローアニメを作りましたよね。『宇宙怪人ゴースト』（'66年）とか、『怪獣王ターガン』（'67年）とか、子供のころずいぶん観ましたが、これらが何というか、漠然とつまらなかったんです。超能力を持つヒーローやヒロインが活躍するという点、日本のＳＦアニメに似ているんですが、全体に大づくりで、大味な感じで……。

**大塚** ３コマ、省セルによるアメリカのアニメですね。ストーリー漫画的な土壌がもともとないわけだから、そりゃ日本みたいにはいかないでしょう。お話として、やはり何かが足りない。そこが『アトム』との大きな違いです。雑誌漫画を原作に3コマの省セルアニメを作るなんて、アメリカ人には思いもよらなかったんでしょう。そこを思いつくのが手塚さんの天才たるゆえんですが、それも実は、しかたなく天才だったわけで、本当はあくまでもフル・アニメーションをやりたかった方なんだと僕は理解していますけどね……。

それはともかく、アメリカだけじゃなくて、これから中国や韓国から出てくるのは、3コマの省セルアニメが中心でしょうね。「動かなきゃ観ないぞ」とは、これからの視聴者は言わないと思う。彼らは、「動かない」のを常識として出発していますから。自分たちの民族様式に沿っていて、ちょっと愛国心をくすぐるような作品であれば、アニメーションはどこの国でも受け入れられると思います。かたや、ヨーロッパ全域を代表して、アニメをアートとしてとらえる向きもある。大衆娯楽じゃなくて、もうちょっとハイブラウなものとしてね。日本にも実験的なアニメや芸術的アニメはあるけど、シェアとしては多くの大衆の支持を得ているわけじゃないでしょう。

——たしかに、シュヴァンクマイエルや久里洋二さんの作品を、東映動画やジブリなどと同じ文脈では語りにくいですよね。

**大塚** 整理すると……「アニメ＝大衆娯楽」という考えかたの中にも、アメリカ式、日本式、あるいはフランス式や各国式がある。アメリカ式は動物を主役にすることが多く、あくまで動きの面白さがメイン。日本式はストーリーが主軸で、キャラクターの細かいしぐさを切り捨て、絵画的な凝った画面構成を好む——ということになるんじゃないでしょうか。

——あるとき、スタジオ・ゼロの鈴木伸一さんから、こんなお話をうかがったんです。鈴木さんは、「アニメで、劇場を出たとき観客の心の中に残っているのは、最後の最後はストーリーなんだと思う」と。おとぎプロ時代、それこそ東映動画創立と同じころからの大ベテラン・アニメーターの言葉ですから、ちょっと意外かつ興味ぶかくて、「本当にそう思われますか?」と聞き直したら、「ええ。もちろん動きもストーリーも両方大事だけど、アニメの動きは、素晴らしいストーリーを語るための技術なんだと思います」と。それは、鈴木さんの長いご経験から出た言葉なんだろうと思うんです。

**大塚**　うーん……いろんな方のいろんな見解があっていいわけですが、僕自身はね、こんなふうに考えているんですよ。「非常にひどいストーリーだけど、動きや演技は面白かった」ということはあり得るけど、その逆はないんじゃないかと。つまり、動かす技術がそれだけの「重さ」を持っていると信じているんです。

――　長い歴史の中では、アニメ技術的には不十分でも、ストーリーとキャラクターと演出で面白く見せて、名作と評されるアニメもたくさんありますね。

**大塚**　あるとは思うけれども、基本的には、そこ止まりでしょう。ストーリーが良くて、なおかつ動きも良ければもっといいに違いない。でも、そうでないとなると、仮にあるレベルまでは行っても、なかなかそこを超えられないだろうと思う。

――　その「あるレベル以上」とは、どのあたりでしょうか?

**大塚**　30年、50年、１００年という長い歴史に堪えるということです。たとえば宮﨑さんの作品は、二十数年前の『カリオストロの城』にしても、ノスタルジーだけじゃなくて、いまだに万人の鑑賞に堪えているでしょう。いろんな『ルパン』を観てきた人の目にも、あるいは『ルパン』なんか観たことないよという若い人の目にも、キチンと堪える。さんざんいろんなものを観てきた人が、「もう1回観よう」と思うかどうか。そこが勝負の分かれ目です。「名作」の名作たるゆえんは、ある一時期に人気があっただけでなく、数世代にわたって受け入れられるということですから。

――　技術が、そのぐらいの「高さ」を持っているということですね。

**大塚**　ええ、そうです。むろん、理想を言えば、ストーリーも技術も両方良くないと最高点には到達できませんけどね。その点では鈴木伸一さんと同意見です。ただ、浮世絵にしてもね、アイディアはもう一つだけど技術はすごいというものは残っている。たとえば、江戸初期の画家の俵屋《たわらや》宗達《そうたつ》は、職人の極みを行った人なんですよ。大和絵に斬新な解釈を加えたと言われていますが、彼自身はほんとうの意味での技術者で、別に芸術的でも独創的でもない。でも、彼の描いた「風神雷神図」は、技術がすごいからちゃーんと残っている。そういう例が、江戸時代にいっぱいあるんですよ。アニメーションの場合も、ストーリーが少々悪くても技術のうまさでそれを超えるものを作り得るだろうし、その逆はないと思うんですがね。

……まあ、いずれにせよ、一つの時代や作品が肯定されたり否定されたりするのには長い時間がかかりますから、ここでの論議のゆくえも、後年の読者の方々に見守っていただくことにしましょう。

## 動かしてこそ

**大塚**　僕は絵を描くこと一筋でやってきたわけですが、作画監督という仕事はね、「絵描き」であると同時に「先生」でもあるんです。新進アニメーターたちの教師の役割もつとめなきゃいけないと思う。テレビアニメの普及以来、毎日毎日、膨大な数の作品が作られていますから、アニメーターの数はいつの時代でも圧倒的に足りない。大量の素人が次々に業界に入ってきて、その人たちを即、訓練しなきゃならない。じゃあ、その訓練をする人は誰かというと、かつて僕や宮崎さんたちがそうであったように、常に、最前線で働いているスタッフなんですよ。実戦を戦いながら、同時に、次の世代に仕事を教えていく……その果てしない連鎖なんですね。

——技術は、教室で学ぶものばかりじゃないということですね。大塚さんは新人がお好きで、毎年新人が入ってくるたびにうれしそうに近づいていきて、「どう、がんばってる?」「コーラ飲む?」なんていう独自の接触パターンがあるという逸話もあるようですが……(笑)。大塚さんらしい、人間味のあるエピソードだなあと思いました。

**大塚**　いやいや、そんなこともないんですけどね(笑)。70歳を過ぎた今、入ったばかりの若い人とうまく交流するのはなかなか難しいですよ。若い人たちのほうも、世代の違う相手に接するのがどんどん下手になってきているでしょ。昔のような三世代同居なんてのは少ないから、老人と話したことがないとか、話が合わない、価値観が違うとか、いろんな若者がいますよ。

――世代は違っても、皆さん、大塚さんの作品を観ているのでは？

**大塚** 最近はそうでない人も多いですよ。『ルパン』も『コナン』も観たことありません」という感じでね。まあ、どんな世代でも、少年少女時代――だいたい18歳ぐらいまでかな――に観た映像から受けたインパクトは、けっこう長く引きずるものです。「あのとき観た『ゴジラ』や『大魔神』が良かった」と今騒いでいる人は、だいたい40歳以上でしょう。

――逆にいえば、それだけ素晴らしかったとも言えるわけで。

**大塚** そうとも言えるけど、するとね、今の20代くらいの人はメカものや美少女ものにどっぷり浸って育っていますから、やはり、僕らの世代とはどこか価値観が違いますよね。いっぽう、成人してから往年の名作を観て、「おっ、昔のアニメもなかなかいいじゃないか」と評価する若い人もいる。ビデオやDVDの普及のおかげでしょうね。いずれにしても、僕は頑固に技術だけでつき合いますから。相手が男でも女でも、年長の人でも若者でも、それ以上のつき合いはしません。「今あなたが描いているこの絵は、何を考えて描いているの？　こういうふうには考えられない？」なんてアドバイスをして、「いや、全然思いつかなかった」「そこを思いつくのが商売だよ」なんていうつき合いかた。だから、こっちが説教しているんだという自覚を持っていないとね。まあ、今すぐわからなくても、あとでわかってくれればいいや、と思っているんですが。

――アニメーションというジャンルは、おそろしく間口が広くて、可能性に満ち溢れているがゆえに、「何でもあり」のカオス（混沌）に突入するリスクを常にはらんでいますよね。

**大塚** ええ。だからこそ、評論活動というのは重要なんですよ。残念ながら、今、既存の評論家たちは、文化の側面として、あるいは歴史的産物としてアニメーションを観てくれてはいませんから。何が本当に大切かを見定める目をなかなか持てなくて、今の絢爛たるアニメーションの世界に迷っちゃっているように思います。評論が大事だというのは、たとえばね、僕らが現代美術の難解な抽象画を見るときに、個々の受け手の感性だけじゃ完全に作品をつかめないことも多いじゃないですか。針生《はりう》一郎さんみたいな美術評論家に「これはこういう意図で作られて、こういう歴史があるんだよ」と解説してもらって、「あっ、そんな意図があったのか」と膝を打つことはありますよ。

――たしかにそうですね。ただ、現代美術などと違って、「アニメは楽しむもので、解説、評論するものじゃない」という気持ちを、観る側はどこかに持っているような気がします。それが、正面きっての批評活動にブレーキをかけているのでは？

**大塚** それもなくはないんだろうけど、鑑賞者への手引きはやはり必要でしょう。作品や作者のバックボーンにいったい何があるのか？ それを知るだけでも、作品がぐっと面白くなるはずですよ。

――明らかな「流行りもの」であっても、パワーがあって面白ければ、つい引き込まれますよね。アニメーションにせよ、映画にせよ、漫画にせよ、「面白い」というのは最大級に大事なことだと思いますので……。で、そうは思うものの、アニメの世界がこれだけ膨張、拡散、多様化して、わけわからない状態になってしまうと、いったん頭の中を整理して、源流からちゃんと観ていきたいなという気持ちが湧いてくるんです。

**大塚** 源流から見てほしいなぁ。みんながみんなそんなふうに観てくれないのはよくわかっているけど、ほんの何人かでもそういう人がいれば、次にまた何十人、何百人という人がそれに共感してくれるかもしれないわけだから……。

――今の日本のアニメーションの隆盛は、大塚さんたちパイオニアが心血を注いで築いてこられたものだということ――これはまぎれもない事実です。私たちファンは、それを観て育ったし、ぞんぶんに楽しませていただきました。口はばったい言いかたですが、こんなに素晴らしいものがあるんだから、それを誇り、大事にしていきたいと思うんですよ。

**大塚** あのね、僕が日本のアニメーションの先行きを危惧するのは、近年、海外の動きに変化が見られるからでもあるんです。何度も言うようですが、わが国のアニメが大発展をとげた理由の一つに、人間主体のストーリーをストレートに語ってきたことがある。ディズニーをはじめ、従来のアニメには「寄り道」が多かった。歌や踊りがふんだんで本筋はちょっぴり、みたいなね（笑）。日本のアニメは、起承転結のあるストーリーを、真正面から、ひたすらドラマティックに語ったところに力強さと優位性があったわけです。ところが近年、アメリカでも日本アニメの研究が進んできて、『トイ・ストーリー』（'99年）、『アイアン・ジャイアント』（'99年）、『モンスターズ・インク』（'01年）なんかを観ると、明らかに日本からそうとう学んでいる。寄り道なしで、バーッと一気にストーリーを語っていく手法をね。向こうだって学習能力は高いわけですよ。だから、「日本はアニメ大国だ」なんてお役所が言い出した今日、実はそろそろ怪しくなってきていたりして……（笑）。

その怪しくなった一番の原因は、やはり絵がどんどんイラスト的になっていることでしょう。キャラクターの線がやたら細かくて、必要以上にシャドーをつけ、動きはちょっぴり、みたいなね。人物が歩くのにも、軽快に歩いているのか、足が痛くてつらそうに歩いているのか、そんなことすら描きわけられないアニメーターも多いんですよ。演技力が低下している。やっぱりキャラクターの演技をベースに考えないと、きれいなイラスト集ばかり見せられても困るわけで（笑）。

CGアニメにしても、コンピューターでいろんなことができるようになったから大丈夫かというと、とんでもない。今言ったことの延長で、ろくに演技づけをしていないものがまだまだ多い。ヘタな演技をCGでやられると、手描きの作品以上にしんどいですよ（笑）。

——そう考えていくと、大塚さんが日動に入られたときに行われたという、杭打ち作画のテスト（第2章扉のイラスト参照）——あそこに原点があるように思えるんですね。アニメが産業として巨大化すればするほど、作る側にも観る側にも、いろんな流派が生まれ、いろんな理屈がくっついてくる。ですが、あえてアニメーションの源流を求めようとするならば、あの杭打ちの演技に行き着くんじゃないでしょうか。

**大塚**　アニメーションならではの演技の面白さということですね。今、日本のアニメ界は本気でそこを追求しておかないと、絵柄や感覚の面白さだけじゃ済まない時代がいつかはやってくるでしょう。きれいな絵だけでいいなら、原作漫画やイラストレーションでも間に合うわけですから。でも、いったん映像になった以上、そして

――「アニメーション」と名が付く以上、キャラクターに生きた演技をさせてほしい。たとえセル枚数は少なくても、そういう努力をしてほしいと心から思います。

――アニメーションは「動いてこそ」だと？

**大塚**　ええ。動いてこそ、動かしてこそ。……ここで終わりにしましょうか。

了

# 注釈

## はじめに

**1**（p5）大塚康生氏の著書「作画汗まみれ」は、徳間書店の月刊誌「アニメージュ」での連載（1981年3月号～1982年2月号）を基に、同社「アニメージュ文庫」の一冊として1982年に刊行。2001年に同社よりA5判の「増補改訂版」、2013年に文藝春秋「文春ジブリ文庫」で「改訂最新版」が再刊。それぞれに加筆修正や内容の増減があるが、本書の取材時に参照したのは2001年の「増補改訂版」である。

## 第1章

**2**（p23）『アルプスの少女ハイジ』のクレジット上での宮﨑駿氏の肩書きは、「場面設定・画面構成」。『母をたずねて三千里』では、「場面設定・レイアウト」。

**3**（p26）35ミリ映画における主なフレームサイズには、縦横比が1：1.37の「スタンダードサイズ」、1：1.66や1：1.85の「ビスタサイズ」、1：2.35の「シネマスコープサイズ」などがあるが、その撮影、現像、映写工程において、同じサイズの中でもさまざまな方式がある。

**4**（p31）テレコム・アニメーションフィルムは、東京ムービーの藤岡豊社長（当時）が国際的水準のアニメーション映画を制作するため1975年に設立したスタジオ。当初は阿佐ヶ谷、本書取材時には三鷹にあった。国内作品に限らず海外との合作でも高い評価を得ており、大塚康生氏を塾長とする通信講座〈アニメ塾EX（エキスパート）〉も主催していた。

## 第2章

5 （p60）『ガンバの冒険』ＬＤボックス付録のブックレット（ＤＶＤボックス発売時に復刻）掲載、芝山努氏へのインタビューより。

## 第3章

6 （p117）「プレスコ」（プレ・スコアリング）は、先に制作された音声に合わせて映像を制作する手法。出来上がった映像に沿って音声を吹き込む「アフレコ」（アフター・レコーディング＝和製英語）とは手順が逆になる。

7 （p122）大塚氏による自費出版同人誌「大塚康生のおもちゃ箱」（'96年刊）には、大塚氏と角田紘一氏が奥山玲子氏のベスト・ドレッサーぶりを毎日描いた、東映動画時代の楽しい落書きコレクション〈奥山ファッション・ショー〉が掲載されている。

8 （p127）「キネマ旬報」１９６８年８月上旬号掲載、高畑勲氏〈ホルスの力とヒルダの悲劇〉より。

9 （p131）高畑・宮崎作品研究所編による同人誌「大塚康生さんと語る―増補・改訂版―」（'96年、ＲＳＴ出版刊）掲載、小田部羊一・奥山玲子両氏の対談より。

## 第4章

10 （p144）厳密に言えば「北秋津」という駅は実在しないが、西武池袋線に「秋津」、ＪＲ武蔵野線に「新秋津」という駅名があり、埼玉県所沢市には「北秋津」という地名がある。

11 （p147）『侍ジャイアンツ』第13話『嵐の中のタイゲーム』のラストに、大塚氏が指摘する川上監督と番場の対話シーンがある。

12 （p153）戦後ベストセラーになった小説を映画化したドイツの戦争映画シリーズで、『08／15』（'54年）『前線の08／15』（'55年）『最後の08／15』（同）の3部作。独軍の旧式機関銃ＭＧ08／15の略称だが、「時代遅れ」「普及品」という意味のスラングでもある。

13（p186）『ルパン三世』のパイロットフィルムで峰不二子がゴーゴーを踊るシーン（テレビ旧シリーズのオープニングでも一部を流用）は、芝山努氏が作画を担当したという説もあるが、芝山氏の言によれば（２０２５年、森遊机による取材）、大塚氏が述べたように、大もとの作画を杉井ギサブロー氏が手がけ、芝山氏がキャラクターを一部修正したというのが正確のようだ。

14（p187）『夢見童子』（'58年）は、大塚氏も動画スタッフとして参加した東映動画初期の短編アニメのタイトルだが、ここでは〝夢見る人〟という意味。

15（p192）２００１年発売『ルパン三世』（旧シリーズ）ＤＶＤボックス付録のブックレット掲載、おおすみ（大隅）正秋氏へのインタビューより。

16（p194）宮﨑駿氏著「出発点 １９７９～１９９６」（'96年、スタジオジブリ・徳間書店刊）収録、〈宮﨑駿自作を語る〉での発言（月刊「アニメージュ」'81年8月号でのインタビューを再構成したもの）。

17（p200）〝高橋和美〟は、吉川惣司氏のペンネーム。

18（p200）第5話『十三代五エ門登場』は、本来、放映第6話の予定だったが、テレビ局からのシリーズの路線変更要請に基づき、放映第5話予定の『雨の午後はヤバイゼ』と放映順が入れ替えられた。旧『ルパン』で演出助手を務めた根来昭氏は、後年その経緯を、「変更の結果がはっきり出ているハデな内容の第6話を第5話より先に放映することに（高畑氏が）決めた」と語っている（２００１年発売ＤＶＤボックス付録のブックレット）。なお、厳密に言えば『雨の午後は…』にも、明らかに大隅演出から改変されたとおぼしきシーンがある。

19（p200）第7話『狼は狼を呼ぶ』は、中盤までハードボイルドタッチだが、終盤近く、大塚康生・宮﨑駿コンビ的なドタバタギャグが加えられている。

20（p202）キネマ旬報別冊「ＴＨＥ ルパン三世 ＦＩＬＥＳ」（'96年）掲載、関係者座談会での出﨑統氏の発言より。

21（p205）旧『ルパン』の初期エピソードで絵コンテを担当した奥田誠二（誠治）氏は、自身の著書「アニメの仕事は面白すぎる」（'20

年、出版ワークス刊）の中で、第13話は絵コンテをあまり変えずに作画段階で変更したという件（大塚氏の発言に基づく）について、シリーズの路線変更後、すでに完成していた絵コンテの修正指示を奥田氏が高畑勲監督から受けたとした上で、「絵コンテを切り貼りや加筆訂正し、インパクト重視の出﨑統のコンテを平易な手法に置き換えわかりやすくした。彼（友人である出﨑氏）の意図したところは守りたかった」と記している。

**22** （p219）「100てんランド・アニメコレクション ルパン三世 PART-2」（82年、双葉社刊）掲載の〈STAFF NOTE〉より。

**23** （p225）『ルパン三世（VS複製人間）』の劇場公開時の予告編には、銭形らしき黒髭の男が山小屋から駆け出してくる本編未使用カットが収録されている。

**24** （p231）宮﨑駿氏は『風の谷のナウシカ』の脚本について、「共同執筆者を立てたにもかかわらず、今回は有効に作動せず」「印刷された叩き台もなかった」と記している（前出、「出発点 1979～1996」〈私にとってのシナリオ〉）。また、のちの宮﨑作品において、完成作品とは内容が異なるが準備段階での文字脚本が存在するものもある。

**25** （p237）『ルパン三世 カリオストロの城』の初公開時（1979年12月15日・土曜、東京地区のメイン館は有楽町「ニュー東宝シネマ1」）には、初日舞台挨拶が行われなかった。ただし、それに先立ち、12月2日・日曜朝に東京「日比谷映画劇場」で開催された〈完成記念特別有料試写会〉において、原作者のモンキー・パンチ氏、レギュラー声優の山田康雄、増山江威子、小林清志、井上真樹夫、納谷悟朗の各氏による舞台挨拶が行われている（大阪では、12月9日・日曜朝、「ニューOS劇場」「南街スカラ座」にて開催）。

## 第6章

**26** （p266）前出、宮崎駿氏著「出発点 1979～1996」〈大ナマケモノの子孫〉より。

**27** （p280）前出、宮崎駿氏著「出発点 1979～1996」〈宮崎駿自作を語る〉より。

## 第7章

28 （p301）「キネマ旬報」２００２年2月下旬・決算特別号掲載、同誌の２００１年度ベスト・テンにて『千と千尋の神隠し』で読者選出日本映画監督賞を受賞した宮﨑駿氏のコメントより。

29 （p307）「ブルータス」１９８３年2／1号〈C.F.特集／15秒ドラマに大興奮〉取材記事内での月岡貞夫氏のコメントより。

## 終章

30 （p318）パリ市が運営するForum des Imagesが２００１年に開催した〈2e Festival Nouvelles Images du Japon de Paris〉での、日本のアニメーションの特集上映。

31 （p324）佐藤忠男氏著「漫画と表現」（'84年、評論社刊）収録の〈少女マンガの大きな目〉では、先行して発表された石子順造氏の論を参照しながら、日本の少女漫画特有の大きな目は、ひとつには幼児性の表現であり、あるいはまた、自我を抑えてきた古い日本的女性イメージとの訣別である、という興味深い論考が展開されている。

# 特別寄稿

［新装版］の刊行にあたり、大塚さんとご親交のあった方々にご寄稿いただきました。（50音順）

# 大塚さんが席を外してる間《あいだ》に……

おおすみ正秋
演出家

大塚さん、あなたがちょっと席を外してこの場にいない間に、次の質問を考えておきます。あなたが戻ってくる前に。

あなたがどう答えるか、それを私が自分で考えるのはよします。あなたが答えそうなことを私が考えると、時間が一気に数十年前に戻ってしまうからです。

今、この場にいるのは私一人。だから大塚さんはたった今、話の途中に席を外して用足しにでも行ったと考えても不思議ではない。つまり、今この空間にあなたがいなくても、数十年前と同じ空間に違いはない。私はこの考え方で、多くの知人友人たちとの別れのつらさ悲しさから抜け出せてきたのです。


ところで、今こうやってあなたに語りかけるのには理由があります。

森遊机くんとの著作「大塚康生インタビュー　アニメーション縦横無尽」を読みました。この知的な対談から受けたショックの正体は——大塚さん、あなたが天才だったとようやく気づいたことです。

もちろん、あなたが「天才」嫌いなのをよく知っています。

私も、この言葉があまり好きでなく、今まで使ったことはありません。もしも今、あなたがここへ戻ってきて、私が「大塚康生は天才だった」などと言えば、しらんぷりしてどこかへ行ってしまうんじゃないかな。

しかし今、私の中では、何もかもが逆転しはじめました。

この書物の中での大塚康生は、一貫して聡明で判断に迷いがなく、その上、私たちが当時現場で気づかなかったスマートさもあり……。

一方で、私の知る大塚さんの、どう見ても天才というより、むしろやぼったいぐらいの風貌とふるまい。

——そうか、全ては逆だったんだ！

今思い出しても不思議なのは、大塚さんが運転するジープの助手席に私が乗っかっていた時間が、なぜあんなにも長かったのか。

——いつの間に仕事してたんだろう？

お互い映画が好きで、封切りが待ちきれず、「あれ観たいね」などと確認しあったが、封切り初日には二人とも観ていたね。

——いったい、いつの間に仕事してた？

「峰不二子のキャラは得意じゃないから、芝さん（大塚さんの旧友の芝山努さん）に描いてもらうよ」

『ルパン三世』パイロットフィルムの時、自分が作画面のリーダーなのに何のテライもなくそう言ってのけ、「ちょっと気晴らしに走って来ようよ」と私をジープに誘う大塚さん。

——ほんとに私たちは、いつの間に仕事してたんだろう？

けれども考えてみれば、先の映画の話にしても、私の方は手ぶらでも、大塚さんは鉛筆を止めることなくどんどん絵を仕上げていってたよね。それも、映画談義に負けない猛烈なスピードで、仕事を遅らせることもなく。職能の違いと言えばそれまでだけど、今思えば驚くべきこと。

——ああ、もっと早く気づくべきだった。アニメーターとして、ひとりの人間としての、そうしたいくつかの「逆転」に。

大塚さん。あなたは天才らしい狂気など微塵も見せず、いや逆に、平々凡々な俗人を生きてみせた。うーん。そこがやっぱり天才だったんだね！

２０２５年１月28日

# 大塚さんの想い出

押井守
映画監督・作家

実は大塚康生さんとアニメの仕事でご一緒したことは一度もありません。

まあ世代が違うということは勿論なのですが、それにしてもそんな男が偉大な先達である大塚さんについて何を語る資格があるのかと思われるかもしれませんが、アニメ以外のあれこれについて——たとえば宮さん（宮﨑駿）の別荘で呑んだくれて知る人ぞ知る大塚さんの超危険な隠し芸を目撃したりとか、車の幅しかない狭い道でUターンを決める超絶テクニックを実見したりとか、麻薬Gメン時代のお話を聞いたりとか、僕が初監督した実写映画（『紅い眼鏡』'87年）にタクシーの運転手役で出演して貰ったりとか——まあどうでもいいといえばどうでもいいようなお話なら語れるような気がするし、そういった仕事以外の部分を含めて語らないと大塚さんを語ったことにならないのではないか、とも思っています。

なにしろ戦後アニメ業界の生き字引のような人でしたから、錚々たる監督さんたちの若き日の黒歴史について、そのお恥ずかしいエピソードの全てを語っていただき後世に残すべきドキュメンタリー作品を制作しようと思いつつ、忙しさにかまけてその時宜を失してしまったことが、いまとなっては心残りなことではあります。

まあ、公の場ではそういったことはいっさい語らない方でしたから、はなから無理な企画だったかもしれませんが、……（中略）……ではないでしょうか。

ところで、そんな大塚さんが、当時は生意気盛りでイケイケ監督だった僕のことをどう思っていたのかといえば、その頃はまだ某アニメ雑誌の副編集長でいまや大物と化した男、つまり鈴木敏夫の言によれば、「高畑（勲）さんは歩く理屈だが、あの男（押井）は自転車に乗って走っている理屈である」と言ったとか言わなかったとか。

妥当かつ的確な人物評だったと思いますが、それにしても、なぜ自転車なのか。……（中略）……でも良かったのではないでしょうか。

最後に——

大塚さんを知るひとで大塚さんをキライだったという人は、この業界にはいない（確信的推論）。滅茶苦茶だけど素敵な人でした。

あんな人間、もう二度と出てこない。

２０２５年１月20日

# 大塚さんの助言がジブリを作った

鈴木敏夫
スタジオジブリ

宮﨑駿とふたりでジブリを始める時、
宮﨑駿を知り尽くした大塚康生さんに助言を仰いだ。
大塚さんは、間髪入れずに、こう言い放った。
「宮さんのことを大人だと思っちゃいけない。
子どもだと思えばいい。そうすれば、腹も立たない」
大塚さんならではの含蓄のある言葉だった。

宮さんと出会って47年になる。
大塚さんが宮さんと現役で付き合った年数を遥かに超えた。
その間、ぼくはずっと、この言葉の意味を考え、噛み締め、守り続けた。
そりゃあ、腹の煮え繰り返る日も多々あったけど。
大塚さんのこの助言が、ジブリを作ってくれた。
ぼくはそう思っている。

## 本書カバーの線画ができるまで

本書のカバー（表面）を飾る線画は、『ルパン三世 カリオストロの城』の公開時に、大塚康生氏が、徳間書店の月刊誌「アニメージュ」1980年1月号（1979年12月発売）の表紙用に描いたもの。

イラスト発注のいきさつ（テキスト①）が巻末ページに記載されているが、表紙担当者の(敏)とは、当時、同誌の副編集長をつとめていた鈴木敏夫氏である。

大塚氏が鉛筆で描いたラフは、動画用紙で計8枚。そこからセレクトされた5枚（それらの原画を組み合わせたのが画像②）が、クリーンナップを経て、

①

### 「アニメージュ」取材ノート　表紙担当者より

ジャ～ン、80年の第1号、というわけで、当方も大ハリキリ!!

新たなる試みに〝大挑戦〟してみた。

AM「大塚さん、3枚、絵を描いてください」

大塚「……」

AM「3枚の絵を使って〝動き〟のきわめつけをやってみたいのです。

　たとえば、ルパンがベロをだすとか……」

大塚「……」

AM「いかがでしょうか？」

大塚「……3枚ですか？」

AM「ハイ」

大塚「3枚では動きはでません」

AM「……!?」

大塚「最低、5枚なくては。

　それにベロでは、フルアニメのおもしろさはでない、

　体を動かさなくては。わかりますか？」

そのときはよくわからなかった。が、完成した絵を見て知った。

大塚さんのプロのアニメーターとしてのすごい実力を。

(敏)

モノクロームでセル画化（5枚のセルを重ねた状態が画像③）。

　印刷にあたっては、真野薫氏のレイアウトにより、パープルがかったブルーをバックに、線画のルパンを白抜きで反転。5枚のうち下から2番目の絵柄だけを蛍光オレンジの特色で刷るという、凝った表紙が完成した（画像④）。

　また、同号では、『カリオストロの城』の特集に加えて、実に24ページにもわたり大塚氏の半生と仕事歴を紹介。

　多くの大塚ファンが生まれるきっかけを作った。

②

③

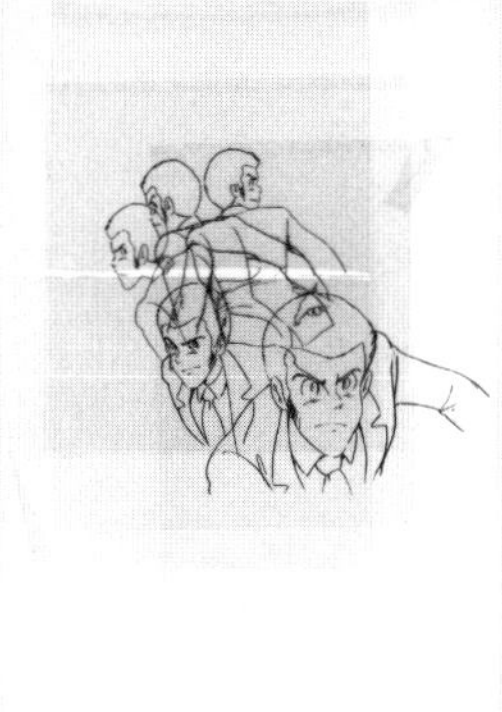

④

## 旧版　あとがき

10代のころから憧れていた大塚康生さんのロング・インタビュー本を作りたいと、三鷹にあるテレコムのスタジオをお訪ねしたのは、2001年の春でした。大塚さんへの取材記事は雑誌などで無数に目にしてきましたが、それらはすべて単発的な短いもので、いつか体系的なロング・インタビューを行って一冊の書物にまとめ上げたい、という思いがつのったからです。

初対面でのお願いにもかかわらず、大塚さんは企画を快諾してくださり、以来、5年の作業を経て、どうにか本書を完成させることができました。

真夏日に、厳寒の日に……テレコムの一室で計10回ほど行われたインタビュー取材（1回は2～5時間）は、緊張はすれども、実に楽しい時間でした。天真爛漫、いつもニコニコして話される大塚さんの表情はとても印象的で、〝大塚節〟とでも呼ぶべきでしょうか、縦横無尽のそのトークは絶妙の面白さ。音声と映像付きのライブでお伝えできないのが残念なくらいです。

大塚さんと対面していてひしひしと感じたのは、「ものごとをちょっとでも楽しくしよう」という明るいサービス精神と、アニメーションそのものへの深い深い愛情でした。それらが、肩ヒジ張らない自然体の語り口の中から、じわじわと滲み出てくる感じなのです。

言うまでもなく、大塚さんには、「作画汗まみれ」という自叙伝的な名著があります。「自ら記す」ことと「問われて語る」ことは、また別の思考回路を使った創作作業だと思うのですが、今回の本では、「作画…」をすでに読まれた方にも楽しんでいただけるよう、あらかじめいくつかの方針を立てました。

（1）「作画…」との話題の重複をできるだけ避ける
（2）同じ話題であっても、何らかの新情報を必ず付加する
（3）時系列的な年代記スタイルではなく、テーマ別に章立てをし、各テーマごとに集中的に掘り下げる

……等々です。

準備したメモにそって進められた質問からポンポンと話題は飛び、大笑いの中での脱線もたびたびでしたが、脱線した先々で、興味深いお話がダイナミックに展開するのが大塚節の真骨頂。そうした〝余談〟もできるだけ漏らさないようにパッチワーク構成するべく、膨大なテープおこし原稿と格闘しました。大塚さんはアニメーションに限らず実写の劇映画の話もお好きなので、それらの話題も積極的に盛り込んでいます。

ところで……本文中でも話題にのぼっているとおり、現在、日本のアニメーション界ではジャンルの細分化が著しく進んでおり、一つの価値観ではすべてを語りきれないところがあります。さまざまなカテゴリーや流派がおのおの奮闘してファンを集めている中で、大塚さんは、アニメーションの原点である〝動き〟が豊かで、どこかに大らかさのある作品を一貫して作ってこられました。私はそこに惹かれるのですが、その大塚さんが、「片いっぽうの岸に立つ職人」とご自身のことを位置づけながらも、時に複眼的な視点とあくなき好奇心を持ってアニメーション界全体を見渡そうとなさっている姿に、（生意気な言いかたですが、）若々しい生気を感じたものです。

また、作品やものの見かたにおいて、私がどちらかといえば微視的（＝〝神は細部に宿る〟）であるのに対し、大塚さんの視点は——そうした細部を大事にしながらも——常に大らかで巨視的、かつ、長い歴史の流れを踏まえたものである点、大いに勉強になりました。

アニメーター歴50周年を迎えられて、大塚さんはますます元気にご活躍中です。後進アニメーターの指導やご自身のホビーにお忙しい中、長い年月、本書のために根気良くつき合ってくださり、今また「あとがき」の大役を与えてくださった大塚さんのご厚意に心から感謝いたします。

加えて、原稿の完成を辛抱強く待ち、刊行を実現してくださった恩人である実業之日本社の山田隆幸さんをはじめ、デザイナーの関善之さん、速記の猪又民枝さん、毎回の取材場所を提供してくださったテレコムの竹内孝次社長、刊行のきっかけを作って下さった岸川真さん、貴重なアドバイスをいただいた杉森哲郎さん、濱田高志さんほか、ご協力いただいたすべての方々にあらためて御礼申し上げます。

そしてもちろん、本書を手に取ってくださった読者の皆様にも——。

2005年11月23日
森遊机

# 新装版　あとがき

「じゃあ、肩ひじはらずにお話ししましょうか」

そう言って、いつも気さくに質問に応えてくださった大塚康生さん。

テレコムのスタジオでの取材時に、デジタルカメラで私たちの写真を撮ると、「こうやって撮っておくと、あとで記録になるんですよ」。そうおっしゃった大塚さんが、今もご健在のような気がします。


本書の旧版が企画から刊行までに5年かかったのは、決して、大塚さんがのんびりしていたからではありません。それどころか、調べごとや校正といった取材後の諸作業についても、ワードやメールを駆使して、すばやく、根気よくつきあってくださいました。メカにも強く、いわく、「今や、本一冊ぶんの文字が、メール1通で送れちゃうんですからねぇ」。mixiを早くから使いこなし、個人ホームページ（大塚康生の峠の茶屋）のトップ画面では、フラッシュアニメで描かれた大塚さんのジープが、ぐるぐると元気に岩山を走り回っている。「歳だからね、しんどいですよ」と時折こぼされるのが、不似合いに感じられたものです。


「君でなかったら誰がやる。今でなかったらいつできる」

これは大塚さんの好きな言葉で、アンドレ・ジッドの小説「贋金つくり」に登場する、機知と決断力と行動力に富む青年ベルナールの座右の銘。なんだか、アニメーションの道なき道を切り拓いてきた若き大塚さんの姿が思い浮かぶようで、私にとっても、好きな言葉の一つになりました。

あれから19年。デジタル技術が進歩して映像配信やサブスクなども登場、日本のアニメーションの世界では、さらに細分化が進んでいるようです。本書で語り合われているのは、当時の作品観、仕事観、世情に違いありませんが、ひとつの時代の証言と受けとっていただければありがたく、また、大塚さんの言葉の中には、今もこれからも、いぶし銀のように光る至言がたくさんあると信じています。

読み返してみると、大塚さんの卓見に膝を打ちながらも、あちこちで抗って(!?)もいて、われながら不遜だったと反省しきり。そして、ずいぶん時間が経ったことに、少ししんみりしてしまいます。

刊行してまもなく、当時の編集者の山田隆幸さんが三人での打ち上げ会を開いてくださったのですが、その席で大塚さんに、「ずいぶん、粘りましたねぇ」と笑顔で言っていただいたのは嬉しい思い出です。

その後も、埋もれていた大塚さんの初演出作『草原の子テングリ』を初めてソフト(DVD)にしたり、TOKYO-FM「鈴木敏夫のジブリ汗まみれ」でのご出演回を書籍にしたり、時おり大塚さんと仕事する機会に恵まれました。

2010年代の終わりごろ――埼玉県内にあるご自宅を久々に訪れたとき、バス停の近くまで迎えに来てくださった大塚さん。ひとしきり話すと、あたりはすでに夕方。懐かしい雰囲気のある木目の棚には、大塚さんの造った見事な模型の数々が、オレンジ色の夕日の中、整然と並んでいたのを覚えています。

2021年3月、大塚さんは89歳で逝去されましたが、同年の6月、杉並公会堂で催された「大塚康生さんを偲ぶ会」に集った人のあまりの多さに、大塚さんの人望と、なされてきたお仕事の大きさをあらためて知りました。

このたび本書が、実業之日本社から新装版として再刊されるのも、ひいては大塚さんの導きに違いなく、旧版と同じ版元というのがまた、奇遇でもあり、嬉しくもあり。

大塚さんは本書で、「(アニメーションに限らず)映画とは、人と企画の出会いだと思う」「人生もそうで、人や企画との出会いかた次第」と語っておられますが、書籍もまた同じではないでしょうか。

再刊にあたって、注釈を増やすなどして旧版刊行後にわかったことや過不足を補い、大塚さんによる線画や、各時代(各スタジオ)のスナップ写真も掲載しました。東映動画以前の旧い写真が数多く残されていたのは、例の、大塚さんの〝スナップ癖〟のたまものなのでしょう。

アニメーション、クルマ、そして模型……晩年には、狛犬にも凝っておられた大塚さん。内側から溢れ出る何かが、ご自分の身の丈には収まりきらず、多くの人をも幸せにしてくれていたのだと思います。

「アニメージュ」誌の創刊以来、いつも大塚さんを応援なさってきたスタジオジブリの鈴木敏夫さん、大塚さんのいわば〝悪友〟方面の代表格とおぼしき押井守監督、そして、大塚さんの最も旧い盟友のひとり、おおすみ正秋監督にご寄稿いただけて感激です。

再刊実現の立役者である実業之日本社の村嶋章紀さん、本文の文字組みから装丁まで素敵に[新装]してくださった鈴木成一さんと同デザイン室の川口紘さんをはじめ、何かとアドバイスいただいた田中千義さん、貴重な図版をお借りした釘宮陽一郎さん、お二人を紹介してくださった髙橋望さん、往時の写真をご提供のうえAプロ時代の逸話を聞かせてくださったカメラマンの南正時さん、井上亜希さん、横田衣里さん、旧知の杉森哲郎さんほかご協力者の方々に、厚く御礼申し上げます。

再刊を快諾し喜んでくださった大塚家の皆さま、そして誰より、天上の旅人である大塚康生さん、ありがとうございました。

2025年2月8日
森遊机

## 日本アニメーション時代

『未来少年コナン』1978年／TV／宮崎駿／作画監督

## テレコム・アニメーションフィルム時代

『ルパン三世』（のちの副題＝『ルパンVS複製人間《クローン》』）1978年／吉川惣司／監修

『ルパン三世 カリオストロの城』 1979年／宮崎駿／作画監督

『じゃりン子チエ』1981年／高畑勲／作画監督（共同）

『花王名人劇場 東海道四谷怪談』1981年／TVSP／演出（鈴木一名義）

『ルパン三世 風魔一族の陰謀』1987年／大関雅幸／監修

『リトル・ニモ』（日本公開題名＝『ニモ』） 1989年／ウイリアム・ハーツ、波多正美／ストーリーボード・原画

『ESSO／ルパン三世篇（1）』1995年／TVCM／三木俊一郎／作画監修

※上記以外にも、『こねこのらくがき』（'57年）『夢見童子』（'58年）など動画で参加した短編作品、ノークレジットでの作画手伝い作品があり、またクレジットがあっても大塚氏のご意向で割愛した作品もあります。

# 大塚康生 主要作品フィルモグラフィー

題名／メディア（無表記は劇場用映画）／公開・放映年／監督名／大塚氏担当の順

## 東映動画時代

『白蛇伝』1958年／藪下泰司／セカンド原画
『少年猿飛佐助』1959年／藪下泰司・大工原章／原画
『西遊記』1960年／藪下泰司・手塚治虫・白川大作／原画
『安寿と厨子王丸』1961年／藪下泰司・芹川有吾／原画
『アラビアンナイト シンドバッドの冒険』1962年／藪下泰司・黒田昌郎／原画
『わんぱく王子の大蛇退治』1963年／芹川有吾／原画
『狼少年ケン』1963～65年／TV／月岡貞夫ほか／原画
『少年忍者 風のフジ丸』1964～65年／TV／白川大作ほか／原画
『ガリバーの宇宙旅行』1965年／黒田昌郎／原画
『ハッスルパンチ』1965～66年／TV／池田宏ほか／原画
『太陽の王子 ホルスの大冒険』1968年／高畑勲／作画監督・原画
『長靴をはいた猫』1969年／矢吹公郎／原画

## Aプロダクション時代

『ルパン三世』パイロットフィルム 1969年／原画ほか
『空飛ぶゆうれい船』1969年／池田宏／原画
『巨人の星』1968～71年／TV／長浜忠夫／原画・オープニング作画
『ムーミン』1969～70年／TV／大隅正秋／作画監督
『どうぶつ宝島』1971年／池田宏／原画
『天才バカボン』1971～72年／TV／斎藤博・岡部英二／原画
『ルパン三世』1971～72年／TV／大隅正秋・Aプロダクション演出グループ（高畑勲・宮﨑駿）／作画監督
『ど根性ガエル』1972～74年／TV／岡部英二ほか／原画
『パンダコパンダ』1972年／高畑勲／作画監督（共同）・原画
『パンダコパンダ 雨ふりサーカスの巻』1973年／高畑勲／作画監督（共同）・原画
『侍ジャイアンツ』1973～74年／TV／長浜忠夫／作画監督
『ガンバの冒険』1975年／TV／出﨑統／原画
『草原の子 テングリ』1977年完成／PR映画／演出・作画監督・原画
『おれは鉄兵』1977～78年／TV／長浜忠夫・吉田茂承／レイアウト

## 大塚康生（おおつか やすお）

1931–2021　島根県出身。アニメーター。

1956年、東映動画に入社。日本初の本格的カラー長編アニメーション映画『白蛇伝』（58）にセカンド原画で参加。『わんぱく王子の大蛇退治』（63）などでの原画を経て、『太陽の王子 ホルスの大冒険』（68）で初の作画監督に就任。新人時代の高畑勲、宮﨑駿両監督の才能をいち早く見出し、『長靴をはいた猫』（69）など同社の長編名作映画群を作画面で支える。以降、移籍したAプロダクションで『ムーミン』（69–70）『ルパン三世（旧）』（71–72）『パンダコパンダ（2部作）』（72・73）『侍ジャイアンツ』（73–74）、日本アニメーションで『未来少年コナン』（78）、テレコム・アニメーションフィルムで『ルパン三世 カリオストロの城』（79）『じゃりン子チエ』（81）の作画監督を担当。新進アニメーターの育成に熱心で、スタジオジブリの創立にも協力。FIAT 500やジープ、トラック、模型制作などを愛する。

「作画汗まみれ」（81初版、01増補改訂版、13改訂最新版）「ジープが町にやってきた」（02）「リトル・ニモの野望」（04）など著書多数。

2002年文化庁長官賞、東京国際アニメフェア2008 功労賞、2019年日本アカデミー賞協会特別賞を受賞。

## 森 遊机（もり ゆうき）

1960年、神奈川県出身。映画研究家、書籍編集者。

上智大学 文学部英文科卒。フランス映画社、パイオニアLDC（ジェネオン エンタテインメント）、復刊ドットコムで、映画・映像・出版に携わる。

著書に「完本 市川崑の映画たち」（15、市川崑監督と共著）、「光と嘘、真実と影」（01、和田誠氏と共著）など。大塚康生氏の初演出アニメ『草原の子テングリ（77）』の初ソフト／DVD化（07）や、実写とアニメーションのミックスを目指した日本映画『火の鳥（78）』の初ソフト／Blu-ray化（21）、押井守監督の映画作品などを企画プロデュース。書籍では、「映画『銀河鉄道999』絵コンテ帳」（19、企画編集執筆）、「幽霊船／空飛ぶゆうれい船 完全版」（20、同）、「鈴木敏夫のジブリ汗まみれ 1–5」（13–16、企画編集）、「鈴木敏夫×押井守対談集 されどわれらが日々」（24、編集）、「海がきこえる THE VISUAL COLLECTION」（24、企画編集）などを手がける。

DTP　株式会社千秋社
校正　有限会社くすのき舎
協力　田中千義／釘宮陽一郎／髙橋望／井上亜希／横田衣里／杉森哲郎
東映アニメーション株式会社／株式会社トムス・エンタテインメント／
日本アニメーション株式会社／株式会社徳間書店・月刊「アニメージュ」編集部／日本コロムビア株式会社／日本テレビ音楽株式会社
写真撮影・提供　南 正時

カバー表　『ルパン三世 カリオストロの城』原画：大塚康生　原作：モンキー・パンチ ©TMS
カバー裏　大塚康生 描き下ろし
カバー袖　撮影・提供：南正時
表紙　『ルパン三世』TVシリーズPART1　大塚康生 描き下ろし　原作：モンキー・パンチ ©TMS
口絵(1)　『わんぱく王子の大蛇退治』(1963) © 東映
『太陽の王子 ホルスの大冒険』(1968) © 東映　提供：釘宮陽一郎
『ルパン三世』TVシリーズPART1　原作：モンキー・パンチ ©TMS
口絵(2)　『太陽の王子 ホルスの大冒険』(1968) © 東映
『ルパン三世』TVシリーズPART1　原作：モンキー・パンチ ©TMS
口絵(3)　『侍ジャイアンツ』© 梶原　騎・井上コオ／TMS
『未来少年コナン』©NIPPON ANIMATION CO., LTD.
『ルパン三世 カリオストロの城』原作：モンキー・パンチ ©TMS
『パンダコパンダ』©TMS
口絵(4)　上段・下段＝提供：大塚康生／中段＝撮影・提供：南正時
第1章 扉　「鉛筆を持つ手」大塚康生 描き下ろし(本書旧版)
第2章 扉　大塚康生 描き下ろし(本書旧版)
第3章 扉　大塚康生 描き下ろし(本書旧版)
第4章 扉　『ルパン三世』TVシリーズPART1　原作：モンキー・パンチ ©TMS　提供：釘宮陽一郎
『どうぶつ宝島』(1971) ©東映　提供：釘宮陽一郎
『未来少年コナン』©NIPPON ANIMATION CO., LTD.　提供：釘宮陽一郎
第5章 扉　『ルパン三世』TVシリーズPART1　原作：モンキー・パンチ ©TMS
第6章 扉　撮影・提供：南正時
第7章 扉　1・3・4段目＝提供：大塚康生／2段目＝撮影・提供：南正時
終章 扉　撮影・提供：南正時
P355　『ルパン三世 カリオストロの城』原画：大塚康生　原作：モンキー・パンチ ©TMS

本書は、2006年(平成18年)に小社から刊行された
「大塚康生インタビュー アニメーション縦横無尽」を底本にしています。
読みやすさを考慮して本文の文字組みを整えたほか、
底本刊行後にわかった事実など一部を訂正し、新装いたしました。

大塚康生《おおつかやすお》インタビュー
アニメーション縦横無尽《じゅうおうむじん》［新装版《しんそうばん》］
2025年5月6日　初版第一刷発行

著者　大塚康生《おおつかやすお》　森《もり》 遊机《ゆうき》
発行者　岩野裕一
発行所　株式会社実業之日本社
〒107-0062
東京都港区南青山6-6-22 emergence 2
電話（編集） 03-6809-0473
（販売） 03-6809-0495
https://www.j-n.co.jp/
印刷所　TOPPANクロレ株式会社
製本所　株式会社ブックアート
ブックデザイン　鈴木成一デザイン室
編集　村嶋章紀

ISBN978-4-408-65155-2（第二書籍）